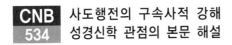

CNB
534
사도행전의 구속사적 강해
성경신학 관점의 본문 해설

사도행전

이 광 호

2018년

교회와성경

지은이 | 이광호

영남대학교와 경북대학교대학원에서 법학과 서양사학을 공부했으며, 고려신학대학원 (M.Div.)과 ACTS(Th.M.)에서 신학일반 및 조직신학을 공부한 후 대구 가톨릭대학교 (Ph.D.)에서 선교학을 위한 비교종교학을 연구하였다. '홍은개혁신학연구원'에서 성경신학 담당교수를 비롯해 고신대학교, 고려신학대학원, 영남신학대학교, 브니엘신학교, 대구 가톨릭대학교, 숭실대학교 등에서 학생들을 가르쳤으며, 이슬람 전문선교단체인 국제 WIN선교회 한국대표를 지냈다. 현재는 실로암교회에서 담임목회를 하면서 한국개혁장로회신학교 교장을 맡고 있으며 부경신학연구원에서 강의하고 있다.

저서

- 성경에 나타난 성도의 사회참여(1990)
- 갈라디아서 강해(1990)
- 더불어 나누는 즐거움(1995)
- 기독교관점에서 본 세계문화사(1998)
- 세계 선교의 새로운 과제들(1998)
- 이슬람과 한국의 민간신앙(1998)
- 아빠, 교회 그만하고 슈퍼하자요(1995)
- 교회와 신앙(2002)
- 한국교회 무엇을 개혁할 것인가(2004)
- 한의 학제적 연구(공저)(2004)
- 세상속의 교회(2005)
- 한국교회의 문제점과 극복방안(공저)(2005)
- 교회, 변화인가 변질인가(2015)
- CNB 501 에세이 산상수훈(2005)
- CNB 502 예수님 생애 마지막 7일(2006)
- CNB 503 구약신학의 구속사적 이해(2006)
- CNB 504 신약신학의 구속사적 이해(2006)
- CNB 505 창세기(2007)
- CNB 506 바울의 생애와 바울서신(2007)
- CNB 507 손에 잡히는 신앙생활(2007)
- CNB 508 아름다운 신앙생활(2007)
- CNB 509 열매 맺는 신앙생활(2007)
- CNB 510 웨스트민스터 신앙고백(2008)

- CNB 511 사무엘서(2010)
- CNB 512 요한복음(2009)
- CNB 513 요한계시록(2009)
- CNB 514 로마서(2010)
- CNB 515 야고보서(2010)
- CNB 516 다니엘서(2011)
- CNB 517 열왕기상하(2011)
- CNB 518 고린도전후서(2012)
- CNB 519 개혁조직신학(2012)
- CNB 520 마태복음(2013)
- CNB 521 히브리서(2013)
- CNB 522 출애굽기(2013)
- CNB 523 목회서신(2014)
- CNB 524 사사기, 룻기(2014)
- CNB 525 옥중서신(2014)
- CNB 526 요한 1, 2, 3서, 유다서(2014)
- CNB 527 레위기(2015)
- CNB 528 스코틀랜드 신앙고백서(2015)
- CNB 529 이사야(2016)
- CNB 530 갈라디아서(2016)
- CNB 531 잠언(2017)
- CNB 532 욥기(2018)
- CNB 533 교회헌법해설(2018)

역서

- 모슬렘 세계에 예수 그리스도를 심자(Charles R. Marsh, 1985년, CLC)
  - 예수님의 수제자들(F. F. Bruce, 1988년, CLC)
  - 치유함을 받으라(Colin Urquhart, 1988년, CLC)

홈페이지 http://siloam-church.org

사도행전

CNB 534

사도행전

A Study on the Book of Acts
by Kwangho Lee
Copyright ⓒ 2018 by Kwangho Lee

Published by the Church & Bible Publishing House

초판 인쇄 | 2018년 5월 1일
초판 발행 | 2018년 5월 5일

발행처 | 교회와성경
주소 | 평택시 특구로 43번길 90 (서정동)
전화 | 031-662-4742
등록번호 | 제2012-03호
등록일자 | 2012년 7월 12일

발행인 | 문민규
지은이 | 이광호
편집주간 | 송영찬
편집 | 신명기
디자인 | 조혜진

총판 | (주) 비전북출판유통
주소 | 경기도 고양시 일산구 장항동 568-17호 (우) 411-834
전화 | 031-907-3927(대)   팩스 031-905-3927

저작권자 ⓒ 2018 이광호

ISBN 978-89-98322-23-6   93230

Printed in Seoul of Korea

CNB카페 | http://cafe.daum.net/C.N.B.(교회와 성경)

CNB 시리즈
서 문

CNB The Church and The Bible 시리즈는 개혁신앙의 교회관과 성경신학적 구속사 해석에 근거한 신·구약 성경 연구 시리즈이다.

이 시리즈는 보다 정확한 성경 본문 해석을 바탕으로 역사적 개혁 교회의 면모를 조명하고 우리 시대의 교회가 마땅히 추구해야 할 방향을 제시함으로써 교회의 삶과 문화를 창달하는 것을 그 목적으로 하고 있다.

따라서 이 시리즈는 진지하게 성경을 연구하며 본문이 제시하는 메시지에 충실하고 있다. 그렇다고 이 시리즈가 다분히 학문적이거나 또는 적용이라는 의미에 국한되지 않는다. 학구적인 자세는 변함 없지만 궁극적으로 하나님의 나라를 지향함에 있어 개혁주의 교회관을 분명히 하기 위해 보다 더 관심을 가진다는 의미이다.

본 시리즈의 집필자들은 이미 신·구약 계시로써 말씀하셨던 하나님께서 지금도 말씀하고 계시며, 몸된 교회의 머리이자 영원한 왕이신 그리스도께서 지금도 통치하시며, 태초부터 모든 성도들을 부르시어 복음으로 성장하게 하시는 성령께서 지금도 구원 사역을 성취하심으로써 창세로부터 종말에 이르기까지 거룩한 나라로서 교회가 여전히 존재하고 있음을 그 무엇보다도 중요하게 여기고 있다.

아무쪼록 이 시리즈를 통해 계시에 근거한 바른 교회관과 성경관을 가지고 이 땅에 진정한 그리스도인의 삶과 문화가 확장되기를 바라는 바이다.

시리즈 편집인

김영철 목사, 미문(美聞)교회 목사, Th.M.
송영찬 목사, 기독교개혁신보 편집국장, M.Div.
오광만 목사, 대한신학대학원대학교 교수, Ph.D.
이광호 목사, 실로암교회 목사, Ph.D.

사도행전

A Study on the Book of Acts

2018년

교회와성경

머리말

사도행전은 신약성경 전체를 이해하는 데 있어서 마치 사람의 허리와 같은 중요한 역할을 하고 있다. 나아가 구약성경의 예언이 결집된 듯한 의미를 지니고 있기도 하다. 십자가 사역을 완성하신 예수님의 부활, 승천 사건과 재림의 약속, 오순절 성령 강림, 예루살렘 성전의 제물과 제사에 대한 완성 및 성전파괴까지의 언약적 의미의 존속 등이 그 중심에 놓여 있기 때문이다.

사도행전의 중심주제는 '하나님 나라'와 그에 관한 전파라 말할 수 있다. 본문 1장 3절에는 부활하신 예수님께서 제자들에게 '하나님 나라'의 일을 말씀하신 내용이 나오며, 마지막 28장 23절과 31절에는 로마 감옥에서 사도 바울이 '하나님 나라'를 전파한 것으로 마무리 짓고 있다. 물론 중간 중간 그에 관한 기록이 되풀이하여 나타나고 있다.

우리가 반드시 기억해야 할 바는 예수님의 십자가 사역과 부활 승천 후에 강림하신 성령의 사역이 곧 신약 교회의 출발점이 된다는 사실이다. 그리하여 예루살렘에서 출발한 하나님의 복음은 인간 철학의 본거지인 소아시아 지역과 아테네를 거쳐 제국의 정치적 심장부인 로마에까지 들어가 선포하고 있다. 이는 하나님의 복음이 세상의 철학과 정치적인 모든 세력을 점령하는 의미를 지니고 있다.

그 과정에서 주님의 사도들을 비롯한 믿음의 선진들이 배도에 빠진 언약의 자손들과 세상의 권력에 맞서 싸우게 되는 모습을 보여준다. 부활하신 예수님께서는 제자들에게 예루살렘과 유대와 사마리아와 땅 끝까지 이르러 자신의 증인이 되도록 요구하셨을 때 저들에게 맡겨진 사명은 구속사적 맥락 속에 들어 있었다. 그것은 하나님의 명령이기도 하지만 역사적 필연이 되어야 할 내용이었다.

사도행전의 앞부분에는 오순절 성령이 강림하신 후, 베드로와 열한 제자들의 사역이 주로 나타나고 있다. 그러다가 중반으로 넘어가면서 사도 바울을 비롯한 신실한 여러 믿음의 선배들의 사역을 보여준다. 유대인 공동체로부터 점차 이방인들을 위한 사역으로 넘어가고 있었던 것이다.

하나님 나라에 속한 사도들은 복음을 위해 살아가면서 육체적인 고난뿐 아니라 숱한 생명의 위협을 받았다. 그들은 결코 이 세상에서의 풍요로움이나 인생의 만족을 추구하지 않았다. 오히려 그들은 말로써 형언하기 어려운 고난 가운데서도 오로지 하나님의 복음을 위해 믿음의 삶을 살아갔던 인물들이다.

우리는 사도행전을 통해 하나님께서 창세전에 택하신 자기 백성들을 위하여 행하신 놀라운 역사를 보게 된다. 복음전파를 위한 사도들의 여행 경로와 적재적소로 인도하신 하나님의 손길과 더불어 그들이 선포한 말씀의 내용을 접하게 된다. 그것들은 오늘날 우리 시대 교회를 위한 중요한 표

본이 되어야 한다. 우리는 사도가 아닌 부족한 자들로서 그들처럼 온전치 못하지만 저들의 본을 보고 배우는 자세를 유지하는 것이 매우 중요하다.

그럼에도 불구하고 현대는 신학자들조차도 성경을 하나님으로부터 계시된 진리의 말씀으로 보지 않고 인간들의 종교적인 저술로 여기는 안타까운 시대가 되어 버렸다. 하지만 우리는 성경을 절대 진리로 받아들이고 있다. 사도행전을 풀어 강해한 이 책을 통해 유익을 얻는 교회와 성도들이 많기를 바란다.

이 책의 출간을 눈앞에 두고 여러 고마운 분들이 뇌리에 스쳐지나간다. 어설픈 원고를 깔끔하게 정리해주시는 친구 송영찬 목사님과 부족한 자임에도 불구하고 사랑의 관심을 보여주신 실로암교회 성도 여러분들께 깊이 감사드린다. 그리고 재정적인 지원의 손길을 아끼지 않으신 경산 화인 간호학원 김은희 원장님께 특별히 감사한 마음을 전한다.

"아멘, 주 예수여 오시옵소서!"

2018년 4월 어느 화창한 봄날
한국개혁장로회(KRPC) 실로암교회
이광호 목사

차 례

사도행전 강해

사도행전

제1부

예수 그리스도의 승천과 오순절 성령 강림

18

제1장

부활하신 예수님의 유언적 명령과 승천
(행1:1-11)

1. '데오빌로'(Theophilus)에게 쓴 편지(행1:1,2)

누가(Luke)는 데오빌로에게 보내는 개인적인 서신형식으로 사도행전을 기록하고 있다. 이는 물론 하나님으로부터 계시된 완벽한 진리의 말씀이다. 본문에서 언급된 데오빌로는 평범한 일반 시민이 아니라 누가복음에서 '각하'(most excellent)로 호칭되는 것을 보아 정치적인 지위가 매우 높은 공직자였다(눅1:3,4). 신약성경에는 주로 총독들에게 '각하'라는 호칭이 사용되었다.[1] 이로써 우리가 짐작할 수 있는 것은 데오빌로가 로마제국 내 어느 지역의 총독이었거나 그에 준하는 높은 지위를 가진 인물로서 하나님의 복음을 받아들인 성도였을 것이란 사실이다.

---

[1] 성경에서는 총독 '베스도'와 '벨릭스'에게 '각하'라는 호칭이 사용되었다(행 23:26; 24:3; 26:25, 참조).

사도행전을 받게 될 일차적인 수신자가 로마제국에 속한 이방인 고위 공직자였다는 사실은 우리에게 많은 점을 시사해주고 있다. 학자들 가운데는 로마제국의 높은 공직자에게 보내는 서신인 사도행전이 기독교의 정당성을 주장하는 일종의 변증서처럼 기록된 것으로 오해하는 자들이 있다.[2] 즉 권력을 가진 자에게 기독교를 변호하는 의미를 지니는 것으로 보는 것이다. 하지만 우리는 그와 같은 입장을 받아들일 수 없다.

하나님께서 누가로 하여금 데오빌로에게 편지를 보내도록 한 것은 진리의 복음이 저들의 모든 것들보다 우위에 있다는 사실을 말하고자 하는 의미를 지니고 있다. 즉 하나님의 말씀을 소유한 성도가 '각하'로 불리는 이방인 고위 관리를 대상으로 함으로써 온 세상을 복음으로 굴복시키는 의미를 지니고 있다. 세상의 왕국에서 아무리 높은 지위에 있는 인물이라 할지라도 하나님의 복음 앞에서는 아무 것도 아니다. 사도행전에는 전체적으로 그에 연관된 내용들이 되풀이하여 나타나고 있다.

우리가 여기서 주의 깊게 생각해 보아야 할 점은 사도행전이 하나님으로부터 직접 계시된 정경(正經)이라는 사실이 예루살렘 공의회에 의해 확증되었다는 사실이다. 사도행전은 그 형식상 누가복음과 함께 이방인 고위 관리에게 보낸 개인적인 서신으로 볼 수 있다. 그럼에도 불구하고 사도들의 모임인 '예루살렘 공의회'에서는 이 편지가 하나님으로부터 계시된 진리의 말씀이라는 사실을 확인했던 것이다.

누가는 데오빌로에게 먼저 쓴 글 즉 '누가복음'에서 예수님의 행적과 가르침을 시작하신 것으로부터 성령으로 사도들에게 명령한 일과 십자가 사역 후 부활 승천하신 날까지의 내용을 기록했음을 언급했다. 이제 사도

---

2) 칼빈은 그의 '기독교 강요'를 쓰면서 서문에 프랑스왕 프랑수와 1세에게 글을 썼다. 그리고 '벨직신앙고백서'를 쓴 귀도 드 브레는 서문에 필립 2세에게 보내는 글을 썼다. 그것은 변증의 성격을 지니고 있다. 이에 반해 누가가 사도행전을 데오빌로에게 보냈지만 변증을 위한 글은 아니다.

행전에서는 그때 이후부터 일어난 여러 일들을 기록하겠다는 의도를 말해준다. 이는 부활하신 예수님과 그로 말미암아 전개된 하나님의 사역과 그에 순종하는 사도들의 활동을 전해주겠다는 의미를 지니고 있다.

2. 부활하신 주님의 특별한 사역(행1:3-5)

사도행전에서는 예수님께서 사악한 인간들에 의해 십자가에 달려 온갖 위해와 고난을 받으신 사실을 먼저 언급하고 있다. 인간들의 무모한 악행에도 불구하고 하나님께서는 그를 살려내셨다. 이를 통해 사악한 인간들은 하나님의 아들인 메시아를 죽이고 하나님은 그를 살리시는 근본적으로 다른 정반대의 속성을 보여준다.

성자 하나님이신 예수 그리스께서 죽음을 이기고 살아나신 후 그 부활 사실을 확실하게 드러난 많은 증거로 나타나 보이셨다. 그는 승천하시기 전까지 사십 일 동안 자기를 따르던 제자들에게 나타나 '하나님 나라'를 증거하셨다. 그전에 가르치시던 모든 내용에 대한 실제적인 증거를 친히 자신의 몸을 통해 보이셨던 것이다.

본문에 기록된 것처럼 사도행전의 중심 주제는 '하나님 나라'와 그에 대한 선포라 말할 수 있다(행1:3; 28:31, 참조). 예수님께서 죽음으로부터 부활하신 후 제자들에게 전하며 가르치신 그 내용을 세상을 향해 선포해야 했던 것이다. 이는 타락한 세상에 대해서는 무서운 심판을 선언하는 의미를 지니며 주님 앞으로 나아온 성도들에게는 구원의 의미를 확인시키는 역할을 하게 된다.

예수님께서는 여러 사도들이 모인 자리에서 장차 저들이 감당해야 할 일에 대한 분부를 내리셨다. 예루살렘을 떠나지 말고 자신이 말씀하신 바 성부 하나님의 약속하신 것을 기다리라는 것이었다. 그것은 성령께서 예루살렘 성전을 통해 강림하실 것이므로 그 날을 기다리라는 의미를 지니고 있다. 예수님께서는 고난당하시기 오래 전에 이미 그에 관한 예언의 말씀을 제자들에게 주신 적이 있다. 사도 요한은 그에 대한 분명한 증거를 남기고 있다.

> "그러하나 내가 너희에게 실상을 말하노니 내가 떠나가는 것이 너희에게 유익이라 내가 떠나가지 아니하면 보혜사가 너희에게로 오시지 아니할 것이요 가면 내가 그를 너희에게로 보내리니 그가 와서 죄에 대하여, 의에 대하여, 심판에 대하여 세상을 책망하시리라"(요16:7,8)

예수님께서는 제자들에게 자신의 원래 처소인 천상의 나라로 올라가신 후 성령 하나님을 세상에 보내주시리라는 사실을 약속하셨다. 하지만 당시 제자들은 아직 그에 대한 명확한 깨달음이 없었던 것으로 보인다. 그가 떠난다든지 보혜사가 오신다든지 하는 말씀이 마음속 깊이 다가오지 않았을 것이기 때문이다. 그러나 십자가에 달려 돌아가셨다가 부활하신 예수님께서 다시금 이 말씀을 확인시키실 때 저들은 그 의미를 분명히 깨달았을 것이 틀림없다.

사도행전에서는 예수님께서 그 말씀과 더불어 장차 성령으로 말미암아 받게 될 세례에 관한 언급을 하셨다. 세례 요한은 물로 세례를 베풀었으나 이제 얼마 지나지 않아 저들이 성령으로 세례를 받게 되리라는 것이었다. 세례 요한은 요단강에서 물로 세례를 베풀며 잘못된 길을 가고 있던 언약의 백성들에게 회개를 촉구했다. 물론 그 가운데는 약속하신 메시아가 오셨으니 그의 앞으로 나아가야 한다는 의미를 지니고 있다. 그 의미를 깨달은 백성들은 예수 그리스도를 구약성경이 예언해온 그 메시아라는 사실을 믿고 받아들였다.

그런데 예수님께서는, 세례 요한이 요단강에서 물로 베푼 세례가 지향하고 있는 바는 장차 하나님의 자녀들이 성령으로 세례를 받게 되는 것과 연관된다는 사실을 말씀하셨다. 세례 요한의 세례는 하나님을 떠난 배도 행위로부터 돌이키라는 민족적 회개의 촉구와 연관되어 있었다. 하지만 성령께서 오시게 되면 하나님의 자녀들을 불러 진리를 깨닫게 하시며 저들을 세상으로부터 보호하실 뿐 아니라 그에게 속한 모든 백성들이 세상에 심판을 선언하며 엄히 책망하는 일을 하게 된다.

곧 그 성령께서 오셔서 하나님의 백성으로 하여금 세상에서 감당해야 할 일을 알려주시면 신실한 자들은 그에 온전히 순종해야만 한다. 하나님 나라에 속한 모든 백성들이 타락한 세상 가운데서 행해야 할 일은 명확하다. 이는 그당시 예수님의 제자들뿐 아니라 오늘날 지상교회에 속한 성도들에게도 동일한 의미를 지니고 있다. 성숙한 성도들은 이에 대한 분명한 깨달음을 소유하고 있지 않으면 안 된다.

3. 제자들의 왜곡된 관심과 주님의 반응(행1:6-8)

예수님의 제자들이 부활하신 주님과 더불어 한자리에 모였다. 그때 제자들이 주님을 향해 질문했다. 그것은 주님께서 이스라엘 왕국을 회복하실 때가 눈앞에 임박했느냐는 것이었다. 그들의 왜곡된 관심은 오래전인 BC587년 바벨론 제국에 의해 패망한 다윗 왕국이 회복되는 데 있었다. 그들이 갈망하던 것은 역사적인 다윗 왕국이 세상 왕국을 누르고 재건되는 것이었다.

진정한 복음에 대한 이해가 부족하던 당시 이스라엘 백성들은 메시아가 오시게 되면 로마제국을 물리치고 외세의 압제로부터 독립하게 될 것으로 믿었다. 그렇게 하여 다윗 왕국이 다시금 재건된다는 것이다. 예수님을 추종하던 자들 중에도 그것을 소망으로 삼는 자들이 많이 있었다. 따라서 제자들은 예수님께서 '하나님 나라'의 일에 관한 언급하셨을 때 다윗 왕국의 회복에 연관되는 말씀으로 여겼던 것이다.

그러나 예수님께서는 저들의 기대를 충족시킬 만한 답을 주지 않으셨다. 아직 이스라엘 왕국이 회복될 때가 이르지 않았다고 말씀하셨기 때문이다. 예수님의 이 답변은 당장 눈앞에 전개되는 것들이 아니라 자신의 재림과 더불어 이룩될 하나님의 최종 심판에 연관되는 의미로 받아들일 수 있다.

그 대신 제자들에게 하나님께서 자신의 왕국을 완전히 회복할 때와 그것이 이루어질 시기는 오직 성부 하나님께서 자기의 권한 아래 두셨다는 말씀을 하셨다. 따라서 그 때에 대해서는 아무도 알 수 없으므로 그에 대한 지나친 관심을 가지지 말라는 뜻을 보이셨다. 주님께서 알 수 없다고 말씀하신 내용을 인간들이 억지로 알아내려고 한다면 그것은 지극히 어리석은 태도에 지나지 않는다.

부활하신 예수님께서 제자들에게 말씀하신 것은, 오직 성령이 임하시면 저들이 놀라운 권능을 받고 예루살렘과 온 유대와 사마리아와 땅 끝까지 이르러 '자신의 증인이 되리라' 는 사실이다. 우리가 본문 가운데서 눈여겨 볼 점은 '나의 증인이 되라' 는 명령이 아니라 '나의 증인이 되리라' 는 약속의 말씀이다. 이는 참 제자들이라면 주님의 증인이 되는 것이 지극히 당연한 일이 된다는 사실을 말해주고 있다.

4. 부활하신 예수님의 승천과 재림 약속(행1:9-11)

예수님께서는 이 말씀을 마치시고 제자들이 보는 가운데서 천상의 나라로 올라가셨다. 그가 하늘 위로 올라가실 때 점차 구름이 저를 가려 보이지 않게 되었다. 제자들은 예수님이 보이지 않을 때까지 하늘을 자세히 쳐다보았다. 아마도 그들은 오래 전 살아있는 몸으로 천상으로 올라간 에녹과 엘리야를 생각했을 것이다. 그 사람들을 산 채로 천상의 나라로 이끌어 올리신 하나님의 의도 가운데는 나중에 있게 될 그리스도의 승천에 대한 예비적 단계로 미리 보여주신 것인지 모른다.

우리가 여기서 기억해야 할 바는 예수님께서 우주적 공간인 하늘을 지나 요한계시록 4장에 기록된 천상의 나라에 도달했다는 사실이다. 이땅에 오신 하나님의 아들이 자신의 거룩한 사역을 완성하시고 천상으로 올라가셨다. 그것은 급작스럽게 일어난 사건이 아닐 뿐 더러 역사적 정황에 따라 발생한 일이 아니다. 그 일은 하나님의 섭리와 경륜 가운데 이룩된 약속의 성취였기 때문이다.

우리는 예수님께서 천상으로부터 이땅에 내려오실 때 여자의 몸을 통해 인간으로 오신 사실을 분명히 기억한다. 하지만 원래의 자신이 계시던 곳으로 돌아가실 때는 부활하신 몸으로 올라가셨다. 하나님의 거룩한 제물이 되어 십자가에 달리신 예수님께서는 몸으로 부활하셨으며 그 동일한 몸이 천상으로 승천하신 것이다.

많은 사람들이 승천하시는 주님을 쳐다보고 있을 때 하나님의 천사들이 나타났다. 흰 옷 입은 사람의 모습을 지닌 두 천사가 저들에게 말했다: "갈릴리 사람들아 어찌하여 서서 하늘을 쳐다보느냐?" 지금 하늘을 쳐다보며 이제 영원한 이별일 것이라 생각하는 자들에게 그렇지 않다는 사실을 전해 주었던 것이다.

천사들은 승천하신 예수님이 하늘나라로 올라갔듯이 그대로 재림한다는 사실을 언급했다. 이는 예수님께서 올라가신 그 몸 그대로 다시 오시게 된다는 것을 말해 준다. 천사들로부터 재림에 관한 증언의 말을 들은 모든 제자들은 그 말을 마음속 깊이 새기지 않을 수 없었을 것이다. 이는 당시 예수님의 승천을 직접 목격했던 제자들뿐 아니라 신약시대 모든 교회가 받아들여야 할 말씀이기도 하다.

그후부터 모든 제자들은 이 세상에 살아가지만 항상 하늘을 쳐다보며 살았을 것이 틀림없다. 예수님의 제자들과 저들의 신앙을 상속한 모든 성도들은 십자가 사역과 더불어 부활 승천하신 주님이 이땅에 다시 내려오시기를 학수고대(鶴首苦待)했다. 이에 대해서는 오늘날 우리시대 교회에 속한 성도들 역시 마찬가지다. 우리의 신앙은 주님께서 약속하시고 천사들이 증언한 재림 약속을 기다리는 것에 있다. 따라서 모든 성도들의 삶의 의미는 이땅이 아니라 영원한 천상에 존재하는 것이다.

제2장

열두 제자의 언약적인 수의 정립과 성령 강림 준비

(행1:12-26)

1. 성령을 기다리는 예수님의 제자들과 성도들의 간절한 기도

(행1:12-15)

부활하신 예수님께서 사십일간 이땅에 계시다가 천상의 나라로 승천하시게 되자 또다시 제자들만 남은 것 같은 분위기가 되었다. 신앙이 어린 자들이라면 그럴 경우 허전한 마음이 들었을 것이 틀림없다. 하지만 그 제자들은 저들의 감정과 상관없이 여전히 천상에 계시는 주님과 함께 있었다. 그럼에도 불구하고 더 이상 예수님을 육안으로 보거나 함께 행동할 수 없었다.

우리가 여기서 분명히 기억해야 할 바는 주님께서 천상에 올라 가셨으므로 이제부터 그 제자들도 천상에 존재하는 것과 동일한 의미를 지니게 된다는 사실이다. 비록 그들이 세상에서 살아가고 있지만 천상에 속한 자가 되어 있었던 것이다. 주님과 그의 제자들은 결코 서로 분리될 수 없는 관계에 놓여 있기 때문이다.

예수님을 따르는 제자들과 함께 있던 성도들이 감람산으로부터 예루살렘으로 돌아왔다. 그 산과 예루살렘 성읍은 안식일날 걸어가도 별 문제가 되지 않을 만큼 가까운 거리에 있었다. 당시에는 안식일날 규례를 벗어난 5리(2km 정도) 이상의 먼 거리를 걸어가서는 안 되었다. 그것을 어기게 되면 하나님의 율법을 어기는 것으로 간주되었다.

가룟 유다를 제외한 예수님의 남은 제자들은 베드로, 요한, 야고보, 안드레, 빌립, 도마, 바돌로매, 마태, 알패오의 아들 야고보, 셀롯인 시몬, 야고보의 아들 유다 등 열한 명이었다. 그들은 예루살렘에 도착하여 저들이 머물고 있던 다락방으로 올라갔다.[3] 그 자리에는 주님을 따르는 여성들과 예수님의 어머니 마리아와 예수님의 동생들이 함께 있었다.

여기서 우리의 각별한 관심을 끄는 대목은 예수님의 동생들에 관한 문제이다. 그들은 그 전에 형인 예수님을 메시아로 받아들이지 않았다(요7:3-5, 참조). 오히려 저들의 사고 가운데는 형에 대한 불만이 자리잡고 있었다. 그러나 이제는 그 동생들이 예수님을 메시아로 알아보고 그를 믿는 성도가 되어 있었던 것이다.

그리하여 예수님을 따르던 제자들과 갈릴리에서 온 여인들, 그리고 주님의 어머니와 동생들을 비롯한 가족들을 포함하여 그때 모인 성도들의 전체 수가 약 120명 가량 되었다. 그들은 한 마음으로 하나님께 간절히 기도했다. 이는 저들이 할 수 있는 일은 하나님 한 분을 전적으로 의지하는 것 외에 달리 할 수 있는 일이 아무것도 없었음을 말해주고 있다.

그 제자들이 한자리에 모여 한 마음으로 간절히 기도했는데 과연 그들

---

3) 이곳이 과연 마가의 다락방을 말하는지 정확하지는 않으나 그 가능성은 크다. 사도행전 12:12에는 여러 성도들이 마가의 어머니 마리아의 집에 모여 기도한 사실이 기록되어 있다. 또한 예수님께서 십자가를 지시기 전 한 집의 다락방에서 제자들과 함께 특별한 유월절 음식을 먹었는데 그 집을 마가의 다락방으로 보는 자들도 있다(막14:12-16; 눅22:7-13, 참조).

의 기도 내용은 무엇이었을까? 우리가 일반적으로 생각하는 일상생활의 편의에 연관된 기도가 아니었을 것은 분명하다. 적어도 이 세상에서 살아가게 될 방편에 대한 것이나 개인적인 위로를 받고자 하는 마음으로 기도하지는 않았을 것이다.

그들은 그때 예루살렘을 떠나지 말고 성령을 기다리라고 하신 예수님의 말씀을 기억하고 그 일이 곧 성취될 것을 바라보며 기도에 몰두했을 것으로 보인다. 또한 주님이 승천하는 것을 목격한 성도들은 장차 저들이 어떻게 증인의 일을 감당해야 할지 하나님 앞에서 기도했을 것이 틀림없다. 이는 초대교회의 기초가 되는 그 무리가 예수 그리스도의 승천과 더불어 이땅에 보내심을 받게 될 성령 하나님께 모든 소망을 두고 있음을 말해주고 있다.

2. 베드로의 구속사적 특별한 설교 : 가룟 유다의 배신과 새로운 직분자 선출(행1:15-20)

예수님의 제자들과 120여 명 정도의 무리가 예루살렘의 한 다락방에 모여 간절히 기도하고 있는 자리에서 사도 베드로가 그 가운데서 일어났다. 하나님의 계시에 따라 특별한 설교를 하기 위해서였다. 그가 전한 내용은 예수님을 배반한 가룟 유다에 관한 문제와 그를 대신하여 열두 제자들 가운데 결원된 자리를 채우기 위해 한 사람을 따로 선출해야 한다는 성경적인 당위성에 관한 일이었다.

가룟 유다는 은 삼십을 받고 예수님을 사악한 유대인들에게 팔아넘겼다. 당시 그는 자신의 행위가 이스라엘 민족을 위해 정당한 것이라는 어처구니없는 착각을 하고 있었다. 그 일은 베다니에 있던 문둥이 시몬의 집에서 일어난 일이었다. 유다는 그 자리에서 한 여인이 값비싼 향유 한 옥합을 예수님의 머리에 부은 것을 보고 스스로 문제 삼았다.

당시 예루살렘과 가나안 땅에는 먹을 식량이 부족하여 헐벗은 채 살아가는 사람들이 넘쳐났다. 그런 터에 한 여인이 그 값비싼 향유를 그렇게 허비해 버렸다고 생각한 것이다. 그것을 현장에서 목격한 제자들 가운데는 그 여인의 행동이 옳지 않다는 판단을 하는 자들이 있었다. 그것을 팔아 가난한 사람들에게 나누어준다면 매우 요긴하게 사용할 수 있었을 것이라 여겼다. 복음서에는 그에 관한 내용이 구체적으로 기록되어 있다.

> "한 여자가 매우 귀한 향유 한 옥합을 가지고 나아와서 식사하시는 예수의 머리에 부으니 제자들이 보고 분하여 가로되 무슨 의사로 이것을 허비하느뇨 이것을 많은 값에 팔아 가난한 자들에게 줄 수 있었겠도다 하거늘 예수께서 아시고 저희에게 이르시되 너희가 어찌하여 이 여자를 괴롭게 하느냐 저가 내게 좋은 일을 하였느니라 가난한 자들은 항상 너희와 함께 있거니와 나는 항상 함께 있지 아니하리라 이 여자가 내 몸에 이 향유를 부은 것은 내 장사를 위하여 함이니라 내가 진실로 너희에게 이르노니 온 천하에 어디서든지 이 복음이 전파되는 곳에는 이 여자의 행한 일도 말하여 저를 기념하리라 하시니라"(마26:7-13)

그때 여인이 예수님의 머리에 부은 향유의 가격은 삼백 데나리온이 넘는 거액이었다. 제자들 가운데 가룟 유다는 값비싼 향유를 그런 식으로 허비하는 여인과 그것을 보고도 아무런 질책을 하지 않고 도리어 그 행위를 옹호하는 예수님을 이해할 수 없었다(막14:3-6, 참조). 유다는 그런 사고를 가진 자신이 정의로운 자인 양 착각했다.

당시 삼백 데나리온은 보통 노동자들의 일 년치 연봉에 해당되는 큰 액수였다. 그럼에도 불구하고 예수님은 제자들에게 향유를 허비한 여인을 비난하며 괴롭히는 일을 하지 못하도록 하셨다. 자신의 머리에 향유를 부은 그 여인의 행위가 잘못된 것이 아니라 그것은 오히려 자신의 장례를 준비하는 것이며 그가 행한 일이 복음이 전파되는 모든 곳에서 기념되리라고 말씀하셨다.

　가룟 유다는 예수님의 처신과 그에 대한 변명과 요구를 이해하기 어려웠다. 그는 예수님이 참 메시아라면 가난에 찌든 어려운 사람들을 가까이 두고 그런 행동을 용납하는 것은 옳지 않다고 판단했던 것이다. 그리하여 가룟 유다는 예수님을 버리기로 작정하고 제사장들에게 은 삼십을 받고 팔아넘기게 되었다.

　가룟 유다는 당시 이단자 예수를 유대인 당국에 넘김으로써 일시적으로나마 왜곡된 애국자와 영웅으로 대우받았을지도 모른다. 그렇게 하여 유다는 예수님의 행위가 사회적 정의를 추구하려는 자신의 정서적 판단에 맞지 않다는 이유로 끔찍한 배신을 하게 되었다. 그가 받은 은 삼십은 오늘날 우리의 표현으로 한다면 일종의 포상금 같은 성격을 지니고 있었을 것이다.

　그리하여 가룟 유다는 예수님을 팔아넘긴 대가로 제사장들로부터 불의의 삯을 받아 손에 넣었다. 그후 그는 예수님이 유대인 당국에 잡혀가 사형을 언도받는 것을 보고 양심의 가책을 받아 뉘우쳤다. 그것은 물론 진정한 회개가 아니라 인간적인 뉘우침이었다. 따라서 유다는 자기가 받은 은 삼십을 대제사장들과 장로들에게 도로 갖다 주기 위해 성전으로 가서 금고에 던져넣었다. 그리고는 스스로 목매어 자살하였다. 사도행전에 기록된 것처럼 그때 그의 몸이 곤두박질하여 배가 터져 창자가 흘러나오게 되었다(행1:18).

　"때에 예수를 판 유다가 그의 정죄됨을 보고 스스로 뉘우쳐 그 은 삼십을 대제사장들과 장로들에게 도로 갖다 주며 가로되 내가 무죄한 피를 팔고 죄를 범하였도다 하니 저희가 가로되 그것이 우리에게 무슨 상관이 있느냐 네가 당하라 하거늘 유다가 은을 성소에 던져 넣고 물러가서 스스로 목매어 죽은지라 대제사장들이 그 은을 거두며 가로되 이것은 피 값이라 성전고에 넣어 둠이 옳지 않다 하고 의논한 후 이것으로 토기장이의 밭을 사서 나그네의

묘지를 삼았으니 그러므로 오늘날까지 그 밭을 피밭이라 일컫느니라"(마 27:3-8)

제사장들은 가룟 유다가 돌려준 돈을 부정한 것이라 여겼다. 따라서 그들은 그 돈을 되돌려받을 생각이 전혀 없었다. 부정한 유대인들이 자신의 사악한 입장을 망각한 채 부정하다는 평가를 내린 셈이다. 나중 그가 목매어 자살하게 되자 제사장들은 그 더러운 돈을 성전의 금고에 두는 것이 옳지 않다고 여겨 그것으로 토기장이의 밭을 샀다.

우리는 여기서 가룟 유다가 예수님을 팔고 받게 된 은 삼십이 매우 큰 액수였음을 알 수 있다. 그 돈으로 도심지 인근의 상당히 넓은 밭을 살 수 있었기 때문이다. 마치 죽은 가룟 유다가 사게 된 것처럼 된 그 밭은 결국 나그네들의 공동묘지로 사용되었다. 당시 사람들은 그 밭을 '아겔다마' (Akeldama) 곧 '피의 밭'이라 불렀다.

그에 대한 소문은 예루살렘과 가나안 땅에 살고 있던 사람들에게 퍼져나갔다. 이는 많은 사람들이 그것을 보며 가룟 유다의 악한 행위를 알게 되어 중요한 교훈으로 삼을 수 있게 되었음을 말해주고 있다. 우리는 그 모든 것들이 구약성경에 기록된 예언 성취와 밀접하게 연관된다는 사실을 기억해야만 한다.

성경이 언급하고 있는 것처럼 가룟 유다는 본래 열두 제자들 가운데 속한 인물이었다. 그는 제자들이 감당해야 할 직무중에 한 부분을 맡아 행하던 자였다. 그가 담당했던 직책은 돈을 관리하는 회계의 일이었다(요12:6; 13:29, 참조). 그런 그가 사악한 욕망에 사로잡혀 주님을 배신하게 되었으며 결국 자살에 이르고 말았다. 그런데 사도 베드로는 설교 중에 가룟 유다의 악한 행위를 언급하며 구약의 시편을 인용했다. 그 모든 것들은 성경의 예언이 성취된 것이라 말했던 것이다.

"저희 거처로 황폐하게 하시며 그 장막에 거하는 자가 없게 하소서"(시 69:25); "저가 판단을 받을 때에 죄를 지고 나오게 하시며 그 기도가 죄로 변 케 하시며 그 년수를 단촉케 하시며 그 직분을 타인이 취하게 하시며 그 자 녀는 고아가 되고 그 아내는 과부가 되며 그 자녀가 유리 구걸하며 그 황폐 한 집을 떠나 빌어먹게 하소서"(시109:7-10)

사도 베드로는 위에 기록된 시편을 인용하며 그것이 가룟 유다에게 적 용된다는 사실을 말했다. 그는 구약의 시편에 기록된 내용을 계시받아 당 시의 상황에 적용하고 있는 것이다. 즉 가룟 유다가 주님을 배반한 대가로 받은 돈으로 밭을 사게 될 사실에 연관된 것들은 성경에 미리 예언되어 있 다는 점을 설교했던 것이다.

그리고 유다가 죽은 다음 주님께서 처음부터 확립하신 열두 제자들 가 운데 결원이 생겼을 때 그 수를 채우는 것도 성경에 예언된 것이라는 사실 을 언급하고 있다. 그것은 형편에 따른 즉흥적인 판단이 아니라는 사실을 의미한다. 즉 열두 명인 제자들의 수를 온전한 수로 다시금 채우는 것은 단순한 분위기로 인한 것이 아니라 구속사 가운데 마땅히 행해야 할 일이 라는 것이었다.

3. 사도의 기본 자격과 보완의 필요성(행1:21,22)

이스라엘의 열두 지파와 더불어 언약의 수라 할 수 있는 열두 명의 사 도들을 채우기 위해서는 기본적인 자격이 충족되어야만 했다. 즉 개인이 원한다고 해서 아무나 자원해서 사도가 될 수는 없었다. 나아가 일반적인 윤리 수준이나 개인적인 능력이 그 근본 요건이 되는 것도 아니었다.

사도가 되기 위한 가장 기본적인 조건은 예수님의 공사역 기간 동안 그와 더불어 제자들과 가까이 지내던 인물이어야 했다. 그런 자라면 원래부터 예수님뿐 아니라 다른 모든 제자들과도 깊은 친분이 있을 수밖에 없다. 이는 여러 제자들은 이미 그의 신앙에 대해서 잘 알고 있어야 한다는 사실을 말해주고 있다.

예수님께서는 세례 요한으로부터 세례를 받고나서 십자가 사역을 마치신 후 부활 승천하실 때까지 제자들과 함께 계셨다. 그 주변에는 열두 제자에 속한 것은 아니지만 항상 가까이 지낸 신실한 성도들이 상당수 있었다. 그런 자들은 예수님의 모든 사역을 직접 목격하고 그의 가르침과 교훈을 직접 들었다. 성경은 그와 같은 성도들 가운데 한 사람이 사도로 선출되어야만 한다는 사실을 언급하고 있다. 즉 그들 중에 한 사람이 사도로 세워져 열두 제자의 수에 가입하면 자연스럽게 원래의 의미를 되살릴 수 있게 된다는 것이다.

베드로는 한 사람의 새로운 사도를 택하여 열두 명의 수를 채워야 할 이유가 예수님의 부활을 증거하기 위해서라는 사실을 말했다. 그렇다면 한 명이 부족한 열한 명으로는 되지 않을 그 무엇이라도 있다는 말인가? 왜 굳이 열두 명의 수를 채워야만 했을까? 일반적으로 생각하기에는 열두 명 가운데 한 사람의 결원이 생겼다고 할지라도 크게 불편한 일은 없었을 것으로 여겨진다.

우리는 여기서 매우 중요한 의미를 생각해 볼 수 있어야 한다. 굳이 그 한 명을 택하여 세우는 가장 기본적인 이유 가운데 하나는 열두 명으로 정립된 사도들의 터 위에 성령께서 강림하시게 될 것이었기 때문이다. 즉 열두 명의 사도의 수를 다시금 정비해야 하는 목적은 성령 강림을 준비하는 언약적인 성격을 지니고 있었던 것이다.

이는 사실 나중에 세워지게 될 지상교회와 연관하여 매우 중요한 의미를 지니고 있는 것으로 이해해야 한다. 당시 부활 승천하신 성자 하나님은 천상으로 올라가셨으므로 이제 지상에 계시지 않았다. 또한 성령 하나님께서는 아직 세상에 내려오시지 않았으므로 천상의 나라에 계셨다.

성령이 강림하시게 될 구체적인 영역은 예수님께서 피로 값 주고 사신 교회의 기초인 열두 명의 제자들이었다. 원래의 제자들 가운데 있던 가룟 유다가 주님을 배신함으로써 한 사람의 결원이 생겼을 때 그 온전한 수를 채우고자 한 것은 교회의 모체로서 가장 기본적인 언약적인 의미를 완성시키는 것이었다. 그들을 중심으로 한 맨 처음 교회 위에 성령 하나님이 임하시게 되는 것이다.

4. 새로운 사도의 선출 방법 및 열두 사도의 확립과 교훈
(행1:23-26)

앞에서도 잠시 언급한 것처럼 예수님의 제자가 열두 명이었던 것은 형편에 따른 것이 아니라 구약시대 열두 지파가 지닌 언약에 밀접하게 연관되어 있었다. 예수님께서 열두 제자들을 특별히 택하여 부르심으로써 그에 대한 의미를 충분히 보여주셨다. 물론 당시 제자들은 그 숫자에 관한 의미를 깨닫고 있었을 것이 분명하다.

따라서 가룟 유다가 예수님을 제사장들에게 팔아넘긴 다음부터 열두 명이 되어야 할 사도들의 수는 열한 명이 되어 불안정한 상태가 되었다. 그리하여 이제 그동안 예수님을 따르며 그의 제자들과 가까이 지내던 형제들 가운데 한 사람을 뽑아 다시금 그 수를 채워야만 했다. 베드로가 앞의 설교에서 밝힌 것처럼 그것은 사정에 의한 선택사항이 아니라 언약에 따라 마땅히 행해야만 할 일이었다.

베드로를 비롯한 예수님의 열한 제자들은 신실한 형제들 가운데 한 사람을 일방적으로 지명하지 않았다. 만일 그렇게 되면 그에게 부여될 사도적 권위가 하나님이 아니라 제자들에게 예속된 것처럼 보일 수 있다. 또한 사도들은 아무나 그에 속하게 될 수 있도록 회중에게 그 일을 맡기지도 않았다. 그것은 매우 중요한 일이었기 때문에 하나님께서 요구하시는 원리에 따라 행해야만 했다.

그러므로 열한 명의 사도들은 먼저 기본적인 자격을 갖춘 두 사람을 추천했다. 아마도 그들 외에도 자격을 갖춘 사람들이 더 많이 있었을 것이지만 확정된 원리에 따라 두 사람으로 줄였던 것으로 보인다. 그들 가운데 한 사람은 바사바 혹은 유스도라 불리는 요셉이었고 다른 한 사람은 맛디아였다. 사도들은 그 두 명을 공적으로 추천했지만 그들 중에 누가 열두 사도의 수에 충원될지 알지 못했다.

우리가 여기서 반드시 기억해야 할 바는 그 두 사람 모두 아무런 차별 없이 공히 기본적인 자격 요건을 갖춘 인물들이었다는 사실이다. 그들 중에 누가 더 훌륭하며 덜 훌륭한지에 대해서 아무런 차이가 나지 않았다. 즉 두 사람 가운데 누가 사도로 뽑힌다고 해도 아무런 문제가 없었던 것이다.

그러므로 예수님의 열한 제자들은 여러 성도들 앞에서, 새로운 사도를 선출하는 문제를 두고 하나님께서 자신의 뜻을 보여주시도록 먼저 간구했다. 즉 두 사람 가운데 하나를 선택하기 위하여 제비를 뽑기 전에, "모든 사람들의 마음을 아시는 주여 이 두 사람 중에 누가 주의 택하신 바 되어 봉사와 및 사도의 직무를 대신할 자를 보이시옵소서 유다는 이를 버리고 제 곳으로 갔나이다"라고 기도했던 것이다.

우리는 여기서 새로운 한 사도를 선택하는 것은 전적으로 하나님께 달린 일이라는 사실을 알 수 있다. 즉 당시 어느 누구도 임의로 사람을 택해 사도로 지명할 수 없었다. 심지어는 사도들이 특정인을 임명해서도 안 되었다. 구속사와 연관된 그 일은 사도들이나 회중에게 맡겨지지 않았다. 오직 하나님께서 자신의 몸 된 교회를 위하여 봉사와 사도의 직무를 감당하게 될 자를 뽑으시게 된다.

그에 대한 의미를 잘 알고 있는 사도들은 기도를 마친 후 여러 사람들이 보는 앞에서 제비를 뽑았다. 그 결과 맛디아가 새로운 사도로 뽑히게 되었다.[4] 이로써 그가 열한 명의 사도들과 더불어 행할 사도의 직무를 맡았다. 이제 승천하신 예수님의 약속대로 천상으로부터 성령께서 오실 때 그를 영접하기 위한 기본 요건이 완성된 것이다.

이 과정을 통해 우리는 봉사의 직무를 감당하기 위한 신약시대의 직분에 연관된 교훈을 얻을 수 있다. 신약시대 교회는 열두 사도들의 터 위에 세워졌지만 성경에서 요구하는 다양한 직분자들을 선택해 하나님의 사역을 맡기게 되었다. 맨 처음 열두 명의 사도들의 수를 채우는 원리에서 본다면, 직분은 특정 개인이나 집단이 원하는 사람을 임명하여 세우거나 스스로 자원할 수 있는 성질의 것이 아니다. 오직 하나님께서 교회를 통해 직분자를 세우게 되며 그것을 위해 성도들은 기도하는 가운데 하나님의 뜻을 알아가야 한다.

또한 우리는 직분자로 선출되는 것뿐 아니라 직분자의 자격요건을 갖추는 것이 더욱 중요하다는 사실을 기억해야 한다. 교회 안에 목사와 장로와 집사가 될 수 있는 기본적인 자격조건을 갖춘 자들이 많다면 건강한 교회라 말할 수 있다. 교회가 그들 가운데 누구에게 직분을 맡긴다 해도 그 일을 잘 감당해 낼 수 있을 것이기 때문이다.

하지만 교회 안에 직분을 맡길 만한 기본 요건을 갖춘 교인들이 없거나 부족하다면 그 교회는 매우 연약한 교회라 말할 수밖에 없다. 그렇게 되면 교회를 세워가기 위한 직분자의 수가 턱없이 부족하거나 무자격자가

---

4) 맛디아가 열두 명의 사도를 충원하는 새로운 사도로서 선출된 후 그의 개별적인 활동에 대한 기록은 성경에 나타나지 않는다. 그 대신 오순절 성령께서 강림하신 후 열두 명의 사도가 단체로 활동하는 예들이 사도행전에 나타나고 있다. 이를 통해 열두 명의 사도의 수가 채워져야만 했던 그 이유와 의미를 알 수 있게 된다. 우리가 또한 기억해야 할 점은 열두 사도들 사이에 우열이 존재하지 않았다는 사실이다. 다른 열한 사도들은 예수님께서 직접 지명하여 부르신 자들이었던데 반해 맛디아는 사도들에 의해 선출되었다. 이는 사도들의 권위가 부활 승천하신 예수님에 의해 완벽하게 위임되었다는 사실을 말해주고 있다.

직분을 맡게 되는 일이 발생할 우려가 생겨난다. 따라서 교회는 항상 참된 신학과 신앙이 성숙한 성도들을 많이 양육하기 위해 최선의 노력을 기울여야만 하는 것이다.

제3장
오순절 성령 강림과 방언
(행2:1-13)

1. 마지막 오순절(행2:1a)

모세 오경에서 언약의 자손들로 하여금 반드시 지키도록 요구한 오순절은 곡물의 추수와 결실에 연관되어 있다. 이 절기는 특히 유월절 이후 50일 째 되는 날에 해당하는 날이다. 사도행전 본문에 언급된 오순절은 이스라엘 민족의 구약 구속사 가운데 시행된 마지막 유월절로부터 직결된 오순절이었다.

구약시대의 모든 절기들은 기본적으로 장차 오실 메시아와 그의 십자가 사역에 관련되어 있다. 그리고 그 가운데는 성령 강림과 하나님의 나라에 대한 예표로 나타나는 경우가 많이 있었다. 따라서 구약시대의 성도들은 각종 절기들을 지키면서 나중에 맺히게 될 구원의 결실을 기대하며 살아갔다.

성자 하나님께서는 인간의 몸을 입고 하나님의 어린 양으로서 이 세상에 오셨다. 그러므로 세례 요한은 예수님께서 자기 앞으로 나아오시는 것을 보며, '보라 세상 죄를 지고 가는 하나님의 어린 양이로다' (요1:29)라고 선포했다. 이 말은 예수님이 하나님의 완벽한 희생제물이 되어 바쳐지게 될 것에 연관된 언급이다.

이 모든 일은 예수님의 십자가 사역을 통해 완성되었다. 예수님이 십자가에 달려 죽게 된 사건은 창세전 하나님의 선택을 받은 성도들을 위해 허락된 영원토록 효력 있는 제사였다. 따라서 그 일이 있었던 유월절은 이스라엘 민족 가운데 존재했던 마지막 유월절이었다. 그 이후로는 더 이상 유월절 절기를 지킬 필요가 없게 된다.

우리는 예수님께서 십자가에 달려 마지막 숨이 끊어질 때 성소와 지성소를 가로막고 있던 성전 휘장이 찢어졌던 사실을 기억한다. 그것은 영원한 제물이신 하나님의 아들이 지성소에 계시는 하나님께 바쳐졌음을 의미하고 있다. 구약시대의 모든 제물들은 이 완벽한 제물에 대한 예표적 성격을 지니고 있었다. 이렇게 하여 마지막 유월절의 의미가 완성되었다.

우리가 여기서 반드시 기억해야 할 바는 마지막 유월절 뒤에 따라온 오순절은 앞선 절기와 밀접하게 연관되어 있었다는 사실이다. 완벽한 유월절 어린 양인 예수님이 십자가에 달려 돌아가심으로써 하나님과 화해를 이루어 모든 구원사역이 성취되었다. 또한 그가 죽음에서 부활하여 승천하신 후 오순절이 이르러 그 모든 것을 완성하는 결실의 의미를 지닌 성령 강림이 이루어지게 된 것이다.

2. 오순절 날 성도들이 '한 곳' (one place)에 모임(행2:1b)

예수님께서 승천하신 후 가룟 유다 대신에 새로 선출된 맛디아를 포함한 예수님의 열두 제자들과 여러 성도들이 한자리에 모였다. 그들은 예수님의 지상 사역 중에 약속되었을 뿐 아니라, 그가 승천하시기 전 약속하시고 명하신 대로 예루살렘에서 성령을 기다리고 있었다. 전체적인 문맥을 생각해 볼 때 그들은 그 오순절날 성령께서 강림하시리라는 사실을 어느 정도 예견하고 있었던 것으로 보인다.

당시 예루살렘에는 오순절 절기를 지키기 위해 여러 지역에서 사람들이 몰려들었다. 그들 가운데는 약속의 땅 가나안 내의 여러 지역에서 온 사람들뿐 아니라 당시 전 세계로부터 많은 언약의 백성들이 방문하고 있는 상태였다. 예수님의 제자들도 왁자지껄한 그 절기 분위기에 휩싸여 있었을 것이 틀림없다.

원근각지(遠近各地)에서 찾아온 유대인들을 비롯한 이방인 출신의 경건한 사람들 가운데는 구약의 절기를 종교적인 관례에 따라 지키고 있는 경우가 많았다. 그들은 조상들이 줄곧 해오던 대로 절기를 지키는 것 자체에 큰 의미를 두고 있었던 것이다. 또한 이방인으로서 언약의 백성이 된 자들은 성지(聖地)를 찾아와 절기를 지키는 것 자체로서 감개무량했을 것이 분명하다.

예루살렘을 방문한 사람들은 한결같이 거룩한 하나님의 성전을 마음 중심에 두고 있었다. 오순절날 그들은 성전을 찾아가 절기를 지키며 대열에 참여했다. 예수님을 따르던 제자들 역시 다른 사람들과 함께 예루살렘 성전으로 나아가는 것은 지극히 자연스러운 일이었다.

그러나 주님의 제자들은 성전에 들어가 있었지만 일반 유대인들과 전혀 다른 입장을 가지고 있었다. 그들은 다른 사람들과 함께 성전에 있으면서도 메시아에 대한 저들의 믿음은 전혀 달랐다. 이미 메시아가 오셔서 그 사역을 완성하셨음에도 불구하고 다수의 유대인들은 그 사실을 알지 못하고 있었던 것이다.

예수님에 대한 소문을 들어 알고 있는 사람들도 그를 메시아로 인정하지 않았다. 그들은 오히려 그를 적극적으로 배척하고 있었다. 하지만 예수님을 따르는 제자들은 그가 곧 하나님의 아들 메시아라는 사실을 알고 마지막 유월절 다음에 따라온 최후의 오순절을 지키며 성령 강림을 기다렸다.

우리는 당시 예루살렘 성전의 절기 분위기를 떠올려볼 수 있다. 많은 유대인들은 오순절을 지키며 마음이 들떠 있었을 것이 틀림없다. 이미 메시아가 오셔서 모든 사역을 감당했음에도 불구하고 무지한 자들은 장차 오실 메시아를 기다리며 제사를 지내는 가운데 구약의 규례를 지키기 위해 최선을 다했을 것이다. 그 사람들은 대개 성전 뜰이나 바깥에서 분주하게 절기행사에 참여했으리라는 사실을 짐작할 수 있다.

그때 예수님의 제자들과 그를 따르던 무리도 성전 경내의 한 곳에 모였을 것이다. 그들은 약속된 성령께서 곧 강림하시리라 기대하고 있었을 것이 분명하다. 대다수 유대인들이 오순절 절기행사로 인해 성전 뜰을 비롯한 바깥에서 분주하게 시간을 보냈을 것으로 짐작된다. 그에 반해 주님을 따르는 성도들은 저들과 동일한 마음으로 적극적인 행사 참여를 한 것이 아니라 전혀 다른 태도를 보였을 것이다.

예수님의 제자들과 함께한 성도들은 다른 사람들과 달리 성전 내부의 한적한 한 곳에 조용히 따로 모였을 것으로 보인다.[5] 당시의 '헤롯 성전'은 맨 처음 건립되었던 '솔로몬 성전'보다 엄청나게 큰 규모였다. 그래서 군데군데 부속시설의 공간이 있었다. 열두 제자들을 포함한 예수님을 따르던 무리는 그 공간들 가운데 한 곳에 자리잡고 모였다. 우리는 여기서 저들이 모인 곳이 밀폐된 공간이었던 것으로 단정지어 생각할 필요

---

5) 상당수 사람들이 성령께서 강림하신 장소가 '마가 다락방'이라 주장하지만 그 것은 근거가 없는 생각이다. 다락방은 구약의 절기들에 연관된 구속사적인 의미가 없다. 그에 반해 예루살렘 성전은 구속사적인 의미를 지니고 있다. 따라서 오순절날 성령께서 강림하신 장소를 성전으로 이해하는 것이 자연스럽다. 어쩌면 그 장소가 '솔로몬의 행각'이었을 수도 있다. 요한복음 10:23에는 예수님께서 수전절 날 그곳에서 교훈을 베푼 기록이 나타난다. 그리고 사도행전 3:11과 5:12에도 솔로몬의 행각에 관한 기록이 나온다.

는 없다.

그때 예루살렘 성전에 모인 성도들은 동일한 성전에 모여 있었지만 다른 일반 유대인들과 완전히 구별되었다. 그들은 예수님이 완벽한 희생제물로서 하나님께 바쳐진 사실을 알고 있었기 때문에 더 이상 제사장들의 제사행위를 받아들이지 않았다. 그 대신 이미 오신 메시아를 믿으며 승천하신 그가 천상의 나라로부터 성령을 보내실 것을 고대하며 그곳에 모였다. 그들은 한 곳에 모여 하나님께서 행하실 놀라운 일을 기다리고 있었던 것이다.

3. 성령 강림(행2:2,3)

십자가 사역을 완성하시고 부활 승천하신 예수님을 구주로 믿는 무리들이 성전 경내의 '한 곳'에 모여 있을 때 약속된 성령이 임하셨다. 갑자기 하늘로부터 급하고 강한 바람 같은 소리가 저들이 있는 온 집(house)[6]에 가득했다. 그리고 불의 혀같이 갈라지는 것이 저들에게 보였다. 그것이 거기 모인 각 성도들 위에 임하게 되었다.

이는 성령께서 그 자리에 있던 성도들이 귀로 들을 수 있게 임했음과 눈으로 볼 수 있도록 임하셨다는 사실을 말해준다. 이는 성령 강림이 상징적이거나 관념적인 것이 아니라 실제로 성도들 가운데 임하게 되었음을 증거하고 있다. 즉 성령께서 구체적으로 하나님의 자녀들 가운데 임하시게 된 것이다.

바로 그곳에 모인 사람들이 하나님의 성령을 받음으로써 교회의 가장 기초가 되는 모체 역할을 하게 되었다. 이후에 세상에 흩어져 존재하게 된

---

6) 이는 '방(room)'과는 구별되는 개념으로 이해해야 한다. 또한 여기서 말하는 '집'은 우리가 생각하는 독립적인 가옥이라기보다 구별된 공간으로 보는 것이 자연스럽다.

교회들은 하나같이 그 처음 교회에 속해 있어야 한다. 나아가 역사 가운데 세워지게 된 다양한 종족의 모든 참된 교회들도 원리상 모체가 되는 그 교회에 속한 의미를 지니고 있다.

우리가 여기서 반드시 기억해야 할 바는 성령께서 '여러 곳' 이 아니라 '한 곳' 에 오셨다는 사실이다. 즉 그는 이땅에 오셨지만 여기저기 동시에 오시지 않았을 뿐더러 전 지구상에 편만한 상태로 오신 것이 아니었다. 다시 말해 성령은 마지막 오순절날 바로 '그 곳' 이외에 지구 위 다른 어디에도 오시지 않았다. 나아가 가나안 땅 다른 지역에 동시에 강림하신 것도 아니었다.

예수님의 열두 제자들과 거기 함께 모여 있던 모든 성도들 위에 성령께서 임하심으로써 지상교회의 기초가 설립되었다. 이제 그 교회가 공간적으로는 세계 여러 지역으로 퍼져나갈 것이며 역사적으로는 종말을 향해 점차 자라가게 된다. 이렇게 하여 마지막 유월절날 있었던 예수 그리스도의 십자가 사역과 더불어 그에 따른 오순절날 강림하신 성령에 의해 지상교회가 세워지게 되었다. 따라서 예수 그리스도와 성령과 교회는 상호 불가분리(不可分離)의 관계에 놓이게 된 것이다.

4. 성령 강림으로 인한 놀라운 사건(행2:4)

이 세상 가운데 오신 성령 하나님에 대한 인격적인 증거는 정해진 특별한 영역 이외의 다른 곳에서는 나타나지 않는다. 즉 이 세상 모든 곳에서 그의 인격적 사역이 드러나는 것이 아니라 오직 하나님의 자녀들에게 연관되어 교회 가운데 나타난다. 예수님께서 이 세상에 오셨을 때는 누구나 그를 볼 수 있었으며 만나 대화하는 것이 가능했다. 인간의 몸으로 오신 예수님은 완벽한 하나님인 동시에 완벽한 인간이었기 때문이다.

세상에서 모든 사역을 완성하신 예수 그리스도께서 승천하신 후 오순절이 이르자 약속하신 대로 그를 믿는 성도들에게 성령이 임하셨다. 그것은 보통 인간으로서는 도저히 이해할 수 없는 놀라운 사건이었다. 그것은 과거 노아 홍수나 이스라엘 백성이 홍해바다를 건너 시내광야에서 사십 년 동안 경험했던 모든 기적보다 훨씬 더 큰 사건이었다.

오순절 성령 강림 사건은 예수 그리스도께서 인간의 몸을 입고 이땅에 오신 것과 동등한 놀라운 일이었다. 그러나 하나님의 은혜와 상관이 없는 사람들은 그 놀라운 사건에 대하여 전혀 알지 못했다. 인간들은 눈으로 볼 수 없으면서 인격적으로 교회 가운데 계시는 그 하나님을 알 수 없었던 것이다.

예수님께서 이땅에 오셨을 때는 외부적으로 가시적인 많은 사건들이 동반되었다. 동방박사들이 멀리서 예루살렘을 방문한 것이나 헤롯왕의 정부가 아기 예수를 죽이기 위해 베들레헴 인근의 두 살 아래 아이들을 살해한 사건, 그리고 양 치던 목동들이 메시아로 인해 하나님을 경배하던 일 등이 그렇다.

그리고 예수님께서는 많은 병자들을 고치시고 귀신을 쫓아내시며 오병이어의 기적을 일으키시는 등 많은 이적들을 행하셨다. 그리고 많은 사람들이 보는 앞에서 십자가 사역에 연관된 모든 일들을 감당하셨다. 하나님을 온전히 믿지 않거나 알지 못하는 자들도 그 모든 것들을 그대로 볼 수 있었다.

이에 반해 성령께서 강림하셨을 때는 하나님의 자녀들이 영적인 눈으로 그것을 직접 보고 들으며 체험할 수 있었다. 그것은 예수 그리스도를 믿는 성도들에게 성령 충만으로 나타났다. 하지만 그리스도를 알지 못하는 다른 사람들은 그에 대한 아무런 인식조차 없었다. 즉 일반 사람들은 성령의 사역을 보면서도 그것이 성령으로 말미암은 것인지 다른 어떤 현상 때문인지 구별하지 못했다.

오순절날 성령을 받은 사람들에게는 각기 다른 방언으로 말하는 놀라운 일이 발생했다. 그것은 저들이 의도하거나 기대한 결과로 말미암은 것이 아니었다. 전적으로 성령께서 하나님의 자녀들에게 허락하신 선물이었다. 우리는 그 사건을 구속사적인 특별한 사건으로 맨 처음 오순절 기간에만 허락되었던 단회적인 은사로 이해한다. 즉 그후에도 그 은사가 지속적으로 진행된 것 같아 보이지 않기 때문이다.

주님의 제자들이 성령으로부터 방언을 받게 된 것은 단순한 기적을 넘어 매우 특별한 의미를 지니고 있다. 그것은 그들이 자신의 개인적인 의도와 판단 혹은 목적에 따라 말하지 않았다는 사실과 통하는 개념이기 때문이다. 우리는 그 오순절 기간에 있었던 특별한 은사가 영속적인 의미를 지니는 것으로 이해해야 한다.

분명한 사실은 그와 같은 은사적인 사건이 오순절 성령께서 임하신 매우 초기에 있었던 일이지만 역사적인 모든 교회를 지배하는 성격을 지니고 있다는 점이다. 그 원리는 오늘날 우리에게까지 그대로 유효한 영향을 미치고 있다. 따라서 지상교회에 속한 모든 성도들은 원리적으로 볼 때 개인의 이성과 경험이 아니라 성령의 도우심에 따라 하나님께서 허락하시는 범위 안에서 진리를 말해야 하는 것이다.

5. 방언과 경건한 유대인들을 향한 선포(행2:5-11)

당시 혈통적인 유대인들뿐 아니라 이방인으로서 유대교에 들어온 경건한 자들도 오순절을 지키기 위해 예루살렘으로 몰려왔다. 그들 가운데는 멀리 떨어진 지역에서 방문한 자들이 많이 있었다. 즉 그들은 로마제국의 여러 지역 곧 지금의 유럽과 아시아, 아프리카 등지에서 온 사람들이었다.

그들 중에는 바대인, 메대인, 엘림인들이 있었으며, 메소보다미아, 유대, 가바도기아, 본도, 아시아, 브루기아, 밤빌리아, 애굽, 구레네 근처의

리비야 여러 지역, 로마, 그레데, 아라비아 등지로부터 온 나그네들이 있었다. 그 사람들 가운데는 혈통적 유대인들도 있었지만 이방인으로서 유대교에 들어온 자들도 상당수 있었다.

그런 중에 일반 유대교인들로서는 상상조차 할 수 없는 놀라운 일이 발생하게 되었다. 하나님의 성령이 임하시게 되자 그를 힘입은 제자들이 예루살렘 성전에서부터 다양한 방언으로 말하기 시작했기 때문이다.[7] 멀리 이방 지역에서 온 유대교인들은 예수님의 제자들이 각각 자기들이 태어난 곳 방언으로 말하는 것을 듣고 깜짝 놀라지 않을 수 없었다. 왜냐하면 이처럼 다양한 지역의 언어로 말하는 예수님의 제자들이 외부 언어를 배운 적이 없는 가나안 땅 갈릴리 출신 사람들이었기 때문이다.

당시 갈릴리 사람들은 대개 가난했기 때문에 먼 지역을 여행하거나 높은 수준의 교육을 받을 만한 형편이 되지 못했다. 그리하여 보잘것없어 보이는 시골 출신의 그 사람들이 자기들이 태어난 곳 방언으로 말하는 것을 보고 적잖은 소동이 일어났다. 그것은 상식에 비추어볼 때 결코 있을 수 없는 일이었다.

방언으로 말하는 그 놀라운 사건은 예루살렘 성전에서부터 행해진 것으로 이해해야 한다. 앞에서 이미 언급한 것처럼 그들이 성전 경내에 있었으므로 곧바로 거기 모인 이방의 여러 지역 사람들이 사용하는 방언으로 선포하기 시작했던 것이다. 그것은 하나님의 구원을 선포하는 동시에 배도자들이 터 잡고 있는 예루살렘 성전을 향한 심판의 의미를 동반하고 있는 것으로 볼 수 있다.

예수님의 제자들이 거기 모인 사람들의 난 곳 방언으로 말했지만 말하는 당사자들이 그 말의 구체적인 뜻을 명확하게 이해하고 있었는지에 대해서는 잘 알 수 없다. 성령에 이끌려 다른 언어를 사용하면서도 자기가

---

7) 이 방언은 나중 고린도전서에 기록된 방언과는 다르다. 즉 나중에 언급된 은사로서의 방언은 사람들이 일반적으로 사용하는 언어와는 다른 신비한 언어였다.

무슨 말을 하는지 잘 몰랐을 가능성이 크기 때문이다. 물론 그들은 자신의 입술을 통해 하나님의 복음이 선포되고 있다는 사실을 명확하게 인식했을 것은 분명하다.

그들은 과거에 배우거나 들어본 적이 없는 각 지역의 방언을 통해 '하나님의 큰 일'을 선포했다. 출신 지역에 따라 그 말을 듣는 모든 사람들이 예수님의 제자들을 통해 '하나님의 큰 일'에 관한 사실을 들을 수 있었다. 우리는 그때 선포된 하나님의 큰 일이 구체적으로 무슨 내용이었는지 알기 어렵다. 하지만 전체적으로는 예수 그리스도의 강림과 십자가 사역, 그리고 그의 죽음과 부활 및 승천 사건이 포함되었을 것이다.

우리가 여기서 분명하게 정리해야 할 바는 제자들의 입술을 통해 '여러 언어들'로 표현되었지만 실상은 그것이 '하나'를 말하기 위한 방편이었다는 사실이다. 우리는 과거 바벨탑 사건을 통해 인간의 언어가 혼잡하게 되어 여러 언어들이 생겨나게 된 것을 알고 있다. 그것은 하나님을 떠난 자들에 대한 심판의 성격을 지니고 있었다.

그에 반해 오순절 방언은 여러 언어들을 그 의미상 하나로 통합하는 기능을 하고 있었다. 즉 그때 사용된 방언들은 다양했지만 선포되는 내용은 동일했던 것이다. 따라서 오순절 성령으로 인한 방언은 바벨탑 사건을 통해 다양해진 세상의 언어들을 하나로 극복하는 축복의 의미를 담고 있다.

이와 더불어 우리가 생각해 보아야 할 점은, 오늘날 우리도 실상은 오순절 방언에 연관된 개념의 언어를 사용하고 있다는 사실이다. 이는 고린도전서 12장과 14장에 기록된 은사적인 방언을 포함해서 그렇게 이해되어야 한다. 하나님을 알지 못하는 불신자들은 세상에서 배워 익힌 자기 언어를 사용하여 자기가 원하는 바를 말한다. 즉 바벨탑 심판의 연장선상에서의 언어를 사용하고 있는 것이다.

이에 반해 성령의 사역으로 인해 구원의 반열에 속한 성도들은 이제 세상의 것이 아니라 천상의 언어를 사용하게 된다. 우리가 가지고 있는 성경에 기록된 모든 말씀은 하나님으로부터 계시된 천상의 언어이다. 하나님의 자녀들은 이 세상에 살아가고 있지만 천상의 방언을 사용하고 있는 것이다. 한국에 있든 아프리카나 유럽에 있든 남북 아메리카 어디에 있든 모든 성도들은 성경을 통한 동일한 방언을 사용하고 있다.

지상의 성도들이 이에 대한 올바른 이해를 하는 것은 매우 중요하다. 동일한 지역에 태어나 동일한 언어를 사용하지만 하나님을 알지 못하는 자들과 성도들은 본질적으로 서로 말이 통하지 않는다. 한 쪽은 세상의 언어를 사용하고 있으며 다른 한 쪽은 성경을 통해 천상의 언어를 사용하고 있기 때문이다. 근본 가치 기준을 달리하는 상태에서는 상대방의 생각과 말을 자유롭게 이해할 수 없는 것이다.

그에 반해 일반적으로 사용하는 언어로서는 전혀 말이 통하지 않는 다른 지역의 사람을 만난다고 할지라도 그들이 성경을 가지고 천상의 언어를 사용한다면 서로 말이 통하게 되어 있다. 그들은 본질적으로 동일한 방언을 사용하고 있기 때문이다. 이처럼 오순절 성령 강림 후에 예수님의 제자들이 각각 다른 지역의 여러 언어들로 말하게 된 것은 이와 같은 놀라운 의미를 지니고 있는 것이다.

6. 어리석은 자들의 평가(행 2:12,13)

오순절 성령이 강림하심으로써 예수님의 제자들이 과거에 배우지 않았으면서도 다양한 지역의 방언으로 말하는 것을 본 사람들은 놀라지 않을 수 없었다. 그들은 한결 같이 세상에 대한 염려가 없는 듯 새로운 삶에 직면한 자들로 비쳐졌다. 그것은 누가 봐도 그렇게 보일 만큼 자연스런 모습이었다.

따라서 그 신비로운 광경을 목격한 사람들은 저마다 다양한 판단을 하기에 이르렀다. 사전에 전혀 공부한 적이 없는 언어를 사용하여 다른 지역 사람들에게 말한다는 것이 어떻게 가능하냐는 것이었다. 더욱이 그 사람들이 기쁨으로 가득 차 하나님과 예수 그리스도에 관해 말하는 것을 이해하기 어려웠다.

한편 어떤 사람들은 그 되어가는 일을 보며 저들에 대하여 매우 부정적인 생각을 하기에 이르렀다. 그들은 유대인 사회에서 이미 이단으로 정죄된 예수를 따르며 진리를 선포하는 그 제자들을 조롱했다. 그리하여 다양한 방언으로 말하며 기쁨에 차 있는 그 사람들이 아침부터 이상한 술에 취한 것이 아니냐고 비아냥거렸다. 술에 만취하지 않고서는 결코 그럴 수 없다는 것이 저들의 판단이었다.

그러나 우리가 분명히 알고 있는 것은 그들이 오직 성령으로 충만해 있었다는 사실이다. 그들은 천상으로 올라가신 주님께 속한 성도들로서 몸은 비록 이 세상에 존재하지만 더 이상 세상의 것으로 말미암아 살아가는 자들이 아니었다. 그 사람들은 성령의 인도하심에 따라 다양한 언어들로 하나님의 큰 일을 선포하며 그 진리로 인해 기쁨으로 가득 차 있었다. 그들은 사람의 사고를 무디게 하는 세상의 술이 아니라 성령에 충만했던 것이다.

제2부

사도교회의 설립과 사도들의 사역

제4장

열한 사도와 함께한 베드로의 설교

(행2:14-36)

1. 베드로의 해명(행2:14,15)

오순절날 성령을 받아 다양한 방언으로 '하나님의 큰 일'을 선포하는 성도들을 보며 술이 취한 것이라며 비아냥거리는 사악한 유대인들을 보고, 성령께서 오시기 전 충원된 열두 사도들을 대표하여 베드로가 큰 소리로 외쳤다. 여호와 하나님을 믿으며 그의 언약을 생각한다면 자기의 말을 귀 기울여 들어야 한다는 것이었다.

당시 예수님의 제자들이 전하는 모든 말과 행동은 전적으로 성령의 역사하심에 연관되어 있었다. 하지만 하나님과 성령을 올바르게 알지 못하는 자들은 그 신기한 상황을 이해하지 못했다. 어리석은 자들은 방언을 말하는 성도들이 술이 취해서 하는 행동이라며 그 의미를 왜곡시켰다. 이는 그 전에 볼 수 없었던 놀라운 일로서 달리 이해할 방법이 없었을 뿐더러 하나님으로 말미암은 것이라고 말하기 싫었기 때문이다.

그때 그곳에는 성령을 받은 성도들이 다양한 방언을 말하는 것을 보고 단순히 신기하게 여기는 사람들이 많이 있었다. 하지만 그에 대해 부정적인 태도로 바라보는 자들도 상당수 있었다. 그들은 원래부터 예수님을 비방하던 자들로서 그에 관한 말만 나오면 강력하게 저항하는 유대인 극렬주의자들이었다.

베드로는 그 상황을 비판적인 시각으로 바라보는 자들을 향하여 외쳤다. 특히 성령의 사역을 술 취한 것처럼 호도하는 유대인들에게 그것은 술이 취한 것과 아무런 상관이 없다는 사실을 밝혔다. 아직 시간이 아침 9시밖에 되지 않았기 때문에 사람들이 술을 마시고 취할 시간이 아니라는 점을 강조했다.

이 말은 그들로 하여금 성경에 기록된 하나님의 언약을 기억해 보라는 의미를 담고 있다. 그들의 경전인 구약성경에 메시아와 성령에 관한 예언이 숱하게 많이 나타나고 있다는 것이다. 즉 인간적인 이성과 경험으로 그 모든 상황을 판단할 것이 아니라 성경에 계시된 말씀을 통해 하나님의 뜻을 기억하라는 것이었다.

2. 선지자 요엘을 통한 예언과 적용

(1) 요엘서 인용(행2:16-21)

사도 베드로는 성령께서 강림하시게 되면 그로 말미암아 발생할 여러 일들이 구약성경에 이미 예언되어 있다는 사실을 말했다. 특히 요엘서에 기록된 예언을 언급하며 그에 관한 설명을 더하고 있다. 선지자 요엘은 장차 말세가 이르면 하나님께서 자신의 성령을 모든 육체에게 부어 주시리라는 약속을 하셨다는 것이다.

요엘서 2장 28절에서 32절 본문에는, 앞으로 때가 이르면 언약의 자손들이 예언을 하게 될 것이며 젊은이들 가운데 환상을 보고 늙은이들은 꿈을 꾸게 된다는 사실이 기록되어 있다. 그때 하나님께서는 자기에게 속한 남종과 여종들에게 자신의 성령을 부어주면 저들이 예언을 하게 된다는 것이었다. 그것은 인위적이거나 종교적 열망의 결과가 아니라 전적인 하나님의 선물이었다.

그와 동시에 위로 하늘에서는 놀라운 기적이 일어나며 아래로 땅에서는 다양한 징조들이 발생하여 피와 불과 짙은 연기가 가득하게 된다고 했다. 요엘은 또한 하나님의 크고 영화로운 날이 이르기 전에 그 모든 예언이 반드시 이루어진다는 사실을 언급하고 있다. 하늘의 해가 그 빛을 잃고 어두워지며 밤을 밝히는 달이 변하여 핏빛처럼 된다는 것이었다. 이는 무서운 심판이 이르게 되었음을 선포하는 의미를 지니고 있다. 그와 같은 상황에서 스스로 살아남을 자들은 아무도 없다.

선지자 요엘은 장차 그 때가 이르면 오직 주의 이름을 부르는 자들만 구원을 받을 수 있게 된다는 사실을 예언했다. '누구든지 주의 이름을 부르는 자가 구원을 얻으리라'는 이 약속은 성경의 중심 주제로 받아들여질 수 있는 내용이다. 이 말은 참된 영원한 구원은 결코 인간에게 맡겨진 것이 아니라는 사실을 말해주고 있다. 하나님을 경외하는 성도들은 이에 대한 분명한 깨달음을 소유하고 있어야만 한다.

요엘이 예언한 이 말씀은 신약시대에도 여전히 변함없이 유효한 약속이다. 따라서 사도 바울은 로마에 있는 교회에 보내는 편지에서 그와 동일한 내용을 기록하고 있다(롬10:13). 베드로는 사도행전에서 성령 강림과 더불어 놀라운 일들이 발생하는 것은 결국 자기 백성을 죄와 사망으로부터 구원하기 위한 하나님의 경륜적인 사역에 연관되어 있음을 말해주고 있는 것이다.

(2) 구약의 적용(행2:22-24)

사도 베드로는 하나님의 언약을 소유한 이스라엘 민족을 향하여 외쳤

다. 그는 성자 하나님이자 메시아로 이땅에 오신 나사렛 예수께서 이미 이
스라엘 민족 가운데 놀라운 권능과 큰 기사와 표적들을 베푼 사실을 언급
했다. 그것은 곧 하나님께서 행하신 일로서 언약의 백성들 앞에 직접 보여
주신 증거로 남아 있다. 그 사역은 아무도 볼 수 없는 골방에서 일어난 일
이 아니기 때문에 당시에도 많은 증인들이 남아 있었다.

하나님께서 보내신 그 메시아가 배도에 빠진 유대인 지도자들과 하나
님의 율법을 모르는 이방인들의 손에 의해 십자가에 못 박혀 돌아가시게
되었다. 그에게 일어난 모든 사건들은 넓은 관점에서 볼 때 하나님의 경륜
가운데 발생한 일들이었다. 세상 죄를 지고 가는 하나님의 어린 양으로서
거룩한 제물이 되어 십자가에 내어 주게 된 것은 하나님의 경륜적인 뜻에
연관되어 있었던 것이다. 그 모든 과정을 통해 영원한 구원을 베풀고자 하
는 하나님의 분명한 의도가 드러나고 있었기 때문이다.

결국 예수님께서 사악한 자들에 의해 모진 고난을 당하신 후 십자가에
달려 돌아가셨지만 하나님께서는 그를 죽음에 내버려두지 않으셨다. 세상
죄를 담당하신 주님이 당하신 사망의 고통을 풀어 다시 살리셨던 것이다.
이는 그가 근원적으로 사망에 매여 있을 수 없는 분이었다는 사실을 말해
주고 있다.

앞에서 언급한 대로 하늘과 땅에서 일어난 모든 기적과 징조들은 예수
그리스도의 사역과 밀접하게 연관되어 있었다. 피조물인 하늘과 땅은 조
물주인 성자 하나님의 명령을 듣고 그 앞에서 무릎을 꿇을 수밖에 없다.
우리는 또한 예수 그리스도의 십자가 사역을 포함한 모든 일들은 이땅에
서 뿐 아니라 하늘나라에 연관된 사건이라는 사실을 기억해야 한다. 즉 이
땅에서 발생한 그리스도의 모든 사역들은 천상의 나라와 직접 연관되어
일어난 사건이었다.

그 이적들 가운데는 공중에서 발악하는 사탄을 결박한 일과 이땅에서
그의 악행을 묶는 일이 포함되어 있다. 이와 더불어 하늘에는 해, 달, 별과

연관된 자연 현상으로서의 기적이 일어나기도 하며(마24:29; 막13:24; 계6:12, 참조), 땅에서는 예수 그리스도를 통한 많은 기적들이 일어나기도 했다. 이 모든 것들은 완성된 예수 그리스도의 지상 사역과 성령 강림이 연합하여 일어나게 된 것이다.

3. 다윗의 예언과 적용

(1) 다윗의 시편 인용(행2:25-28)

사도 베드로는 또한 다윗이 계시 받아 기록한 구약의 시편을 인용하고 있다. 다윗은 아직 이땅에 오시지 않은 메시아를 주님으로 언급하며 자신은 항상 그의 앞에 있었다는 사실을 노래하며 예언했다. 성자 하나님이신 그가 험난한 환경 가운데서 살아가는 자기를 흔들리지 않게 보호하시기 위해 항상 자기 우편에 계셨다는 것이다.

그러므로 그의 마음이 기쁨에 넘쳤으며 그의 입술도 여호와 하나님을 찬양하며 즐거움에 가득 찼다는 사실을 말했다. 따라서 자기의 육체는 어지러운 이 세상에 살아가고 있지만 천상의 진정한 소망 가운데 거한다는 것이었다. 다윗에게 그와 같은 소망이 넘쳐날 수 있었던 것은 하나님께서 자신의 영혼을 음부에 버리지 않으신다는 점과 연관되어 있었다. 그리고 하나님의 거룩한 자 곧 장차 오실 메시아는 결코 썩음을 당치 않을 것이기 때문이다.

그 모든 것은 하나님의 전권적인 사역에 달려 있는 것이었다. 다윗은 하나님께서 자기에게 참 생명의 길을 보여주셨으므로 그 앞에서 기쁨과 즐거움이 충만한 상태로 살아갈 수 있었다. 시편에 기록된 그에 관련된 모든 예언들은 인간의 몸을 입고 이땅에 오신 예수 그리스도를 통해 온전히 성취되었다.

(2) 구약의 적용(행2:29-31)

사도 베드로는 언약의 백성들을 향해 저들의 조상 다윗에 관하여 분명히 말할 수 있음을 언급했다. 그것은 모든 사람이 존경하는 믿음의 사람 다윗도 죽어 장사되었다는 것이다. 따라서 다윗의 썩은 시신이 묻힌 묘가 당시에도 저들 가운데 존재한다는 것이었다. 즉 이스라엘 민족 가운데 가장 중요한 인물이라 할 수 있는 언약 왕국의 왕이자 메시아를 예표하는 의미를 지니고 있던 그도 죽어 썩어질 수밖에 없었다는 것이다.

다윗은 이스라엘의 왕인 동시에 하나님의 말씀을 예언하는 선지자였다. 그는 하나님께서 자기 후손 가운데 한 사람으로 오시게 될 메시아를 진정한 왕위에 오르게 하시리라('he would raise up Christ to sit on his throne', ACTS 2:30, KJV, 참조)는 하나님의 약속을 알고 있었다. 그래서 그는 그리스도의 부활에 관하여 미리 내다보고 있었다. 메시아가 오시게 되면 악한 자들에 의하여 죽음에 내어준 바 되겠지만 무덤에 버려둠을 당하지 않고 그의 육체도 썩지 않을 것이라는 사실을 깨닫고 있었던 것이다.

4. 예수 그리스도와 성령에 대한 성격적인 증거(행2:32-36)

다윗이 하나님으로부터 계시된 예언의 말씀을 통해 이미 알고 있었던 것처럼 하나님께서 십자가에 달려 돌아가신 예수 그리스도를 죽음으로부터 살리셨다. 그것은 구약성경에 기록된 예언이 그대로 성취된 것이었다. 당시 베드로 앞에 서 있던 모든 성도들이 그에 대한 실제적인 증인들이었다.

여호와 하나님께서 오른손을 들어 죽음에서 부활하신 예수 그리스도를 천상의 나라로 들어 올리셨다. 그리하여 하나님의 자녀들은 성부 하나님으로부터 그 전에 약속된 성령을 받았다. 그로 인해 모두가 보고 듣는 대로 성령이 임하시게 되었다. 부활하신 예수님께서 승천하심으로써 성부께서 성령 하나님을 지상교회 가운데 보내주셨던 것이다.

예수님은 이스라엘 민족의 가장 중요한 왕으로서 예언자 사역을 감당했던 다윗과는 확연히 달랐다. 다윗은 살아서 승천한 것이 아니었지만 친히 그에 관한 예언을 했다. '주께서 내 주에게 말씀하시기를 내가 네 원수로 네 발등상 되게 하기까지 너는 내 우편에 앉았으라'(시110:1)고 노래했던 것이다. 다윗이 노래한 그 예언이 성취된 사실을 이스라엘 모든 백성이 반드시 알아야 한다는 것이었다.

다윗이 예언한 메시아는 인간의 몸을 입고 이땅에 와서 십자가 사역을 완성하심으로써 승리를 거두셨다. 그 사역을 통해 원수들을 짓밟고 자기 자녀들을 구출해 내셨던 것이다. 그러나 하나님의 뜻하신 바가 최종적으로 완벽하게 성취되기까지 그는 승천하여 하나님의 우편에 앉아있게 된다.

베드로가 열한 사도들과 더불어 선포한 말씀 속에는, 언약의 백성이라 자처하며 다윗을 믿음의 조상이라 믿던 유대인들이 오히려 그가 예언한 메시아를 잔인하게 죽였다는 정죄의 의미가 내포되어 있다. 그들은 예수님을 고문한 후 잔인하게 십자가에 못 박아 죽였다. 그러나 언약에 신실하신 하나님께서는 그를 죽음으로부터 살려 영원한 주님으로서 그리스도의 사역을 감당하도록 하셨다.

이 말은 배도에 빠진 유대인들에게 매우 충격적이자 도전적인 말이 아닐 수 없었다. 베드로가 선포한 말 속에는 유대인들과 하나님은 서로 원수관계에 놓여 있음을 선포하는 의미가 담겨 있었기 때문이다. 입술로는 다윗의 자손이라 주장하면서도 예수님을 죽인 자들과, 그들이 죽인 예수님을 살려 부활하게 하신 하나님은 정반대편에 자리잡고 있다는 것이었다. 그것은 유대인들에게 매우 충격적인 지적이 아닐 수 없었다.

제5장

교회의 원형과 성도들의 삶
(행2:37-47)

1. 사도들을 통한 복음의 선포(행2:37-40)

베드로의 설교를 들은 많은 사람들이 마음에 깊은 찔림을 받았다. 자기가 속한 유대 민족이 감히 하나님의 아들 메시아를 십자가에 못 박아 잔인하게 죽였다는 사실 때문이었다. 그 사실을 알게 된 사람들은 엄청난 당혹감을 느꼈을 것이 분명하다. 그래서 그들은 베드로와 여러 사도들에게 이제 어떻게 하면 좋을지 간절한 마음으로 물었다.

그러자 베드로와 사도들은 먼저 저들의 잘못을 회개하도록 요구했다. 여기서 말하는 회개란 우리가 일반적으로 생각하는 회개와는 다른 것으로 이해해야 한다. 즉 자기가 지은 죄들을 하나하나 가려내어서 하나님 앞에 자복하고 회개하는 것이라기보다 자기의 삶을 하나님께로 온전히 돌이키는 의미를 지니고 있다.

우리가 여기서 반드시 기억해야 할 바는 타락한 인간들은 자기가 지은 구체적인 죄들을 제대로 회개할 수 없는 존재라는 사실이다. 죄에 빠진 인간들은 자기가 죄라고 승인하는 것들만 골라 죄라고 여기지만 그렇지 않은 것은 죄가 아니라고 생각한다. 즉 어떤 경우에는 자기가 잘해서 하나님으로부터 상을 받으리라 기대하지만 실상은 무서운 죄일 수 있다.

이처럼 인간은 스스로 죄가 아니라 판단하는 것에 대해서는 결코 그 죄를 회개할 수 없다. 따라서 본문에 연관된 참된 회개는 자기를 부인하고 예수 그리스도와 함께 십자가에 못 박고자 하는 본질적인 신앙자세와 연관되어 있다(마16:24; 막8:34; 눅9:23). 그것은 주님께서 친히 요구하신 명령으로서 그 고백과 더불어 온전히 주님을 따르는 것이 곧 회개의 기본이 된다.

그리고 베드로는 각 사람이 예수 그리스도의 이름으로 세례를 받고 '죄 사함'을 받으라는 말을 했다. 여기서 언급된 세례란 세례 요한이 베푼 요단강 세례와는 다소 차이가 나는 것으로 이해해야 한다. 요단강에서의 세례는 민족적인 회개와 더불어 시행된 구속사적인 의미를 지닌다면 오순절 성령 강림 이후의 세례는 개인 성도들이 회개하고 받아야 할 교회적 세례와 연관되어 있기 때문이다.

그 세례는 타락한 세상에 대하여 죽어야 하는 자기 포기와 연관되어 있으며 죄 사함과 밀접하게 관련되어 있다(행2:38). 사도 바울은 고린도 교회에 보내는 편지에서 이스라엘 자손이 홍해 바다를 건넌 사건을 '세례'라 칭하고 있으며(고전10:1,2), 사도 베드로는 노아 홍수 사건을 통해 살아난 노아의 가족이 '세례' 받은 것으로 묘사하고 있다(벧전3:20,21).

성경의 세례는 참 생명의 획득과 연관된 거룩한 의례이다. 따라서 사도들은 거기 모인 사람들에게 그와 같은 신앙자세로 세례를 받고 순종하면 성령을 선물로 받게 되리라는 사실을 말했다. 잘못에 대한 회개와 더불어 세상에 대하여 죽고 하나님과 그의 나라에 대하여 살게 될 때 성령이 허락된다. 즉 인간의 종교적인 행위의 결과로서 성령을 받게 되는 것이 아니라 하나님께 속하게 된 자들에게 선물로 주어진다.

하나님으로 말미암아 허락된 그 약속은 거기 모인 사람들과 저들의 자녀들뿐 아니라 멀리서 살아가는 이방인들에게도 허락되는 복음이다. 즉 하나님의 은혜로 말미암아 특별한 부르심을 받은 모든 사람들에게 복음은 보편적으로 개방되었다. 따라서 사도들은 세상의 다양한 언어로써 하나님의 복음을 선포하며 패역한 세대로부터 구원을 받아야 한다는 사실을 선포했던 것이다.

2. 교회의 확장과 사도들의 특별한 사역(행2:41,42)

베드로를 비롯한 사도들로부터 선포된 말씀을 믿음으로 받아들인 사람들은 세례를 받게 되었다. 물론 우리는 그들이 민족 집단적으로 세례를 받은 것이라 생각할 필요가 없다. 당시에는 사도들 이외에도 예수 그리스도로 말미암아 하나님을 진정으로 경외하는 믿는 성도들이 많이 있었다. 아마도 그들을 중심으로 모이는 작은 교회를 이룬 무리들이 많이 있었을 것으로 보인다.

초기의 성도들은 동일한 신앙고백을 하는 이웃들과 더불어 여러 지교회들을 조직했을 것이 분명하다. 그때 많은 사람들이 회개하고 성령을 받아 지교회에 속하게 되었다. 성경에 기록된 대로 당시 세례를 받은 성도들의 수가 삼천 명이 되었다는 기록은 많은 숫자인 것은 분명하다. 그렇지만 숫자 자체를 보며 놀랄 필요는 없다. 그들은 베드로의 설교를 듣고 갑자기 예수를 구주로 영접했다기보다 그전에 이미 예수님을 따라다니던 많은 사람들 가운데 일부였을 것이기 때문이다.

다시 말해 그 사람들은 예수님께서 예루살렘을 비롯한 여러 지역에서 다양한 기적을 일으키며 교훈을 전하실 때 그것을 직접 목격하고 귀로 들었을 것이다. 그들 가운데는 오병이어의 기적이 일어나는 자리에 함께 있었던 자들도 있었을 것이며 예수 그리스도께서 나귀를 탄 왕으로 예루살렘에 입성하실 때 종려나무 가지를 흔들던 자들도 있었을 것이다.

그들이 오순절 성령께서 강림하신 후 성령의 도우심에 힘입어 확실한 신앙고백을 하게 되었다. 그 사람들은 이제 사도들의 교훈을 좇아 여호와 하나님과 예수 그리스도를 섬기게 되었다. 그전에는 예수님께서 행하시는 일을 보고 따라다니기를 좋아했지만 이제는 복음을 깨달은 그들이 모여 하나의 독립적인 신앙공동체로 성장해 가게 된 것이다.

사도교회 시대 초기에 이와 같은 일이 발생한 것은 당시 유대인 사회에 엄청난 충격이 아닐 수 없었다. 회개하고 세례를 받음으로써 새 사람이 되어 주님의 몸된 교회에 속하게 된 사람들은 저들의 삶에 본질적인 큰 변화를 가져왔기 때문이다. 그 모든 성도들은 서로 교제하며 떡을 떼며 오직 기도하기를 힘썼다. 여기서 성도들이 교제한다는 것은 단순한 교제(fellowship)의 차원을 넘어 계시된 말씀과 그리스도의 보혈을 근거로 한 본질적 교제(holy communion)를 그 배경으로 하고 있었다.

그들이 함께 떡을 뗀 것에 관한 내용은 일반적인 식사교제를 넘어 성찬에 연관되는 것으로 받아들이는 것이 자연스럽다. 또한 기도하기를 힘썼다는 말의 의미는 오늘날 많은 교인들이 생각하듯 '기도회'를 많이 개최했다는 뜻과 다르다.[8] 참된 기도는 인간들의 자의적이거나 조직적인 종교 행위를 의미하지 않는다.

사도 바울은 데살로니가 교회에 편지하면서 '쉬지 말고 기도하라'(살전5:17)는 요구를 했다. 오순절 성령께서 강림하셨을 때 모든 성도들은 참된 진리를 깨달아 하나님과의 신령한 교제를 힘쓰고 있었음을 알 수 있다.

---

8) 우리에게 중요한 점은, 기도회를 통해 떠들썩하게 기도하는 것이 아니라 올바른 기도의 삶을 이어가는 것이다. 새벽기도, 철야기도, 방언기도를 자랑하면서 부도덕한 행태를 일삼는 자들에 대한 숱한 언론보도를 보면 그 실상을 쉽게 알 수 있다. 또한 한국 교회의 목사와 장로들이 각종 제목을 붙여 회개기도를 하지만 종교적인 행사로 끝날 뿐 그에 대한 아무런 열매가 없는 것이 우리의 현실이다.

이처럼 우리 역시 예수님께서 요구하시듯 다른 사람들에게 기도를 많이 하는 사람으로 비쳐지는 것을 피하는 가운데 항상 진실로 기도하는 삶의 자세를 유지해야 한다. 사도행전은 성령을 받은 성도들이 초기부터 그와 같은 신령한 삶을 유지했음을 증거하고 있다.

우리는 이 교훈의 의미를 전체적으로 보아 공적인 예배를 향하고 있는 것으로 이해해야 한다. 당시 성도들은, 매 주일날 한자리에 모여 성령의 도우심에 따라 하나님을 경배하는 시간을 가장 소중한 것으로 여겼다. 이는 각 사람이 신앙생활을 열정적으로 함으로써 얻게 되는 종교적인 만족감이 아니라 하나님을 경배하는 공적 예배를 통해 그 의미가 온전히 드러나야만 한다는 사실을 말해 준다.

3. 교회적 삶의 근본 원리와 교회의 성장(행2:43-47)

오순절 성령이 오시게 된 후 사도들을 통하여 놀라운 기적과 표적들이 많이 나타났다. 그것은 하나님께서 지상교회를 강화하고자 하시는 특별한 관여로 이해할 수 있다. 그 광경을 직접 목격하거나 소문을 듣는 모든 성도들은 하나님을 진정으로 경외하는 마음을 가지지 않을 수 없었다. 다양한 형태의 기적들이 일어난다는 것은 가시적인 세상의 것이 전부가 아니라 영원한 세계가 존재한다는 사실을 실증적으로 선포하는 의미를 지니고 있다.

여호와 하나님과 그 아들 예수 그리스도를 믿는 성도들은 함께 모여 공동의 신앙생활을 이어갔다. 그들은 제각각 자기 재산에 대한 선한 관리자로서 물건을 서로 통용하고 재물과 소유를 팔아 각 사람의 필요에 따라 나눠주었다. 이는 성경이 교훈하는 바 기본 원리에 해당된다. 따라서 사도 바울은 고린도 교회에 보내는 두 번째 편지에서 구약성경을 인용하며 그 점을 구체적으로 언급하고 있다.

"이는 다른 사람들은 평안하게 하고 너희는 곤고하게 하려는 것이 아니요 평균케 하려 함이니 이제 너희의 유여한 것으로 저희 부족한 것을 보충함은 후에 저희 유여한 것으로 너희 부족한 것을 보충하여 평균하게 하려 함이라 기록한 것 같이 많이 거둔 자도 남지 아니하였고 적게 거둔 자도 모자라지 아니하였느니라"(고후8:13-15)

바울은 여기서 이스라엘 자손이 출애굽한 후 사십 년간 시내광야에서 생활했던 사실을 언급하고 있다. 당시 백성들은 인간들의 노동의 결과가 아니라 전적인 하나님의 은혜로 인해 만나와 메추라기를 먹고 살아갔다. 그때는 부자나 가난한 자 없이 모두가 적절하게 생활하는 평등한 삶을 유지했던 것이다.

사도 바울이 기록한 위의 말씀은 개체 교회의 공동체적 성격을 잘 보여주고 있다. 특정한 교회에 속한 성도들은 성경의 교훈대로 서로간의 삶을 돌아보아야 하며 생존에 극한 어려움을 겪는 이웃이 있다면 외면하지 말아야 한다. 가난한 이웃과 더불어 모든 것을 나누어야 하는 이 원리는 하나님의 교회 가운데 항상 적용되어야 한다. 즉 성도들 상호간에 평균케 하는 삶의 원리가 적용되지 않으면 안 된다. 이는 물론 규모 있게 살아가는 성실하고 근면한 성도들에게 해당되는 말이다.

하지만 우리는 사도행전에 기록된 초기 교회의 성도들이 사유재산을 포기하는 무소유를 주장했던 것이 아니었음을 기억해야 한다. 또한 그들은 한 집 혹은 한 곳에서 많은 교인들이 모여 집단적 공동체 생활을 한 것도 아니었다. 이는 사도시대 교회가 공산주의나 공산사회를 지향하지 않았다는 사실을 말해준다. 당시 각 성도들은 사유재산을 소유하고 있으면서 하나님께서 허락하신 재산을 자기만을 위해서가 아니라 교회에 속한 성도들의 삶을 기억하며 저들의 필요를 염두에 두고 살아갔다.

오순절 성령 강림 이후, 배도에 빠진 유대인들은 예수님을 따르던 무리의 그런 삶을 이해할 수 없었다. 유대인들은 제각각 종교적으로나 사회적으로 성공하여 기득권을 가지기를 원했을 따름이다. 기득권층 사람들은 그것이 하나님으로부터 받은 축복인 양 착각하며 자랑으로 삼고 있었다. 그러나 주님의 승천 이후 이땅에 강림하신 성령의 지도를 받는 교회와 성도들은 전혀 그렇지 않았다.

당시 하나님을 믿는 백성들은 천상의 나라를 바라보는 가운데 날마다 마음을 같이 하여 '성전'에 모이기를 힘썼다. 이 말 가운데는 예수님의 십자가 사역의 완성에도 불구하고 여전히 예루살렘 성전의 언약적인 의미가 존속되고 있었음을 말해주고 있다. 물론 예외 없이 모든 성도들이 날마다 성전을 방문한 것은 아니었을 것으로 여겨진다. 하지만 사도들을 비롯한 지도자들과 형편이 허락되는 사람들은 날마다 성전을 방문함으로써 구속사 가운데 사도교회를 굳건히 해나갔다.

그리고 모든 성도들은 '집'9)에서 떡을 떼며 기쁨과 순전한 마음으로 함께 음식을 먹었다. 이는 아마도 안식 후 첫날 즉 언약의 날인 매 주일(主日)에 성도들이 교회로 모여 그리스도 안에서(in Crist) 여호와 하나님을 찬미한 것과 연관되는 것으로 보인다. 그들은 예배 중에 떡과 포도주를 나누며 성찬을 베풀었다. 그것은 예수님께서 십자가에 달리시기 전에 제자들에게 이미 요구한 내용이었다(고전11:23, 참조).

또한 공적인 예배 후에는 성도들이 기쁨과 순전한 마음으로 함께 식탁 교제를 나누었다. 온 성도들이 둘러앉아 같이 음식을 먹었던 것이다. 거기

---

9) 신약성경 전반에는 특정 성도의 '집'이 예배 처소의 역할을 한 경우가 많이 나타나고 있다; "내가 또한 '스데바나 집' 사람에게 세례를 주었고 그 외에는 다른 아무에게 세례를 주었는지 알지 못하노라"(고전1:16); "내 형제들아 '글로에의 집' 편으로서 너희에게 대한 말이 내게 들리니 곧 너희 가운데 분쟁이 있다는 것이라"(고전1:11); "라오디게아에 있는 형제들과 '눔바와 그 여자의 집'에 있는 교회에 문안하고"(골4:15); "'브리스가와 아굴라와 및 오네시보로의 집'에 문안하라"(딤후4:19). 이 외에도 여러 곳에서 이와 동일한 내용의 기록을 볼 수 있다.

에서는 부자든지 가난한 사람이든지 아무런 차별 없이 한자리에서 하나님의 은혜를 기억하며 음식을 먹었기 때문에 모두가 평등하게 음식을 대할 수 있었다.

우리가 여기서 반드시 기억해야 할 중요한 점은, 지상교회는 하나님을 예배하는 공동체인 동시에 성도들이 함께 음식을 나누어 먹는 모임이라는 사실이다. 매 주일날 교회에서는 예배 시간을 통해 신앙을 고백하는 모든 성도들이 함께 거룩한 음식인 성찬을 나누게 된다. 그리고 예배 후에는 하나님께서 은총으로 허락하신 세상에서 얻은 동일한 음식을 나누어 먹으며 성도들의 '하나' 됨을 확인하게 되는 것이다.

따라서 하나님의 자녀들이 매 주일날 교회에 갈 때는 공예배 시간을 통해 선포되는 말씀과 더불어 온 교인들이 함께 참여하는 신령한 음식인 성찬에 대한 기대를 하고 있어야 한다. 또한 그와 더불어 모든 성도들이 함께 나누는 식탁교제를 기대하는 마음을 소유해야만 한다. 그것은 신앙적인 측면에서 뿐 아니라 실제적인 삶에 있어서 하나의 공동체를 이루고 있다는 사실에 대한 고백이 되기 때문이다.

이렇듯이 오순절 성령 강림 후 하나님을 찬미하는 성도들간에 원만한 교제가 이루어지는 것을 통해 많은 사람들로부터 칭송을 받았다. 그것은 물론 일반적인 판단에 근거한 의미로 받아들이기는 어렵다. 즉 당시 배도에 빠진 유대교도들이 기독교인들의 그런 모습을 보며 칭찬하는 마음을 가지지는 않았을 것이다. 그들은 도리어 저들을 박해하기 위해 혈안이 되어 있었다.

그러므로 하나님의 자녀들이 온 백성으로부터 칭송을 받았다는 의미는 언약의 백성들 상호간에 칭송을 주고받은 것으로 이해하는 것이 더욱 자연스럽다. 그것은 올바른 신앙에 대한 신뢰가 바탕이 될 때 가능한 일이다. 성도들의 그와 같은 삶으로 인해 하나님의 구원에 참여하는 자들이 점차 더 늘어나게 되었던 것이다.

제6장

성전 앞에서 행해진 놀라운 이적과 베드로의 선포

(행3:1-26)

1. 베드로와 요한의 성전 방문(행3:1)

예수님의 십자가 사건과 오순절 성령강림을 통해 예루살렘 성전을 중심으로 한 가장 중요한 구속사가 성취되었음에도 불구하고 여전히 성전의 언약적 의미가 살아있었다. 그것은 AD70년 로마제국에 의해 성전이 완전히 파괴될 때까지 지속된 것으로 보아야 한다. 그러므로 당시 성도들은 날마다 성전에 모이기를 힘썼다(행2:46).

물론 마지막 유월절날 있었던 예수님의 십자가 사역으로 인해 동물을 바치는 모든 제사가 완성되었으며, 마지막 오순절날 성령께서 강림하심으로써 곡물에 연관된 제사가 완성되었다. 따라서 성전을 통하여 하나님께 제물을 바치는 제사 행위는 더 이상 필요가 없었다. 구약의 율법이 요구하는 제사행위를 지속한다는 것은 성자와 성령 하나님의 구속 사역을 부인하는 것이 되기 때문이다.

사도행전은 베드로와 요한이 제 구시 기도시간에 성전으로 올라간 사실을 기록하고 있다. 여기서 제 구시란 오늘날 우리의 시간으로는 오후 세시에 해당된다. 사도들이 특별히 기도시간에 맞추어 성전으로 올라간 것은 단순한 방문이 아니라 기도하기 위한 목적을 가지고 있었다는 사실을 말해주고 있다.

그렇다면 사도들은 성전에서 과연 하나님께 무엇을 간구하고자 했을까? 우리가 여기서 분명히 알 수 있는 점은 그들은 개인의 일상이나 다른 특별한 소원을 둔 기도를 하지 않았을 것이란 사실이다. 당시 사도들을 비롯한 예루살렘의 성도들은 구약성경을 통한 언약과 더불어 신약교회가 세워지는 과정에서 하나님의 인도하심을 바라는 간절한 마음으로 말씀과 약속을 기억하며 기도했을 것이다.

우리는 또한 사도들이 굳이 성전을 찾아 기도하고자 했던 이유가 무엇이었을까 하는 점을 생각해 보아야 한다. 그들은 성전이 아니어도 교회와 가정에서 얼마든지 기도할 수 있었다. 그럼에도 불구하고 베드로와 요한은 기도시간에 맞춰 성전을 방문했다. 이는 예루살렘 공의회의 공적 사역과 밀접하게 연관되는 것으로 이해할 수 있다. 그 공의회는 성전과 더불어 존재하는 언약에 직접 연결되어 있었다. 아직 보편교회가 설립되기 전 사도교회 시대에는 그에 연관된 것들이 매우 중요한 의미를 지니고 있었던 것이다.

2. 나면서부터 앉은뱅이 된 사람과 사도들(행3:2,3)

당시 언약의 백성들의 일상생활 형편은 천차만별이었다. 그들 가운데는 부자와 가난한 자, 성공한 자와 실패한 자, 건강한 자와 병약한 자들 등 다양한 모습으로 살아가는 자들이 있었다. 그러나 하나님의 자녀들에게는 겉으로 드러나는 외형적 현상이 중요한 것이 아니라 내면에 존재하는 하나님의 언약이 소중했다.

그 근본적인 본질을 이해하지 못하는 자들은 어렵고 힘든 사람들이라면 하나님의 축복으로부터 배제된 것인 양 생각했다. 따라서 나면서부터 장님이거나 앉은뱅이인 장애인들을 하나님으로부터 저주를 받은 것으로 여겼다. 즉 그렇게 출생하게 된 이유가 조상의 죄이거나 자신의 죄 때문이라 생각했다. 심지어는 오순절 성령이 강림하시기 전 예수님의 제자들조차 그렇게 생각하는 경향이 있었다(요9:2, 참조).

당시 예루살렘 성전으로 들어가는 문 입구에는 중증 장애인들이 많이 앉아 있었다. 그들은 다른 사람에 의해 그곳으로 옮겨진 후 성전에 출입하는 사람들에게 구걸하는 행위를 했다. 유대인들 가운데는 그 불쌍한 자들에게 동정을 베풂으로써 공덕을 쌓아 구원을 받게 되리라 여기는 자들이 많았다.

베드로와 요한이 성전으로 들어가기 위해 '미문'(美門)을 지날 때 나면서부터 앉은뱅이가 된 걸인을 만났다. 다른 사람들이 그를 성전 문 앞에 앉혀 두고 오가는 행인들에게 구걸하도록 했기 때문이다. 그리하여 그 걸인은 베드로와 요한이 성전 안으로 들어가려는 것을 보고 손을 내밀어 구걸하게 되었다. 그로 인해 이제 구속사와 연관된 매우 중요한 사건이 일어나게 된 것이다.

3. 사도들이 앉은뱅이 된 사람에게 준 '특별한 선물' (행3:4-8)

잔돈 몇 푼을 구걸하기 위해 행인들에게 손을 내미는 한 앉은뱅이를 본 베드로는 요한과 더불어 그를 주목하며 '우리를 보라'고 말했다. 돈을 얻기 위해 그들의 주머니와 손을 볼 것이 아니라 사도인 저들의 눈을 주시하라는 것이었다. 그러나 그 사람은 저들로부터 무언가 물질을 얻고자 기대하며 쳐다보았다. 그가 원했던 것은 '큰 것'이 아니라 적은 액수의 물질이었던 것이다.

그러나 베드로는 그를 향해 자기에게 은과 금이 없다는 사실을 먼저 언급했다. 이는 그 걸인이 실망할 만한 일이었다. 하지만 그 대신 다른 것을 주겠다는 말을 했다. 이는 사도들의 주머니에 돈이 하나도 없어 무일푼이라는 뜻이 아니었다. 그는 그 불쌍한 사람에게 돈을 주는 대신 자기에게 있는 훨씬 더 큰 것을 주겠다는 뜻을 전했다. 사도들이 소유하고 있던 것은 예수 그리스도의 이름이었다.

그러므로 베드로는 저에게 나사렛 예수 그리스도의 이름으로 걸으라고 명했다. 그리고는 그의 오른손을 잡아 일으켜 세웠다. 그러자 그의 발과 발목이 힘을 얻어 일어날 수 있게 되었다. 그는 자리에서 벌떡 일어나 발걸음을 떼면서 사도들과 함께 성전 안으로 들어가며 걷기도 하고 뛰기도 했다. 불과 얼마 전의 그의 몸 상태와는 완전히 다른 모습이 되었다. 그러자 그 사람은 여호와 하나님을 향하여 찬양을 돌리게 되었다.

그 사람이 예루살렘 성전으로 들어갔다는 것은 눈에 보이는 성전 건축물에 국한 되는 것이 아니었다. 그의 몸은 돌로 지어진 성전을 향해 걸어가고 있었지만 실상은 천상의 성전을 향해 걸어가고 있는 것과 마찬가지였다. 즉 그의 영혼은 천상의 성전을 향해 나아가고 있었던 것이다.

치유 받은 그 사람이 여호와 하나님을 찬양했다는 것은 그냥 입술에 달린 노래에 국한되지 않는다. 즉 막연한 자기 즐거움에 빠져 마음과 입술에 노래 가락이 넘쳐난 것이 아니라 그의 영혼이 천상의 성전에 계시는 여호와 하나님을 찬양했던 것이다. 그가 그렇게 찬송할 수 있었던 것은 불치의 상태에 놓인 자기 다리를 깨끗하게 고친 분이 여호와 하나님이라는 사실을 분명히 알고 있었기 때문이다.

우리가 여기서 보는 바와 같이 출생 때부터 앉은뱅이였던 그 걸인은 사도들에게 자신의 질병을 치유해 주도록 구하지 않았을 뿐더러 다리가 낫게 되리라는 것에 대해서는 상상조차 할 수 없었다. 그 놀라운 선물은 단돈 몇 푼에 비교될 수 있는 성질의 것이 아니었다. 그 사람이 그 큰 선물을 받은 것은 그에게 믿음이 있었기 때문이라 말할 수 없다. 그는 전혀 예기치 못한 상태에서 기대하지 않았던 놀라운 선물을 받게 되었던 것이다.

4. 그 광경을 보고 놀라는 사람들(행3:9,10)

예루살렘 성전 주변에 있으면서 그 광경을 목격한 사람들은 눈앞에 벌어진 상황에 크게 관심을 가졌을 것이 분명하다. 인간으로서는 도저히 상상할 수 없는 놀라운 일이 발생했기 때문이다. 그들 중 다수는 그것이 천상의 나라와 직접 연관된 사건이란 점을 깨닫지 못하고 있었다.

그러므로 거기 모인 모든 백성이 나면서부터 한 번도 걸어보지 못한 그 사람이 자유롭게 걷는 것과 하나님을 찬양하는 것을 보고 기이하게 여겼다. 나중에 그를 목격한 자들도 그가 본래 성전 미문 앞에 앉아 구걸하던 사람인 것을 알고는 놀라지 않을 수 없었다. 당시 건강한 사람들은 그를 자기보다 못한 불쌍한 사람으로 보며 속으로는 마치 저주받은 자처럼 생각해 왔는데 이제 그전과는 전혀 다른 건강한 모습을 띤 것을 보고 놀랐던 것이다.

우리가 여기서 반드시 기억해야 할 바는 그가 여호와 하나님을 찬양하게 되었다는 것은 이제 천상의 나라에 속한 새로운 사람이 되었다는 사실을 말해주고 있다는 점이다. 하나님의 나라에 속한 성도로서 그 나라의 왕에게 찬미하는 것은 지극히 당연한 일이다. 하지만 세상 나라에 속하여 살아가는 자들은 그에 대한 올바른 이해를 할 수 없었다.

그리고 이 사건의 의미는 단순히 앉은뱅이가 일어서게 된 것에 그치지 않는다. 그 사건으로 인해 베드로와 요한을 비롯한 교회는 그후 사악한 유대인들로부터 심한 박해를 당하게 되었으며, 동시에 하나님의 복음이 널리 전파되는 일이 발생했다. 이로 말미암아 초기 사도시대의 교회는 엄청난 고통을 당하게 되었으며 그와 동시에 하나님의 말씀을 소유한 성도들은 더욱 신앙으로 영글어 가게 되었던 것이다.

5. 솔로몬의 행각에서 선포된 베드로의 설교

(1) 하나님의 능력(행3:11,12)

앉은뱅이였던 그 사람은 치유를 받은 후 혼자 걸어서 집이나 다른 곳으로 갈 수 있었지만 그렇게 하지 않았다. 나면서부터 한 번도 걸어보지 못했던 자가 자신의 신체에 엄청난 변화가 일어났다면 즉시 집으로 돌아가는 것이 일반적이다. 하지만 그는 베드로와 요한의 곁을 떠나지 않고 '솔로몬의 행각'에 머무는 결코 평범하지 않은 행동을 취했다.

그때 사도들과 함께 그 사람이 있던 솔로몬의 행각으로 많은 무리들이 몰려들었다. 기적을 목격한 백성들이 사도들의 말을 들으며 그 진척되는 상황을 보고 싶어했기 때문이다. 그러자 베드로는 거기 모인 백성들을 향해 큰 소리로 외치기 시작했다. 그것은 사도의 입술을 통해 선포되는 말씀이었지만 실상은 성령에 의한 천상의 소리였다. 즉 그 말은 베드로의 개인적인 생각이나 주장이 아니었다. 하나님께서는 사도의 입술을 통해 진리의 말씀을 선포하도록 하셨던 것이다.

베드로는 백성들을 향해 나면서부터 앉은뱅이였던 그 사람이 일어나 걷고 뛰는 것을 왜 기이히 여기느냐고 반문했다. 마치 베드로와 요한의 개인적인 권능과 경건으로 그 사람을 걷게 한 것처럼 왜 그렇게 주목하느냐는 것이었다. 그것은 사람의 종교적인 권능과 경건에 의해 그를 낫게 한 것이 아니었음을 말해주고 있다.

그 놀라운 사건은 전적으로 하나님으로 말미암아 행해진 일이었다. 인간들의 안목에서만 본다면 그것은 매우 신기한 일이었던 것이 분명하다. 하지만 그 모든 일들이 천상에 연관하여 발생한 일이라면 기이한 사건이라고 생각하지 않아도 된다. 그것은 우주만물을 창조하신 하나님께서 행하신 사역이었기 때문이다. 인간들의 눈에 아무리 대단하게 보여도 하나님께는 아무것도 아닌 간단한 일에 지나지 않는다. 사실 이 사건은 특별한 경우에 해당되지만 하나님의 능력에 연관된 의미는 보편적 입장에서 전체적으로 이해해야 할 성질을 지니고 있다.

(2) 예수 그리스도를 영화롭게 하신 하나님(행3:13-15)

성경은 여호와 하나님이 아브라함과 이삭과 야곱의 하나님이라는 사실을 강조하고 있다. 이는 자기 자녀들과 맺으신 하나님의 영원한 약속에 연관되어 있다. 우리가 믿는 하나님은 21세기의 하나님으로 정의되어서는 곤란하다. 여호와 하나님은 시대에 따라 변하는 존재가 아니라 전 역사를 통해 동일한 본성을 지닌 전능자이기 때문이다. 따라서 우리는 믿음의 조상들이 믿은 그 하나님을 저들과 조화되는 신앙으로 믿고 의지해야 한다.

바로 그 하나님께서 자기에게 속한 아들(the Son)이신 예수 그리스도를 영화롭게 하셨다. 성부 하나님은 성자 하나님을 영광스럽게 하심으로써 자신이 영화를 입으셨던 것이다. 이는 스스로 영화로움을 입는다는 의미를 넘어 삼위일체 하나님 곧 성부 성자 성령 하나님이 상호 영화를 돌리는 상황을 말해주고 있다.

그럼에도 불구하고 배도에 빠진 유대인들은 하나님께 영광을 돌리기를 거부했다. 오히려 그들은 하나님의 아들 예수 그리스도를 죽이기 위해 혈안이 되었었다. 그러므로 이방에 속한 불신자인 본디오 빌라도가 당시의 관례에 따라 예수님을 석방하기로 결단했지만 유대인들이 도리어 그에 적극적으로 반발했던 것이다. 결국 유대인들의 부당한 요구에 의해 예수님은 죄 없이 십자가에 달려 돌아가시게 되었다(마27:15-26).

베드로는 거기 모인 자들의 깨달음을 위해 유대인들이 거룩하고 의로운 자를 부인하고 살인자였던 바라바를 석방해 달라고 요구했음을 상기시

컸다. 하나님의 구속사를 이루는 과정에서 특별히 선택받은 백성이 살인자의 편에 서게 되었기 때문이다. 이는 하나님을 들먹이며 종교생활을 하던 유대인들이 살인자와 동류였다는 사실을 입증해 주고 있다. 이 말을 듣는 유대인들은 마음이 매우 불편했을 것이 틀림없다.

그렇지만 베드로는 유대 민족이 생명의 주인이신 예수 그리스도를 죽였다는 사실을 분명히 언급했다. 그것은 어리석은 자들이 하나님의 아들을 죽임으로써 자기 생명을 멸망에 빠뜨리는 행위를 자행한 사실에 대한 냉철한 지적이었다. 이는 곧 저들에게 사망이 임하게 된 사실을 선포하고 있는 것과 마찬가지였다.

악한 유대인들과 달리 여호와 하나님께서는 예수님을 죽은 자들 가운데서 다시 살리셨다. 생명의 주님이신 예수님은 원천적으로 죽을 수 없는 존재였다. 그는 악한 인간들이 아무리 죽이려 하고 죽인다 해도 궁극적으로는 죽지 않는 분이다. 베드로는 자기와 함께하는 이들이 그에 대한 증인으로 존재한다는 사실을 밝히고 있다.

(3) '믿음'의 힘(행3:16)

출생하면서부터 앉은뱅이였던 자가 다리와 발목에 힘을 얻어 건강을 완전히 회복하게 된 것은 순전히 예수 그리스도로 말미암은 것이다. 즉 그것은 사도들의 개인적인 탁월한 능력 때문이 아니었으며 치유받은 당사자의 믿음이 컸기 때문도 아니었다. 그 기적은 전적으로 하나님께서 자신의 뜻을 이루기 위하여 행하신 일이었던 것이다.

사실 성전 문 앞에서 구걸할 당시 그 걸인에게는 예수를 믿는 진정한 믿음이 없었다. 나아가 그를 믿으면 자기의 다리가 힘을 얻어 뛰고 걸을 수 있을 것이라고는 전혀 상상하지 못했다. 그에게는 그와 같은 식의 믿음이 아예 존재하지 않았던 것이다.

그 사람이 치유받게 된 것은 오직 예수 그리스도께서 허락하신 믿음에 근거한 것이었다. 이는 간절히 믿는 인간의 정신적인 행위(believing behavior)를 두고 하는 말이 아니라 예수님으로부터 주어진 믿음(faith)을 의미하고 있다. 이 둘은 뚜렷이 구분되어야 할 개념이다. 전자는 인간의 마음에서부터 발생하는 신앙작용이라고 한다면 후자는 하나님께서 성도들에게 허락하시는 존재적인 의미를 지니고 있다.

나면서부터 한 번도 걸어본 적이 없던 그 사람이 치유를 받게 된 것은 전적인 하나님의 사역이었다. 따라서 베드로는 예수 그리스도의 이름이 그로 하여금 성하게 만들었다는 사실을 강조했다. 예수님의 이름이 그 병자를 낫게 했다는 것은 그가 약속한 내용이 이루어졌음을 말해주는 것이다.

예수님의 치유는 아무도 모르는 골방이 아니라 많은 사람들이 보는 앞에서 공개적으로 이루어졌다. 자리에서 일어설 수 없던 사람이 완전히 회복되어 건강한 모습으로 걷게 된 것을 여러 사람들이 직접 목격했던 것이다. 그것은 전지전능하신 하나님과 그의 복음이 배도에 빠진 이스라엘 백성들 가운데 선포되는 의미를 지니고 있다.

(4) 예수 그리스도의 고난과 하나님의 경륜(행3:17,18)

사도 베드로는 거기 모인 백성들을 질책하면서 동시에 어느 정도 격려가 될 만한 말을 전했다. 유대인들이 거룩한 하나님의 아들을 십자가에 못 박은 것은 미처 알지 못해서 그랬다는 것이다. 이는 그 백성이 메시아를 죽인 것이 고의가 아니었음을 의미하고 있다. 그리고 저들의 관원들도 그가 하나님의 아들인 줄 모르고 그렇게 했을 뿐 그 사실을 알면서 그런 끔찍한 범죄를 저지르지 않았을 것이라는 언급을 했다.

그러니 지금이라도 과거의 사악한 행위를 뉘우치며 회개하고 예수 그리스도께 돌아오면 하나님으로부터 용서를 받을 수 있을 것이라 말했다. 자신의 모든 죄를 고백하고 하나님의 긍휼을 빈다면 그가 기꺼이 응답하시리라는 것이었다. 물론 그 모든 것은 하나님의 은혜로 말미암아 가능하게 된다.

하나님의 아들이 이 세상에 오셔서 모진 고난을 당하고 십자가에 달려 돌아가신 일은 결코 우연히 일어나게 된 것이 아니다. 하나님께 바쳐질 거룩한 제물로 이땅에 오신 그는 그와 같은 고난의 과정을 겪어야만 했다. 따라서 하나님께서는 구약의 모든 선지자들의 입을 통해 그 사실에 관한 예언을 하셨으며 때가 되어 그 예언이 성취되었다. 그것은 물론 사악한 인간들의 역사 가운데 발생하는 사건들로서 하나님의 놀라운 경륜에 따른 것이었다.

이처럼 구약시대의 성숙한 성도들은 이땅에서 만족을 제공하는 환상적인 메시아를 기대하지 않았다. 이에 대해서는 신약시대에 살아가는 성도들 역시 마찬가지다. 우리는 예수님으로 인해 이 세상에서 부귀영화를 누리며 풍요로운 삶을 살고자 기대하지 말아야 한다. 하지만 어리석은 자들은 그와 같은 삶을 기대하다가 그것이 실현되지 않으면 주님을 버리고 배도의 길에 빠지기 십상이다.

(5) 하나님의 약속과 예수 그리스도의 재림(행3:19-21)

사도 베드로는 또한 거기 모인 백성들에게 회개하고 죄악으로부터 돌이키라는 요구를 하고 있다. 세상과 사탄의 편에서 속고 살아가는 자들에게 하나님과 예수 그리스도를 향해 돌아서라는 것이었다. 그렇게 하면 하나님께서 그 모든 죄를 용서하시게 된다는 사실을 언급했던 것이다. 그런 용서의 자리에 나아가게 되면 하나님으로부터 허락되는 새로운 삶을 누릴 수 있게 된다.

그와 더불어 베드로는 하나님께서 예수 그리스도를 이땅에 다시 보내시기로 작정하고 계신다는 사실을 말했다. 이는 예수 그리스도께서 재림하시게 될 사실에 대한 언급이다. 이 말은 천상으로 승천하신 예수님을 눈

으로 볼 수 없기 때문에 연약해질 수 있는 자들에게 커다란 소망의 메시지
가 된다.

하나님은 구약시대에 이미 장차 오실 예수 그리스도의 고난과 더불어
승천하신 후 재림하실 것에 대한 약속을 하셨다. 그리하여 승천하신 그리
스도는 만물이 회복될 때까지 천상의 나라에 거하시게 된다. 이 약속은 오
래전 믿음의 조상들이 살아가던 때로부터 거룩한 선지자들의 입술을 통해
끊임없이 선포되어 온 바였다.

(6) 구약의 선지자들이 선포한 그리스도에 관한 예언(행3:22-26)

구약시대의 모든 선지자들의 예언은 메시아에 초점이 맞추어져 있었
다. 모세는 하나님께서 이스라엘 민족 가운데서 자기와 같은 선지자 하나
를 세우실 것에 관한 기록을 남겼다. 즉 언약의 자손들 가운데 하나님의
말씀을 선포하는 선지자가 세워진다는 것이었다. 신명기에는 그에 관한
기록이 분명하게 남아 있다.

> "네 하나님 여호와께서 너의 중 네 형제 중에서 나와 같은 선지자 하나를
> 너를 위하여 일으키시리니 너희는 그를 들을찌니라"(신18:15)

이 말씀은 장차 오시게 될 메시아에 대한 직접적인 예언이다. 성경에
기록된 대로 모든 언약의 자손들은 그로부터 선포되는 모든 말씀을 귀담
아 들어야만 한다. 누구든지 메시아로 오신 그 선지자의 말을 듣지 않는
자는 백성들 가운데서 끊어져 영원한 멸망을 당하게 된다.

또한 사무엘 때부터 그후에 등장한 모든 선지자들도 예수 그리스도와
그의 때를 가리켜 예언했다. 언약의 백성들은 선지자들의 자손이며 하나
님께서 저들의 조상과 더불어 세우신 언약의 자손이다. 따라서 그들은 선
지자들을 통해 선포된 예언의 말씀을 들어야 하며 조상들을 통해 세워진

언약을 마음속 깊이 간직하고 있어야만 했다.

하나님께서는 또한 믿음의 조상 아브라함에게, 땅 위의 모든 족속이 '그의 씨'를 인하여 복을 받게 된다는 사실을 말씀하셨다. 그것은 하나님이 자신의 완벽한 종 예수 그리스도를 세워 그를 통해 복 주시고자 먼저 메시아를 언약의 왕국에 보내신 것에 연관되어 있다. 그 백성으로 하여금 세상에 속한 모든 악한 것들을 버리고 하나님께 돌이키도록 요구하셨던 것이다. 그리하여 하나님의 복음이 이방인에게까지 선포되어 갔다.

6. 치유 받은 앉은뱅이와 '교회'에 연관된 이해

우리는 여기서 '교회'에 대한 올바른 이해를 할 수 있어야 한다. 출생 때부터 한 번도 걸어보지 못한 앉은뱅이였던 그 걸인은 사도 베드로와 요한을 만나게 됨으로써 그 전과는 전혀 다른 새로운 삶을 살아가게 되었다. 겉으로는 그 사람에게 이 세상에서의 삶에 서광이 비친 것처럼 보였을지도 모르지만 실상은 전혀 그렇지 못했다.

그전에는 예루살렘 성전으로 들어가는 문 앞에 앉아 구걸을 하면, 오가는 행인들이 조금씩 동냥을 줌으로써 먹고 살아가는 생존 문제에 대해서는 큰 문제가 없었다. 비록 남 보기에 초라하기 그지없이 보였다고 할지라도 그것은 이미 익숙한 생활이었다. 주변 사람들이 눈총을 주며 심한 말을 한다고 해도 늘 그래왔듯이 그렇게 살아가면 되었다.

그런 그가 사도들에 의해 치유를 받고 나서는 훨씬 더 심각한 문제가 발생했다. 그 사람이 할 수 있는 유일한 일은 사람들이 오가는 길에 앉아 구걸하는 행위였다. 그러나 이제 건강한 몸을 회복한 그는 더 이상 어디에 앉아서 그런 구걸행위를 하기 어려웠다. 그것 외에 아무 일도 해본 적이 없는 그에게 생계 문제가 심각하게 대두되었다. 이와 같은 문제는 요한복음 9장에 나타나는 나면서부터 소경이었다가 치유를 받은 사람에게도 동일하게 나타났다.

우리가 여기서 반드시 기억해야 할 바는 사도행전 앞부분에 설명된 것처럼 교회의 역할에 관련된 부분이다. 그 사람은 치유를 받고 예수 그리스도를 믿은 후 곧바로 예루살렘에 있는 한 지교회에 속하여 매주일 다른 성도들과 함께 말씀을 나누며 떡을 떼며 교제하는 일에 참여했을 것이 틀림없다. 그가 소속된 교회 없이 매주일 여기저기 배회한 것으로 볼 수 없기 때문이다.

하나님의 복음을 알게 된 그 사람은 생업을 위한 일에 대해서는 전적인 무능력자였다. 그런 그에게 해당 교회는 힘을 다해 도와주었을 것이 분명하다. 사도행전에서 언급하고 있는 것처럼 성도들은 그 형제와 더불어 모든 물건을 통용하고 저들의 재산과 소유 가운데 일부를 팔아 그의 필요에 따라 적절하게 나누었을 것이다(행2:44,45; 4:32, 참조). 물론 그 사람은 성실한 신앙인으로서 점차 자기 생활에 책임지는 일을 했을 것이다. 이렇게 하여 사도시대 교회는 점점 굳건히 자라가게 되었다.

제3부

산헤드린 공회의 박해와 교회의 성장

제7장
산헤드린 공회의 박해와 초기 교회의 결속
(행4:1-37)

1. 유대인들의 저항과 복음의 확장(행4:1-4)

출생하면서부터 앉은뱅이였던 병자를 고친 후 베드로가 솔로몬의 행
각에서 하나님의 말씀을 선포할 때 권세를 가진 유대인들이 몰려왔다. 그
들은 일반 시민이 아니라 공권력을 소유한 공직자들이었다. 제사장들과
레위인들, 그리고 사두개인들이 그곳에 왔을 때 거기에는 태어난 후 처음
걸어본 치유받은 당사자도 함께 있었다.

그 유대인들은 베드로가 죽음에서 부활하신 예수 그리스도를 전파하
며 복음의 도를 가르치는 것을 싫어했다. 저들의 눈에는 그와 같은 가르침
이 유대인들의 종교사상에 부정적인 영향을 끼치게 될 뿐 아니라 이스라
엘 민족을 혼란케 하는 것으로 비쳐졌다. 따라서 그들은 사도들이 백성을
가르치는 것을 중단시키고자 했다.

결국 그 유대인 당국자들은 사도들과 치유받은 그 사람을 체포하여 그

이튿날까지 감옥에 가두어 두었다. 체포 당일은 시간이 너무 늦어 그들을 심문하기 어려웠기 때문이다. 유대인들이 보기에는 사도들과 아픈 다리를 치유받은 당사자가 모여든 무리에게 예수 그리스도를 전하는 일종의 공범 관계에 놓여있는 것처럼 비춰졌다.

나아가 당시 권세를 가진 유대인들의 입장에서는 예수님의 죽음과 부활을 전파하는 자체를 범죄행위로 간주했다. 당국의 그와 같은 태도에도 불구하고 베드로의 설교를 들은 사람들 가운데는 복음에 관심을 가지고 주께로 돌아온 자들이 많이 있었다. 하나님의 복음은 놀라운 이적과 유대인들의 박해를 통해 점차 확장되어 갔던 것이다.

그때 예수 그리스도와 그의 십자가 사역을 믿는 사람들이 약 오천 명이나 되었다. 그 수는 남자들의 수를 계산한 것이기 때문에 여성들과 아이들을 포함하면 수만 명이 넘어서는 숫자였을 것으로 보인다. 이렇게 하여 하나님의 복음이 점차 확장되어 갔지만 악한 유대인들은 사도들을 향해 더욱 적극적인 대항을 준비하고 있었다.

2. 산헤드린 공회의 공적인 심문과 베드로의 변증(행4:5-12)

베드로와 요한이 당국자들에 의해 체포된 그 이튿날 산헤드린 공회가 정식으로 소집되었다. 이는 사도들에 연관된 그 문제가 긴급 사안이라는 사실을 말해주고 있다. 거기에는 안나스, 가야바, 요한, 알렉산더 등 대제사장 가문 출신의 인사들이 대거 참여했다. 그 자리에는 나중 예루살렘과 당시 주변 세계의 교회들을 심하게 박해하던 바울로 일컬어지는 사울이 그 뒷자리에 앉아 있었을 가능성이 크다.

그들은 사도들을 공회 앞에 세우고 심문하기 시작했다. 그 심문의 중심에는, 사도들이 무슨 권세와 누구의 이름으로 나면서부터 앉은뱅이 된 사람의 병을 고쳤느냐는 문제가 놓여 있었다. 그들에게는 병이 치유된 것 자체보다 '무슨 권세' 와 '누구의 이름'으로 그렇게 했느냐 하는 것이 더욱 중요했다. 공회원들은 그점을 분명히 확인하고자 했던 것이다.

이는 스스로 하나님과 모세의 율법을 잘 믿는다고 착각하는 유대인들이 산헤드린 공회가 허락한 바 없는 권세를 도대체 누가 부여했느냐는 것이었다. 나중 사도들을 중심으로 하여 설립된 예루살렘 공의회는 성령의 인도하심이 그 배경이었지만 산헤드린 공의회는 종교적인 조직이 배경이되어 있었다. 이때 이후로 산헤드린 공회와 예루살렘 공의회는 서로간 대립하게 되었다.

사도 베드로는 공회원들의 심문을 듣고 성령이 충만하여 말했다. 여기서 베드로가 성령이 충만하여 심문에 응했다는 것은, 성령 하나님의 도우심이 없이는 공회의 위협적인 분위기 가운데서 그에 온당하게 대답하기 쉽지 않다는 의미를 내포하고 있다. 당시 서슬 퍼런 공회원들 앞에서 복음의 내용을 말하기 위해서는 담대한 용기가 필요했다. 그들은 불과 얼마 전 예수님을 십자가에 달아 죽인 당사자들이었기 때문이다.

그때 베드로는 그 사람이 어떻게 치유받았는지에 대한 심문을 받으면서 예수 그리스도의 이름으로 그 선한 일이 발생했다는 사실을 말했다. 그는 산헤드린 공회가 죄 없는 예수님을 십자가에 못 박아 죽였으나 하나님께서는 죽은 자들 가운데서 그를 살리셨다는 사실을 언급했다. 베드로는 여기서 산헤드린 공회가 감히 예수님을 죽임으로써 하나님께 저항한 사실과 그가 곧 언약의 자손들이 기다려오던 메시아라는 사실을 선포했던 것이다. 베드로는 치유받은 당사자를 언급하며 그가 태어나면서부터 가진 질병으로부터 치유를 받은 것은 나사렛 예수님의 이름에 근거한다는 사실을 분명히 말했다.

그럼에도 불구하고 배도에 빠진 유대인 지도자들은 그 사실을 조금도 받아들이려 하지 않았다. 베드로는 저들의 그와 같은 태도를 보며 그들이 멸시한 예수님이 건축자들의 버린 돌로서 건축물 모퉁이의 머릿돌이 되었

음을 강조했다. 건축물을 세우는 데 있어서 머릿돌은 가장 중요한 기초석
이 된다. 베드로가 선포한 그 말씀은 구약성경에 기록된 시편의 말씀을 인
용한 것이었다.

"주께서 내게 응답하시고 나의 구원이 되셨으니 내가 주께 감사하리이다
건축자의 버린 돌이 집 모퉁이의 머릿돌이 되었나니 이는 여호와의 행하신
것이요 우리 눈에 기이한 바로다"(시118:21-23)

구약의 시편을 인용한 베드로의 선포 가운데는 스스로 종교적인 전문
가라고 자처하는 유대인 지도자들의 어리석음을 지적하는 의미가 내포되
어 있었다. 그들은 마음 중심에 자리잡고 있어야 할 메시아를 멸시하여 버
렸기 때문이다. 그들은 어리석은 건축자들처럼 눈먼 종교인이 되어 하나
님의 뜻을 거슬렀던 것이다.

바로 그 메시아이신 예수님이 장차 완성된 영적 건축물로 세워지게 될
지상교회와 구원의 기초가 된다. 따라서 그가 아닌 다른 이를 통해서는 구
원받을 수 있는 길이 없다. 하나님께서는 천하의 어떤 인간에게도 구원을
베풀 만한 다른 이름을 허락하신 적이 없다는 것이다. 이는 인간의 몸을
입고 이 세상에 오신 예수님이 언약의 백성들을 위한 유일한 구원자라는
사실을 말해주고 있다.

3. 산헤드린 공회원들의 반응(행4:13-22)

산헤드린 공회원들은 예상하지 못했던 베드로의 분명한 말을 듣고 매
우 놀랐다. 그것은 그가 전한 내용 자체도 그러했지만 잘 정리된 그의 지
식과 논리 때문이었다. 당시 산헤드린 공회원들은 최고위 권력층에 있던
지식인들이었다. 그들은 좋은 집안에서 태어나 많은 공부를 한 후 가장 성

공한 자리에 도달할 수 있었다. 오늘날 우리나라의 최고 권력을 가진 지식층을 떠올리면 쉽게 이해가 될 것이다.

그에 반해 베드로와 요한을 비롯한 예수님의 제자들은 가난한 시골인 갈릴리 지역에서 태어나 그곳에서 물고기를 잡으며 살아가던 자들이었다. 그들은 많은 교육을 받지 못했으며 사회적으로 출세하는 것과는 거리가 멀었다. 당시 그들 앞에 있던 산헤드린 공회원들과는 모든 것이 대비되는 상황이었다. 당시의 분위기에서는 누가 보아도 아무런 의심 없이 그렇게 생각할 수밖에 없었다.

그런데 사도들은 저들 앞에서 성경의 교훈을 설파하며 매우 논리적인 변증을 했다. 그러니 공회원들은 본래 많이 배우지 못하여 학문 없는 평범한 자들로 여겼다가 구약성경의 교훈을 인용하며 기탄없이 말하는 그들을 보고 놀라지 않을 수 없었다. 거기 회집한 공회원들은 사도들의 지식과 논리 때문만 아니라 질병이 나은 당사자가 저들과 함께 서있는 것을 보고 과도한 반응을 할 수 없었다. 논리와 상황에 빈틈이 없는 저들을 보고 문제를 따져 비난할 수 없었기 때문이다.

그러므로 산헤드린 공회원들은 그들을 잠시 밖으로 내보낸 후 서로간 의논했다. 베드로와 요한과 질병에서 치유받은 그 사람을 어떻게 처리해야할지 의견을 나누었던 것이다. 저들에게 가장 심각한 문제는 그 사도들로 인해 놀라운 기적이 일어난 사실이 예루살렘에 사는 모든 백성들에게 알려졌다는 사실이었다. 그에 대해서는 산헤드린 공회원들도 부인할 수 없는 일이었다. 저들의 눈앞에 직접 치유를 받은 당사자가 증인으로 서 있었기 때문이다.

그렇지만 저들의 입장에서는 그 사실이 더 이상 민간에 널리 퍼지는 것을 방지해야만 했다. 따라서 그들이 내린 결정은 사도들을 위협하여 예수의 이름으로 어느 누구에게도 말하지 못하도록 하는 것이었다. 이처럼 공회원들이 모여 공적으로 의결한 것은 법적인 효력을 가질 수 있었다.

산헤드린 공회는 베드로와 요한을 불러 예수의 이름으로 말하지도 말고 가르치지도 말라는 엄한 명령을 내렸다. 그러나 사도들은 그에 순순히 따르지 않고 불복 의사를 선언했다. 이렇게 하여 정식으로 산헤드린 공회와 교회 사이, 즉 유대인들과 그리스도를 따르는 자들 사이에 공적인 대립이 심화되어 갔다.

베드로와 요한은 공회원들을 향해 하나님을 경외하는 사람으로서 저들의 요구를 받아들이지 못하겠다는 의도를 분명히 밝혔다. 하나님의 말씀을 듣고 그에 순종하는 자들로서 그 잘못된 명령을 거부하는 것은 지극히 당연하지 않느냐는 것이었다. 따라서 앞으로도 예수님께서 행하신 모든 행적과 그의 교훈을 지속적으로 선포하지 않을 수 없다고 말했다.

이렇게 되자 산헤드린 공회는 난감한 지경에 빠지게 되었다. 당시 많은 백성이 예수님과 그의 제자들을 통해 일어나는 이적들을 직접 목격했고, 그것을 특별한 악한 범죄로 규정할 수 없음을 잘 알고 있었기 때문이다. 결국 그 일로 인해서는 사도들을 벌할 수 있는 법적인 근거를 찾지 못하고 단단히 위협한 후 저들을 훈방하게 되었다.

당시 예루살렘에는 예수님의 모든 사역과 오순절 성령 강림 이후 출생시부터 걸어보지 못한 병자가 치유받은 사실에 대하여 관심을 가지는 자들이 많았다. 그 표적으로 인해 병이 나은 사람은 나이가 마흔 살 가량 되는 사람이었다. 이는 그가 과거의 삶과 자기에게 일어난 모든 사실을 분명히 이야기할 수 있는 자였음을 말해준다. 예수 그리스도의 복음을 받아들인 백성들은 그 모든 상황을 보고 듣고 경험하는 가운데 하나님께 영광을 돌리며 찬양하게 되었던 것이다.

4. 사도들의 석방과 성도들의 기도(행4:23-30)

산헤드린 공회의 심문을 받고 훈방된 사도들은 곧장 그 동료들이 모여 있는 곳으로 달려갔다. 성도들이 한 곳에 따로 모인 까닭은 사도들이 공직자들에 의해 체포된 소식을 들었기 때문이었을 것이다. 그들은 사도들이 체포된 사실을 알고 함께 모여 염려하는 가운데 하나님께 기도하며 찬송했을 것이 틀림없다.

그러던 중 사도들이 훈방되어 무사히 돌아왔다. 그들은 그것을 열정적인 기도의 결과로 여기지는 않았을 것으로 보인다. 그 대신 하나님의 섭리와 인도하심으로 받아들였을 것이다. 베드로와 요한은 형제들에게 산헤드린 공회에서 제사장들과 장로들로부터 심문을 받은 일과 예수님에 관한 가르침을 전하지 못하도록 금한 사실을 전했다. 저들의 위협과 압박이 얼마나 강력했던가 하는 점도 전달했을 것이 분명하다.

거기 모인 모든 성도들은 그 말을 듣고 한마음으로 하나님께 소리높여 기도했다. 이 말은 모든 사람이 한 음성으로 동일한 기도문을 큰 소리로 낭송했다는 의미가 아니다. 아마도 제자들 가운데 한 사람이 큰 소리로 기도하고 모든 성도들이 '아멘'으로 그에 참여했을 것으로 보인다. 그들의 기도에는 우주만물을 창조하신 하나님과 그에게 저항하는 악한 자들을 고발하는 내용이 담겨 있었다.

하나님의 백성들은 천지와 바다와 그 가운데 있는 만물을 창조하신 하나님께 간절히 기도했다. 그 가운데는 구약성경 시편 2편에 기록된 말씀이 인용되었다. 또한 그 내용이 언약의 백성들의 조상이자 주님의 종인 다윗의 입을 빌려 성령에 의해 선포된 말씀이라는 사실을 밝히고 있다. 이는 또한 오순절날 성령이 강림하시기 전 구약시대에도 성령께서 일하고 계셨음을 보여준다.

"어찌하여 열방이 분노하며 민족들이 허사를 경영하는고 세상의 군왕들이 나서며 관원들이 서로 꾀하여 여호와와 그 기름 받은 자를 대적하며"(시 2:1,2); "어찌하여 열방이 분노하며 족속들이 허사를 경영하였는고 세상의

군왕들이 나서며 관원들이 함께 모여 주와 그 그리스도를 대적하도다"(행 4:25-26)

시편을 인용하여 기록된 이 말씀 가운데는 세상 만방에 살아가는 족속들이 제풀에 분노한 나머지 허사를 행한 사실이 기록되어 있다. 또한 악한 자들이 세상의 왕들과 관원들과 협잡하여 하나님과 예수 그리스도를 대적하는 악행을 저지른 사실에 관한 내용을 언급하고 있다. 당시 이스라엘 민족 가운데는 그와 같은 배도자들이 들끓고 있었다. 베드로와 요한으로부터 산헤드린 공회에서 당한 일을 듣게 된 성도들은 하나님께서 계시하신 시편의 예언이 저들 가운데 적용되고 있음을 탄식하며 기도로 노래하고 있다.

헤롯과 본디오 빌라도가 불의를 도모하며 주도한 대로, 이방인 세력과 연합한 사악한 유대인들은 기름 부으심을 받은 하나님의 종 예수 그리스도께 저항하며 죄악을 저질렀다. 그들은 예수님을 십자가에 못 박아 죽이기 위해 예루살렘 성중에 모여들었다. 그와 같은 모든 일은 악한 인간들의 죄성에 기초하고 있었으나 전 역사적으로 볼 때는 하나님의 경륜에 따른 것이었다. 즉 완벽한 제물인 거룩한 하나님의 어린 양으로서 하나님께 바쳐지도록 예정된 사실에 연관되어 있었다.

거기 모인 모든 성도들은 배도에 빠진 사악한 유대인들이 지금도 예수님의 제자들을 위협하고 있으니 하나님께서 그 상황을 하감해주실 것을 간구했다. 참된 언약의 자손들은 저들의 협박에 굴하지 않고 담대하게 진리의 말씀을 전하게 해주시도록 기도했다. 또한 주님의 자녀들이 손을 내밀어 사람들의 병을 낫게 해달라는 간구를 하며 그와 같은 표적과 기사가 하나님의 거룩한 종 예수 그리스도의 이름으로 이루어지게 해 달라는 기도를 했다.

이는 하나님의 백성들이 특별한 능력자가 되어 지도자의 지위를 차지하거나 그것을 자랑으로 삼고 싶다는 의미가 아니다. 오히려 다양한 기적들을 통해 예수 그리스도의 이름이 온 세상에 드러나고 그가 영광 받으시기를 원했다. 그로 인해 많은 사람들이 주님께로 돌아오기를 간절히 바랐던 것이다.

5. 땅의 진동과 성령 충만한 교회(행4:31-37)

(1) 자연을 통한 인증

함께 모인 성도들이 모든 기도를 마쳤을 때 그 장소가 흔들려 진동하는 일이 발생했다. 이는 자연이 그에 대한 보증을 하는 것과 같은 성격을 지니고 있었다. 즉 그것을 통해 저들의 기도가 천상에 연결되어 있음을 보여주고 있다. 하나님의 백성은 비록 타락한 이 세상에 살아가고 있었지만 저들은 거룩한 하늘나라에 속해 있음이 드러난 것이다.

또한 그 사람들이 땅에서 기도한 내용은 하늘에 계신 하나님 앞에 그대로 상달되었다. 하나님께서는 그 기도를 기쁘게 받으시고 그에 대한 증거로 땅이 진동하게 하셨던 것이다. 우리는 그것을 통해 참된 기도가 천상에까지 상달된다는 사실과 우주적인 사건이 된다는 사실을 알게 된다.

기도에 연관된 이 문제에 대해서는 오늘날 우리시대에도 여전히 동일한 의미를 지니고 있다. 교회와 성도들이 올바른 기도를 한다면 그것은 이 땅에서 뿐 아니라 천상의 나라에 연결된 우주적인 사건이 된다는 사실을 기억해야 한다. 하나님의 자녀들은 참된 기도의 권능과 그로 인한 효력에 관련된 진정한 의미를 올바르게 깨닫지 않으면 안 된다.

(2) 성령 충만과 하나님의 말씀

그 자리에 모인 모든 성도들은 성령이 충만하게 되었다. 성령이 충만하다는 것은 인간의 종교적인 감정의 문제가 아니라 하나님의 뜻에 온전히 순종하는 실제적인 사실에 연관되어 있다. 그들은 이제 개인적인 능력으로 살아가는 것이 아니라는 점을 분명히 깨닫고 있었다. 뿐만 아니라 더 이상 자신을 위한 성공적인 인생을 살아가고자 하지 않았다.

하나님의 자녀들은 진리의 말씀을 선포하는 일을 위하여 최선을 다하고자 했다. 그것은 결코 안일한 자세로 편안한 상태에서 취할 수 있는 행동이 아니었다. 산헤드린 공회와 배도에 빠진 유대인들이 저들을 강하게 위협하고 있는 터에 함부로 하나님의 말씀을 전할 수 없었기 때문이다. 따라서 그들은 어떠한 위험이 닥친다고 할지라도 그 상황을 감내해야 할 만큼 담대한 자세를 유지해야만 했던 것이다.

사도들은 또한 큰 권능을 베푸는 가운데 주 예수님의 부활을 증거하고자 했다. 그것을 통해 많은 백성들이 하나님의 큰 은혜를 입게 되었다. 이는 이스라엘 민족 가운데 진리와 비진리를 나누는 영적인 균열 현상이 점점 커져 갔음을 말해주고 있다. 이로써 사도들을 비롯한 먼저 복음을 깨달은 자들을 통해 주님의 몸된 교회가 점차적으로 확장되어 갔기 때문이다.

(3) 공동체의 삶

하나님의 자녀가 된 성도들은 신령한 공동체 의식을 가지고 있었다. 하나님을 믿는 백성들이 한 마음과 한 뜻이 되어 신앙 공동체를 이루어 갔던 것이다. 따라서 서로간 물건을 통용하고 자기가 소유한 재물을 오로지 자기만을 위한 것이라 주장하는 사람이 아무도 없었다. 성도들중에 부유한 사람들은 가난한 이웃을 돌보았으며 궁핍한 사람들도 근면하고 성실한 삶의 자세를 유지하는 가운데 자신의 삶을 책임지는 자로 성장해 가게 되었다.

따라서 당시 교회 가운데는 지나치게 빈궁한 사람이 없게 되었으며 밭과 집을 소유하고 어느 정도 여유로운 생활을 하는 자들은 그것을 팔아 사도들의 발 앞에 두기도 했다. 이는 물론 강제적이지 않았을 뿐더러 모든 성도들이 자신의 집과 밭을 전부 다 팔았다는 의미가 아니다. 오히려 교회에 속한 가난한 이웃들을 위해 그 일부를 팔아 사도들에게 전했다는 뜻으로 받아들여야 한다.

만일 부유한 자들이 자신의 전 재산을 남김없이 다 팔아 사도들 앞에 내어놓게 되면 그가 도리어 즉시 가난한 자가 되어 버린다. 따라서 사도 교회 시대에는 성숙한 성도들이 천상의 나라에 소망을 두고 자신의 소유를 가지고 이웃과의 삶을 공유하기 위해 애썼다. 사도들은 부유한 자들이 내어놓은 물질로써 가난한 성도들이 어려운 상황을 극복하고 회복될 수 있도록 도와주었다.

우리가 여기서 반드시 기억해야 할 바는 각 성도들이 자신의 집과 밭 등을 팔아 궁핍한 성도들을 돕도록 했지만 그것을 그 땅을 판 사람의 공로로 돌리지 않았다는 사실이다. 물론 성숙한 성도들은 그에 대한 기대를 전혀 하지 않았으며 조금도 그것을 자기의 사적인 공로로 여기지 않았다. 즉 그것은 개인이 아니라 교회의 일이었으므로 하나님의 사역으로 이해했던 것이다.

(4) '바나바'에 대한 소개

사도행전 본문 가운데는 특별히 바나바에 관한 개인적인 형편이 소개되고 있다. 그는 구브로 태생의 레위 족속 출신이었다. 그의 본명은 요셉이었지만 사도들이 그에게 '바나바'라는 별명을 붙여주었는데 그것은 권위자(勸慰子) 즉 '위로의 아들' 혹은 '격려의 아들'(Son of Encouragement)이라는 뜻을 지니고 있었다.

바나바는 어려움을 겪는 가난한 사람들을 주님의 이름으로 격려하는 은사를 지닌 인물이었던 것으로 보인다. 그가 자기의 밭을 팔아 얻게 된 돈을 사도들의 발 앞에 가져다 두었다. 그것은 개인의 명예를 위해서가 아니라 전적으로 교회와 가난한 성도들을 위한 것이었다.

여기서 바나바가 특별히 소개된 까닭은 그만한 이유가 있었을 것으로 보인다. 당시 그 이외에도 경제적인 여유가 있는 성도들중에 집과 밭을 팔아 그 돈을 사도들 앞에 내어놓은 자들이 많았을 것이 분명하다. 그런 가운데 그가 여기서 구체적으로 소개된 것은 마가의 삼촌으로서 장차 그에게 맡겨질 중요한 사도적인 사역과 밀접한 연관성이 있는 것으로 여겨진다.

제8장

아나니아와 삽비라 사건과 사도들의 표적과 기사
(행5:1-16)

1. 아나니아와 삽비라의 범죄 행위(행5:1,2)

사도교회 시대 초기에 있었던 아나니아와 삽비라 사건은 매우 중요한 교훈을 담고 있다. 거기에는 지상교회를 위한 사도들의 매우 엄격한 모습이 그대로 드러나고 있다. 그와 같은 상황은 신약교회 역사상 전무후무한 유일한 일로서 모든 형제들이 눈여겨보아야 할 구속사 가운데 존재하는 특이한 사건이다. 이는 그 이후의 모든 교회를 위한 절대적인 메시지가 담겨 있기 때문이다.

아나니아 부부는 저들의 땅을 팔아 사도들의 손에 맡겨 가난한 사람들을 돕는 일에 참여하고자 합의했다. 그런 자세는 본받을 만한 가상한 일이었음이 분명하다. 그들이 자신의 땅을 팔아 사도들 앞에 내어놓지 않는다고 해서 직접적인 비난을 퍼부을 사람들이 있었을 것으로 보이지는 않는다.

우리가 여기서 기억해야 할 바는 그들이 설령 교회 앞에서 범죄를 저질렀다고 할지라도 우리가 일반적으로 생각하는 악행과는 그 성질이 다르다는 사실이다. 즉 그들은 남의 돈을 몰래 훔치거나 교회의 공금을 횡령한 것이 아니라 자기의 소유로 인정되는 돈 일부를 조금 떼어놓았을 따름이다. 어쩌면 그 돈으로 개인적으로 판단되는 다른 요긴한 일을 하려는 마음을 가졌을지도 모른다.

현재 우리의 관점에서 예를 들어 생각해 보자면, 그들이 천만 원을 받고 자기의 밭을 팔아 사도들에게 구백만 원을 전달했을 수 있다. 갑자기 개인적으로 백만 원이 절실하게 필요했을지 모른다. 즉 처음에는 천만 원을 받으면 전부 사도들에게 가져다 줄 생각을 했지만 말 못할 어떤 사정이 생겨서 백만 원을 따로 챙겨두었을 수도 있다. 그것은 일반적인 범죄행위와는 상당한 차이가 난다.

2. 사도들과 성령을 속임(행5:3,4)

아나니아 부부가 밭을 팔기 전에 사도들과 그에 대한 충분한 대화가 있었던 것으로 보인다. 그러므로 사도들은 그들이 밭을 판 금전을 가지고 올 때를 기다렸을 것이다. 그들 부부도 교회에 속한 자로서 좋은 일을 하는 것으로 여기며 강제성이 없이 자발적으로 그렇게 했을 것이 틀림없다. 만일 그런 마음이 없다면 억지로 그렇게 하기 어렵기 때문이다.

아나니아는 자기의 밭을 판 돈을 가지고 아내를 두고 혼자 먼저 사도들 앞으로 갔다. 하지만 사도들은 그가 밭을 판 돈 전부를 가지고 오지 않은 사실을 이미 알고 있었다. 하지만 아나니아는 그 돈 가운데 일부를 떼어놓았으면서도 그것이 전액인 체하며 거짓 행동을 했다. 사도들이 어떤 경로를 통해 그 사실을 알았는지 모르지만 그에 속아 넘어가지 않았다.

그리하여 베드로는 아나니아를 엄하게 질책했다. 어찌하여 사탄의 지배를 받아 성령 하나님을 속이고 땅값 일부를 감추었느냐는 것이었다. 땅을 팔아 수중에 든 돈을 임의대로 할 수 없어서 일부를 떼어둔 채 사도들을 속이려 하느냐는 것이었다. 그와 같은 행위는 단순히 인간들을 속인 것이 아니라 사탄의 지배를 받아 성령을 속이는 행위와 같았다.

베드로는 아나니아로부터 달리 구차스런 변명을 듣고자 하지 않았다. 그럴 만한 특별한 사정이 있었는지 혹은 무슨 이유로 그렇게 했는지 물어볼 마음이 없었다. 사도들이 보기에는 그의 행위가 하나님 앞에서 거짓말을 하며 교회를 속인 것에 지나지 않았기 때문에 어떤 변명을 들어 볼 필요성을 느끼지 못했다. 사도들은 하나님을 속이려 하는 자의 행위를 결코 용납하지 않으려 했던 것이다.

3. 하나님에 대한 범죄의 결과(행5:5,6)

베드로의 엄한 질책의 말을 들은 아나니아는 그 자리에서 즉시 죽음에 처해지게 되었다. 사도들을 대표한 베드로가 그를 죽음에 내어준 것은 사도의 개인적인 성격이나 취향 때문이 아니었다. 그것은 성령 하나님의 사역으로 이해해야 한다. 아나니아가 죽자 젊은 사람들이 일어나 그 시신을 옮겨 곧바로 장사지냈다. 그 광경을 목격한 모든 성도들은 큰 두려움에 빠지지 않을 수 없었다.

사도들이 그처럼 분노하여 그를 죽음에 내어준 이유는 감히 성령과 하나님을 속이려 했기 때문이다. 그런데 우리시대의 일반적인 상식으로 볼 때는 그 상황을 이해하기가 쉽지 않다. 설령 저들의 행위가 매우 잘못되었다고 할지라도 우리의 눈으로 볼 때는 정상 참작이 될 수 있을 만한 문제였기 때문이다.

세상의 논리에 따른다면 그럴 경우 엄히 훈계한 후 진정으로 뉘우치면 용서해 줄 수 있을 것 같은 생각이 들기도 한다. 신약성경의 많은 부분들은 실제로 용서를 말하며 그런 교훈을 주고 있다. 베드로는 오래전 예수님께 자기에게 범죄한 자에 대한 용서를 질문했을 때 '일흔 번씩 일곱 번' 이라도 용서하라는 말씀을 하셨다(마18:21,22).

그럼에도 불구하고 사도들은 아나니아 부부에게 그와 같은 관용이나 관대한 마음을 전혀 보이지 않았다. 그렇다면 예수님께서 말씀하신 용서와 아나니아 사건에 대한 처리는 상호 모순되는가? 어리석은 자들은 성경의 다른 본문을 분리하여 자의적으로 해석하는 경우가 많다. 하지만 예수님의 교훈과 베드로가 취한 행위는 정반대 같아 보이지만 실상은 상호 조화를 이루고 있다.

오순절 성령 강림과 더불어 사도교회가 시작되는 초기 단계에서 하나님께서는 교회에 분명한 메시지를 주고자 하셨다. 그것은 구속사 가운데서 특별한 의미를 지니는 것으로서 교회의 절대적 순결을 요구하고 있다. 따라서 우리가 비록 연약할지라도 그 교훈적 의미 자체를 소중히 여기는 것은 매우 중요하다.

4. 아나니아의 아내 삽비라에 대한 심판(행5:7-10)

아나니아가 죽어 무덤에 장사지낸 후에도 그의 아내 삽비라는 조금 전에 발생한 그 무서운 사건에 대하여 전혀 알지 못했다. 이는 일반적인 경우라면 이해하기 어려운 대목이다. 한 사람이 죽었는데 그의 아내를 비롯한 가족에게 아무런 통보를 하지 않는 것은 특이한 경우라 말하지 않을 수 없다. 그나마 그는 질병이나 사고로 인해 죽은 것이 아니라 하나님의 심판을 받아 죽었다.

더군다나 아나니아가 죽었을 때 그의 아내 삽비라를 비롯한 다른 가족들에게 그 사실을 알리지 않은 채 장사지냈다. 그것은 남은 유가족이 강하게 항의할 만한 일이다. 하지만 우리는 진행된 모든 과정을 통해 그 사건이 사도들의 단독 행위였음이 여실히 드러나고 있음을 알게 된다. 아나니아의 죽음으로부터 장사지내는 모든 과정은 외부와 상의 없이 당시 교회의 핵심을 이루는 사도들이 일방적으로 진행했던 것이다.

삽비라는 자기 남편 아나니아가 죽은 사건을 전혀 모르는 채 그로부터 세 시간쯤 지난 후 사도들 앞으로 나아왔다. 삽비라가 그 사실을 알았을 때 남편의 죽음으로 인해 슬퍼할 겨를조차 없었다. 그 여인도 하나님과 사도들을 속인 죄로 엄한 질책을 들은 후 자기 남편과 동일한 과정을 거쳐 죽음에 처하게 되었기 때문이다.

삽비라가 죽었을 때도 가족을 비롯한 아무에게도 연락을 취하지 않은 채, 젊은 사람들이 그를 메고 나가 장사지냈다. 사람이 죽으면 그 배우자나 가족에게 기별하는 것은 지극히 당연한 상식이다. 그럼에도 불구하고 베드로를 비롯한 사도들은 다른 사람들과 어떤 상의도 거치지 않고 저를 땅에 묻었던 것이다.

이와 같은 상황은 당시에도 매우 특이한 경우였음이 틀림없다. 보는 관점에 따라서는 사도들을 비롯한 교회는 사랑을 가지기는커녕 상상을 초월할 만큼 냉정한 자들로 비쳐질 수밖에 없었다. 그럼에도 불구하고 사도들이 많은 부담을 안은 채 그렇게 했던 까닭은 성도들에게 있어서 가장 중요한 것은 '하나님의 교회'라는 사실을 일깨우기 위한 목적 때문이었을 것으로 보인다.

5. 모든 교회가 소중한 교훈으로 받아야 할 사건(행5:5,11)

우리는 여기서 일반적으로 말하는 기독교의 사랑과 윤리에 관한 의미를 생각해 보게 된다. 소위 사랑의 종교라고 일컬어지는 기독교 내부에서 발생한 그런 일을 우리는 과연 어떻게 이해해야 할 것인가? 당시는 초기 교회가 산헤드린 공회로부터 심한 박해를 받고 있었으므로 교회 안에서는 더욱 큰 사랑을 보여줄 필요가 있었다. 세상은 위협적이고 사악해도 성도들 사이에는 풍성한 사랑이 넘친다는 사실을 경험하게 됨으로써 교회가 큰 위로를 받을 것이기 때문이다.

그럼에도 불구하고 사도들이 아나니아와 삽비라에 대해 냉정한 모습을 보였던 까닭은 교회의 질서와 연관된 엄격함을 보여주기 위한 것으로 보인다. 이는 우리시대 교회의 중요한 표지 가운데 하나인 권징사역의 필요성에 대한 중요한 근거가 된다. 참된 교회라면 반드시 악행을 제거하기 위한 권징이 있어야 하는데 이는 전체 교회의 영적인 순결 유지를 위해 반드시 있어야만 하는 것이다.

아나니아 부부에 연관된 사건을 통해서 우리가 알 수 있는 점은 사도들을 속이는 행위는 곧 성령을 속이는 것과 마찬가지라는 사실이다. 이는 또한 사도들과 성령을 속이는 것은 하나님과 그의 몸 된 교회를 속이는 것과도 같다. 따라서 사도들은 아나니아와 삽비라의 행위를 거룩하신 하나님을 속이는 행동으로 보고 교회 가운데서 엄하게 근절해야만 한다는 사실을 보여주고 있다.

우리는 또한 여기서 아나니아와 삽비라 부부의 지극히 어리석은 태도를 생각해 본다. 그들은 하나님을 믿는다고 주장하면서 세상에 대한 염려로 가득 차 있었다. 그 부부가 소유했던 밭은 저들의 인생에 과연 무슨 의미가 있었으며 또한 그것을 팔아 얻은 돈은 무엇을 위해 필요한 것이었는가?

그들은 그 밭과 돈이 자기의 소유라 여기고 자기 판단에 따라 무언가 하기를 원했지만 아무런 소용이 없었다. 그것이 저들의 생명을 구하는 데 아무런 역할을 하지 못했던 것이다. 어쩌면 그들이 자신의 밭을 팔아 그 돈을 사도들 앞에 내어놓겠다고 결심한 것도 이웃이 아니라 눈에 보이지 않는 자기의 목적을 위해서였을 가능성이 있다. 즉 밭을 팔아 사도들에게 내어놓겠다는 그 소문만으로 주변의 여러 교인들에 의해 훌륭한 신앙인으로 인정받아 종교적인 만족감을 취했을지도 모른다.

오늘날 모든 성도들은 이 사건을 통해 자신의 삶을 냉철하게 되돌아볼 필요가 있다. 성경에서 언급하는 사랑은 주변 사람들의 모든 범죄를 무조건 용서하고 받아들이라고 말하지 않는다. 하나님께서 자기 자녀들에게 베푸시는 은혜로서 용서와 사랑을 언급하는 것과, 죄에 빠진 인간들이 변화하는 환경에 따라 그것을 해석하고 적용하는 주관적인 종교 윤리와 동일하지 않다.

우리는 신약시대에도 구약성경의 율법 정신이 그대로 살아있다는 사실을 기억해야만 한다. 또한 예수님께서 십자가에 달려 돌아가심으로써 구원사역을 완성하신 후 계시가 종결된 보편교회 시대가 이르기 전인 사도교회 시대에 이 사건이 발생한 사실을 눈여겨보아야 한다. 물론 우리시대에도 죄에 대해서는 동일한 정신으로 엄격한 자세를 유지할 수 있어야만 한다.

한편 우리는 구약의 율법이 신약시대에 그대로 적용되지 않는다는 사실을 기억해야 한다. 나아가 예루살렘 성전 파괴와 더불어 시작된 보편교회가 도래하기 전 사도교회 시대에 일어난 모든 사건들을 오늘날 우리시대에 그대로 적용할 수는 없다는 점도 기억해야 할 필요가 있다. 신구약성경 66권이 완성되어 우리 가운데 존재하는 시대에는 절대적인 권위를 가진 사도들이 존재하지 않는다. 하지만 그 교훈 자체는 우리시대에도 그대로 유효하므로 그 의미를 올바르게 받아들이는 것이 매우 중요하다.

우리가 또한 여기서 잊지 말아야 할 점은 당시 사도들은 교회 안팎에서 항상 긴장하고 있어야 했다는 사실이다. 사도 베드로가 아나니아와 삽비라를 죽음에 내어줄 때는 일반적인 상식을 넘어서는 매우 엄격한 모습을 보였다. 당시 신앙이 어린 자들 가운데는 그것을 보며 두려워하는 사람들도 있었겠지만 지나친 것이라 생각하는 사람들도 없지 않았을 것이다. 하지만 하나님을 경외하는 모든 성도들은 그것이 하나님으로 말미암은 징벌로 알고 그대로 받아들이지 않을 수 없었다.

그와 같은 상황중에서도 베드로를 비롯한 사도들은 산헤드린 공회와 유대주의자들 앞에서는 힘없는 약자에 지나지 않았다. 이는 아나니아와 삽비라에게 무서운 권세를 보여준 경우와는 극명한 대조를 이루고 있다. 물론 유대인 당국자들 앞에서도 사도들은 당당한 자세를 유지했으며 죽음에 대한 두려움이 없었다. 우리는 여기서 교회 안에서는 엄격한 권징의 잣대를 사용해야 하는 반면 세상에 대해서는 관대해야 한다는 사실을 알게 된다.

우리는 당시에 발생한 그 모든 사실들을 통해 복음 사역을 감당하는 사도들이 교회 안과 바깥의 배도자들로부터 상당한 위협에 직면해 있었음을 보게 된다. 하나님의 성도들은 항상 계시된 말씀을 가지고 담대한 마음으로 복음을 선포했다. 이에 대해서는 오늘날 우리가 교회 가운데서도 그 정신을 온전히 드러내며 적용해야 한다. 우리시대에도 교회 안과 밖에는 교회와 성도들을 위협하는 요소들이 즐비하다는 사실을 알고 있다. 따라서 성도들은 참된 교회의 보존과 세상에 대한 심판자로서 신앙인의 자세를 유지해야만 하는 것이다.

6. 표적과 기사를 통한 사도들의 사역(행5:12-16)

하나님께서는 사도들의 손을 통해 민간에 많은 표적과 기사가 일어나도록 허락하셨다. 그것은 사람들이 경험하는 일반적인 상식을 초월하는 것들이었다. 아나니아와 삽비라가 각각 사도들 앞에서 즉석에서 죽음을 맞게 된 일도 놀라운 표적에 해당되는 사건들 가운데 하나로 볼 수 있다.

하나님으로 말미암은 그 모든 표적들을 목격한 성도들은 믿음의 확신을 더욱 분명히 가졌을 것이 분명하다. 그들은 항상 하나님의 언약을 기억하며 성전에 모이기를 힘썼다. 그후 제자들은 모두 마음을 같이하여 솔로몬의 행각에 모여 말씀을 나누었다. 하나님에 대한 참된 신앙을 소유하지 않은 자들은 감히 그 모임에 끼어들 생각조차 할 수 없었다.

그런 중에도 성도들은 일반 백성으로부터 신실함을 인정받아 칭찬의 말을 들었다. 하나님을 경외하는 성도들은 경건한 삶을 살며 이기적인 태도를 버렸기 때문이다. 그리하여 하나님의 은혜를 입은 자들이 그런 상황 가운데 주님 앞으로 나오는 경우가 점점 많아졌다. 심지어는 믿음을 가진 자들이 병든 사람을 들것에 메고 거리로 나가 간이침대나 깔자리에 눕혀 두기도 했다. 베드로를 비롯한 사도들이 그 곁을 지나갈 때 혹 그의 그림자라도 그 병자 위에 덮일까 하는 기대감 때문이었다.

사도들에 대한 그와 같은 심대한 관심과 기대는 점차 예루살렘 지역을 벗어나 그 인근 지역에까지 확장되어갔다. 이리하여 예루살렘 부근의 여러 마을에 살아가는 사람들이 사도들에게 몰려들기 시작했다. 그들은 질병에 걸린 자들과 더러운 귀신이 들려 고통당하는 자들을 데리고 와서 치유를 받기도 했다. 아나니아와 삽비라를 냉정하게 죽음에 내어주었던 엄격한 사도들이 하나님을 믿는 연약한 백성들에게는 한 없이 관대한 자세를 가졌던 것이다.

제9장

산헤드린 공회와 하나님의 사역
(행5:17-42)

1. 사도들을 체포하는 산헤드린 공회와 그들을 석방하시는 하나님
(행5:17-26)

예수 그리스도를 따르는 성도들이 행하는 특별한 사역과 다양한 표적을 본 많은 사람들이 그에 깊은 관심을 기울이게 되자 대제사장과 사두개인들을 비롯한 유대인들은 시기로 가득 차게 되었다. 그리하여 그들은 사도들을 체포하여 감옥에 가두었다. 교회의 지도자들인 사도들과 일반 백성들 사이를 분리시키고자 하는 의도 때문이었다.

산헤드린 공회의 입장에서는 앞서 예수의 이름으로 가르치거나 행하는 일을 금지한 바 있기 때문에 사도들의 행위는 불법으로 간주되었다. 따라서 유대인들은 불법을 저지른 사도들을 체포하는 것이 지극히 당연하다는 판단을 했다. 만일 그 상황을 방치한다면 앞으로 더욱 위태로운 상황이 닥칠지 모른다는 불안감을 가지고 있었던 것이다.

하지만 예수님을 따르는 제자들의 입장에서는 안전하게 대응할 만한 방법이 없었다. 그들은 공권력을 가진 당국자들을 향해 무력적인 저항을 하지 않았다. 나아가 저들의 부당성을 알리기 위해 여론전을 펼치거나 작은 규모의 시위조차 하지 않았다.

그런 중에 교회와 성도들을 위해 적극적으로 사역하시는 분은 여호와 하나님이셨다. 그에 대한 하나님의 구체적인 계획과 방법에 대해서는 아무도 알지 못했다. 산헤드린 공회에 속한 유대인 지도자들은 물론 사도들도 마찬가지였다. 형편에 따라 경륜적 사역을 행하시는 하나님은 때에 따라 가장 적합한 방법으로 일하셨기 때문이다.

사도들이 감옥에 갇히게 되었을 때 저들의 몸과 마음이 편치 않았을 것이 분명하다. 하지만 그들 스스로는 맞닥뜨린 상황을 피할 만한 방도가 없었다. 그렇다고 하나님께 간구하면서 기적적으로 감옥에서 탈출시켜 달라고 매달릴 수도 없었다. 묵묵히 그 처한 사태를 받아들일 수밖에 달리 방법이 없었던 것이다.

그런데 사도들에게 전혀 예기치 못한 상황이 발생했다. 감옥에 갇힌 사도들 앞에 주님의 천사가 나타나 옥문을 열고 그들을 밖으로 끌어냈기 때문이다. 그가 명하기를 이제 성전에 들어가서 그 생명의 말씀을 남김없이 백성들에게 전하라는 요구를 했다. 사도들은 그 천사의 말을 듣고 이른 새벽에 성전 안으로 들어가 백성들에게 진리의 말씀을 가르쳤다.

그때 산헤드린 공회에서는 아무것도 알지 못한 채 대제사장을 비롯한 당국자들이 공회를 열고자 각 지파의 원로들을 소집했다. 그리고는 담당 직원들을 보내 감옥에 갇혀있는 사도들을 끌어오도록 명령했다. 담당자들이 감옥에 도착했을 때 옥문은 든든하게 잠겨 있었으며 간수들이 문 앞을 든든히 지키고 서 있었다.

하지만 그들이 문을 열고 옥 안으로 들어갔을 때 깜짝 놀라지 않을 수 없었다. 그 안에는 마땅히 있어야 할 죄수들이 보이지 않았기 때문이다.

그 안에 갇혀 있던 사도들이 감쪽같이 사라져 버렸던 것이다. 뒤늦게 그 모든 상황을 파악하게 된 간수들도 저들에게 돌아올 책임으로 인해 당황스러웠을 것이 틀림없다.

감옥에 갔다가 빈손으로 돌아온 직원들은 산헤드린 공회원들에게 죄수들이 사라졌다는 사실을 그대로 보고했다. 성전 경비를 맡은 책임자를 비롯한 유대인 지도자들은 그 보고를 듣자 어리둥절하여 당황스러워하지 않을 수 없었다. 하지만 그들은 하나님께서 그렇게 하셨다는 생각을 하지 못했을 것이다. 아마도 그들은 스스로 탈옥했거나 내부자 가운데 도움을 준 자가 있을지 모른다는 판단을 했을 것으로 보인다.

그런 어수선한 분위기가 펼쳐질 때 어떤 사람들이 와서 감옥에 갇혀 있던 사도들이 성전에 서서 백성들을 가르친다는 사실을 전했다. 그 말을 듣게 된 유대인 지도자들은 하나님으로 말미암아 그 일이 발생하게 되었다는 사실을 상상조차 하지 못했다. 아마도 죄수들이 다른 방법으로 탈옥했을 것으로 판단했을 것이다. 하지만 그 모든 일은 하나님께서 직접 행하신 놀라운 능력으로 인한 것이었다.

2. 산헤드린 공회의 되풀이 되는 구속과 사도들의 반응
(행5:26-32)

예루살렘 성전을 경비하는 책임자가 부하들을 데리고 가서 사도들을 다시 체포했다. 그러나 백성들이 격한 상태였기 때문에 저들에게 폭력을 행사하지는 않았다. 당시 일반 백성들 가운데는 무소불위(無所不爲)의 권세를 행사하던 기득권층으로부터 돌아선 자들이 많았으므로 당국에 심하게 저항하거나 돌을 들고 덤빌 수도 있는 상황이었기 때문이다.

그러므로 유대인 당국자들은 사도들을 조용히 끌고 와서 공회 앞에 세웠다. 그리고는 대제사장이 저들을 심하게 질책했다. 유대인들의 주된 관심은 저들의 탈옥 사실이 아니라 사도들의 가르침과 그 영향력에 치중하고 있었다. 즉 탈옥 자체에 관한 그들의 관심은 그 다음으로 밀려나 있었던 것이다.

당국자들의 관심은 예수의 이름으로 가르치고 여러 가지 기적을 행하는 사도들의 행위에 있었다. 산헤드린 공회가 이전에 이미 저들에게 예수의 이름으로 백성들을 가르치지 말라고 엄금했음에도 불구하고 그들은 복종하지 않았다. 사도들이 새로운 종교 즉 기독교를 예루살렘에 가득하게 했을 뿐 아니라 거룩한 성전에서 그 가르침을 전하고 있었으므로 문제가 되지 않을 수 없었다.

그러면서 공회원들은 예수를 십자가에 못 박아 처형한 당사자는 로마제국인데도 불구하고 그 사건을 산헤드린 공회에 뒤집어씌우려는 것이 아니냐는 듯 언급했다. 즉 예수를 죽인 자들은 로마제국의 총독과 그들의 군대이며 자기들이 죽인 것이 아니라는 식의 태도를 보였다. 유대인 당국자들은 기독교가 백성들 가운데 더 퍼져나가게 되면 예수를 죽인 책임이 저들에게 고스란히 돌려질 것이란 사실을 알고 부담스러워했던 것이다.

베드로를 비롯한 사도들은 대제사장의 심문을 듣고 난 후 예수님의 이름으로 백성을 가르치는 것은 지극히 당연한 일이라고 답변했다. 하나님을 경외하는 성도로서 산헤드린 공회의 지시를 따르는 것보다 여호와 하나님의 말씀에 순종하는 것이 지극히 당연하다는 것이었다. 그러면서 도리어 저들의 죄악을 들추어내며 강하게 책망하기를 주저하지 않았다.

사도들은 유대인 당국자들이 예수님을 십자가에 못 박아 죽였으나 언약의 하나님께서는 오히려 죽은 그를 죽음으로부터 살려내셨다는 사실을 유대인 공회 앞에서 다시금 강조했다. 이 말 가운데는 유대인들이 여호와 하나님을 경멸하며 그의 아들이신 메시아를 죽인 사실에 대한 지적이 포함되어 있다. 뿐만 아니라 사악한 유대인들은 입술로는 하나님의 이름을 떠올리지만 실제로는 그와 적대관계에 놓여 있음을 말해주고 있다.

하나님께서는 그 과정을 통해 이스라엘 민족으로 하여금 회개를 촉구하셨다. 그렇게 함으로써 죄 사함을 얻게 하고자 하셨던 것이다. 그 일을 위해 하나님은 예수 그리스도를 자신의 오른손으로 높여 자기 백성들을 위한 왕과 구주로 삼으셨다. 사도들은 그 모든 일에 관한 증인이며 하나님께서 자기 백성에게 보내주신 성령께서도 그에 대한 증거를 하고 계신다는 것이었다.

우리는 여기서 사도들과 성령 하나님께서 예수 그리스도와 그의 모든 사역을 증거하신다는 사실을 잘 깨달아야 한다. 이는 곧 계시된 성경 말씀과 성령을 통해 그리스도의 사역이 교회 가운데 증거되고 있음을 말해주고 있기 때문이다. 오늘날 우리시대에도 사도들의 손을 통해 기록된 성경과 성령 하나님의 증거로 말미암아 하나님과 예수 그리스도의 구속 사역을 알아가게 되는 것이다.

3. 산헤드린 공회의 결단과 교법사 가말리엘의 중재(행5:33-39)

사도들의 담대한 반응과 거침없는 답변을 들은 산헤드린 공회원들은 크게 분노했다. 따라서 고분고분하지 않은 채 강한 저항감을 보인 그들을 결국 사형에 처하고자 했다. 그것은 유대인들의 법령에 따른 형벌로서 산헤드린은 그렇게 할 수 있었으며 일반 백성들이 그에 반항할 수 없었다.

그때 바리새인으로서 교법사인 가말리엘이 발언하기 위해 자리에서 일어났다. 그는 사도 바울의 스승이자 당시 백성들로부터 존경받는 영향력 있는 인물이었다. 가말리엘은 먼저 사도들을 공회의 석상으로부터 잠시 내어보내도록 했다.

그리고는 산헤드린 공회와 이스라엘 백성을 향해 사도들의 죄를 확정하고 형벌을 가할 때 지극히 조심해야 된다는 사실을 언급했다. 그는 과거에 있었던 몇몇 사례들을 소개하며 공회원들을 설득하기 위해 힘을 기울였다. 오래 전에 드다(Theudas)라는 자가 일어나 많은 사람들을 선동할 때 약 사백 명 정도의 추종자들이 생겨났다. 하지만 그가 처형당하자 그를 좇던 자들은 뿔뿔이 흩어져 그 조직이 와해되었다는 것이다.

또한 그후 로마제국이 호적할 때 갈릴리 출신의 유다(Judas)가 일어나 많은 수의 무리를 규합하여 자기를 따르게 했지만 그가 망하자 그 좇던 자들이 다 흩어졌다는 사실을 언급했다. 그 사건은 아마도 예수님께서 탄생하던 때인 BC4년경에 일어난 사건이었을 것으로 보인다(눅2:1-5, 참조). 백성들을 선동한 드다와 유다는 아마도 극렬 민족주의자들로서 이스라엘 민족 독립 운동을 하던 인물들이었을 것으로 보인다.

가말리엘은 과거에 있었던 몇몇 사건을 소개하며 그것을 교훈으로 삼는다면, 예수를 따르는 자들에 대해서도 지나치게 상관하지 말고 그냥 내버려 두는 것이 상책이 될 것이라는 말을 했다. 예수가 십자가에 달려 죽은 후 그 제자들이 전하는 사상과 행동이 사람에게서 난 것이라면 곧 무너지게 된다는 것이었다.

하지만 그것이 하나님으로부터 났다면 인간들의 힘으로 그들을 무너뜨릴 수 없다는 사실을 언급했다. 그렇게 되면 도리어 하나님을 대적하는 무서운 행위가 된다는 말을 덧붙였다. 그의 견해는 지극히 원론적인 주장으로서 상당한 설득력을 가지고 있었다.

그러므로 당시 산헤드린 공회원들은 교법사 가말리엘의 주장을 타당성 있는 말로 받아들였다. 하지만 가말리엘이 유대인들에게 냉철한 판단을 요구하며 사도들에게 어느 정도 관대한 모습을 보이는 것 같다고 해서 그가 기독교에 호의적이거나 예수님을 신앙하는 것은 아니었다. 오히려 그는 하나님의 경륜에 따라 산헤드린 공회에서 발언함으로써 부지중에 사도들이 석방되도록 도움을 주게 되었던 것이다.

4. 산헤드린 공회의 체벌과 사도들의 기쁨(행5:40-42)

산헤드린 공회는 가말리엘의 논리 정연한 주장을 듣고 그 말에 일리가 있다는 판단을 했다. 저들의 입장에서는 이스라엘 민족 가운데 발생했던 과거의 유사한 사건들을 돌이켜 볼 때 과연 그렇다고 여기게 되었던 것이다. 그래서 사도들을 처형하지 않고 훈방하기로 결정했다. 그렇다고 해서 공회원들이 그들을 무죄 석방한 것은 아니었다.

따라서 공회는 사도들을 석방하기 전에 채찍으로 심한 체벌을 가했다. 그것은 저들에게 고통스럽고 괴로운 일이 아닐 수 없었다. 그렇게 함으로써 저들에게 공포감을 주면서 예수의 이름으로 말하는 것을 다시 한번 엄하게 금지했다. 사도들과 성도들이 예수의 이름으로 말하게 되면 일반 유대인들이 크게 동요할까 두려워했기 때문이다.

우리가 여기서 눈여겨보아야 할 점은 사도들이 불법으로 체포되어 심한 구타를 당했음에도 불구하고 그에 적극적으로 저항하지 않았다는 사실이다. 물론 그들이 잡혀가 극심한 고통을 당할 때도 모든 성도들은 잠잠하기만 했다. 이는 예수님께서 고난을 당하시고 십자가에 달려 돌아가실 때도 그와 같았다.

사도들은 산헤드린 공회 앞에서 엄청난 고통을 당하면서도 예수님의 이름으로 인해 능욕당하는 자가 되었음을 합당한 것으로 받아들였다. 그들은 전혀 불평하는 마음을 가지지 않았으며 그것으로 인해 다른 어떤 영예를 구하려고 하지도 않았다. 이는 하나님을 알지 못하는 악한 세상이 결코 천상에 속한 성도들을 칭찬하거나 받아들이지 못한다는 사실을 잘 알고 있었기 때문이다.

사도들이 그 고통스런 상황을 기뻐했던 까닭은 단순한 감정의 문제가 아니라 천상의 소망에 연관되어 있었다. 그들의 육신은 고통스러웠지만 영혼은 천상에 계신 하나님으로 인해 진정한 기쁨을 누릴 수 있었던 것이다. 사도 바울이 데살로니가 교회에 편지하면서 "항상 기뻐하라"(살전5:16)고 한 것은 그와 관련되어 있다.

이에 대해서는 오늘날 우리 역시 그와 동일한 신앙 자세를 유지해야만 한다. 우리는 타락한 세상에서 고통을 당할지언정 특별한 영예를 얻으려는 마음을 가지지 않는다. 그 대신 참된 복음으로 인해 세상으로부터 능욕당하는 것을 두려워하는 마음을 버리고 천상의 기쁨을 누릴 수 있어야 한다.

산헤드린 공회에서 석방된 사도들은 하나님의 복음을 선포하는 일을 위해 최선의 노력을 기울였다. 그들은 날마다 '성전'을 방문하여 나사렛 예수님이 곧 구약성경에서 예언한 메시아라는 사실을 담대하게 선포했다. 그리고 여러 교회들을 출입하며 하나님의 말씀을 전했다. 본문에서 말하고 있는 '집'(house)이란 성도들이 매주일 모이는 장소를 의미하고 있다.

사도교회 초기에는 진리를 올바르게 가르칠 수 있는 교사들이 턱없이 부족했다. 그리하여 주일이 되면 사도들이 여러 교회들을 방문하여 하나님의 말씀을 전하며 복음을 전파했던 것으로 보인다. 그들은 악한 유대주의자들과 대치하고 있는 상황에서 지상교회를 위하여 올바른 기초를 놓는 것이 무엇보다 중요하다는 사실을 잘 알고 있었다. 사도들은 그 일을 위해 모든 고통을 참는 가운데 최선의 노력을 기울였던 것이다.

제10장

직분의 분화와 스데반의 피소
(행6:1-15)

1. 히브리파와 헬라파 출신의 기독교인들(행6:1,2)

오순절 성령께서 강림하실 때는 아직 교회의 직분제도가 정립되지 않았다. 그런 상태에서 사도교회 초기에는 여러 가지 문제들이 발생했다. 그 가운데 하나가 출신 지역에 따른 상이한 배경이었다. 예루살렘에는 원래부터 약속의 땅 가나안에서 출생하여 히브리어를 사용하는 히브리파 기독교인들이 있었는가 하면 이스라엘 밖의 여러 지역에서 출생하여 나중 본토로 돌아와 거주하는 헬라파 교인들도 많이 있었다.

그들은 동일한 신앙을 소유하고 있으면서도 묘하게 대립하는 지역감정을 가지고 있었다. 그들은 각기 서로간 자기에 대한 우월감을 가지고 있었다. 히브리파 기독교인들은 마치 저들이 본토에서 출생하여 정통성을 가진 것인 양 생각했다. 한편 헬라파 기독교인들은 본토에 거주하는 유대인들이 예수님을 못 박은 사실을 기억하며 히브리파 출신은 우물안 개구리 같다는 생각을 했을 수 있다.

그와 같은 형편 가운데 초기 교회에는 성도들의 수가 점점 많아져갔다. 그들 중에 경제적으로 여유가 있는 자들은 자기의 재산을 팔아 사도들에게 돈을 가져왔으며, 사도들은 그것을 가난한 사람들을 구제하기 위해 힘썼다. 당시에는 사도들이 경제적으로 심각한 어려움을 겪는 사람들에게 날마다 식량을 배급하는 일을 주도했다.

그런 중에 헬라파 기독교인들이 히브리파 교인들에게 불만을 터뜨렸다. 저들에게 대하는 사도들의 자세가 불공평하다고 생각하기에 이르렀기 때문이다. 당시 모든 사도들은 히브리파 출신이었다. 따라서 헬라파 교인들 가운데 일부는 히브리파 유대인들이 자신을 멸시하는 것으로 오해했다. 급기야는 날마다 식량을 배급받는 과정에서 헬라파 과부들이 히브리파 과부들보다 푸대접을 받는 것으로 여기게 되었다.

그 사실을 알게 된 사도들은 그에 대한 적절한 대책을 강구해야만 했다. 그것은 전적인 오해였지만 구제에 관한 문제뿐 아니라 전체적인 영역으로 파급되었다. 따라서 사도들은 그 시점에서 교회의 직분에 변화가 있어야 하리라는 판단을 했다. 그로 말미암아 교회의 직분에 관한 처음 시도가 이루어지게 되었다.

2. 직분의 분화 시작(행6:3-6)

당시 신앙이 어린 사람들의 관심은 교회의 윤리적 측면에 있었던 것으로 보인다. 따라서 부유한 사람들이 재산을 팔아 가난한 이웃에게 나누어 주는 것을 교회가 행해야 할 주된 사역인 양 받아들였다. 그들은 구제와 나눔을 교회가 소유해야 할 본질적인 것으로 이해했다. 오늘날도 그것이 교회가 감당해야 할 주된 사역으로 오해하는 자들이 많다.

하지만 그것은 지상교회가 행해야 할 본질적인 사역이 될 수 없다. 교회의 구제 사역은 당연하지만 절대적인 위치를 차지하고 있어야 할 가장 중요한 것은 계시된 하나님의 말씀이다. 우리는 굳이 말씀과 구제 가운데 어느 것이 더 중요한가에 대한 논의를 할 필요조차 없다. 사도들의 주된 관심은 말씀을 통한 교회의 상속이었으며 구제 사역 자체가 아니었다.

그런데 초기 기독교 가운데 날마다 시행되는 가난한 자들을 위한 구제 행위로 말미암아 어려운 사정이 발생하게 되었다. 따라서 열두 사도들은 그 문제를 해결하기 위해 모든 제자들을 불러 모았다. 그들은 사도로서 하나님의 말씀을 선포하는 일을 제쳐 놓고 식량 배급에 신경을 쓰는 것이 바람직하지 않다는 판단을 하고 있었다.

그러므로 제자들에게 성령과 지혜가 충만하여 칭찬을 듣는 사람들 가운데 일곱 명의 형제들을 선택하도록 요구했다. 그들에게 어려운 성도들을 돌아보는 일을 맡기고 사도들은 하나님의 말씀을 선포하며 기도하는 일에 전념하겠다는 것이었다. 이는 아마도 전체 교회와 더불어 지역 교회를 돌보는 목양과 밀접하게 연관된 것으로 보인다.

그리하여 사도들과 함께 모인 그 제자들은 그 말을 기쁘게 받아들였다. 그들은 사도들의 요구에 따라 믿음과 성령이 충만한 사람들을 뽑았다. 그때 선출된 형제들은 스데반, 빌립, 브로고로, 니가노르, 디몬, 바메나, 유대교에 입교한 안디옥 사람 니골라[10] 등 일곱 명이었다. 사도행전에는 이들을 단순히 구제하는 자에 국한시키지 않고 복음전도자(evangelist)로 묘사하고 있다(행8:26-40; 21:8, 참조).

우리가 여기서 눈여겨보아야 할 점은 사도들이 일곱 명의 직분자를 일방적으로 임명하지 않았다는 사실이다. 오히려 전체 교회가 중의(衆意)를

10) 학자들 가운데는 나중 배도에 빠진 무리인 니골라 당의 우두머리를 사도행전에 기록된 니골라와 동일시하는 자들이 많이 있다. 요한계시록 2:6,15에는 배도집단인 니골라당에 관한 기록이 나타난다. 하지만 이름이 같다고 해서 그들을 동일인물로 단정할 만한 절대적 근거가 되지는 않는다. 당시에 동명이인(同名異人)들이 많았을 것은 분명하다.

모아 공적으로 그 사람들을 선출했다. 교회가 어떤 방식으로 그들을 선택했는지에 대한 구체적인 방법은 성경에 명확하게 기록되어 있지 않다.

교회는 절차에 따라 선출한 일곱 명의 형제들을 사도들 앞에 세웠다. 그러자 사도들은 그들을 위해 기도하고 안수함으로써 그 직분을 맡겼다. 우리가 여기서 반드시 기억해야 할 바는 당시에 교회 공동체의 할 일과 사도들이 감당해야 할 일이 구분되어 있었다는 사실이다. 그것은 직분자들을 선출하여 세우면서부터 그러했다. 교회는 직분자들을 세우고 사도들은 그들에게 안수하여 직분을 맡겼던 것이다.

사도들이 맨 처음 세워진 직분자들에게 안수했다는 사실은 매우 중요한 의미를 지니고 있다. 이는 교회의 모든 직분은 사도들의 권위에 예속되어 있음을 말해준다. 또한 지속적인 안수를 통해 역사 가운데 지상교회의 상속이 이루어져 가게 된다. 오순절날 강림하신 성령의 인도하심에 따라 사도들이 직분자들에게 안수함으로써 그후의 역사적 지역 교회들에 의해 세워지는 직분자들에게 안수가 이루어졌다. 따라서 현대의 참된 교회에 속한 직분자들이 안수를 받는 것은 맨 처음 사도들이 일곱 명의 직분자들에게 안수한 의미가 그대로 상속되어 전달되고 있음을 말해주고 있다.

또한 우리가 여기서 염두에 두어야 할 바는 직분을 맡을 자들을 위해 매우 중요한 조건들이 제시되었다는 점이다. 직분자가 되기 위해서는 먼저 성령과 지혜가 충만하여 주변 이웃으로부터 칭찬을 받는 믿음의 사람이어야 했다. 그들이 얼마나 높은 수준의 일반적인 교육을 받았는가 하는 것과 빈부여부는 기본적인 조건이 되지 않았다. 그리고 개인적인 능력이나 사회적 지위, 과거의 경력 및 현재의 직업 등은 직접적인 고려의 대상이 아니었다.

이에 대해서는 오늘날 우리시대의 교회 가운데도 그대로 적용되어야 한다. 직분은 개인이 자원할 수 있는 성질의 것이 아니며 세상에서 유능하고 똑똑한 자에게 부여되는 것도 아니다. 나아가 스스로 자신을 내세우며 자랑함으로써 그 요건을 확보하지도 못한다. 오직 성령과 지혜가 충만하여 칭찬받는 믿음의 성도일 경우 직분을 맡을 수 있는 기본 요건을 충족하게 된다.

3. 교회의 성장과 교회 안팎에서 발생한 심각한 문제들(행6:7)

시대적 어려운 여건 가운데서도 오순절 성령과 더불어 탄생한 교회는 서서히 성장해가고 있었다. 주변의 환경과 조건에 의해 하나님의 복음이 확장되어 가는 것이 아니라 하나님의 경륜 가운데 그렇게 되어 갔다. 즉 인위적이며 종교적인 열성이 진리의 말씀을 흥왕케 한 것이 아니라 하나님의 섭리가 그 가운데 작용하고 있었던 것이다.

당시 교회는 외부적으로 산헤드린 공회를 중심으로 한 법적인 제도와 조직에 의해 심한 박해를 받았다. 사도들을 비롯한 예수 그리스도를 전파하며 가르치는 성도들은 마치 범죄자처럼 인식되었다. 한편 공회의 입장에서는 유대주의자들 가운데 이탈자가 생기는 것을 적극적으로 막아야 할 심각한 상황에 처했다.

그럼에도 불구하고 일반 백성들 중에 예수 그리스도의 복음을 받아들이는 자들이 점차 늘어났다. 그들 가운데는 제사장을 지낸 경력자들이 상당수 포함되어 있었다. 제사장 출신의 인물들과 제사장 가문에 속한 많은 사람들이 유대교로부터 돌아서고 그와 더불어 기독교인들의 수가 급격히 불어났다는 사실은 그 심각성을 말해주고 있다. 그렇게 되자 유대인 당국자들은 긴장하여 교회에 대한 박해가 더욱 심해졌으며 그것은 신앙이 어린 성도들을 위축시키기에 충분했다.

나아가 교회 내부에서도 심각한 문제들이 나타나기 시작했다. 아나니아와 삽비라처럼 하나님과 성령과 사도들과 교회를 속이는 자들에 대해서는 생명을 박탈하는 엄격한 징계가 이루어졌다. 뿐만 아니라 교회 안에서 가난한 성도들을 구제하는 일로 인해 히브리파와 헬라파 사이에 파벌의 조짐이 생겨나기도 했다. 일반 성도들에게 있어서 그런 점들은 실망할 만한 일이 아닐 수 없었다.

이런 부담스런 환경 가운데서도 믿는 성도들의 수가 점차 늘어나 진리의 복음이 널리 퍼져나갔다. 이는 교회가 처한 내외부의 환경과 조건에 의해 성장해 가는 것이 아니라 하나님의 섭리가 이루어져가고 있었음을 말해주고 있다. 즉 인간의 특별한 노력이 아니라 하나님의 말씀에 순종하는 삶이 세상을 향해 진리를 선포했던 것이다.

이에 대해서는 오늘날 우리시대 역시 마찬가지다. 사람들이 살아가기 좋은 환경이 되고 외부로부터 가해지는 박해가 없기 때문에 진리의 복음이 더 잘 전파되는 것이 아니다. 또한 교회 안에서의 일반적인 인간관계의 발전과 좋은 분위기가 복음을 확장시켜 나가지 않는다. 만일 그런 조건을 의지한다면 교회는 도리어 성경에 기록된 진리를 멀리하게 되거나 복음의 진정성이 약화되어갈 우려가 있을 따름이다.

이에 대해서는 현대의 모든 교회와 성도들이 올바르게 이해해야만 한다. 하나님의 복음은 인간의 열정적인 노력이나 다양한 종교적 기교에 의해 확장되어 가지 않기 때문이다. 오직 하나님의 말씀을 의지하고 그에 온전히 순종하는 마음을 가질 때 하나님의 교회가 온전히 자라나게 되는 것이다.

4. 스데반과 헬라파 유대인 지도자들과의 변론(행6:8-11)

일곱 직분자들 곧 복음전도자들 가운데 한 사람인 스데반이 다른 동료들과 마찬가지로 은혜와 권능이 충만했다. 그 일곱 명을 흔히 생각하듯 단순한 집사 직분자들로 이해해서는 곤란하다. 저들에게는 가난한 성도들을 돌아보는 일과 더불어 복음전도자로서 소중한 직무가 맡겨져 있었기 때문이다.

스데반은 성령의 사역을 힘입어 민간에 큰 기사와 표적을 행했다. 그때 구레네인, 알렉산드리아인, 길리기아와 아시아에서 온 자들로 구성된 이른 바 '자유민들의 회당'(the Synagogue of the Freedmen)에 속한 유대인들과 논쟁을 벌였다. 그들이 스데반의 사역을 받아들이려 하지 않았기 때문이다.

하지만 그 경직된 종교인들은 지혜와 성령으로 말하는 스데반의 말을 도저히 당해낼 수 없었다. 이는 그가 세상에서 습득한 지식이나 이성과 경험이 아니라 하나님께서 허락하시는 지혜와 성령의 인도하심에 따라 대응했음을 말해주고 있다. 그렇게 되자 회당에 속한 자들은 다른 유대인들을 선동해 스데반을 모함하여 궁지에 빠뜨리도록 선동했다. 그가 모세와 하나님을 모독하는 말을 하는 것을 직접 보고 들었다는 증언을 하도록 했던 것이다.

이처럼 사악한 자들은 진리에 저항하며 서로간 힘을 합쳐 강자로 등장했다. 이에 반해 하나님의 자녀들은 약자가 되어 하나님의 도우심을 간절히 바랄 수밖에 없었다. 그들은 결코 강압적이지 않았으며 힘으로 상대방을 억누르려 하지도 않았다. 어리석은 자들은 그것을 보며 마치 하나님의 편에 선 성도들이 연약하여 패배하는 것으로 착각했다. 하지만 진정한 승리자는 항상 하나님과 같은 편에 서 있는 성도들이었다.

5. 공회에 잡혀가 피소된 스데반(행6:12-15)

로마제국에 흩어진 여러 지역 출신 유대인들의 회당에 소속된 자들이 백성과 장로들과 서기관들을 충동질했다. 모세의 율법과 여호와 하나님을 모독하는 자를 결코 그냥 두어서는 안 된다는 것이었다. 그리하여 권세를 가진 유대인 당국자들은 스데반을 잡아 산헤드린 공회 앞으로 끌고 갔다.

그들은 스데반이 이스라엘 민족 가운데서 악행을 저질렀다는 것을 증언할 만한 증인들을 내세웠다. 그가 하나님의 거룩한 성전과 모세의 율법을 거슬러 말하기를 주저하지 않았다는 사실을 입증하고자 했다. 그 사람들은 또한 증인으로 나선 자들에게 나사렛 예수가 이스라엘 민족의 거룩한 성전을 헐고 모세가 전해준 규례를 고치겠다고 말한 것을 직접 들었다는 사실에 대한 증언을 요구했다.

실제로 예수님께서는 그전에, 예루살렘 성전을 헐면 자기가 사흘 만에 일으키겠다는 말씀을 하신 적이 있다(마26:61; 막14:58; 요2:19). 그리고 장차 그 성전이 완전히 파괴되어 돌 위에 돌 하나도 놓이지 않을 만큼 철저하게 파괴될 것에 대한 예언을 하셨다(마24:2; 막13:2; 눅21:6). 그것은 예수 그리스도의 십자가 사역에 대한 사실과 구약성경의 모든 언약의 완성에 연관되어 있었다. 하지만 그 말을 제대로 알아듣지 못하는 유대인들에게는 그것이 하나님과 그의 성전을 모독하는 것으로 받아들여졌다.

또한 예수님께서는 제자들에게 구약에 계시된 율법이 지닌 진정한 의미에 관한 말씀을 해주셨다. 즉 메시아이신 자신을 가리키고 있는 율법의 참된 의미를 드러내셨다. 그것을 위해 율법의 존재 이유를 설명하셨던 것이다.

산상수훈에는 모세가 기록한 몇몇 율법을 재해석하는 내용들이 되풀이되어 나타나고 있다(마5:21-22, 27-28, 33-36; 19:7-9). 그것은 구약의 율법이 온전하게 된 개념과 더불어 예수 그리스도를 통한 하나님의 복음으로 인해 완성된 개념을 지니고 있었던 것이다(마5:17). 그럼에도 불구하고 그 의미를 깨닫지 못하는 유대인들은 그것이 모세와 율법을 멸시하는 것인 양 여겨 분노할 따름이었다.

산헤드린 공회 앞에서 하나님과 율법을 능멸한다는 죄목이 확증된다면 스데반에게 있어서 사형을 구형하는 것과 동일한 의미를 지니고 있었다. 예수님께서 십자가에 달려 돌아가신 중요한 죄목도 바로 그것들 때문이었다. 그와 같은 상황은 당사자로 하여금 죽음의 공포에 빠지게 할 수밖에 없는 위협적인 것이었다.

그렇지만 스데반은 그에 대한 두려움이 전혀 없었다. 그 극한 위기의 상황 가운데서도 마음의 평강이 넘쳤다. 공회원들이 스데반을 주목해 보았을 때 그의 얼굴은 마치 천사의 얼굴처럼 빛났다. 그것은 그가 영원한 천상의 나라와 거기 계시는 하나님을 바라보았기 때문이다. 이는 단순히 스데반의 심적인 평정 상태를 언급하고 있는 것이 아니라 실제로 하나님을 바라본 사실을 말해주고 있다.

제11장
산헤드린 공회 앞에서 행해진 스데반의 변증
(행7:1-60)

1. 대제사장의 심문과 스데반이 처한 입장(행7:1)

대제사장은 나사렛 예수가 예루살렘 성전과 모세의 율법을 모독한 사실을 되새기며, 스데반에게 그와 동일한 생각을 가지고 있는지 심문했다. 유대인들에게 있어서 그와 같은 주장은 매우 중대한 죄목이 되었다. 따라서 스데반이 그 사실을 인정하게 되면 최악의 경우 사형에 처해질 수 있었다. 그에 대해서는 예수님께서 이미 그 죄로 인해 사형에 처해진 바 있기 때문이다.

물론 당시 직접적인 사형권을 행사한 로마제국의 입장에서 볼 때, 예수님의 실제적인 죄목은 유대인들의 종교에 관련된 문제가 아니라 황제에 대한 반란행위였다. 그가 이스라엘 백성들 앞에서 자신이 '유대인의 왕'이란 사실을 선포하며 황제를 무시했기 때문이다. 하지만 총독 본디오 빌라도는 예수를 심문하면서 그가 세속국가에서의 정치적인 왕이 되려고 했

던 것이 아니라 종교적인 의미에서 그렇게 주장했다는 사실을 알고 무죄
방면하려는 판단을 했다.

　그러자 악한 유대인들은 황제에 대한 충성심을 내세워 본디오 빌라도
를 압박하기에 이르렀다. 반란 의사를 가지고 로마 황제를 거역하며 구체
적인 행동에 옮겼던 위험한 자를 석방하려는 것은 황제의 신하로서 결코
있을 수 없다는 것이었다. 그리하여 본디오 빌라도는 유대인들의 여론에
몰려 예수님에게 사형을 언도하고 즉시 집행하게 되었다. 하지만 그 총독
은 자기에게 책임이 없다는 표시로 손을 씻으며 거기 모인 유대인들에게
직접적인 책임이 있다는 사실을 내보였다.

　그러나 유대인들이 내부적으로 규정한 예수님의 직접적인 죄는 성전
을 모독하고 율법을 모독한 죄였다. 그것은 하나님을 모독하는 의미를 지
니며 모세를 모독하는 것과 동일했기 때문이다. 따라서 그들은 예수님을
거룩하신 하나님을 모독하는 자로 간주하여 사형에 처하는 것을 지극히
당연한 것으로 여겼다. 그 사람들은 그렇게 하는 것이 마치 여호와 하나님
을 위한 것인 양 착각하고 있었다.

　이처럼 스데반이 대제사장의 심문에 대해 어떤 식으로 답변하느냐에
따라 그의 생명이 걸려 있었다. 만일 그가 예수님과 동일한 주장을 한다면
사형에 처해지게 된다. 그와 달리 그것을 부인하게 되면 자신의 생명을 건
질 수 있다. 하지만 그것은 여호와 하나님을 배신하는 악한 행위가 된다.
물론 스데반은 오직 하나님과 그의 뜻을 바라보았을 뿐 세상에 대한 염려
를 하지 않았다.

　스데반은 그때 산헤드린 공회 앞에서 구약성경에 기록된 전반적인
내용들을 설파했다. 그것은 산헤드린 앞에서 행해졌지만 이스라엘 민족
을 향해 선포하는 것과 동일한 의미를 지니고 있었다. 그런데 문제는 그
가 전하는 모든 내용들을 유대인들이 처음 듣는 내용이 아니었다는 사실
이다.

그럼에도 불구하고 스데반이 다시금 그 말씀을 전한 데는 특별한 이유가 있었다. 그것은 항상 율법과 성경을 언급하고 여호와 하나님을 섬긴다고 주장하며 살아가는 유대인들의 믿음이 잘못되었다는 점을 지적하고자 했기 때문이다. 제사장이나 서기관이 아닌 평범한 인물에 지나지 않는 스데반이 민족지도자인 전문가들에게 성경을 가르치려 한다는 것 자체가 저들을 불쾌하게 만들 수 있었다. 하지만 스데반은 성령의 감동을 받고 그들 앞에서 담대히 말하기 시작했다.

2. 스데반의 변론(행7:2-53)

(1) 아브라함을 가나안 땅으로 불러내신 하나님(행7:2-4)

스데반은 먼저 하나님께서 메소포타미아 곧 갈대아 우르에 살고 있던 아브라함을 불러내신 사실을 언급했다. 아브라함의 가족이 하란(Haran)으로 떠나기 전 메소포타미아에서 영광의 하나님이 그에게 나타나셨다. 이는 하나님께서 그를 통해 자신의 특별한 구원 계획을 이루어 가시고자 했기 때문이다.

하나님께서는 아브라함에게 갈대아 우르의 고향과 친척들을 떠나 자기가 그에게 보이시는 약속의 땅으로 떠나가라고 말씀하셨다. 아브라함은 하나님의 명령에 순종하여 하란 땅으로 가서 잠시 거했다. 그러다가 그의 아버지 데라가 거기서 죽은 후 약속의 땅 가나안으로 들어갔다. 그곳에서 하나님의 언약이 성취되어야 했던 것이다.

스데반은 아브라함이 약속의 땅으로 이주한 것이 인간적인 목적과 의도에 따른 것이 아니란 사실을 밝혔다. 그리고 개인적인 능력으로 그렇게 한 것도 아니었다. 하나님께서 강권적인 능력으로 그를 약속의 땅으로 옮기셨던 것이다(행7:4). 그곳이 지금 이스라엘 백성이 살아가고 있는 바로 그 땅이라는 것이었다. 거기에는 언약의 자손들이 아브라함을 그 땅으로 인도하신 하나님의 뜻 가운데 살아가야 한다는 사실을 강조하는 의미가 내포되어 있었다.

(2) 언약의 자손과 애굽

① 이스라엘 자손을 애굽으로 인도하신 하나님(행7:5-16)

하나님께서는 아브라함을 약속의 땅으로 인도하셨음에도 불구하고 발붙일 만큼의 좁은 땅도 그에게 유업으로 주시지 않았다. 하나님의 뜻을 충분히 이해하지 못한 상태에서는 매우 섭섭할 수 있는 문제였다. 하지만 아브라함은 하나님의 뜻을 알고 있었기 때문에 더 멀리 바라보는 눈을 가지고 있었다.

하나님께서는 아브라함에게 그 땅 가운데 단 한 평도 주시지 않은 대신 아직 태어나지도 않은 그의 자손(the seed)에게 주시겠다는 약속을 하셨다. 이는 메시아와 그를 품고 있는 그의 후손들(descendants)을 위한 소유로 주신다는 의미를 지니고 있다. 그 가운데서 예수 그리스도가 강림하시게 된 것이다.

그러나 하나님께서 궁극적으로는 그렇게 인도하시겠지만 언약의 자손들은 긴 역사 가운데서 심한 고통을 당하게 되리라는 사실을 언급하셨다. 아브라함의 후손들이 이방인의 땅 곧 애굽에서 나그네가 되어 그곳 사람들의 종이 되어 사백 년을 살아가게 되리라는 것이었다. 그것은 야곱을 중심으로 한 가족(家族)이 거대한 이스라엘 민족(民族)으로 자라가는 하나님의 경륜적 과정에 해당되는 시기와 연관되어 있었다.

그렇지만 여호와 하나님께서는 이스라엘 백성을 괴롭히는 애굽을 심판함으로써 저들을 약속의 땅으로 인도하여 거기서 자기를 섬기게 되리라는 사실을 말씀하셨다. 하나님은 아브라함과 그의 자손들에게 할례를 베풀어 그 언약을 기억하도록 하셨다. 그리하여 아브라함은 이삭이 태어났을 때 팔일 만에 할례를 베풀었으며 그후 이삭의 아들 야곱과 열두 지파의 조상이 되는 그의 모든 아들들에게 할례를 행함으로써 그 언약 가운데 살아가도록 했다.

야곱의 자식들은 저들의 아버지가 특별히 사랑하는 동생 요셉을 시기하여 애굽에 팔아넘겼다. 하지만 하나님께서는 잠시도 그를 떠나지 않고 항상 그와 함께 계셨다. 그는 애굽 땅에 살아가면서 많은 고난을 당했지만 하나님께서 그를 모든 환난으로부터 건져내어 특별한 은총과 지혜를 주셨다.

그리하여 요셉은 애굽에서 바로 왕 다음 가는 최고 통치자가 되기에 이르렀다. 당시 애굽과 가나안 땅에 큰 흉년이 들자 애굽의 바로 왕은 특단의 대책을 강구하지 않을 수 없었다. 그때 요셉이 하나님께서 허락하신 지혜에 따라 농업 정책을 세우고 애굽 정부가 수용함으로써 국력이 더욱 견고해지게 되었다.

애굽에서 그런 상황이 벌어질 때 가나안 땅에 살아가던 야곱의 가족은 양식이 없으므로 생명을 부지하기 위해 몇 차례 애굽을 오갔다. 그러던 중 애굽의 총리가 된 요셉과 그 형제들이 극적으로 재회하게 되었다. 그것이 바로 왕에게 알려지게 되고 요셉은 가나안 땅에 살고 있던 가족 일흔 다섯 명을 애굽 땅으로 초청하기에 이르렀다.

그로 말미암아 야곱의 온 가족이 애굽으로 이주하여 살아가다가 야곱과 그의 모든 자식들은 애굽에서 죽었다. 하지만 야곱은 애굽 땅에서 장사 지내지 않도록 유언하여 아브라함 부부와 이삭 부부, 그리고 자기 아내 레아가 묻혀있는 세겜 곧 헤브론에 묻히게 되었다. 그로 말미암아 애굽에 살고 있던 모든 이스라엘 자손은 항상 헤브론에 있는 조상들의 묘소를 바라보며 그곳이 하나님께서 약속한 땅으로서 장차 돌아가야 할 본향이라는 사실을 기억했던 것이다.

② 모세를 세우신 하나님(행7:17-28)

야곱의 자손들은 총리였던 요셉에게 속한 종족으로 초창기 상당기간 동안 귀족 대우를 받았다. 그들은 세월이 흐르는 동안 점차 거대한 민족으로 형성되어 갔다. 가나안 출신의 그 민족은 한 때 애굽에서 상당한 영향력을 행사하기도 했다.[11] 하지만 나중에는 그 모든 세력을 완전히 상실하게 되었다. 하나님의 섭리에 따라 모든 것이 치밀하게 진행되어 갔던 것이다.

이스라엘 백성의 애굽에서의 세월이 흘러가고 하나님께서 아브라함에게 약속하신 땅으로 돌아갈 시기가 점차 가까워질 때 이스라엘 백성이 더욱 번성하여 그 수가 많아져 갔다. 과거 히브리 민족의 영향력을 기억하는 애굽 사람들의 눈에는 그것이 위협적으로 비쳐졌다. 그들의 수가 많아진다는 것은 세력 팽창과 연결될 가능성을 지니고 있었기 때문이다.

그렇게 되자 옛날 애굽 정부의 총리대신이었던 요셉을 알지 못하는 새로운 통치자가 바로 왕의 자리에 앉게 되었다. 그는 이스라엘 민족이 번성하는 것을 보며 히브리인들 가운데 남자 아기가 태어나면 즉시 살해하라는 명을 내렸다. 바로 왕은 그와 같은 교활한 정책을 펼치면서 이스라엘 백성을 박해했던 것이다.

그와 같은 정치적 분위기가 조성되어 가는 시기에 히브리 사람 아므람(Amram)과 요게벳(Jochebed) 부부 사이에서 모세가 출생하게 되었다(출6:20, 참조).[12] 당시 애굽의 영아살해 정책대로라면 모세는 태어나자마자 죽을 수밖에 없는 위태로운 목숨이었다. 성경은 아직 저에게 '모세'라는 이름이 주어지기 전, 잠시 다른 히브리 이름을 가지고 있었을 그는 '하나님 보시기에' 아름다웠음을 증거하고 있다(행7:20).

---

11) 이광호, 출애굽기, CNB 522, 평택: 교회와 성경, 2013, pp.23-26, 참조.

12) 이스라엘 백성이 출애굽 할 때인 BC1446년 모세의 나이 80세였으므로 그가 태어난 해는 BC1526년이었을 것으로 보인다.

하나님 보시기에 아름다웠다는 표현은 그가 태어날 때부터 하나님의 특별한 소명을 가지고 있었다는 사실을 말해주고 있다. 따라서 그 아기는 태어난 부모의 집에서 아무도 모르게 석 달 동안을 양육받다가 더 이상 숨길 수 없게 되자 갈대상자에 담긴 채 나일강에 버려지게 되었다. 그것을 본 애굽 바로 왕의 공주가 저를 궁 안으로 데리고 들어가 입양하여 자기 아들로 키웠다.

우리가 여기서 주의 깊게 생각해 보아야 할 점은, 애굽 정부가 갓 태어난 남자아기를 살해하는 정책을 펼칠 때 그 가운데는 히브리인의 아기 모세를 애굽의 왕궁으로 들여보내기 위한 하나님의 놀라운 경륜이 작용하고 있었다는 사실이다. 즉 애굽 정부의 영아살해 정책의 보이지 않는 중심에는 모세를 애굽의 왕궁으로 들여보내고자 하는 하나님의 놀라운 뜻이 담겨 있었던 것이다.

그리하여 모세는 애굽의 왕궁에서 공주의 아들로서 궁중 교육을 받게 된다. 그는 애굽의 모든 학술을 배워 익혀 애굽에서 유능한 인물로 성장해 간다. 아마도 그는 천문학, 수학, 농학, 토목학, 건축학 등 거의 모든 학문을 통달했을 것으로 보인다. 뿐만 아니라 칼과 창을 쓰는 기술, 말 타기를 비롯한 다양한 무술에도 능통했을 것이 분명하다.

모세의 나이가 마흔 살이 되었을 때 그는 자기 민족인 이스라엘 자손을 돌아볼 마음을 품게 되었다. 그는 어릴 때 젖어머니 역할을 했던 친어머니 요게벳에 의해 자신이 유대인이라는 사실을 깨달았을 것이다. 그런 모세가 노동 현장에서 히브리인 가운데 한 사람이 애굽인에 의해 억울한 일을 당하는 것을 보게 되자 그를 보호하기 위해 애굽 사람을 쳐 죽이게 되었다. 모세는 자기가 히브리인을 도와주면 저들이 그것을 하나님으로부터 임한 도우심인 줄 깨닫게 되기를 바랐지만 전혀 그렇지 못했다.

그 이튿날 모세는 히브리 사람들끼리 다투는 현장을 목격하고, 싸움을 말리며 화목하게 지내도록 하기 위해 같은 민족끼리 서로 해치지 말도록 당부했다. 하지만 그 사람들은 모세의 진심어린 권고의 말을 귀담아 듣지 않았다. 그 대신 누가 그를 저들의 관원과 재판장으로 세워 간섭하게 했느냐고 따지면서 못마땅하게 여겼다.

나아가 그 히브리 사람이 모세를 향해, 전날 애굽 사람을 쳐 죽인 것처럼 이제 자기를 죽이려고 하느냐며 따져들었다. 그 사람은 본인도 인식하지 못한 채 이스라엘 민족에 대한 대표성을 띤 것과 같은 의미를 지니고 있었다. 즉 그의 말은 당시 '히브리 민족의 말'이 될 수 있었던 것이다. 따라서 그와 같은 상황은 모세를 난감하게 만들기에 충분했다. 이제 그 문제가 애굽의 왕궁에 알려지게 되면 모세는 그 모든 책임을 져야만 하고 살아남기 어려운 지경에 처할 수밖에 없게 된다.

뿐만 아니라 모세가 히브리인의 혈통을 지닌 인물이라는 사실이 온 애굽에 드러나게 되면 무슨 일이 벌어지게 될지 알 수 없었다. 즉 모세 자신뿐 아니라 이스라엘 민족 전체가 더욱 어려운 상황에 빠지게 될지 모를 일이었다. 그리하여 모든 형편을 감안한 그는 결국 애굽을 탈출하는 방편을 선택하게 되었다. 물론 그 가운데는 하나님의 놀라운 섭리와 경륜이 작용하고 있었다.

③ '모세의 단독(單獨) 출애굽'과 미디안에 나타나신 언약의 하나님(행 7:29-35)

모세는 자기가 애굽 사람을 살해한 사건이 외부로 드러나게 될 형편에 처하게 되자 그냥 가만히 있을 수 없었다. 결국 그는 홀로 왕궁을 떠나 시내광야의 미디안 땅으로 탈출했다. 이는 모세의 판단이기는 했지만 하나님의 놀라운 인도하심의 결과였다. 당시 '모세의 단독 탈출'은 사십 년 후의 '이스라엘 민족의 출애굽'을 위해 미리 정탐하고 예비하는 성격을 지니고 있었다. 즉 모세의 행동은 민족적 출애굽을 앞 둔 예비적 성격을 지니고 있는 것으로 볼 수 있다.

모세는 미디안 땅에 이르러 하나님의 인도하심에 따라 이방 제사장이었던 이드로의 딸 십보라와 혼인하게 되었다. 그는 거기서 게르솜과 엘리에셀 두 아들을 얻었다.[13] 모세가 시내광야에서 거주한 지 사십 년이 되어갈 무렵 하나님의 천사가 시내산 광야 가시떨기나무 불꽃 가운데 나타났다. 모세는 자기 눈앞에 전개되는 놀라운 광경을 바라보며 신기하게 여겨 더 자세히 알아보기 위해 가까이 다가갔다. 이는 이스라엘 민족을 인도해 내시고자 하는 '하나님의 때'가 무르익었음을 말해주고 있다.

그때 하나님께서 모세를 향해 말씀하셨다: "나는 네 조상의 하나님 즉 아브라함과 이삭과 야곱의 하나님이로라 … 네 발에 신을 벗으라 너 섰는 곳은 거룩한 땅이니라 내 백성이 애굽에서 괴로움 받음을 내가 정녕히 보고 그 탄식하는 소리를 듣고 저희를 구원하려고 내려왔노니 시방 내가 너를 애굽으로 보내리라"(행7:34). 모세는 그 말씀을 듣고 두려운 마음을 가졌지만 결국 하나님의 명령에 순종할 수밖에 없었다.

모세가 사십 년 전 애굽에 있으면서 자기 민족을 위해 도움을 주고자 했을 때 이스라엘 자손은 그를 거부했다. 하나님께서는 모세를 향해 "누가 너를 관원과 재판장으로 세웠느냐?"(행7:27)며 모세에게 덤벼들던 그 히브리인들을 인도해내시기 위해 그를 애굽 땅으로 보내고자 하셨다. 하나님은 가시나무떨기 불꽃 가운데서 보이던 그 천사의 손을 의탁하여 모세를 히브리 민족을 위한 관원과 속량하는 자로 세워 애굽으로 들여보내셨다. 그때 불꽃 가운데 나타났던 천사는 성자 하나님 곧 그리스도였다.

---

13) 모세는 시내광야에서 애굽을 향해 떠날 때 자기 아내와 두 아들을 뒤에 남겨두었다. 이는 그가 반드시 그곳으로 되돌아와야 한다는 사실을 말해주고 있다. 즉 하나님께서는 이스라엘 민족을 가나안 땅으로 곧바로 데려가시는 것이 아니라 시내광야를 거치게 된다는 사실을 미리 알게 해 주신 것과 동일한 의미를 지니고 있다.

(3) 출애굽과 시내광야

① 모세의 특별한 지위(행7:36-38)

모세는 하나님의 섭리와 경륜 가운데 이스라엘 민족을 애굽으로부터 인도해냈다. 그것은 물론 모세의 개인적인 능력 때문이 아니라 하나님의 특별한 사역으로 말미암아 발생한 일이었다. 이스라엘 백성은 정확하게 430년 동안 애굽에서 거주한 후 그곳으로부터 탈출해 나왔다.[14] 홍해를 건너 출애굽한 백성은 사십 년 동안 시내광야에서 지냈으며 그동안 모세는 숱한 기사와 표적을 행했다. 또한 하늘에는 구름기둥과 불기둥이 떠 있었으며, 백성들은 날마다 위로부터 내려오는 만나와 메추라기를 먹고 살아갔다.

하나님께서는 그 가운데서 이스라엘 자손을 향해 장차 메시아를 보내주시리라는 약속을 하셨다. 모세는 하나님의 성령을 힘입어, '하나님이 너희 형제 가운데서 나와 같은 선지자를 세우리라'는 예언을 했다(신18:15). 그것은 장차 예수 그리스도가 인간의 몸을 입고 이땅에 오실 것에 대한 예언이었다.

또한 이스라엘 백성이 광야 교회로 모여 있을 때 모세는 저들에게 하나님의 말씀을 선포했다. 그는 시내산에서 자기에게 말한 천사 곧 그리스도와 이스라엘 민족의 조상들 사이에 중재자가 되어 생명의 말씀인 구약의 율법을 계시받아 언약의 백성들에게 전했다. 모든 백성들은 그것을 통해 여호와 하나님의 뜻을 알 수 있었다.

② 시내광야에서 모세에게 저항하는 자들(행7:39-43)

하나님의 놀라운 사역을 직접 경험하고 있음에도 불구하고 시내광야

---

14) 출애굽기 12:40,41에는 그에 관한 분명한 사실이 기록되어 있다.

에 머물던 이스라엘 백성은 모세에게 복종하기를 거부했다. 그것은 인간 모세가 아니라 여호와 하나님의 말씀을 거역하는 것과 마찬가지였다. 그들은 광야로 인도해내신 하나님께 감사할 줄 모르면서 탈출해나온 애굽 땅을 그리워하며 하나님의 인도하심에 저항하기에 이르렀다.

배도의 길을 선택한 백성들은 하나님의 말씀에 순종하기보다 애굽에서 익힌 관습에 따라 종교적인 생활을 하고자 했다. 따라서 모세가 하나님의 부르심에 따라 시내산 정상에 올라가고 없는 사이에 그들은 아론을 향해 저들을 인도할 신들(gods)을 저들을 위하여 만들어 달라는 요구를 하기에 이르렀다. 저들을 애굽으로부터 인도해온 모세는 이제 어떻게 되었는지 모른다는 것이었다.

결국 장로들은 아론과 더불어 백성들로부터 금붙이를 거두어 금송아지를 만들었다. 언약을 저버린 그 사람들은 송아지로 만들어진 그 더러운 우상 앞에 제사를 지내며 자기 손으로 만든 것을 보고 기뻐하며 즐거워했다(출32:1-6). 그렇게 하면서도 그 행위가 마치 하나님을 위한 것인 양 착각하고 있었다.

그러자 하나님께서는 그들을 외면하시고 저들로 하여금 하늘의 별들을 섬기도록 내버려 두시게 되었다. 자신의 이름을 더럽히는 자들에게 엄중한 책임을 물으셨던 것이다. 또한 그에 관한 내용이 선지자 아모스의 책에 기록되어 있다.

"이스라엘 족속아 너희가 사십년 동안 광야에서 희생과 소제물을 내게 드렸느냐 너희가 너희 왕 식굿과 너희 우상 기윤 곧 너희가 너희를 위하여 만들어서 신으로 삼은 별 형상을 지고 가리라 내가 너희를 다메섹 밖으로 사로잡혀 가게 하리라 이는 만군의 하나님이라 일컫는 여호와의 말씀이니라" (암 5:25-27)

여호와 하나님께서는 여기서 이스라엘 백성들이 사십 년 동안 광야에 머물러 있을 때 자신에게 참된 희생과 제물을 바친 적이 없다는 사실을 언급하셨다. 선지자 아모스의 시대에도 배도에 빠진 백성들은 이방인들의 신인 몰록의 장막과 신 레판의 별을 받들고 다녔다는 것이다(Amos 5:26, KJV. 참조). 그것들은 저들이 자신의 욕망을 추구하며 섬기려고 만든 우상이었다.

그리하여 하나님께서는 그 백성을 이방인들의 포로가 되어 바벨론 밖으로 끌려가게 하셨다. 스데반은 이를 통해 저들의 후손인 유대인들의 배도행위가 지금도 마찬가지라는 사실을 지적하고 있다. 이 말씀은 산헤드린 공회에 속한 유대주의자들의 양심을 찌르는 매서운 역할을 할 수밖에 없었다.

③ 하나님의 증거 장막과 거룩한 성전(행7:44-50)

하나님께서는 또한 애굽으로부터 이스라엘 백성을 시내광야로 인도해 내신 후 저들에게 증거의 장막을 주셨다. 그것은 모세의 지휘 아래 하나님의 특별계시와 더불어 규례에 따른 양식대로 만들어졌다. 그 장막을 통해 여호와 하나님이 언약의 자손들 가운데 상존해 계신다는 사실이 가시적으로 드러나게 되었다. 하나님께서 그 장막 가운데 거하시면서 저들을 떠나지 않으셨던 것이다.

사십 년 동안의 오랜 광야 생활을 마친 언약의 백성들은 가나안 땅을 정복하기 위해 요단강을 건넜다. 그때 모세의 뒤를 이은 여호수아는 법궤와 함께 그 장막을 가지고 들어갔다. 그 장막은 사사시대를 거쳐 다윗 왕이 예루살렘을 정복할 때까지 보존되었다. 다윗은 이스라엘 민족을 위하여 예루살렘에 장막이 정착되어야 한다는 사실을 잘 알고 있었다. 그리하여 하나님께 간절히 기도하며 그의 은혜를 기다렸다.

하지만 성전을 건축하는 구체적인 일의 진행은 다윗 왕 시대를 지나 솔로몬 왕 때가 되어서야 이루어졌다. 그가 아브라함이 이삭을 바쳤던 모리아 산 위에 돌로 된 거룩한 성전을 건축함으로써 시내광야에서 제작된 이동식 장막의 역할이 완성되었다(대하3:1, 참조). 그리하여 이제 하나님께서는 언약의 왕국 중심에 세워진 예루살렘의 성전에 거하시게 된 것이다.

그렇지만 지극히 높으신 여호와 하나님께서는 인간들의 손을 빌려 지으신 성전에만 거하시는 제한되는 분이 아니다(대하2:6, 참조). 그는 천상의 나라에 계시면서 동시에 이땅에 살아가는 자기 백성들 가운데 거하시기 때문이다. 스데반은 이사야의 글을 인용하며 그에 연관된 분명한 증거를 말하고 있다.

> "여호와께서 이같이 말씀하시되 하늘은 나의 보좌요 땅은 나의 발등상이니 너희가 나를 위하여 무슨 집을 지을꼬 나의 안식할 처소가 어디랴 나 여호와가 말하노라 나의 손이 이 모든 것을 지어서 다 이루었느니라" (사 66:1,2)

전지전능하신 여호와 하나님은 우주 만물을 직접 창조하신 분이다. 우주만물 가운데 존재하는 것들 가운데 애초부터 하나님의 소유가 아닌 것은 없다. 따라서 끝없는 하늘이 하나님의 보좌이며 하나님의 형상을 닮은 인간들이 살아가는 이땅이 하나님의 발등상이 된다. 그럼에도 불구하고 사악한 인간들은 감히 여호와 하나님을 더러운 우상이나 자기의 종교적인 사고의 틀 속에 가두어 두려는 오만한 속성을 버리지 못하고 있다.

당시 배도에 빠진 자들은 여호와 하나님을 대하는 근본 태도가 잘못되어 있었다. 그들은 하나님을 마치 자신의 욕망에 따라 조종할 듯이 여기는 행동을 멈추지 않았다. 그들은 하나님의 거룩한 성전을 인간들의 종교적인 목적을 위해 이용하고자 했던 것이다. 스데반은 예루살렘 성전을 불법으로 장악하고 있는 산헤드린 공회원들을 향해 그들이 지금 그와 같은 악행을 저지르고 있다는 사실을 담대히 지적하고 있었다.

(4) 유대인들을 질책하는 스데반(행7:51-53)

스데반은 구약성경에 기록된 여러 사실들을 근거로 하여 공회원들을 향해 직접적으로 질책하기에 이르렀다. 그 유대주의자들은 목이 곧고 마음과 귀에 할례받지 못한 자들처럼 사고하며 행동했다. 그들은 이방 종교인들과 같은 마음과 귀를 가지고 있었으므로 자기가 무슨 짓을 했는지 조차 인식하지 못하고 있었다.

따라서 그 사람들은 배도에 빠진 저들의 조상처럼 항상 하나님과 성령의 사역을 거역했다. 사악한 유대인 조상들은 하나님의 선지자들을 핍박하는 것을 예사로 여겼다. 그들은 장차 의로운 메시아가 오시리라고 예언하며 저들의 죄악을 드러낸 선지자들이 마음에 들지 않는다고 박해하며 자기의 종교적인 유익을 취하기에 급급했다.

그 악한 자들의 후손인 유대인들은 이제 이땅에 오신 메시아인 하나님의 아들을 배신하고 십자가에 못 박아 죽였다. 따라서 그들은 살인자 중에 가장 사악한 살인자가 되어 있었다. 언약의 자손들을 박해하며 하나님께 저항하는 유대인들은 하나님으로부터 계시된 율법을 소유하고 있으면서도 그것을 지키지 않았다. 이는 산헤드린 공회원들이 하나님의 율법을 어기며 그의 뜻에 거역하고 있다는 사실을 직설적으로 말해주고 있다.

3. 스데반의 변증에 대한 산헤드린 공회의 반응

(1) 산헤드린 공회원들의 반응(행7:54, 57-59)

스데반의 변증과 더불어 심한 질책의 소리를 듣게 된 산헤드린 공회원들은 매우 당황했을 것이 분명하다. 뿐만 아니라 자신을 배도자로 낙인을 찍는 그를 향해 이를 갈며 괘씸하게 여겼다. 이는 저들의 마음에 걷잡을 수 없는 분노가 가득 찼음을 말해주고 있다.

따라서 산헤드린 공회원들은 스데반의 말을 듣기 싫어 양손으로 귀를 틀어막았다. 그리고는 큰 소리를 지르면서 그에게 덤벼들었다. 더 이상 그의 여죄를 확인할 필요 없이 그가 변론한 내용 자체가 사형에 처해질 만한 죄에 해당되는 것으로 판단했기 때문이다.

그리하여 공회는 스데반에게 즉결 사형을 언도하고 밖으로 끌고 나갔다. 사형을 집행하는 자들은 그를 성 밖으로 끌고나가 돌로 내리치고자 했던 것이다. 하나님을 모독하는 죄를 지은 범죄자를 사형에 처하고자 할 때 그에 대한 증인으로 세워진 자들이 옷을 벗어 사울이라는 청년의 발 앞에 두었다. 당시 그 사건을 집행하는 자들의 총책임자는 나중에 사도 바울로 불리게 되는 인물이었다.

그 집행관들은 큰 돌로 스데반을 내려치기 위해 준비하고 있었다. 그것은 그를 죽이기 위해 돌로 치는 무서운 형벌이었다. 그 상황은 매우 두렵고 고통스런 상황이었지만 영원한 천국에 소망을 두고 있던 스데반은 그에 주눅이 들지 않고 평온한 마음을 유지했다. 그러므로 스데반은 천상에 계시는 예수 그리스도께 자신의 영혼을 온전히 맡길 수 있었다.

(2) 스데반의 신앙 자세(행7:55, 56, 59, 60)

스데반은 산헤드린 공회로부터 사형을 언도받고 집행을 앞둔 상태에서 하나님의 큰 도우심을 입고 있었다. 그는 성령이 충만하여 하늘을 우러러 주목하여 하나님의 영광과 성자이신 예수 그리스도께서 하나님 우편에서 계신 것을 보았다. 이는 그가 육체적으로 이땅에서 죽음의 위기를 맞고 있었지만 그의 영혼은 이미 영원한 천상의 나라에 속해 있었음을 말해주고 있다.

그는 사악한 유대인들이 지켜보고 있는 가운데, '보라 하늘이 열리고 인자가 하나님 우편에 서신 것을 보노라' 고 외쳤다. 이는 스데반 자신은 천상의 나라에 속해 구원을 받게 되지만 그 앞에 서있는 산헤드린 공회원들은 그 구원에서 제외된다는 사실을 말해주고 있다. 그것은 저들에게 여간 충격적인 말이 아닐 수 없었다.

결국 그들은 스데반을 죽이기 위해 큰 돌을 들어 내리쳤다. 그러자 그는, '주 예수여 내 영혼을 받으시옵소서' 라고 외쳤다. 그리고는 하나님 앞에 무릎을 꿇고, '주여 이 죄를 저들에게 돌리지 마옵소서' 라고 부르짖은 후 죽었다.

여기에는 죽음에 이를 때까지 하나님의 뜻이 성취되기를 간절히 바라는 스데반의 숭고한 신앙이 드러나고 있다. 본문에서 '그 죄를 저들에게 돌리지 말아 달라' 고 한 간구는 산헤드린 공회의 죄 자체를 용서해 달라는 의미가 아니다. 그것은 언약의 백성인 이스라엘 민족에게 긍휼을 베풀어 주시기를 간구하는 기도였다.

사람들의 일반적인 눈으로 볼 때 그의 죽음은 처참하기 그지없었다. 하지만 그는 영광 가운데 죽어갔으며 거기에는 영원한 생명이 약속되어 있었다. 어리석은 종교 지도자들은 하나님 앞에서 배도를 행하면서 이땅에서 권세를 누리며 높은 지위에서 살아가는 것을 자랑으로 삼고 있다. 그러나 하나님의 자녀들은 전혀 그렇지 않다. 우리는 타락한 세상에서 참된 진리를 선포하다가 죽는다고 해도 그것이 진정한 복이 된다는 사실을 기억해야만 한다.

제12장

예루살렘 교회의 핍박과 사도들을 통한 복음 전파

(행8:1-40)

1. 스데반의 처형(處刑)과 예루살렘 교회의 핍박(행8:1-3)

스데반은 하나님의 말씀에 온전히 순종했다는 이유 하나만으로 억울한 죽임을 당했다. 하나님의 신실한 자녀이자 참된 직분자였음에도 불구하고 사람들이 보기에 처참하게 돌에 맞아 사형을 당해야만 했던 것이다. 교회와 예수 그리스도를 따르는 성도들에게는 침울한 상황이 아닐 수 없었다.

그러나 배도에 빠진 유대주의자들의 입장은 전혀 그렇지 않았다. 산헤드린 공회가 예수 그리스도를 신앙하는 스데반을 극형에 처하는 것을 보고 부당한 처사라 여기지 않았다. 스데반을 죽이는 일에 지휘관의 직책을 가지고 참여한 사울 곧 바울은 그것을 지극히 당연한 일로 받아들였다.

스데반이 사형에 처해진 사건 이후 예루살렘에는 교회와 성도들에 대한 대대적인 박해가 일어나게 되었다. 그것이 마치 신호탄이라도 되는 듯 산헤드린 공회는 갓 태어난 신약 교회를 박멸하기 위해 무자비한 정책을 펼쳤다. 즉 그것은 사사로운 개인적 신앙정서에 따른 판단에 근거한 것이 아니라 유대인들의 공적인 결의에 따른 정책의 일환이었다.

그렇게 되자 예수 그리스도를 구주로 믿는 성도들은 심한 박해로 인하여 불안과 괴로움에 잠겼을 뿐 아니라 더 이상 예루살렘에 살기 어렵게 되었다. 한 평생 예루살렘에 살던 언약의 자손들이 그곳을 떠나야 한다는 것은 결코 예사로운 일이 아니었다. 그것은 보통 사람이 특정 도시에 살다가 정치적인 박해로 인해 다른 지역으로 이주해 가는 것과는 근본 성질이 다르다. 예루살렘은 하나님의 성전이 존재하는 거룩한 도성이었기 때문에 언약의 백성으로서 억울하게 그곳을 떠나야만 한다는 것은 보통 사람들이 느낄 수 없는 강한 비애를 느끼지 않을 수 없었다.

스데반이 산헤드린 공회의 공권력에 의해 돌에 맞아 처형당하게 되자 경건한 사람들이 훼손된 그의 시체를 장사하고 크게 울며 슬퍼했다. 스데반은 영원한 천상의 나라로 올라갔지만 이땅에 남게 된 믿음의 사람들은 세상에서의 이별과 현실적인 상황으로 인해 심한 괴로움에 빠졌다. 신앙이 어린 사람들은 그 모든 과정을 충분히 이해하기 어려웠지만 성숙한 성도들은 악한 세상에서 발생한 그 모든 것을 받아들일 수 있었다.

예루살렘에서 살아가던 성도들은 결국 큰 박해로 인해 유대와 사마리아와 여러 지역으로 흩어졌다. 그때 교회를 핍박하는 자들의 전면에 선 인물은 사울 곧 바울이었다. 그는 예수 그리스도의 십자가 사역으로 말미암아 세워진 지상교회를 완전히 박멸하여 없애는 것을 최고의 목표로 삼았다. 그리하여 각 집 곧 성도들이 모이는 교회로 찾아 들어가 남녀를 불문하고 체포하여 감옥에 넘기는 일을 감당했다.

그럼에도 불구하고 당시 사도들 가운데 상당수는 다른 지역으로 피신하지 않고 예루살렘에 그대로 남아 있었다. 이는 사도들에게는 핍박이 가해지지 않았다는 의미가 아니라 극도로 위험한 상황이 닥친 가운데서도 예루살렘을 떠나지 않은채 머물렀다는 사실을 말해준다. 우리는 그렇게 해야만 했던 사도들의 결단에는 분명한 이유가 있었다는 사실을 기억하지 않으면 안 된다.

그것은 사도적인 회합인 예루살렘 공의회의 형성과 밀접하게 연관되어 있다. 이는 유대주의자들의 산헤드린 공회와 대치하는 성격을 지니는 사도교회 시대의 특별한 공적인 기관이다. 따라서 예루살렘 공의회는 당시 전 세계에 흩어진 교회들을 지도하는 역할을 감당했다. 또한 나중 하나님으로부터 계시된 27권의 신약성경이 선택받은 여러 성도들에 의해 기록될 때 사도적인 성격을 지닌 회합인 예루살렘 공의회가 그에 대한 확증을 하는 중요한 사역을 감당하게 되었다.

2. 모진 핍박을 피해 흩어진 제자들을 통한 복음전파(행8:4-8)

산헤드린 공회의 예루살렘 박해로 인해 흩어진 성도들은 유대와 사마리아와 여러 지역으로 흩어졌다(행8:1). 이는 사도행전 1장 8절에 나타난 '오직 성령이 너희에게 임하시면 너희가 권능을 받고 예루살렘과 온 유대와 사마리아와 땅 끝까지 이르러 내 증인이 되리라' 는 말씀과 조화를 이루고 있다. 부활하신 예수님께서 승천하시기 전 약속하신 내용이 점차 이루어져가기 시작한 것이다.

그런데 처음부터 그 모든 과정이 안정되고 평안한 상태가 아니라 모진 핍박의 과정을 통해 이루어져가게 되었다. 즉 성령이 임하셨을 때, 성도들에게 일반적으로 기대하는 즐겁고 만족스런 삶이 전개되지 않았다. 도리어 심한 박해를 받게 되어 힘든 고통을 감내해야만 했다. 하나님께서는 그것을 통해 진리의 복음이 세계만방에 전파되어 가도록 하셨던 것이다.

예루살렘에서 그와 같은 심한 박해의 상황이 전개되어 가던 중, 일곱 명의 사역자 가운데 한 사람인 빌립이 사마리아 성으로 내려가게 되었다.

당시 사마리아 성에 거주하던 사람들과 예루살렘을 중심으로 살아가던 전통적인 유대인들의 사상은 상당부분 차이가 났다. 사마리아인들은 그들 나름대로 유대인들과 다른 독자적인 경전을 소유하고 있었다. 그들은 사마리아 오경(Samaritan Pentateuch)이라 일컬어지는 독특한 성격을 지닌 모세 오경을 가지고 있었던 것이다.

빌립은 사마리아 성에서 살아가는 백성들에게 예수 그리스도의 복음을 전파했다. 그 성의 많은 사람들이 빌립의 메시지와 행하는 표적을 듣고 보면서 그의 가르침을 따르게 되었다. 그때 귀신들린 자들에게서 더러운 귀신이 큰 소리를 지르며 떠나가는 일들이 발생했다. 또한 많은 중풍병자들과 앉은뱅이가 치유되는 기적이 일어났다.

그리하여 사마리아 성 안의 백성들이 하나님의 복음을 받아들임으로써 넘치는 기쁨을 맛보게 되었다. 그들은 유대인들의 혈통을 어느 정도 지니고 있었으나 이방인들의 피가 섞인 혼혈종족이었다. 우리는 여기서 앗수르 제국의 종족 말살정책으로 인해 혼혈이 된 북이스라엘 왕국의 영역에서 살아온 자들에게 복음이 전파된 사실을 눈여겨보아야 한다. 이는 복음의 확장과 더불어 이방인들을 향한 그 점차적인 개방성이 드러나고 있기 때문이다.

3. 마술사 시몬(행8:9-13)

당시 사마리아 성에 시몬이라는 유명한 마술사가 살고 있었다. 그는 종교를 빙자하여 다양한 마술을 행함으로써 백성들을 놀라게 하며 상당한 영향력을 행사했다. 그리하여 시몬을 추종하는 사람들이 점차 많아지게 되자 그는 스스로 자기가 대단한 자인 양 떠들고 다녔다. 그리하여 신분이 낮은 자로부터 높은 지위에 있는 사람들까지 거의 모든 계층의 사람들이 그를 '하나님의 위대한 능력을 소유한 자'로 인정했다.

사마리아 지역의 사람들은 오래 동안 그가 행하는 마술을 매우 위대한 것으로 여겼기 때문에 그의 모든 말을 청종하게 되었다. 그런 가운데 빌립이 사마리아 성을 방문하여 다양한 기적을 베풀며 하나님 나라와 예수 그리스도의 이름에 관한 복음을 전파했다. 그러자 남녀를 불문하고, 그가 전하는 말씀을 받아들이는 자들이 많아지게 되었다.

그리하여 하나님의 복음을 영접한 백성들은 예수 그리스도를 믿고 세례를 받아 공적으로 자신의 신앙을 드러냈다. 전개되어 가는 모든 상황을 지켜본 마술사 시몬도 여러 백성들과 더불어 세례를 받게 되었다. 그는 세례를 받은 후 빌립을 부지런히 따라다녔다. 이는 그의 목적이 어떠했을지라도 억지로 그렇게 한 것이 아니라 전심에서 우러나온 자발적인 행동이었음을 말해준다.

마술사 시몬은 빌립이 행하는 많은 표적과 큰 능력을 직접 지켜보면서 놀라지 않을 수 없었다. 이는 그동안 자기가 사람들 가운데서 행해오던 마술과는 비교가 되지 않을 만큼 대단한 것이었기 때문이다. 그리하여 그는 나중 자기도 그와 같은 큰 능력을 행하고 싶은 마음을 가지게 된다. 이 말은 아직 안정된 신앙을 소유하기 전의 시몬은 예수 그리스도의 복음 자체보다 종교적인 현상에 더 큰 관심을 가지고 있었음을 보여주고 있다.

4. 흩어진 교회들의 지도자로서 예루살렘 교회(행8:14-17, 25)

사마리아 지역에 살아가는 이방인들 가운데 하나님의 말씀을 영접한 자들이 많다는 소식을 예루살렘에 거주하고 있던 사도들이 듣게 되었다. 사도교회 시대 당시 예루살렘 공의회는 전 지역에 흩어진 교회들을 지도하는 사도적 지위에 놓여 있었다. 이는 오랜 역사를 거쳐 복음을 영접한 오늘날 우리에게도 여전히 매우 중요한 의미를 지니고 있다.

온 세계에 흩어지는 개체적 지교회들이 제각각 멋대로 성장해 가서는 안 되었다. 역사와 지역에 따른 다양한 언어와 관습, 문화로 인한 형식은 어느 정도 차이가 날지라도 복음의 본질과 그 내용은 동일해야만 한다. 따라서 당시 각 지역에 존재하는 모든 교회들은 예루살렘 공의회의 지도를 받지 않으면 안 되었다. 그후 역사 가운데 존재한 모든 교회들은 이에 연관된 의미를 그대로 받아들여야만 했다.

그러므로 예루살렘 공의회는 사마리아 지역에 세워지게 된 교회와 성도들을 지도할 목적으로 베드로와 요한을 보냈다. 그들로 하여금 교회를 살펴 감독하도록 하기 위해서였다. 그 사도들은 사마리아 지역으로 내려가 새로 복음을 접하게 된 성도들이 성령을 받을 수 있도록 하나님께 간구했다. 이는 당시 사마리아 사람들에게는 아직 성령이 임하지 않은 상태였음을 말해주고 있다.

우리는 여기서 사도교회 시대의 특성을 엿보게 된다. 그것은 빌립에 의해 하나님의 복음이 선포되었지만 아직 그 백성들에게 성령이 임하지 않았기 때문이다. 이는 이성적으로는 하나님의 말씀을 이해하고 세례를 받았지만 성령의 사역이 아직 저들 가운데 실현되지 않았음을 말해준다. 여기서 당시 초기 단계 기독교회가 하나님의 복음을 전파하는 과정에서 발생하는 회개와 성령의 임재에 대한 관계를 보여주고 있다. 이는 교인 개개인의 능력이 아니라 교회적인 관계에 연결되어 있는 것이었다.

그러므로 베드로와 요한이 저들에게 안수하자 그 사람들이 성령을 받게 되었다. 이는 성도들에게 성령이 임하는 일이 사도들의 사역과 밀접하게 연관되어 있다는 사실을 말해주고 있다. 우리가 여기서 기억해야 할 바는 사도들을 통한 교훈이 없이는 성령이 임하지 않는다는 사실이다.

이는 곧 사도들이 기록한 성경이 없이는 성령을 받을 수 없다는 점을 말해주고 있다. 즉 성경의 계시가 중심에 놓여있지 않은 상태에서는 성령의 임재가 이루어지지 않는 것이다. 사마리아 지역에서 특별한 사역을 마친 두 사도들은 예루살렘으로 돌아가는 길에 사마리아인들의 여러 촌락을 다니며 하나님의 복음을 전파하며 말씀을 증거했다.

5. 성령의 은사를 매수하고자 하는 악행과 하나님의 심판
(행8:18-24)

과거에 종교를 앞세운 전문 마술사였다가 기독교 안으로 들어온 시몬은 사도들이 사람들에게 안수하여 성령을 받게 하는 사역을 직접 목격하게 되었다. 그 사람은 그것이 부러워 자기도 그렇게 하고 싶은 마음이 들었다. 그리하여 돈을 들여 그 능력을 사고자 했다. 그는 돈이면 무엇이든지 할 수 있을 것처럼 생각하고 있었던 것이다.

그리하여 마술사 시몬은 사도들에게 돈을 주며, 그 권능을 자기에게 주어 누구에게든지 안수하면 성령을 받게 해달라고 당부했다. 그의 요구를 들은 베드로는 그가 하나님의 선물 곧 은사를 돈을 주고 살 것으로 생각하고 있으니 그 돈과 함께 멸망하도록 저주하는 말을 쏟아냈다. 그런 자세는 하나님 앞에서 옳지 못하기 때문에 예수 그리스도의 복음의 도는 그와 아무런 상관이 없으며 함께 나눌 만한 몫도 없다는 것이었다.

하나님의 은사를 돈으로 사려고 마음을 먹는 것 자체가 더러운 죄악이다. 하나님께서 주시지 않는 은사를 개인의 종교적인 욕망을 채우기 위해 소유하려는 것은 죄가 아닐 수 없다. 따라서 사도들은 저에게 그 악한 마음을 돌이켜 회개하고 하나님께 간구하라고 말했다. 그렇게 하면 혹 하나님께서 용서해 주실지도 모른다는 것이었다.

사도 베드로는 마술사 시몬를 향해 악독이 가득 차 불의에 매인 상태가 되어 있다는 사실을 분명히 지적했다. 그 말을 듣게 된 시몬은 하나님 앞에서 두려워 떨지 않을 수 없었다. 따라서 그는 사도 베드로에게 자기를 위하여 하나님께 기도하여 그와 같은 저주가 자기에게 임하지 말도록 해달라는 간곡한 당부를 했다.

베드로의 엄중한 말을 듣고 난 마술사 시몬은 자기가 직접 기도하겠다는 말을 하는 대신 사도들에게 자기를 위해 기도해 달라고 부탁했다. 우리는 이 말 가운데서 나름대로 겸손한 시몬의 자세를 엿보게 된다. 전후 상황을 볼 때 그는 아마도 하나님 앞에서 회개함으로써 자신의 과오를 용서받았을 것으로 보인다.[15]

우리가 여기서 주의를 기울여 생각해 보아야 할 점은 어쩌면 시몬이 성령에 연관된 베드로의 특별한 은사를 소유하기 원한 것이 나름대로는 순수한 마음 때문이었을지도 모른다는 사실이다. 당시 이미 많은 사람들에 의해 종교적으로 유능한 자로 인정받고 있는 터에 자기가 그 일을 감당하면 기독교 전파를 위해 훨씬 효율적이라는 생각을 했을 수도 있었을 것이기 때문이다.

따라서 그가 정제되지 않은 좋은 의도로 돈을 들여 은사를 사려고 했을 가능성을 배제할 수 없다. 사도들은 그 사역을 마치면 예루살렘으로 돌아가야 할 자들이었다. 그렇게 되면 사마리아 지역에서 그들이 하던 사역을 이어받아서 행할 자가 없어지게 된다. 그런 중에 시몬은 자기가 그 일을 맡으려고 하는 마음을 가졌을 수 있다. 하지만 어떤 경우에도 하나님께서 허락하시지 않은 은사를 돈을 들여 사거나 인위적으로 얻으려 하는 태도는 잘못된 것이다.

이에 대해서는 오늘날 우리시대에도 여간 주의 깊게 생각하지 않으면

---

15) 그가 하나님의 은사를 돈으로 사려고 했던 것으로부터 성직 매매를 뜻하는 시모니(simony)라는 말이 생겼다. 사도행전에 기록된 사건 이후 '시몬의 삶'에 대해서는 성경 이외에 구체적으로 알려진 바 없다. 그럼에도 불구하고 시몬은 초대 교회 가운데 여러 이단과 사이비 사상을 제공한 인물로 간주되고 있다. 교부 이레네우스는 시몬이 초기 기독교를 크게 어지럽힌 '영지주의'를 창시한 인물이라 주장한다. 하지만 그 시몬이 사도행전에 기록된 시몬과 동일 인물이라는 사실에 대한 증거는 없다. 존 칼빈 역시 사도행전에 나타나는 시몬을 영지주의를 창시한 인물이라는 후대의 주장에 신빙성이 없음을 언급하고 있다. (칼빈 성경주석, 사도행전 8:24, 참조.)

안 된다. 신앙이 없는 형식적인 종교인들은 지금도 하나님의 은사와 직분을 돈을 들여 사려고 한다. 물론 그들은 돈을 직접 제공하는 대신 헌금이란 명분으로 돈을 들여 그것들을 얻으려 하고 있다. 그와 같은 일이 되풀이하여 발생하게 되면 지상교회가 순결을 상실하여 오염되고 세속화 된 상태로 내몰릴 수밖에 없다.

6. 빌립의 사역과 에디오피아 고위 관리(행8:26-40)

그 와중에 하나님의 사자가 빌립에게 나타나 특별한 명령을 했다. 자리에서 일어나 남쪽을 향해, 예루살렘으로부터 가사(Gaza)로 내려가는 길까지 가라는 것이었다. 그 길은 인적이 매우 드문 광야였다. 빌립이 그 사자의 요구대로 그곳에 도착하여 보니 에디오피아 여왕 간다게(Candace)의 국고를 맡은 큰 권세가 있는 내시가 길을 가는 노중(路中)에 있었다.

그 사람은 오늘날로 치자면 재무부장관과 같은 높은 지위에 있는 공직자였다. 그는 여호와 하나님을 경배하기 위해 예루살렘을 방문했다가 고국으로 돌아가는 길이었다. 물론 그에게는 하나님을 예배하는 일과 더불어 다른 공적인 업무가 있었을지도 모른다.

여러 정황을 감안할 때 그는 아마도 언약 백성들의 절기에 맞추어 예루살렘을 방문했을 것이다. 즉 공무와 더불어 이방 출신의 경건한 자로서 성전을 방문해 제물을 바치고 하나님께 경배했을 것으로 보인다. 그 에디오피아 관리는 예루살렘에서 모든 일을 마치고 고국으로 돌아가면서 마차 위에 앉아 선지자 이사야의 글을 읽고 있었다.

우리는 여기서 먼 이방 지역의 에디오피아 고위 관료가 어떻게 여호와 하나님을 믿게 되었을까 하는 점을 생각해보게 된다. 우리가 짐작할 수 있는 것은, 당시로부터 천 년쯤 전에 스바(Sheba) 여왕이 솔로몬 왕을 만나기 위해 예루살렘을 방문했다가 하나님의 율법을 들은 후 그것을 에디오피아에 전달함으로써 여호와 하나님을 알게 된 사람들의 후손이었을 것이라는 점이다(대하9:1-9, 참조). 혹은 북이스라엘 왕국 패망(BC722)이나 남유다 왕국이 패망(BC586)했을 때 애굽 땅을 지나 남쪽으로 피신한 자들의 자손이었을지도 모른다.

그런 형편 가운데서 하나님의 성령께서는 빌립에게 명하시기를 그 에디오피아 고위 공직자에게 가까이 나아가라고 말씀하셨다. 빌립이 그의 앞으로 나아갔을 때 선지자 이사야의 글을 읽는 소리를 듣고 그 의미를 깨닫느냐고 물었다. 그 말을 들은 에디오피아 관료는 지도해주는 사람이 없기 때문에 깨달을 수 없다는 답변을 했다.

우리는 여기서 반드시 기억해야 할 중요한 사실을 발견하게 된다. 그것은 하나님의 말씀을 눈과 입술로 읽는다고 해서 누구나 그 진정한 의미를 깨달을 수 있는 것이 아니라는 점이다. 성경을 올바르게 깨닫기 위해서는 성령의 도우심을 절대로 필요로 한다. 성령의 도우심이 없이 인간적인 이성만으로는 하나님으로부터 계시된 말씀을 온전히 깨닫는 것이 불가능하다.

하나님의 말씀은 또한 믿음의 선배들의 지도를 통해 깨달을 수 있게 된다. 이는 단순히 지식을 갖춘 선생을 필요로 한다는 의미가 아니라 교회적 상속을 통해 복음이 전달되어 간다는 의미를 지니고 있다. 즉 하나님의 말씀을 먼저 상속받은 성도들 곧 교회를 통해 그 말씀의 뜻이 올바르게 전달되어 가는 것이다.

그러므로 빌립은 에디오피아 고위 관료의 요청에 의해 마차 위에 올라 앉았다. 그 사람의 옆에 앉은 빌립은 그가 읽고 있는 이사야의 글을 보게 되었다. 그때 그는 빌립을 향해 자기가 읽고 있던 이사야서 53장 7, 8절에 연관된 질문을 했다. 그 의미가 무엇인지 풀어 해석해 달라는 요구를 했던 것이다.

"저가 사지로 가는 양과 같이 끌리었고 털 깎는 자 앞에 있는 어린 양의 잠
잠함과 같이 그 입을 열지 아니하였도다 낮을 때에 공변된 판단을 받지 못하
였으니 누가 가히 그 세대를 말하리요 그 생명이 땅에서 빼앗김이로다"(행
8:32,33)

에디오피아 고위 공직자는 빌립에게 선지자 이사야가 언급하고 있는
'그 사람'이 누구를 가리키고 있는 것인지 물었다. 즉 그것이 선지자 자신
을 지칭하는 말인지 아니면 다른 사람을 일컫고 있는지 궁금했던 것이다.
그것은 사실 매우 중요한 질문이었다.

그러므로 빌립은 그 본문으로부터 시작하여 그에게 예수 그리스도에
관한 복음을 전했다. 그가 빌립의 성경해석을 통해 예수님이 곧 하나님께
서 보내신 성자(聖子)로서 그리스도라는 사실을 깨닫고 받아들였다. 그리
하여 그는 물이 있는 곳에 도착하자 세례를 받는 일에 아무런 거리낌이 없
다는 사실을 고백했다.

우리는 이 말씀 가운데서 복음 선포의 원리적인 과정에 관한 사실을
깨닫게 된다. 즉 예수 그리스도의 존재와 그의 복음은 단순한 설득이 아니
라 구약성경의 예언을 통해 증거되어야 한다. 구약성경에 기록된 예언이
육신을 입은 예수님을 통해 성취된 사실을 선포해야 하는 것이다. 이는 오
늘날 교회에 속한 성도들이 하나님의 복음을 선포하는 과정에서 반드시
적용되어야 할 내용이다.

또한 우리는 여기서 복음 전파의 제한성을 보게 된다. 에디오피아 고
위 공직자의 일행은 상당한 규모의 행렬을 이루었을 것이 틀림없다. 그 일
행이 몇 명이었는지 정확하게 알 수 없지만 저들 가운데 오직 한 사람 그
고위 공직자만 구약성경을 읽었으며 오직 그만 예수 그리스도를 하나님께
서 이땅에 보내신 구주로 고백했던 것이다.

그러므로 에디오피아 고위 관료는 타고 가던 마차를 머물게 하고, 빌

립과 둘이서 내려 물속으로 들어가 빌립이 그에게 세례를 베풀었다. 두 사람이 임무를 마치고 물에서 나오게 되자 하나님의 성령께서 빌립을 멀리 아소도(Azotus)로 이끌어 가셨다. 그것은 매우 특별한 이적이었다. 그래서 빌립은 아소도에서부터 여러 성읍을 방문하여 하나님의 복음을 전파하면서 가이사랴(Caesarea)에 도착하게 되었다.

한편 에디오피아 고위 관료는 복음을 깨달은 채 자기의 고국을 향해 가는 길을 재촉했다. 그는 본국으로 돌아가 그곳 백성들에게 예수 그리스도를 전파하는 일을 감당했을 것이 분명하다. 성경에 아프리카 지역의 교회 확장에 대한 구체적인 기록이 없지만 그 사람의 증거와 성령의 사역을 통해 하나님의 교회가 세워져 갔을 것이다.

빌립과 에디오피아 내시는 그후 서로 만나지 못했다. 하지만 그들은 동일한 세례를 받은 성도로서 매주일 시행되는 공예배를 통해 천상에서 이루어지는 거룩한 잔치에 참여하게 되었을 것이 틀림없다. 이는 그들이 이 세상에 살아가면서 서로 만나 교제하지 못했을지라도 서로간 보편적인 영적 교통이 이루어졌음을 말해주고 있다.

제4부

바울의 회심과 예루살렘 방문

제13장

다메섹과 예루살렘의 사울

(행9:1-31)

1. 이성을 상실한 사울의 과잉 충성(행9:1, 2)

예수 그리스도의 복음을 깨닫기 전 사울 곧 바울은 이땅에 세워진 하나님의 교회를 박해하는 것을 삶의 중심에 둔 인물 같았다. 그는 주님을 따르는 제자들에 대해 위협과 살기가 등등했다. 따라서 누구든지 그에게 걸려들면 온전할 수 없었다.

그러므로 사울은 예루살렘뿐 아니라 거기서 피난을 떠난 자들에게 눈을 돌려 외국으로 흩어진 교회와 성도들을 박해하려는 마음을 먹었다. 지상에 존재하는 교회의 씨를 아예 말려버리고자 하는 듯한 태도였다. 그러다보니 당시 하나님의 자녀들의 입장에서는 그가 공포의 대상이 되어 있었다.

급기야 사울은 이방 지역인 다메섹에 있는 여러 회당으로 갈 생각을 했다. 그리하여 대제사장에게 가서 외국에 있는 기독교인을 잡아들일 목적으로 다메섹의 여러 회당을 검색할 수 있는 공문 발급을 요청했다. 만일 예수를 따르거나 그의 도를 좇는 사람을 만나면 남녀노소를 막론하고 결박하여 예루살렘으로 잡아오고자 했던 것이다.

물론 대제사장은 사울에게 직무 수행을 위한 공문을 발급해 주었다. 이는 그가 개인적인 감정으로 교회를 핍박하는 것이 아니라 산헤드린 공회가 공적으로 예수를 믿는 자들을 범죄자로 간주한다는 의미를 지니고 있다. 바울이 공문을 지니고 간다는 의미는 그에게 공권력을 행사할 수 있는 권한이 주어졌다는 사실을 말해주고 있다.

따라서 그는 그 직무를 수행할 수 있는 많은 인력을 대동하고 다메섹으로 떠나게 되었던 것이다. 기독교인들을 수사하고 체포하는 일은 개인의 힘으로 감당할 수 없다. 오늘날 우리의 행정 체제로 말하자면 상당한 수의 형사나 경찰을 데리고 갔던 것이다. 그래야만 범죄자인 그들을 체포하여 예루살렘까지 이송이 가능했을 것이기 때문이다.

2. 다메섹 도상에서 일어난 놀라운 사건(행9:3-9)

사울을 비롯한 그의 일행은 공문을 가지고 다메섹을 향해 갔다. 기독교인들을 체포하고자 하는 그들은 결의에 차 있었으며 기고만장했을 것이다. 산헤드린 공회로부터 공권력을 위임받은 자들이었기 때문에 거칠 것이 없었다.

그런데 다메섹으로 가는 도중에 어느 누구도 예기치 못한 놀라운 일이 발생했다. 그들이 다메섹에 거의 다 왔을 무렵 아무도 상상하지 못했던 사건이 일어났던 것이다. 그것은 급작스런 일로서 하나님의 특별한 섭리와 경륜에 따른 것이었다. 갑자기 하늘로부터 강력한 빛이 내려와 그들의 총 대장이 되는 사울을 둘러싸고 비추었기 때문이다.

그때 임한 빛은 오늘날 우리가 일반적으로 경험하는 태양 빛과는 큰 차이가 났을 것이 틀림없다. 물론 그 빛의 성격 자체가 다르기도 했겠지만 빛의 형체도 예사롭지 않았을 것으로 보인다. 즉 환한 낮인데도 불구하고 사울을 둘러 비춘 빛을 보았다는 사실은 해보다 더 밝은 매우 특이한 빛이었다는 사실을 말해주고 있다(행26:13).

그와 같은 놀라운 일이 발생했을 때 사울은 즉시 그 자리에서 땅에 쓰러졌다. 그때, '사울아, 사울아, 네가 어찌하여 나를 핍박하느냐?'는 소리가 그의 귀에 들렸다. 그 말은 히브리 방언이었다(행26:14). 그러자 사울은 '주여 뉘시오니이까?'라고 되물었다. 그에 대한 답변은 '나는 네가 핍박하는 예수라 네가 일어나 성으로 들어가라 행할 것을 네게 이를 자가 있느니라'는 말씀이었다.

사울은 거기서 엄청난 충격을 받았을 것이 분명하다. 그는 그동안 결코 예수를 직접 핍박한 적이 없었기 때문이다. 그가 박해하고 응징한 대상은 예수를 추종하며 유대교에 반기를 든 자들이었을 따름이다. 그런데 갑자기 예수님이 사울에게 나타나 그가 자기를 직접 핍박하고 있다는 사실을 말했던 것이다.

우리는 여기서 매우 중요한 의미를 발견하게 된다. 그것은 예수님께서 하나님의 자녀들 곧 교회를 자신과 동일시하고 있다는 사실이다. 따라서 교회와 성도들을 핍박하는 행위는 곧 예수님을 직접 핍박하는 것과 마찬가지다. 이는 곧 교회와 성도들을 기만하고 속이는 일은 예수님께 그렇게 하는 것과 같으며, 그들을 멸시하고 욕보이는 것은 예수님에 대하여 그런 악행을 저지르는 것과 동일한 성격을 지니고 있기 때문이다.

다메섹 도상에서 그 놀라운 사건이 발생했을 때 바울과 함께 가던 일행은 소리만 듣고 아무도 보지 못한 채 그 자리에 굳은 듯이 서 있었다. 그들은 예수님의 말씀을 구체적으로 알아들었다는 것이 아니라 커다란 소리만 듣게 되었음을 말해준다. 또한 함께 가던 사람들의 눈에는 다른 어떤 사람도 보이지 않았다. 즉 그들은 예수님께서 "사울아, 사울아" 부르신 후 구체적인 언어를 알아듣지 못했을 뿐 아니라 그를 눈으로 목격하지 못했다.

한편 사울은 땅에 쓰러졌다가 일어나 눈을 뜨게 되었지만 예수님은 물론 더 이상 아무 것도 볼 수 없었다. 그리하여 함께 가던 사람들의 손에 이끌려 다메섹 성 안으로 들어가서 사흘 동안 앞을 보지 못한 채 식음을 전폐했다. 바울의 서슬 퍼런 권력이 예수님으로 말미암아 일순간에 무력화(無力化) 되어버렸던 것이다.

우리가 여기서 생각해야 할 중요한 점은, 천상으로 올라가 계신 예수님께서 잠시 이땅에 내려오신 것이 아니라 사울이 천상의 나라로 들려 올라갔으리란 사실이다. 만일 예수님께서 육체로 내려오셨다면 그 자리에 함께 있던 자들도 그를 보았을 것이다. 하지만 오직 사울 한 사람만 그때 예수님을 직접 눈으로 목격했을 따름이다(행9:27, 참조).

성경은 예수님께서 사용하신 히브리어를 익히 알던 주변 사람들이 그 자리에 함께 있으면서도 그 말을 전혀 알아들을 수 없었음을 말해준다. 이는 사울이 천상으로 들려 올라간 상태에서 예수님의 말씀을 들었음을 시사해주고 있다(행22:9; 26:14, 참조). 바울은 또 다른 경우에도 천상의 나라에 직접 올라간 사실에 대한 간증을 하고 있다(고후12:2, 참조).

십자가 사건 이후 부활 승천하신 예수님은 몸으로 이땅에 내려오신 적이 없다. 그는 마지막 재림의 날, 영광의 몸으로 모든 사람들이 보는 가운데 이땅에 오시게 된다. 따라서 다메섹 도상에서는 천상에 계신 예수님께서 사울을 하늘로 불러 올려 그에게 친히 말씀하셨던 것으로 보는 것이 가장 자연스럽다. 물론 사울의 몸은 땅에 엎드러진 상태에서 그의 영혼이 천상으로 올라갔을 것이다.

3. 다메섹의 사울과 '아나니아'에게 임한 주님의 환상(행9:10-16)

당시 로마제국의 통치영역에서 벗어나 있던 다메섹에는 회당에 속한 유대교도들뿐 아니라 여러 성도들이 살고 있었다. 그들 가운데는 예루살렘의 박해를 피해 그곳으로 이주해온 자들도 상당수 있었을 것이다. 그 사람들은 교회를 박해하기 위해 사울을 비롯한 유대인 공직자들이 공권력을 가지고 예루살렘으로부터 오고 있다는 정보를 입수한 상태였다. 그곳에 살고 있던 성도들에게는 그 상황이 초비상 사태였을 것이 틀림없다. 사울은 이미 하나님의 교회를 무자비하게 박해하는 앞잡이로서 그 악명이 다메섹에까지 널리 퍼져있었다.

다메섹의 교회 가운데 아나니아라는 온전한 신앙을 소유한 제자가 있었다. 하나님께서 환상중에 그를 부르셨다. 그리고 아나니아에게 명하시기를, 일어나 '직가'(Straight Street)라는 거리로 가서 '유다의 집'에 머물며 기도하는 중인 다소 사람 사울을 찾으라고 말씀하셨다. 사울은 아나니아라는 형제가 그 집으로 들어와 자기에게 안수함으로써 하나님께서 눈을 뜨게 하여 다시 보게 되리라는 사실을 알고 있다는 것이다.

환상을 통해 하나님의 음성을 들은 아나니아는 무척 당황스러워했다. 왜냐하면 사울이라는 그 사람은 예루살렘에서 교회와 주님의 백성들에게 많은 해를 끼쳤다는 소문이 파다하게 퍼져있는 상태였으며, 이제 다메섹에서도 주님의 이름을 의지하는 성도들을 체포하여 결박할 권세를 대제사장들로부터 받은 사실이 널리 알려져 있었기 때문이다. 악명 높은 사울을 만난다는 것은 실로 부담스러운 일이 아닐 수 없었다.

그러나 하나님께서는 저에게 사울이 이방인과 세상의 왕들과 이스라엘 자손들 앞에 하나님의 이름을 전파하기 위해 특별히 선택된 그릇이라는 사실을 말씀하셨다. 그가 예수 그리스도의 이름을 위하여 얼마나 많은 고통을 당해야 할지 그에게 보여주시리라고 하셨다. 이는 지금까지 교회와 성도들을 무자비하게 박해하던 사울이 이제부터는 도리어 모진 박해를 받는 자리에 처하게 될 것에 대한 예언이었다.

이는 사울이 다메섹에서 예수님을 만남으로써 그 인생이 완전히 뒤바

꿰게 되었음을 말해주고 있다. 그는 그동안 아무런 어려움을 모르고 살아왔다. 사울은 다소에서 부자인 부모 아래 모범적인 어린이로 성장했으며 예루살렘으로 유학을 가서 가말리엘의 문하생으로 있을 때도 그와 같은 생활은 그대로 이어졌다. 학업을 마치고 출세가도를 달려 산헤드린 공회원이 되어서도 무소불위의 권력을 행사하던 그에게 이제 엄청난 변화가 일어났던 것이다.

4. '아나니아의 안수' 및 '바울의 세례'와 복음 선포(행9:17-22)

하나님의 말씀을 듣게 된 아나니아는 곧장 '직가'에 위치한 유다의 집으로 달려갔다. 그는 사울을 보자마자 즉시 손을 들어 그에게 안수했다. 그러면서 '형제 사울아 주 곧 네가 오는 길에서 나타나시던 예수께서 나를 보내어 너로 다시 보게 하시고 성령으로 충만하게 하시노라'고 말했다.

여기서 중요한 것은 '사울이 눈을 뜨고 다시 보게 된다'는 사실보다 '성령으로 충만하게 하신다'는 말씀이다. 물론 하나님께서 행하신 일이기 때문에 둘 모두 소중한 일이다. 이제 사울이 눈을 뜨게 되면 일상적인 생활을 하는 데 별 문제가 없겠지만, 성령을 받게 되면 하나님의 인도하심에 따라 그대로 순종해야만 했다.

이는 사울이 예루살렘의 산헤드린 공회와 적대 관계에 놓이게 된다는 사실을 말해주고 있다. 그는 이제부터 그동안 박해해오던 교회와 그에 속한 사람들의 편에 서게 되었음을 의미한다. 즉 유대주의자들의 명령을 거부하고 성령 하나님의 명령에 순종하는 성도가 되어야 했던 것이다.

그와 같은 여건 가운데서 아나니아가 안수하자 즉시 사울의 눈에서 비늘 같은 것이 벗겨져 나가 다시 앞을 볼 수 있게 되었다. 그리고 그가 성령을 받게 되어 자리에서 일어나 즉시 그곳에서 세례를 받았다. 이는 그의 옛사람은 죽고 새사람으로 살아나게 된 사실에 대한 고백적인 의미를 담고 있다. 즉 더러운 세상에 대해서는 죽고 거룩한 하나님에 대해서는 다시 살아남으로써 새로운 피조물이 된 것이다.

하나님의 성령을 받고 세례를 받은 사울은 음식을 먹고 곧 건강을 회복하게 되었다. 그후 다메섹에 있는 여러 제자들과 함께 일정 기간 머물며 교제했다. 그동안 그는 각 회당을 방문하여 예수님이 하나님의 아들이라는 사실을 선포했다. 일반적인 관점에서 본다면 원래 산헤드린으로부터 부여받은 교회를 박해하는 직무와 전혀 다른 정반대의 일을 하는 매우 놀라운 사건이 발생하게 된 것이다.

주님을 만난 사울은 이미 구약성경에 대하여 정통한 지식을 가지고 있었으므로 예수님이 하나님의 아들이자 그동안 예언되어온 바 메시아라는 사실과 그의 모든 사역이 구약의 성취라는 사실을 즉시 깨달았다. 따라서 그는 자기보다 먼저 예수를 믿게 된 다른 사람들로부터 별도의 교육을 받지 않은 채 곧바로 복음을 선포했다. 이는 그에게 특별히 베풀어진 은혜였으며, 하나님의 복음은 사람이 아니라 하나님의 성령이 그 진리를 깨닫게 해 준다는 사실을 말해주고 있다.

사울이 산헤드린의 권세로써 교회를 핍박하여 성도들을 체포하기 위해 찾으려 했던 그 회당들 가운데서 하나님의 복음을 선포하자 다수의 사람들은 어리둥절하지 않을 수 없었다. 그가 예루살렘에서 예수님의 이름을 부르는 사람들을 모질게 박해한 사실을 잘 알고 있었기 때문이다. 그 일행이 다메섹으로 오게 된 목적도 기독교인들을 잡아 결박하여 예루살렘의 대제사장들에게 끌고 가기 위해서였다.

그런 사울이 다메섹의 여러 회당들을 방문하여 예수가 곧 그리스도라는 사실을 증거한 것은 놀라운 일이었다. 그는 언약의 백성들에게 구약성경에 기록된 다양한 교훈들을 통해 그 모든 역사적 사실을 입증했다. 그리하여 다메섹에 살고 있던 많은 유대인들이 그 말씀에 굴복하여 그가 전하는 복음을 받아들이게 되었다.

5. 배신자 사울과 산헤드린 및 유대주의자들의 분노(행9:23-25)

　　예수님의 복음을 영접한 사울은 다메섹에 머물며 예수 그리스도의 복음을 증거하는 일에 열중했다. 하지만 유대주의자들에게는 이제 돌이킬 수 없는 배신자가 되어 있었다. 원래는 교회와 성도들을 효과적으로 박해한 경력을 인정받아 다메섹의 회당을 방문하여 기독교인들을 체포하여 예루살렘의 산헤드린 공회까지 끌고 오는 임무가 그에게 맡겨졌었다. 그리하여 그는 대제사장으로부터 공문을 받아 총 책임자가 되어 여러 집행관들을 대동하고 다메섹으로 갔었던 것이다.

　　그런 중책을 맡은 사울이 도리어 예수를 따르는 범죄자 집단에 가담하게 되었다. 뿐만 아니라 그는 산헤드린을 대적하는 세력을 형성한 기독교에서 즉시 지도자에 해당하는 중요한 자리에 앉았다. 교회를 박해하는 기관의 거물급 인사였지만 이제 교회 안에서 중요한 지도자로 인정받았다. 그것은 하나님의 특별한 섭리에 따라 된 일이었다.

　　그 모든 사실들을 접하게 된 산헤드린 공회는 발칵 뒤집어졌을 것이 틀림없다. 매우 중요한 사명을 지닌 고위 공직자가 범죄자 소탕을 위해 파견된 상태에서 그가 도리어 범죄자 집단의 고위 인물이 된 것과 마찬가지였기 때문이다. 그리하여 산헤드린 공회에서는 즉시 사울에 대한 수배령이 내려졌을 것이다.

　　나아가 산헤드린 공회는 다메섹에 있는 종교적인 산하 기관격인 회당에 속한 유대주의자들에게 경우에 따라 그를 죽여도 좋다는 명령을 내렸을 것으로 보인다. 따라서 사울이 다메섹에 상당 기간 머무는 동안 유대인들은 사울을 죽이기로 공모했다. 그들은 사울을 죽이기 위해 호시탐탐 기회를 엿보고 있었다. 과거의 서슬 퍼런 권세를 가지고 있던 그의 지위와 완전히 뒤바뀌어 있었다. 그는 하나님의 복음을 알게 됨으로써 권력을 포기하고 박해를 당하는 자의 길에 들어섰던 것이다.

사울을 비롯한 다메섹의 기독교인들은 유대주의자들의 계략을 간파하게 되었다. 그의 회심 이후 교회는 그로 말미암은 또 다른 위협을 느꼈을 것이 분명하다. 그런데 이제 사울에 대한 살해의지를 가지고 그것을 구체적인 실행에 옮기고자 하는 저들의 의도를 파악하게 되었다. 그들이 다메섹의 공직자들과 함께[16] 밤낮으로 성문 주위를 지켰을 뿐 아니라 그의 소재지를 파악하기 위해 분주한 모습을 볼 수 있었던 것이다.

그러나 다메섹의 교회와 성도들은 결코 사울을 죽음에 내어줄 수 없었다. 그곳의 형제들은 무슨 한이 있어도 그의 생명을 보호해야만 한다는 생각을 하고 있었다. 그것을 위해서는 그를 다메섹 성으로부터 탈출시키는 것이 최상의 방법이었다. 그리하여 사울의 제자들이 밤중에 그를 광주리에 담아 성 밖으로 달아내려 탈출하도록 도왔다.

다메섹에서 사울이 취하고 겪은 모든 형편을 보며 오늘날 우리도 그로부터 중요한 교훈을 배워야 한다. 참된 교회에 속한 성도들이라면 타락한 세상을 배신하는 자리에 서있다. 따라서 하나님의 복음을 훼손하거나 방해하는 사악한 세력에 대해서는 강력하게 거역하는 자가 되어야 한다. 하나님을 대적하는 자들에게 무조건적인 관용을 베풀거나 우호적인 관계를 유지하는 것은 결코 바람직한 신앙인의 자세가 될 수 없기 때문이다.

6. 예루살렘에 도착한 사울과 유대인들의 위협으로 인한 귀향(歸鄕)
(행9:26-30)

다메섹에서 무사히 탈출하게 된 사울은 아라비아 곧 시내산으로 갔다.[17] 갈라디아서에는 그에 연관된 구체적인 기록이 나타난다(갈1:17; 4:25,

---

16) 고린도후서 11:32; 이광호, 고린도전후서, CNB 518, 서울: 칼빈아카데미, p.568, 참조.
17) 이광호, 갈라디아서, CNB 530, 평택: 교회와 성경, 2016, pp.58-60.

참조). 그가 시내산으로 간 까닭은 구약의 율법에 관한 의미와 더불어 하나님의 인도하심이 있었기 때문이었을 것이다. 시내산은 구약시대를 대표하는 언약적인 의미를 지닌 모세와 엘리야에 연관된 중요한 지역이다.

시내산에서 햇수로 삼년 동안 머물렀던 사울은 그후 예루살렘으로 돌아갔다. 그는 자기를 체포하기 위한 수배령이 내려진 지역의 본거지이자 산헤드린 공회가 있는 곳으로 되돌아왔던 것이다. 이는 생명을 내어놓은 담대한 마음을 가지지 않고는 불가능한 일이다. 그는 이제 예루살렘과 성전의 구속사적인 의미를 정확하게 알고 있었다.

그때 예루살렘을 방문한 사울은 그곳에서 보름간 머물면서 예수님의 제자들과 사귀기를 원했다. 하지만 거기에는 아직도 사울을 두려워하는 사람들이 더러 있었다. 그들은 아마도 그의 행동을 보며 교회 안으로 위장 잠입한 것이라 판단했을 수도 있다. 그때 바나바가 사울을 데리고 사도들에게 가서 그에 대한 변호를 해 주었다. 사울이 다메섹 도상에서 예수 그리스도를 만난 사실과 주님이 직접 그에게 말씀하신 일, 그리고 다메섹에서 예수 그리스도의 이름으로 담대히 복음을 선포했던 사실을 증언했던 것이다.

당시 사울은 예루살렘에 머무는 동안 베드로와 야고보를 만나 긴밀한 교제를 나눌 수 있었다(갈1:18-20). 그는 감격스러워할 여유도 없이 예수님을 거부하는 헬라파 유대인들과 변론하며 그리스도를 증거하기 위해 애썼다. 하지만 그 사람들은 사울을 죽이기 위해 혈안이 되어 있었다. 예루살렘의 형제들이 그 낌새를 알아채고 사울을 가이사랴 항구로 데리고 내려가 그곳에서 배를 태워 그의 고향인 다소(Tarsus)로 보냈다.

그로 말미암아 사울은 나중 바나바에 의해 안디옥 교회로 초청을 받아 진리를 선포하는 사역을 감당하게 된다. 거기서 그는 사도로서 수차례 이방의 여러 지역으로 파송받아 하나님의 복음을 전파하는 일에 참여했다. 이 모든 것은 하나님의 놀라운 섭리와 경륜에 따라 진행된 일들이었다.

7. 선포되는 복음과 확장되는 교회(행9:31)

하나님의 복음 전파는 기본적으로 인간들의 인위적인 의도에 따라 이루어지지 않았다. 그 일은 주변의 환경과 더불어 자연스럽게 진행되어 갔다. 즉 당시에는 믿음의 형제들이 복음을 전파하러 나가자는 종교적인 제안이나 운동에 의하여 교회가 확장되어 간 것이 아니었다. 오히려 유대인에 의한 모진 박해와 피난의 길에서 그 신령한 일이 자연스럽게 이루어져 갔다.

기독교인들을 괴롭히는 유대주의자들이나 저들을 가까이서 만나게 되는 사람들이 물어올 때 성도들은 그에 대한 반응을 보이며 하나님의 복음을 전파하게 되었다. 그것은 하나님을 경외하는 자들의 신앙과 성령 하나님의 인도하심에 따라 그 사역이 진행되어 갔음을 말해주고 있다. 거기에는 인간들의 종교적인 열정 자체가 아니라 하나님의 섭리와 경륜에 따라 그렇게 되어간 의미가 존재하고 있었다.

그것을 통해 예루살렘으로부터 멀리 떨어져 소외된 지역인 갈릴리와 사마리아를 비롯한 이방 지역에 교회가 세워져 가게 되었다. 하나님의 복음을 알게 된 성도들은 예루살렘에서의 박해와 열악한 삶의 조건에도 불구하고 하나님으로 말미암은 진정한 평안을 소유할 수 있었다. 그 모든 과정을 통해 하나님의 교회가 세상 가운데 점차 든든히 서갈 수 있게 되었다. 이와 같은 사도교회 초기의 사역이 나중 전 세계에 세워지게 될 지상교회를 위하여 매우 중요한 기초가 되었던 것이다.

제5부

베드로의 사역과 이방인들에게 선포된 복음

제14장

베드로의 룻다와 욥바 사역
(행9:32-43)

1. 베드로의 룻다 사역

(1) 복음 선포를 위한 사역(행9:32)

하나님의 복음이 온 유대와 갈릴리와 사마리아 지역에 널리 전파되고 교회가 든든히 서가던 때 베드로는 그 주변 지역을 찾아다니며 하나님의 말씀을 선포했다. 그는 하나님의 복음을 선포하기 위해 여러 마을을 다녔다. 예수님의 제자들은 우선 언약의 지역에 속한 백성들에게 복음을 증거하기 위해 최선의 노력을 기울였다. 당시 사도들은 언약의 백성들에게 예수가 곧 그리스도라는 사실을 증거하고 전파하고자 했다.

예수님께서 이땅에 살아계실 때는 직접 구약의 예언대로 모든 사역을 행하시며 자신이 메시아라는 사실을 선포하셨다. 구약성경에 기록된 언약의 내용을 잘 알고 있던 자들은 그 사역을 보며 그의 말씀에 순종했다. 하지만 그가 부활 승천하신 후에는 그의 제자들이 그가 행하던 일들을 상속

받아 감당하게 되었다.

　그 모든 내용은 사도교회 시대를 거쳐 모든 지상교회 가운데 그대로 상속되었다. 그러므로 교회에 속한 하나님의 자녀들은 지금도 온 세상에 진리의 복음을 전파하고자 애쓰고 있다. 그것이 지상교회와 그에 속한 성도들에게 맡겨진 가장 소중한 일이다. 즉 복음 선포는 세상에 대한 심판을 선언하는 의미를 지니는 동시에 하나님의 백성들에게 구원을 선포하는 의미를 지니고 있다.

(2) 중풍병자 치료(행9:32-34)

　베드로는 예루살렘에서 그리 멀리 떨어지지 않은 룻다(Lydda)를 방문했다. 그곳에 살고 있는 여러 성도들을 만나 교제하며 하나님의 복음을 증거하고 격려하기 위해서였다. 그가 도착했을 때 거기에는 마침 중풍으로 말미암아 팔년 동안 병상에 누워있던 애니아(Aeneas)라는 환자가 있었다.

　베드로는 애니아를 보자 그를 향해 예수 그리스도께서 저를 낫게 하시니 일어나 자리를 정돈하라고 명했다. 그러자 즉시 그의 오랜 중풍병이 치유되어 그 자리에서 일어나게 되었다. 그 사실을 가까이서 직접 목격한 사람들과 샤론(Sharon) 지역에 살면서 그 소문을 들은 많은 사람들은 놀라움에 빠지지 않을 수 없었다.

(3) 베드로의 사역이 지니는 의미(행9:35)

　베드로의 치유 사역으로 인해 예수를 구주로 믿고 돌이키는 사람들이 점차 많아져 갔다. 사도교회 시대 제자들은 다양한 기적들을 행했다. 예수님이 살아계시는 동안 그들이 특별한 이적을 행하지 않은 것과 대조적이다. 이는 예수님의 사역을 계승한 실제적인 의미와 더불어 보편교회의 기초를 놓아가는 의미를 지니고 있다.

　그러므로 제자들이 치유의 은사를 통해 각종 질병을 고치는 사역의 목적은 그것 자체보다 예수 그리스도를 선포하는 데 있었다. 즉 일시적인 것으로 행해지는 이적을 통해 언약의 백성들에게 영원한 복음이 선포되었다. 기적을 동반한 그 사역을 통해 베드로 개인이 대단한 능력자로 인정받거나 추앙받지는 않았던 것이다.

우리가 기억해야 할 바는 제자들이 행하는 다양한 기적이 사도교회 시대에 제한적으로 일어난 특별한 사역이었다는 사실이다. 나중 예루살렘 성전파괴와 함께 사도교회 시대가 마감됨으로써 모든 기적도 종료되었다. 이제는 기록된 하나님의 말씀인 신구약성경 66권이 완성됨으로써 성령의 사역을 통해 모든 진리가 선포될 것이기 때문이다.

2. 죽은 자를 살린 베드로

(1) 욥바의 도르가와 그의 죽음(행9:36-39)

예루살렘에서 서쪽 지중해에 접한 항구도시인 욥바(Joppa)에 다비다(Tabitha) 곧 도르가(Dorcas)라는 여 제자가 살고 있었다. 그 여인은 주변의 이웃을 위한 선행과 구제하는 일에 최선을 다한 신실한 사람이었다. 그런 좋은 성도라고 해서 이 세상에 살아가면서 모든 것이 형통하지는 않았다.

도르가는 중한 질병에 걸려 심한 고생을 하다가 결국 죽음에 이르게 되었다. 그리하여 그가 죽게 되자 사람들은 시체를 씻어 다락에 뉘였다. 그 일은 주변의 많은 사람들을 슬픔에 빠지게 했다. 특히 그로부터 다양한 도움을 받았던 자들은 더욱 그러했다.

그때 슬픔에 빠진 자들이 예수님의 제자인 베드로가 욥바 가까이 와있다는 사실을 알게 되었다. 그래서 그들은 두 사람을 그곳으로 보내 베드로를 찾도록 했다. 그들이 베드로를 만나자 도르가의 죽음과 모든 사정을 설명한 후 즉시 욥바로 와주도록 간청했다.

저들의 간절한 요구를 듣게 된 베드로는 곧장 욥바로 갔다. 이는 우리에게 매우 중요한 교훈을 주고 있다. 베드로가 그곳에 간 까닭은 하나님께서 그를 살려주시리라는 사실을 알고 있었음을 말해주기 때문이다. 그에 대한 분명한 확신이 없는 상태에서 베드로가 죽은 사람의 집을 방문하지는 않을 것이기 때문이다.

그러므로 상갓집에 도착한 베드로는 곧장 죽은 도르가의 시체가 뉘어 있는 다락으로 올라갔다. 올라가서보니 많은 과부들이 그 옆에 둘러앉아 슬프게 울고 있었다. 그들은 과거 도르가가 저들에게 손수 지어준 속옷과 겉옷들을 가지고 있다가 베드로에게 내어보였다. 저들이 그 여인으로부터 얼마나 많은 도움을 받았던가 하는 사실을 사도에게 드러내 보이고자 했던 것이다.

(2) 베드로와 죽은 자를 살림(행9:39-41)

우리는 도르가가 죽었을 때 그 주변에 있던 사람들에게 범상치 않은 일이 발생한 사실을 기억하게 된다. 사람이 죽었을 때 그 죽은 자가 다시 살아나게 되리라고 생각하는 자는 아무도 없다. 더욱이 어떤 특정인을 불러 기도하게 하면 되살아나리라고 믿는 사람은 없다. 일반적이라면 땅에 묻고자 장례를 준비하게 될 따름이다.

그런데 그 사람들은 베드로를 불러 죽은 자를 위해 기도한다면 다시 살아나게 되리라는 사실을 믿고 있었다. 보통의 경우라면 그런 생각은 어처구니없는 일에 지나지 않는다. 그럼에도 불구하고 그들이 사람들을 보내 베드로를 불러 죽은 도르가를 살려주도록 기도를 요구했던 것이다.

이는 베드로에게 사람을 보낸 사람들의 믿음과 그곳을 방문하게 된 베드로의 믿음이 동일했음을 말해주고 있다. 결국 베드로는 죽은 자를 살아나게 하는 데 중요한 역할을 했다. 하지만 베드로가 하나님의 능력을 힘입어 그 여인을 살려낸 사실보다 더욱 신기한 일은 그 주변에 있던 이웃들이 베드로에게 사람을 보내 베드로를 급히 불러왔다는 사실이다.

우리는 그 사람들이 베드로를 초청했던 이유가 분명했다는 사실을 기억하지 않으면 안 된다. 베드로에게 장례를 치러주도록 부탁하기 위해 그를 부른 것도 아니었으며 그로부터 특별한 위로를 받고자 하는 마음이 있었던 것도 아니었다. 그 사람들은 베드로가 속히 와서 그 죽은 사람을 살려달라고 부탁하기 위해서였으며, 그가 죽은 사람을 반드시 살려내게 되리라는 사실을 믿고 있었다. 욥바에 있던 성도들은 그에게 죽은 자를 살리는 생명의 권능이 존재한다는 점을 알고 있었던 것이다.

우리가 또한 주의 깊게 생각해야 할 점은 그들이 가진 믿음이 오늘날 우리시대 기독교인들이 가질 수 있는 일반적인 종교적인 믿음과 확연히 달랐다는 사실이다. 이는 저들이 이미 성령 하나님의 인도하심 가운데 온전히 존재하고 있었다는 사실을 말해주고 있다. 당시에도 많은 사람들이 끊임없이 이 세상에서의 삶을 마감하고 죽어갔을 텐데 그 모든 사람들이 사도들을 불러 살려달라고 요구하지 않았다. 그리고 사도들이 믿는 사람들을 모두 죽음으로부터 다시 살려낸 것도 아니었다.

죽은 도르가의 집으로부터 온 사람들의 안내를 받은 베드로는 시체가 놓인 다락에 있던 모든 사람들을 밖으로 내어보내고 무릎을 꿇고 하나님께 간절히 기도했다. 그리고는 죽은 시체를 향해, "다비다야, 일어나라"고 소리쳐 명했다. 그러자 죽은 상태에 있던 그 여인이 살아나 눈을 뜨고 자리에서 일어나 앉았다.

우리가 여기서 반드시 기억해야 할 바는 죽은 자의 시체는 베드로가 외치는 말소리를 들을 수 있는 귀와 능력이 전혀 없었다는 사실이다. 그러나 하나님께서 베드로의 능력뿐 아니라 그 여인의 심령과 귀를 어루만져 주셨다. 그 놀라운 광경은 사람들이 눈으로 보지 못했으며 인지할 수 없는 일이었지만 아무도 모르는 사이 그 놀라운 일이 죽은 시체 가운데 발생하고 있었던 것이다.

베드로는 그와 같은 모든 과정을 거치면서 자신의 손을 내밀어 죽은 도르가를 일으켜 세웠다. 그리고는 밖에 나가 있던 여러 성도들과 과부들을 다락 안으로 불러들여 그가 살아난 것을 보도록 했다. 그 놀라운 사실을 알게 된 욥바의 많은 사람들은 예수 그리스도를 믿고 그를 저의 삶 가운데 받아들이게 되었다.

하나님의 복음을 깨닫게 된 성도들은 대단한 기적을 일으킨 베드로를 칭찬하거나 그를 위대한 인물로 받아들인 것이 아니었다. 그들은 그 가운데서 능력을 베풀어주신 예수 그리스도를 믿게 되었다. 이는 그 언약의 백성들이 당시의 모든 영적인 정황을 정확하게 알고 있었다는 사실을 말해 준다.

거기에는 베드로가 도르가를 살린 사건을 통해 사도들과 그들로부터 상속될 교회 가운데 진정한 생명이 존재한다는 사실이 선포되고 있었다. 즉 교회가 죽음을 이기고 승리하게 되며, 더 이상 죽음이 하나님의 교회를 관장하지 못한다는 사실을 보여준다. 이는 지상의 교회에 영원한 부활의 소망이 존재하고 있음을 드러내 보여주고 있다.

(3) 기적의 근본 목적(행9:42)

사도교회 시대의 제자들이 다양한 기적들을 행한 목적은 그것을 통해 그 당사자들에게 일차적인 수혜를 베풀기 위한 것이 아니었다. 베드로가 죽은 도르가를 살렸던 것도 도르가의 개인적인 삶을 위한 것이라기보다 거기 함께 있던 언약의 백성들을 위한 것이었다. 즉 도르가가 선행을 많이 했기 때문에 하나님께서 그에게 특별한 은혜를 베풀어 다시 살려주신 것으로 생각해서는 안 된다.

죽은 도르가가 다시 살아난 후 일정기간 살다가 다시 죽게 되는 것이 그에게 큰 유익이 되는 것은 아니었다. 그 사람은 올바른 신앙을 소유한 성도였기 때문에 죽어서 다시 살아나지 않아도 영원한 천국에서 감사한 삶을 누릴 수 있었다. 그에게는 다시 살아난다는 것 자체가 궁극적인 기쁨이 될 수 없었던 것이다. 그러므로 오늘날 우리는 죽었던 그 사람이 다시 생명을 얻은 것에 대하여 부러워할 필요가 전혀 없다.

또한 우리는 하나님께서 베드로를 통해 도르가를 다시 살리신 것이 그의 은택을 입은 사람들을 위로하기 위한 것도 주된 목적이 아니었음을 기억해야 한다. 그것은 '생명의 주' 이신 예수 그리스도를 선포하시기 위한 하나님의 특별한 간섭 가운데 발생한 사건이다. 즉 우리가 중요하게 깨달아야 할 점은, 죽은 도르가가 다시 살아남으로써 모든 성도들에게 하나님과 예수 그리스도에 대한 확실한 증거를 보여주었다는 사실이다.

즉 베드로의 생명 사역을 통해 많은 가난한 사람들이 평소 도르가로부터 도움을 받은 것보다 훨씬 중요한 복음의 내용이 선포되고 있었던 것이다. 따라서 도르가의 다시 살아난 사건은 그 자신을 위한 것이라 말할 수 없다. 또한 그로부터 많은 도움을 받았던 사람들을 기쁘게 하기 위한 것도 아니었다.

도르가에 관한 이 사건은 예수 그리스도를 구주로 영접하게 될 욥바와 그 인근 지역의 많은 사람들을 위한 것이었다. 그리고 역사적인 이 사실을 알게 된 오늘날 우리를 포함한 당대와 후대의 모든 성도들을 위해 베푸신 하나님의 놀라운 경륜적 사건이었다. 또한 그 가운데는 생명에 대한 선언과 더불어 세상에 대한 심판의 의미가 담겨 있었다.[18]

(4) 피장 시몬의 집에 머문 베드로(행9:43)

베드로는 욥바에서 피장 곧 무두장이(tanner)의 집에 여러 날 머물러 유숙했다. 피장은 가죽을 가공하거나 가죽제품을 만드는 직업으로서 오늘날로 치면 사람들이 부러워하거나 권위 있는 좋은 직업이 아니었다. 베드로가 그 집에 머문 것은 사람들의 외모를 취하지 않는 그의 자세를 보여주고

---

18) 죽은 도르가가 베드로의 특별한 사역을 통해 다시 살아난 이 사건은, 요한복음 11장에 기록된 대로 예수님께서 죽은 나사로를 살리신 사건과 맥을 같이 한다.

있다.

당시 베드로는 예수님의 제자들 가운데서도 가장 권위 있는 지도자에 해당되는 인물이었다. 그가 가는 곳이면 그를 영접하고 그로부터 진리의 말씀을 듣고자 하는 부유한 사람들도 많이 있었을 것이다. 복음을 반대하는 유대주의자들로 인해 심각한 위협을 당할 때도 여전히 예수님의 제자인 그를 보호하고자 하는 성도들이 많이 있었을 것이 분명하다.

그런 가운데서 베드로가 피장의 집에 머물렀다는 것은 그에게 세상적인 잘못된 권위 의식이 존재하지 않았음을 보여준다. 오히려 그는 일반적인 여러 형제들과 마찬가지로 겸손한 삶을 살아갔던 것이다. 사도들의 그와 같은 삶의 자세는 우리시대 교회의 목회자들을 비롯한 모든 성도들이 본받아야 할 내용이다.

제15장

베드로의 가이사랴 사역
(행10:1-48)

1. 가이사랴에서의 특별한 사역

(1) 로마 군대의 백부장 고넬료에게 보인 환상(행10:1-8)

사도교회 시대 예루살렘은 이스라엘 민족의 종교적인 수도였다. 그에 반해 가이사랴는 로마제국의 총독부가 있는 도시였다. 거기에는 로마 총독과 팔레스틴 지역을 지배하는 로마군의 주력부대가 주둔하고 있었다. 바로 그곳에 로마군 '이달리야 부대'(Italian Regiment)[19]의 장교인 백부장 고넬료가 살고 있었다.

그 사람은 여호와 하나님을 섬기는 경건한 인물로서 그의 온 집안이

[19) 로마 군대는 제국에 속한 각 도와 동맹국들로부터 병사들을 모집했다. 이 보병 부대를 '이달리야대' 라고 칭한 것은 이탈리아 청년들로 구성되어 있었기 때문이다. 따라서 고넬료의 국적은 이탈리아였던 것으로 보인다(존 칼빈, 사도행전 10:1 주석, 참조).

하나님을 경외하는 신앙을 가지고 있었다. 그는 로마 군대에 속한 이방인이었음에도 불구하고 신실한 삶을 살아가면서 가난하고 어려운 사람들을 구제하는 일에 게을리 하지 않았다. 그 사람은 아마도 이방인 출신으로 오래 전에 유대교에 입교한 인물로 보인다.

고넬료는 로마 군인이었음에도 불구하고 항상 기도하는 경건한 삶을 위해 최선을 다했다. 나아가 장차 오시게 될 메시아를 소망하고 있었다. 그런 그에게 놀라운 일이 발생하게 되었다. 하루는 그가 제 구시 즉 오후 세시 경 조용히 기도하는 중에 환상을 보게 되었다. 하나님의 사자가 그의 방 안으로 들어와 소리내어 그를 불렀던 것이다.

환상중에 하나님의 사자를 보게 된 그는 두려운 마음을 가지게 되었다. 죄에 빠진 인간으로서 하나님께서 보내신 거룩한 사자를 눈앞에서 본다는 것은 그것 자체로서 두려운 일이었다. 그리하여 고넬료는 그 사자를 주목하여 보며 무슨 일 때문에 자신을 부르는지 물어보았다.

그러자 하나님의 사자는, 경건하게 기도하는 신앙과 이웃을 위해 구제에 힘쓰는 그의 삶이 천상의 나라에 상달되어 여호와 하나님께서 기쁘게 받으신다는 사실을 언급했다. 그러면서 지금 부하들을 욥바로 보내 그곳에 머물고 있는 베드로를 집으로 초청하라는 말을 했다. 그리고 베드로는 지금 욥바의 해변에 위치한 피장 시몬의 집에 머물고 있다는 사실을 말해주었다. 그 사자는 고넬료에게 그 말을 남긴 후 사라졌다.

당시 고넬료는 베드로에 대해 어느 정도 알고 있었을 것이 분명하다. 나사렛 예수가 모진 고통을 당한 후 십자가에 달려 죽은 사건은 온 천하가 다 알고 있었다. 유대인들의 강압적인 요청에 의해 로마제국이 예수를 반란자로 정죄하여 처형한 사건에 대하여 군대의 장교인 고넬료가 모를 리 없었다.

고넬료는 베드로가 예수의 제자란 사실을 알았을 것으로 보인다. 따라서 그는 하나님의 사자의 말을 듣고 곧장 실행에 옮겼다. 집안에 있던 자신의 하인 두 사람과 경건한 신앙을 지닌 병사 하나를 불러 하나님으로 말미암은 그 모든 사실을 전했다. 그리고는 그들을 베드로가 머물고 있는 욥바로 보내 그를 초청해 모셔오도록 명령했다. 이는 고넬료 개인의 판단이 아니라 하나님의 계시와 경륜에 따른 것이었다.

(2) 베드로에게 보인 특별한 환상(행10:9-16)

하나님께서 가이샤라에 있는 고넬료에게 하인들을 욥바로 보내라고 말씀하시는 그 어간에 욥바에 머물고 있던 베드로에게도 하나님의 역사가 일어났다. 고넬료의 보냄을 받은 하인들이 욥바성 가까이 갈 무렵인 제 육시 곧 정오에 베드로는 아직 그에 관한 사실을 전혀 모르는 채 기도하기 위해 다락으로 올라갔다.

그때는 점심 식사를 할 시간이 가까웠으므로 시장할 시간이었다. 그리하여 사람들은 먹을 음식을 준비하고 있었다. 물론 베드로도 시장기를 느끼고 있었다. 그런 상황에서 비몽사몽간에 하나님으로 말미암은 특별한 환상을 보게 되었다. 그것은 히브리인으로서는 전혀 상상할 수 없는 참람한 환상이었다.

베드로의 눈앞에서 하늘 문이 열리고 그곳으로부터 커다란 그릇이 하나 내려왔다. 네 귀에 끈으로 묶어진 큰 보자기 같은 것 안에 담긴 큰 그릇이 땅으로 내려왔던 것이다. 그 안에는 땅에 존재하는 네 발 가진 다양한 짐승들과 기어다니는 것과 공중에 나는 새들이 가득 들어 있었다. 그 모든 생물들은 구약성경에 부정한 것으로 분류된 다양한 짐승과 벌레와 새 같은 것들이었다.

그런 상황 가운데 하늘로부터 베드로를 향한 말소리가 있었다. 그것은 자리에서 일어나 그 생물들을 잡아먹으라는 명령이었다. 그 말을 들은 베드로는 하나님을 향해 결코 그럴 수 없다는 반응을 했다. 이제까지 율법이 철저히 금하는 그 더럽고 속된 부정한 동물을 먹은 적이 없다는 것이었다.

그러자 두 번째 또다시 위로부터 음성이 들려왔다. 하나님께서 깨끗하게 하신 것을 인간이 더럽다거나 속되고 부정한 것이라 단정지어서는 안 된다는 것이었다. 베드로는 그 소리를 듣게 되자 그에 대한 아무런 답변을 할 수 없었다. 그와 같은 일이 세 번 되풀이 된 후 보자기에 싸인 그 그릇은 다시금 하늘로 들려 올라가게 되었다. 하나님께서는 그것을 통해 베드로에게 이방인에 연관된 중요한 메시지를 주고자 하셨다.

(3) 고넬료의 신하들이 베드로를 찾아가 초청함(행10:17-23)

구약의 율법을 받아들이는 사람이라면 상상조차 할 수 없었던 매우 특별한 환상을 보게 된 베드로는 하나님께서 무엇 때문에 그것을 보여주셨는지 그 의도를 파악할 길이 없었다. 그 상황은 그에게 매우 혼란스러웠을 것이 틀림없다. 모세 오경에 분명히 기록된 부정하고 더러운 생물들을 잡아먹으라는 것은 도저히 있을 수 없는 일이었기 때문이다.

베드로가 마음속으로 그 환상에 대하여 의심스런 생각을 하고 있을 때 고넬료가 보낸 사람들이 욥바에 있는 시몬의 집에 도착했다. 그들은 문밖에 서서 베드로라는 사람이 그 집에 머물고 있는지 물었다. 그것 또한 베드로가 전혀 예견하지 못했던 일이었다.

그런 형편 가운데 성령 하나님께서 베드로에게 말씀하셨다. 집 바깥에 어떤 사람들이 너를 찾고 있으니 일어나 다락으로부터 내려가 의심치 말고 그들의 부탁을 따르라고 하셨다. 하나님께서 특별한 목적을 가지고 직접 그 사람들을 보내셨다는 것이다. 이는 그들이 로마제국의 군대 장교로부터 온 사실을 알게 되면 혹시라도 예수를 믿는 베드로를 체포하기 위해 온 것으로 의심할 만한 일이었기 때문이다.

하나님의 말씀을 들은 베드로는 안심하고 내려가 자기가 곧 베드로라는 사실을 밝혔다. 그리고는 무슨 일로 자기를 찾아왔는지 물어보았다. 그의 말을 들은 가이사랴에서 온 사람들은 먼저 저들을 보낸 로마 군대의 장교인 백부장 고넬료를 소개했다. 그는 의인이요 하나님을 진정으로 경외하는 자라는 것이었다.

여기서 고넬료가 의인이라는 것은 그가 신뢰할 만한 인물로서 장차 오실 메시아를 진정으로 소망하는 성도라는 사실에 연관되어 있다. 동시에 그 사람은 언약의 백성인 유대인들로부터 칭찬을 받는 인물임을 강조했다. 이는 그의 신앙이 숨겨진 상태로 유지된 것이 아니라 공개적으로 드러나 있었다는 사실을 말해준다. 바로 그 사람이 하나님의 거룩한 천사의 지시를 받아 베드로를 자기 집으로 청하여 그가 전하는 말을 들으려 한다는 것이었다.

그 말을 들은 베드로는 그들을 집 안으로 불러들여 하룻밤 유숙하도록 권했다. 가이사랴에서 온 사람들이 하나님을 경외하는 자라는 사실을 알게 되었기 때문이다. 그리하여 베드로는 이튿날 그들과 함께 욥바에서 가이사랴로 갔다. 그때 주님을 믿는 몇 명의 신실한 형제들도 함께 데리고 갔다.

(4) 베드로와 고넬료의 만남(행10:24-33)

하인들을 욥바에 보내 베드로를 초청한 고넬료는 가이사랴에서 집안 식구와 가까운 친구들을 불러 모으고 기다리고 있었다. 그러던 중 베드로가 도착해 집 안으로 들어왔다. 그를 본 고넬료는 즉시 베드로의 발 앞에 엎드려 경배하고자 했다. 이는 그가 베드로를 하나님의 특별한 사자로 이해하고 있었기 때문이었다.

갑자기 일어난 그 광경을 지켜본 베드로는 깜짝 놀라지 않을 수 없었다. 따라서 그를 일으켜 세우며 자기는 다른 사람들과 전혀 다르지 않은 평범한 인물에 지나지 않는다는 사실을 말했다. 즉 경배를 받으실 분은 오직 여호와 하나님 한 분이시며 자기는 특별히 경배받을 만한 인물이 아니라는 것이었다.

그후 베드로는 집에 모인 여러 사람들을 향하여 말하기 시작했다. 그는 먼저 유대인으로서 이방인과 교제하거나 가까이 지내는 것은 위법사항인 줄 누구나 알고 있다는 사실을 언급했다. 이에 대해서는 로마제국의 군대장교가 유대인들을 만나는 것에 대해서도 마찬가지였다. 그것은 지배국과 피지배국 인사들 사이에 내통하는 것을 방지하기 위해서였다. 또한 지금 베드로와 고넬료가 비밀리 만나 교제하는 것은 충분히 오해받을 만한 일이었다.[20)]

유대인들이 그 사실을 알게 되면 그것은 비난과 공격의 빌미를 줄 것이 분명했다. 당시 정치적으로 지배를 받고 있던 유대인들은 로마인들에게 강한 적대감을 가지고 있었다. 그럼에도 불구하고 특별한 목적이 있을 때는 그들은 서로 하나가 되어 공동보조를 취하기도 했다. 예수님을 십자가에 못 박는 일을 위해서는 유대인들과 로마인들이 힘을 하나로 합쳤던 것이다.

그렇지만 당시에는 로마제국에 반감을 가지고 저항하는 유대인들이 상당수 있었다. '열성당'으로 알려진 독립군들은 로마인들을 철천지원수로 생각하고 있었다. 그런 와중에 교회의 대표자격인 베드로가 로마제국의 군대 장교와 깊이 교제하며 그 집에 유숙한다는 것은 내통의 오해를 불러일으키기에 충분한 일이었다.

그러나 베드로는 거기 모인 사람들에게 하나님께서 친히 그 자리를 마련하셨다는 사실을 언급했다. 이는 성령께서 환상중에 자기에게 보여주신

---

20) 과거 우리나라의 '일제 강점기 시대'에 영향력이 있는 기독교 목사가 일본군 장교의 관사에 초청받아 가서 같이 음식을 먹으며 며칠을 유했다고 가정해보자. 그가 일본군과 내통한 것이 아니라 하나님의 말씀을 증거했다고 할지라도 외부의 시선은 전혀 다를 수 있다. 그럴 경우가 생긴다면 한국의 독립 운동을 하는 사람들이나 지배국 일본에 강한 적대감을 가진 사람들은 그에 대하여 심각한 오해를 할 수밖에 없다. 베드로가 고넬료의 집을 방문하여 며칠 유했다는 사실은 그와 유사한 성격을 지니고 있다.

더럽고 부정한 생물들에 관한 사실을 염두에 두고 하는 말이었다. 하나님
께서는 그것을 통해 이제 이방인들의 종족으로 말미암아 속되다거나 더럽
다고 해서는 안 된다는 사실을 말씀하셨던 것이다. 이는 예수 그리스도의
십자가 사역으로 인해 유대인과 이방인 사이의 장벽이 완전히 허물어진
사실을 말해주고 있다.

그러므로 지금 하나님의 뜻에 따라 지체하지 않고 가이사랴에 있는 고
넬료의 집으로 왔으니 이제 자기를 부른 까닭이 무엇인지 말해보라고 했
다. 그 말을 들은 고넬료는 그에 답했다. 나흘 전 그때 즈음인 제 구시에 집
에서 기도를 하는데 갑자기 한 사람이 빛난 옷을 입고 자기 앞에 나타났
다는 것이다. 그는 '고넬료야, 하나님이 네 기도를 들으시고 너의 구제를
기억하셨으니 사람을 욥바에 보내 베드로라 하는 시몬을 청하라 그가 바
닷가 시몬의 집에 우거하느니라' 고 말씀하시더라는 것이었다.

그리하여 고넬료는 부하들을 보내 베드로를 자기 집으로 초청하게 되
었다는 것이다. 이제 베드로가 가이사랴에 온 것은 하나님의 뜻에 의한 것
으로 잘한 일이라고 말했다. 그러므로 그와 온 집안 식구들은 하나님께서
베드로를 통해 전하고자 하신 모든 교훈들을 듣고자 하여 하나님 앞에 서
있다는 사실을 언급했다. 이는 그로부터 하나님의 복음을 명확하게 듣고
자 한다는 사실을 의미하고 있다.

(5) 베드로의 복음 선포(행10:34-43)

베드로는 자기가 환상중에 본 내용을 기억하고 이방인 출신인 그 경건
한 자를 보면서 하나님은 사람의 외모를 보고 취하는 분이 아니라는 사실
을 말했다. 이방인의 혈통을 지닌 자들이라 할지라도 하나님을 진정으로
경외하는 가운데 그의 의를 행하는 사람은 하나님께서 기꺼이 받으신다는
사실을 깨달았다는 것이다. 하나님께서 사람을 외모로 취하지 않는다는
말씀은 성경에 끊임없이 나타나고 있다.

만유의 주가 되신 예수 그리스도의 십자가 사역으로 말미암아 이땅에 화평의 복음이 선포되었다. 하나님과 그의 백성 사이의 관계가 온전히 회복되었기 때문이다. 그 복음은 세례 요한이 요단강에서 세례를 베풀기 시작한 후 갈릴리로부터 시작하여 온 유대 땅에 두루 선포되었다. 그에 대해서는 모든 언약의 자손들이 이미 잘 알고 있는 내용이었다.

하나님께서는 독생자로서 이땅에 오신 나사렛 예수님에게 성령과 능력을 마치 기름붓듯 부어주셨다. 성자 하나님인 그는 약속의 땅 온 지경을 두루 다니시면서 언약에 근거한 선한 일들을 행하셨으며 사탄에게 억눌려 고통당하는 모든 자들을 고쳐주셨다. 이를 통해 성부와 성자의 관계를 확인하는 동시에 성부께서 항상 그와 함께하신다는 사실이 온 백성과 만방에 증거되었다.

베드로는 그 말을 하면서 자기를 비롯한 예수 그리스도의 모든 제자들은 예루살렘과 온 유대 땅에서 그가 행하신 모든 일에 대한 증인이라는 사실을 언급했다. 사악한 인간들은 예수님을 나무 십자가에 매달아 잔인하게 처형했지만 거룩한 하나님께서는 죽은 지 사흘 만에 그를 다시 살리셨다. 그리하여 예수님께서는 많은 사람들 앞에 하나님의 아들인 자신을 드러내 보이셨다.

하지만 부활하신 예수님께서는 불신자들을 비롯하여 모든 세상 사람들에게 나타나 보이신 것은 아니었다. 그는 오직 미리 선택하신 증인 곧 죽은 자 가운데서 일어나신 후 자기와 함께 음식을 먹은 그의 제자들에게 나타나셨다. 그후 지상교회에 속한 모든 성도들은 그 제자들에게 속한 자들이 되었다.

베드로는 부활하신 주님께서 자기를 비롯한 모든 제자들에게 언약의 백성을 향해 복음을 전파하라고 명하신 사실을 말했다. 특히 하나님께서 산 자와 죽은 자의 재판장으로 정하신 이가 바로 예수님이라는 사실을 증거해야만 한다는 사실을 강조했다. 그에 대해서는 모든 선지자들도 증거한 바였으며 그를 믿는 성도들이 다 그 이름을 힘입어 죄 사함을 받게 된다는 사실에 연관되어 있다. 그 모든 말씀은 인간들에게 구원을 베푸신 예수 그리스도로 말미암은 것이었다.

2. 성령의 임함과 물세례(행10:44-48)

베드로가 하나님의 진리를 증거할 때 그 말씀을 듣는 모든 사람들에게 성령이 임하셨다. 베드로와 함께 할례를 받은 유대인 성도들이 하나님께서 이방인들에게도 성령을 부어주시는 것을 보고 놀라지 않을 수 없었다. 이방인들이 방언을 말하고 여호와 하나님을 높여 경배하는 광경을 직접 보고 들었기 때문이다.

그 모든 것들을 목격한 베드로는 이방인들도 유대인들과 같이 성령을 받았으므로 저들에게 물로 세례를 베푸는 것이 당연하다는 사실을 언급했다. 그리고는 그들에게 예수 그리스도의 이름으로 세례를 베풀도록 지시했다. 나중 베드로를 초청했던 고넬료를 비롯한 여러 사람들은 베드로에게 며칠간 더 유숙하기를 청했다. 이제 그들은 주 안에서 한 가족이 되었던 것이다. 아마도 베드로는 그때 고넬료의 집에 며칠간 머물렀을 것으로 보인다.

이는 예수님의 사역으로 인해 유대인과 이방인 사이의 벽이 완전히 허물어진 사실을 말해주고 있다. 이에 대해서는 나중 바울 서신에 많이 나타난다. 바울은 여러 교회에 편지하면서 더 이상 민족적인 차별이나 신분적인 차이가 없다는 사실을 강조했던 것이다.

"거기는 헬라인과 유대인이나 할례당과 무할례당이나 야인이나 스구디아인이나 종이나 자유인이 분별이 있을 수 없나니 오직 그리스도는 만유시요 만유 안에 계시니라"(골3:11); "우리가 유대인이나 헬라인이나 종이나 자유

자나 다 한 성령으로 세례를 받아 한 몸이 되었고 또 다 한 성령을 마시게 하셨느니라"(고전12:13)

사도 바울이 계시받아 기록한 말씀처럼 유대인과 이방인의 벽이 완전히 허물어진 것은 매우 중요한 의미를 지니고 있다. 이는 하나님께서 구약시대 유대인들을 특별히 선택하여 사용하신 것은 이방인들에게 복음의 메시지를 전달하기 위한 목적과 연관되어 있음을 말해주고 있기 때문이다. 사도교회 시대 초기 베드로가 이방인인 고넬료에게 하나님의 복음을 선포하고 그가 성령을 받아 세례를 받게 된 것은 그것이 처음부터 하나님의 뜻이었음을 보여주고 있는 것이다.

제6부

안디옥 교회와 예루살렘 교회

제16장

예루살렘 유대인들의 반응과 안디옥에 세워진 교회
(행11:1-30)

1. 베드로의 이방인 사역에 반발한 유대인 혈통 성도들(행11:1-3)

베드로가 로마 군대의 백부장 고넬료를 비롯한 이방인들에게 하나님의 말씀을 전하고 세례를 베푼 것은 당시로는 파격적인 사건이었다. 로마 사람이 언약의 자손들과 마찬가지로 복음을 받아들인다는 것은 놀라운 일이었기 때문이다. 따라서 그에 관한 일은 입소문을 타고 널리 퍼져나가게 되었다. 예루살렘을 비롯한 유대 지역에 살고 있던 사도들과 여러 형제들도 그에 관한 소식을 들었다.

이방인들에 연관된 그 소문을 듣게 된 사도들과 성숙한 형제들은 베드로의 사역을 긍정적으로 받아들였다. 처음에는 다소 의아한 생각을 했을지 모르지만 그것이 하나님의 뜻에 의한 것이란 사실을 알게 되었으므로 수용하게 되었다. 구약성경에는 이방인들에게 하나님의 복음이 선포되리라는 사실에 대한 기록이 여러 곳에 나타나고 있다(사42:6,7; 49:6). 성숙한 성도들은 그 내용을 알고 있었을 것이 분명하다.

하지만 그에 대하여 심각한 오해를 하는 자들도 상당수 있었다. 신앙이 어린 유대인 출신 성도들은 여전히 아브라함의 혈통으로 인한 자부심을 가지고 있었기 때문이다. 그런 자들은 유대인과 이방인 사이의 장벽이 허물어진 것을 알고 선민 신분의 기득권에서 멀어진 듯 상대적 박탈감 같은 것을 느꼈을지 모른다. 그러므로 베드로가 예루살렘에 도착했을 때 할례자들은 그를 심하게 비난했다.

부정한 자들로 알려진 이방인의 집에 들어가 무할례자들과 교제하고 함께 식탁을 나누며 음식을 먹었을 뿐 아니라 저들에게 세례를 베풀었다는 이유 때문이었다. 아직 신앙이 어린 자들은 구약의 율법을 들먹이며 나름대로 합리적인 이유를 제시했을지 모른다. 할례를 받은 언약의 자손으로서 부정한 이방인인 무할례자와 교제하는 것은 하나님을 모독하는 것으로 오해했을 수도 있었던 것이다.

또한 예수를 구주로 믿고 따르는 성도들 가운데는 당시 교회가 처한 위태로운 형편 때문에 베드로의 사역을 경솔한 행동으로 판단했을 가능성이 없지 않다. 그러잖아도 초기 기독교도들은 유대주의자들에 의해 심한 박해를 받고 있던 터였다. 그런 상황에서 기독교의 가장 중요한 지도자로 간주되는 베드로가 이방 군대의 장교와 교제하게 되면 유대인들로부터의 핍박을 더욱 증폭시키게 되리라는 판단을 했을 수도 있다.

2. 베드로의 해명(행11:4-17)

예루살렘에 거주하던 유대인 혈통을 지닌 일부 교인들로부터 심한 비난을 받게 된 베드로는 차근하게 그에 대한 해명을 했다. 가이사랴에서 그와 같은 사역을 감당한 것은 개인적인 판단에 근거한 것이 아니었다는 것이다. 그 모든 것은 하나님께서 친히 명하신 일로서 자기는 그에 순종했을 따름이라는 것이었다.

그러므로 베드로는 욥바에서 혼자 조용히 기도하던 중 비몽사몽간에 본 환상과 그 모든 내용에 대한 설명을 했다. 하늘에서 내려온 커다란 보자기 안 그릇에 담긴 네 발 가진 들짐승과 기는 벌레들을 비롯한 각종 부정한 생물들이 보였는데 하나님께서 그것들을 잡아먹으라고 명하셨던 사실을 말했다. 베드로는 그 부정한 음식을 먹지 않기 위해 강하게 거부했으나 하나님께서 세 번이나 되풀이하여 그렇게 하도록 요구하신 점을 언급했다.

잠시 후 그것들은 다시 하늘로 끌려올라 갔지만, 이는 결국 하나님께서 정결하게 하신 것을 사람이 부정하다고 말해서는 안 된다는 사실에 연관되어 있었다. 즉 정하고 부정한 것은 인간들의 취향이 아니라 하나님의 뜻에 달려 있는 것이었다. 따라서 베드로는 그와 연관하여 로마 군대의 백부장 고넬료가 욥바로 보낸 세 사람의 초청을 받아 가이사랴에 위치한 그 이방인의 집을 방문하게 되었음을 말했다. 그것은 전적으로 하나님의 인도하심에 따른 행동이었음을 강조한 것이었다.

베드로는 하나님의 명령에 의해 행동했으며, '아무런 의심없이 가라'는 성령의 요구에 순종했을 따름이었다는 것이다. 이는 자기를 초청한 인물이 로마 군대의 장교였기 때문에 상당한 부담을 가졌지만 성령의 증거가 있었기에 두려움 없이 그렇게 했음을 말해주고 있다. 그리하여 그는 여섯 명의 믿는 형제들과 함께 그 이방인의 집을 방문하게 되었다는 것이다.

베드로는 또한 가이사랴에 있는 고넬료의 집에 도착했을 때 그 사람에게도 하나님께서 친히 특별한 환상을 보여주셨음을 알게 되었다는 사실을 언급했다. 그리하여 그는 거기 모인 이방인들에게 구원의 말씀을 선포했으며, 그 결과 저들에게 성령이 임하게 되었음을 말해주었다. 그 모든 것은 베드로가 임의로 취한 행동이 아니라 하나님의 경륜과 인도하심에 따라 이루어진 일이었다는 것이다.

또한 그와 같은 상황에서 베드로가 저들에게 복음을 전할 때, '요한은 물로 세례를 주었으나 너희는 성령으로 세례를 받으리라' 고 하신 주님의 말씀이 떠올랐음을 언급했다. 하나님께서 처음 언약의 백성들이 예수 그리스도를 믿을 때 성령을 주신 것처럼 저들에게도 동일한 선물을 주셨는데 누가 감히 그것을 거부할 수 있겠느냐는 것이었다. 그래서 그는 주저하지 않고 저들에게 물로 세례를 베풀게 된 사실을 말했다.

3. 예루살렘 교회의 깨달음과 이방 지역 교회의 확장(행4:18-21)

베드로가 주변 지역의 모든 사역을 마치고 예루살렘에 도착했을 때 처음 그를 강하게 비난하던 사람들은 이제 그가 해명한 모든 말을 듣고 그대로 받아들였다. 그리하여 그 설명을 들은 혈통적으로 유대인 배경을 지닌 성도들은 잠잠한 가운데 그 일을 행하신 하나님께 영광을 돌렸다. 하나님께서 이방인들에게도 참된 생명이 주어지는 회개를 허락하신 사실을 깨달았던 것이다.

당시에는 스데반이 산헤드린 공회에 의해 끔찍한 순교를 당한 사건으로 인해 발생한 환난 때문에 예루살렘에 살던 성도들이 여러 곳으로 흩어진 상태였다. 그들 가운데는 북쪽 지역으로 가서 베니게와 구브로 및 안디옥까지 이르러 하나님의 도를 전하는 자들이 있었다. 처음 그들은 이방인이 아니라 유대인들에게만 진리의 말씀을 전했다.

그런 상황에서 구브로와 구레네 출신 성도들 가운데 일부는 안디옥에 도착하여 헬라인들에게도 예수 그리스도를 전파하기 시작했다. 결코 예사롭지 않은 그와 같은 일은 저들의 종교적인 열정에 의한 것이 아니라 성령의 사역으로 말미암아 진척된 것으로 이해해야 한다. 하나님께서 그 사람들 가운데 친히 역사하셨으므로 많은 백성이 진리의 복음을 받아들이고 예수 그리스도께 돌아왔던 것이다.

그 모든 사역들이 기초가 되어 비로소 안디옥에 교회가 설립되었다. 헬라 출신 사람들이 중심이 된 당시로는 매우 특별한 교회였다. 아마도 새로 복음을 영접한 자들 가운데는 순수 이방인들도 있었겠지만 혼혈 유대인들과 그 전에 언약 안으로 들어와 유대인 사회에 속한 경건한 자들도 상당수 있었을 것이다. 나중 그 교회는 이방 세계를 향하여 하나님의 복음을 전파하는 매우 중요한 교두보 역할을 하게 되었다.

4. 예루살렘과 안디옥 교회(행22-30)

이방 지역인 안디옥에 헬라인 출신 성도들이 중심이 된 하나님의 교회가 세워졌다는 소식이 예루살렘에 전해지게 되었다. 그 사실을 알게 된 예루살렘 공의회는 그냥 가만히 있을 수 없었다. 이방인 성도들을 위해 성경을 기초로 한 참된 지도가 필요했기 때문이다. 그리하여 예루살렘 교회는 형제들 가운데 신실한 신앙을 소유한 바나바를 안디옥으로 파송해 보내기로 작정했다.

복음 선포자의 사명을 가지고 예루살렘으로부터 안디옥에 도착한 바나바는 모든 일을 기쁨으로 감당했다. 예루살렘과 안디옥에 연관된 이 일은 구속사 가운데 매우 중요한 의미를 지니고 있다. 예루살렘 공의회가 이방의 안디옥 교회를 지도한 것은 보편적인 성격을 지닌 것으로 받아들여야 하기 때문이다.

이는 장차 이방 지역에 세워지게 될 모든 교회들은 예루살렘 공의회의 지도를 받아야 한다는 사실에 연관되어 있다. 즉 이 말은 유대인과 이방인 사이의 단순한 민족적인 문제가 아니라 이 세상 어디에 존재하든지 모든 참된 교회들은 예루살렘 공의회와 동질의 신학과 신앙을 소유해야 한다는 사실을 말해주고 있다.

이에 관한 교훈은 오늘날 우리에게도 그대로 상속되어 깊은 영향을 미치고 있다. 1세기 당시의 지역과 민족들 뿐 아니라 그후에 세워진 역사적인 모든 지상교회들 역시 예루살렘 공의회의 지도를 받아야 한다. 이 세상에 존재하는 지역 교회들 가운데 그로부터 예외적인 교회는 존재하지 않는다. 따라서 예루살렘 공의회와 단절된 상태라면 참된 교회라 말할 수 없다. 세상의 모든 참된 교회들은 예루살렘 공의회에 실질적으로 연결되어 있어야 하는 것이다.

바나바는 이와 같은 중요한 원리적인 배경으로 인해 안디옥에 도착했다. 그는 그 이방 지역에도 예루살렘과 동일한 하나님의 은혜가 임한 것을 보고 기쁘고 감사한 마음을 가지게 되었다. 그리하여 이방 출신의 모든 성도들에게 굳건한 마음으로 주님께 붙어있으라는 권면을 했다. 예루살렘으로부터 파송받은 성령과 믿음이 충만한 성도이자 선한 신앙인이었던 바나바를 통해 초기 안디옥 교회가 든든히 서 갈 수 있었던 것이다.

우리가 기억해야 할 바는 바나바가 개인의 종교적인 이성과 경험에 따라 자의로 교회에 속한 성도들을 가르치거나 지도하지 않았다는 사실이다. 그는 사사로운 사상과 체험적 지식에 따른 우월감으로 성도들을 대하지도 않았다. 그는 예루살렘 공의회의 지도 아래 하나님의 뜻을 기억하는 가운데 성경과 성령의 도움을 힘입어 교회에 속한 성도들에게 하나님의 말씀을 선포했다. 그리하여 안디옥 교회는 점차 더 많은 성도들이 참여하는 큰 무리를 이루어가게 되었다.

특별한 소명에 따라 맡겨진 사역을 감당하던 바나바는 안디옥에서 사역하던 중 그리 멀지 않은 지역에 거주하는 사울을 기억하고 그를 만나기 위해 다소(Tarsus)로 갔다. 바울과 바나바는 이미 오래전부터 잘 알고 있던 사이였다. 바나바는 사울을 만나 전후 사정을 설명한 후 안디옥으로 초대했다.

사울은 그의 말을 받아들여 안디옥으로 갔으며 거기서 두 사람은 일년 동안 교회 가운데서 함께 하나님의 진리를 가르쳤다. 거기에는 분명한 하나님의 인도하심이 있었다. 사울 곧 바울과 바나바를 비롯한 여러 교사들을 통해 말씀을 받아 예수 그리스도를 따르게 된 성도들은 안디옥에서 비로소 '그리스도인' 이라 칭함을 받게 되었다.

하지만 그와 같은 칭호는 긍정적인 측면에서 붙여진 것으로 말할 수 없다. 왜냐하면 그 용어를 안디옥 교회 성도들이 자발적으로 만든 것이 아니라 외부인들이 붙인 이름이기 때문이다. 그럼에도 불구하고 하나님의 자녀들이 유대주의자들과 뚜렷이 구별된다는 차원에서는 긍정적인 역할을 한 것으로 볼 수 있다.

그러던 중 예루살렘으로부터 몇 명의 선지자들이 안디옥에 도착하게 되었다. 그들도 이방지역에 세워진 안디옥 교회에 도움을 주기 위해 왔을 것으로 보인다. 그 사람들 가운데는 특별한 예언의 은사를 가진 아가보(Agabus)라는 형제가 있었다.

아가보는 성령의 능력을 힘입어 하나님의 말씀을 전하며 예언했다. 그는 교회 가운데서 예언을 하던 중 장차 천하에 큰 흉년이 들게 되리라는 사실을 언급했다. 그 예언은 나중 글라우디오 황제(Claudius Caesar)가 로마제국을 통치할 때 이루어지게 되었다. 그로 말미암아 많은 성도들이 심한 고통을 당할 수밖에 없었다.

시간이 흘러 아가보의 예언대로 예루살렘과 유대지역에 큰 기근이 발생했다. 교회가 당하는 심한 박해와 더불어 엎친 데 덮친 격이었다. 그때 안디옥에 거주하는 교회와 성도들은 힘을 다해 유대에 살고 있는 형제들을 돕기로 결의했다. 그들은 공적으로 부조를 모아 어려움을 당하는 지역에 보내기로 작정했던 것이다.

그들은 힘껏 연보를 하여 바나바와 사울의 손에 들려 예루살렘으로 보냈다. 그들을 통해 예루살렘의 장로들에게 이방지역에서 거두어진 연보를 전달하게 되었던 것이다. 우리는 여기서 교회의 외부 구제사역이 장로와 연관된 사실을 생각해보게 된다. 당시 교회에 아직 분화된 직분이 정착되지 않았을지라도 그 원리를 생각해 볼 수 있다. 집사들의 교회 내부 사역과 장로들의 지역교회 밖 보편교회 사역이 어느 정도 드러나고 있기 때문이다.

예루살렘과 유대 지역에서 고통을 당한 성도들은 이방 지역 교회의 관심과 도움으로 말미암아 커다란 위로를 받았을 것이 틀림없다. 지상에 흩어져 존재하는 모든 참된 교회들은 원리적으로 하나의 교회이며 상호 짐을 나누어질 수 있어야 한다. 현실적으로 전체 보편교회를 기억하며 그렇게 하는 것이 쉽지 않다고 할지라도 그에 대한 근본정신을 버려서는 안 된다.

제17장
예루살렘 교회의 핍박과 하나님의 사역
(행12:1-25)

1. 야고보의 순교(행12:1, 2)

스데반의 순교와 더불어 예루살렘에서 큰 핍박이 일어난 후 하나님의 복음이 이방 지역으로 퍼져나갈 때 또 다시 교회는 심각한 위기에 직면하게 되었다. 헤롯왕[21]이 교회 지도자들 가운데 몇 사람을 해치기로 작정했기 때문이다. 당시 유대주의자들과 정치, 종교 지도자들은 예수 그리스도를 신앙하는 교회를 용납하지 않으려 했던 것이다.

결국 헤롯왕은 구체적으로 실행에 옮겨 사도들 가운데 한 명을 먼저 표적으로 삼았다. 그로 말미암아 사도 요한의 형제 야고보가 칼에 의해 죽임을 당하게 되었다. 야고보는 예수님의 제자들 가운데서도 매우 중요한 인물들 중 한 명이었다(마17:1; 막3:17; 5:37; 막9:2; 눅8:51, 9:28 등).

---

21) 여기서 일컬어지는 '헤롯왕'은 헤롯 대왕의 손자 헤롯 아그립바 1세이다.

산헤드린 공회가 스데반을 죽인 다음 헤롯 정부가 야고보를 죽인 것은 악한 종교인들과 정치인들이 공동보조를 취함으로써 교회를 향한 핍박이 점점 더 심화되어 가는 양상을 보여주고 있다. 이는 모든 성도들에게 공포 분위기를 조성하기에 충분했다.

앞서 처형된 스데반은 교회가 특별히 세운 일곱 명의 사역자 가운데 한 사람으로서 복음으로 인해 순교를 당했으나 열두 제자에 속하지는 않았다. 즉 중요도에 있어서 예수님의 열두 제자들에 비할 수는 없었다. 그에 반해 야고보는 사도로서 당시 교회의 핵심적인 지도자였다. 그런 야고보가 헤롯 정부에 의해 처형당한 것은 배도자들과 권력의 칼이 점차 교회의 핵심부를 겨냥하고 있음을 말해주고 있다.

그 안타까운 소식을 전해들은 교회와 성도들은 매우 당황할 수밖에 없었을 것이 틀림없다. 하나님께서 살아계시고 예수 그리스도가 만왕의 왕이라면 그런 최악의 상태가 쉽게 발생하지 말아야 했기 때문이다. 하지만 하나님께서는 아직 교회가 제대로 자리매김을 하기도 전에 그 끔찍한 일들을 허용하셨다.

우리는 여기서 하나님의 교회가 세상의 일반적인 관점에서 기대하는 방식대로 성장해 가지 않는다는 사실을 보게 된다. 하나님께서는 이를 통해 예수 그리스도를 믿는 성도들이 성실하게 살면 모든 것이 흥하거나 부하게 되는 것이 아니란 사실을 분명히 보여주셨다. 신앙이 어린 사람들은 그와 같은 환경에서 실망할 수도 있었겠지만 사도들을 비롯한 신앙이 성숙한 성도들은 그렇지 않았다.

지상교회가 타락한 세상에 맞서 싸우는 방법은 세상의 그것과 전혀 달랐다. 즉 교회는 불의한 자들에 의해 심각한 박해를 당하고 성도들의 생명이 부당하게 처형당하는 가운데 참된 승리를 얻게 되었다. 이와 같은 원리와 그에 근거한 의미는 오늘날 우리에게도 그대로 전승되고 있다.

지상교회는 완력을 비롯한 세력을 도구삼아 세상을 제어하고자 하지 않는다. 나아가 그럴듯한 외적인 요소들을 방편으로 삼아 영향력을 행사하려 하지 않는다. 도리어 하나님의 복음은 성도들이 생명의 위협을 당하고 피를 흘리는 가운데 세상을 제압해 가게 되는 것이다.

2. 유대인들의 여론과 헤롯의 베드로 구금(행12:3-11)

사악한 정치인들은 정당성 있는 원리보다 여론의 향배에 따라 행동하기를 좋아한다. 그런 자들은 특히 종교를 이용하여 자신의 정치적 목적을 달성하고자 한다. 헤롯 왕 역시 그와 같은 간교한 인물이었다. 헤롯 정부가 교회의 지도자들을 해하려 하고 사도 야고보를 죽인 것은 유대인들이 원하는 바였기 때문이다. 따라서 야고보의 처형을 지켜본 본 유대주의자들은 그 모든 것을 만족스러워했다.

예수 그리스도를 믿는 성도들이 모진 박해와 더불어 교회의 중요한 지도자가 죽임을 당하는 사태를 목격하며 슬픔과 고통에 빠진 것과는 크게 대조적이었다. 교활하기 그지없는 헤롯은 그와 같은 전반적인 상황을 파악하고 교회를 더욱 모질게 핍박함으로써 유대인들을 확실한 자기편으로 만들고자 했다. 그것이 자신의 정치적 입지를 강화하는 방편이 될 수 있을 것이라 판단했기 때문이다.

당시 헤롯은 무교절을 맞아 또다시 유대인들에게 무언가 호의를 살만한 정치적 행위를 하고 싶어 했다. 그리하여 무교절을 앞두고 기독교에서 가장 중요한 인물인 베드로를 체포하여 감옥에 가두었다. 유대인들이 원하는 대로 야고보와 마찬가지로 그를 사형에 처하고자 했던 것이다.

예수님을 믿고 그의 복음을 증거하는 베드로는 매우 위험한 중범죄자로서 체포되어 구금되었다. 따라서 병사 네 명이 한 조가 되는 네 개의 팀을 구성해 베드로를 철저히 감시하며 지키도록 했다. 그것은 일반 범죄자들을 지키는 것과 크게 대조를 이루었다. 즉 보통 죄인들은 그렇게 철저한 감시를 하지 않았다. 이는 당시 기독교인들의 영향력이 점차 커져 간 사실과 극단에 치우친 유대인들의 태도를 보여주고 있다.

따라서 헤롯 정부의 당국은 기독교를 대표하는 인물인 베드로를 엄중하게 다루어 극형에 처하는 것을 목표로 삼았다. 어떻게 해서든지 그를 감옥에 가두어 두었다가 유월절이 지난 후 유대인들 앞에 끌어내어 처형하고자 했던 것이다. 그 모든 위태로운 상황을 파악한 교회와 성도들은 그를 위해 간절히 기도하지 않을 수 없었다.

일정한 시간이 지나 헤롯이 베드로를 감옥으로부터 끌어내어 죽이려고 작정한 바로 그 전날 밤 베드로는 두 명의 간수들 틈에서 양 손이 쇠사슬에 묶인 채 누워 잠들어 있었다. 그리고 옥문 밖에는 경비병들이 삼엄하게 지키고 있었다. 그런 철통같은 경비로 인해 베드로는 옴짝달싹할 수 없는 상황에 처해 있었다.

그때 아무도 예기치 못한 놀라운 일이 발생했다. 하나님의 천사가 갑자기 베드로의 곁에 서 있게 되었으며 옥중에 환한 빛이 비추어졌다. 그것은 베드로에게만 특별히 나타난 현상이었다. 즉 그 자리에 함께 있던 다른 사람들은 그와 같은 상황을 전혀 눈치채지 못했다.

그 천사는 아무도 몰래 잠에 빠진 베드로의 옆구리를 찔러 깨웠다. 그리고는 급히 일어나라고 명하자 그의 손을 묶고 있던 쇠사슬이 벗겨졌다. 그러자 천사는 베드로에게 급히 허리띠를 매고 신을 신으라는 요구를 했다. 베드로는 그 천사가 시키는 대로 따라했다. 모든 준비가 완료되었을 때 천사는 베드로에게 겉옷을 입고 자기를 따라오라는 말을 했다.

베드로는 그 하나님의 천사를 따라 감방을 빠져 나가면서도 자기에게 일어나고 있는 상황이 실제인 줄 깨닫지 못한 채 환상인 양 착각하고 있었다. 그런 중에 첫째와 둘째 초소를 지나 시내로 통하는 철문 앞에 다다르게 되자 문이 저절로 열렸다. 그리하여 밖으로 나가 한 구간의 거리를 걸어갔을 때 하나님의 천사가 떠나갔다.

그제야 베드로는 정신이 번쩍 들기 시작했다. 비로소 하나님께서 천사를 보내 자기를 헤롯의 손, 즉 죽음으로부터 구출하신 사실과 교회를 철저히 박해하는 것을 보고 싶어 하는 유대인들의 모든 기대에서 벗어나게 하신 사실을 알게 되었던 것이다. 이는 헤롯왕이 유대주의자들이 보는 앞에서 베드로를 처형하고자 했다는 사실을 반증해 주고 있다.

3. 기적적인 탈옥과 '마가 다락방' (행12:12-17)

베드로는 하나님의 천사에 의해 탈옥한 후 곧 바로 마가 요한의 모친인 마리아의 집으로 달려갔다. 당시 예루살렘의 성도들은 그 집에서 자주 모였던 것으로 보인다. 그때도 거기서는 여러 성도들이 모여 죽음의 위기에 처한 베드로와 핍박받는 교회를 위해 간절히 기도하고 있었다. 바로 그 시간에 베드로가 마리아의 집 앞에 당도하여 대문을 두드렸다.

그러자 로데(Rhoda)라는 어린 여자 하인이 그 소리를 듣고 문 앞으로 나갔다. 그는 밖에서 문을 두드리는 사람의 음성을 듣고 그가 베드로인 줄 알고 반가운 마음이 넘쳤다. 그리하여 미처 문을 열어주지도 않은 채 집 안으로 달려 들어가 베드로가 대문 밖에 와 있다는 사실을 고했다. 그 말을 들은 여러 성도들은 저를 보고 제대로 된 정신으로 하는 말이 아니라며 책망했으나 그 여자 아이는 정말 그가 와있다는 주장을 굽히지 않았다.

그의 말이 거짓이거나 장난이 아니라는 판단이 들자 집 안에 있던 사람들은 베드로의 천사가 온 것으로 생각하는 자들도 있었다. 그러던 중에 베드로는 계속해서 문을 두드렸다. 그제야 집 대문을 열어보니 베드로가 거기 서 있었다. 그 광경을 본 사람들은 참으로 놀라지 않을 수 없었다. 그 것은 사실상 불가능한 일이었기 때문이다.

베드로는 집 안으로 들어와 형제들을 조용하게 한 후 자기에게 일어난 모든 사실을 말했다. 주님께서 자기를 감방으로부터 기적적으로 이끌어내신 전 과정을 소상히 설명했던 것이다. 그 말을 들은 성도들은 놀라지 않을 수 없었다. 그후 베드로는 자기가 탈옥하게 된 사실을 당시 교회의 중요한 지도자가 되어있던 예수님의 동생 야고보[22]와 여러 형제들에게 자기에게 일어난 실상을 전해 달라고 부탁했다. 여기서 형제들이란 여러 사도들과 장로들, 그리고 집사들을 포함한 여러 형제들이었다.

우리가 여기서 기억해야 할 바는 당시 사도 바울과 바나바가 예루살렘에 머물고 있으면서 모든 상황을 목격하고 경험했다는 사실이다. 그들은 나중 안디옥으로 돌아가서 그에 관한 하나님의 기적을 전했을 것이다. 이방 지역에 살고 있던 성도들은 예루살렘에서 발생한 그 사건으로 말미암아 큰 위로를 받았을 것이 분명하다.

한편 사도 베드로는 마리아의 집에서 자신에게 일어난 하나님의 놀라운 사역을 전한 후 거기를 떠나 황급히 다른 곳을 향해 떠나갔다. 이는 아마도 유대인 당국이 마가의 어머니 집에 기독교인들이 자주 모인다는 사실을 알고 어느 정도 감시하고 있었기 때문인 것으로 보인다. 유대인 당국이 베드로가 탈옥한 사실을 알게 되면 곧장 그곳으로 밀려들어올 가능성이 없지 않았던 것이다.

탈옥한 베드로가 이번에 다시금 체포되면 생명을 부지할 수 없게 될 것이 분명하다. 그런 위태로운 상황 가운데 하나님께서는 그를 구출해 생명을 연장시켜 주셨다. 모든 성도들은 이 모든 과정을 통해 하나님의 살아계심과 그에 대한 실제적인 증거를 확인할 수 있게 되었다. 하나님의 자녀

---

22) 칼빈은 여기서 이 야고보가 알패오의 아들 야고보라고 주장한다. 이는 그가 열두 명의 제자들 가운데 한 명이자, 바울이 그를 교회의 세 기둥 가운데 하나로 포함시키고 있기 때문이라는 것이다(존 칼빈, 사도행전 주석, 참조). 하지만 그때는 열두 명의 제자들이 살아있다는 것이 그다지 중요하지 않았다. 당시에는 이미 야고보가 순교를 당해 그 수가 무너지고 있었기 때문이다. 본문 가운데 언급된 야고보를 예수님의 동생으로 볼 수 있는 까닭은 그가 당시 교회의 중요한 지도자가 되어 있음을 성경이 밝힌 것과 연관되어 있다.

들은 환난과 고통 가운데서도 베드로를 통해 일어난 그 사건을 통해 커다란 위로를 받았을 것이 틀림없다.

하지만 우리는 베드로를 살려주신 것을 두고 일반적인 차원에서 하나님의 큰 은혜를 입었다는 말을 사용해서는 안 된다. 분명한 은혜이기는 했으나 우리가 생각하는 것과는 다른 것이다. 만일 그런 관점에서 이해하게 되면 앞서 죽은 스데반이나 야고보는 하나님의 은혜를 충분히 입지 못한 사람처럼 되어버릴 것이기 때문이다. 중요한 점은 하나님께서 자신의 섭리와 경륜 가운데 교회를 위한 모든 일들을 가장 선한 길로 인도해 가셨다는 사실이다.

4. 헤롯과 그의 정부의 발악(행12:18-20)

한편 베드로가 갇혀있던 감옥에서는 난리가 났다. 날이 새고 아침이 되었을 때 감옥을 지키던 간수들은 중범죄자인 베드로가 감쪽같이 사라진 것을 알고 당황하지 않을 수 없었다. 그의 탈옥은 여간 심각한 문제가 아니었다. 따라서 감옥에서 근무하던 관련 직원들은 베드로를 찾기 위해 모든 방법을 동원했지만 결국 그를 찾아내지 못했다.

헤롯왕은 중범죄자의 탈옥 사실을 전혀 알지 못했을 뿐 아니라 그 상황을 사전에 방지하지 못한 경비병들을 엄히 문책하고 사형에 처하라는 명령을 내렸다.[23] 우리는 여기서 매우 중요한 점을 발견하게 된다. 그것은 경비병의 죽음을 통해 하나님을 대적하는 자들은 권력의 편에 서 있었을 지라도 그 생명이 온전치 못하다는 점을 알게 되기 때문이다. 하나님을 대

---

23) 헤롯왕은 당시 최고 통치자로서 무소불위(無所不爲)의 권력을 소유하고 있었다. 따라서 그는 자기의 눈에 벗어난 자를 죽이는 악행을 대수롭지 않게 여겼다. 하지만 그는 곧 닥치게 될 자신의 운명에 대해서는 전혀 알지 못했다. 이처럼 하나님을 멸시하는 권세자들은 지금도 한치 앞을 내다보지 못한 채 기고만장한 만용을 부리고 있다.

적하는 자들끼리 다툼이 있어 서로간 생명을 앗아가는 것을 통해 하나님이 생명의 주인이라는 사실이 드러나고 있는 것이다.

베드로의 탈옥 사건이 있은 후 헤롯은 유대지역을 떠나 가이사랴로 내려가서 거하게 되었다. 당시 그는 두로와 시돈 사람들에 대하여 큰 거부감을 가지고 있었다. 그리고 저들에게 크게 진노하는 마음을 품고 있었다. 이는 헤롯과 그의 영향 아래 있던 두로와 시돈 사람들 사이에 피차 관계가 좋지 않았음을 말해주고 있다.

그렇지만 그 지역 사람들은 헤롯의 영토에서 식량을 공급받고 있었으므로 헤롯왕과의 관계를 악화시키기를 원하지 않았다. 그것을 위해 그들은 왕의 침실에서 시종을 맡고 있는 블라스도(Blastus)를 통해 헤롯과 화친하여 좋은 관계를 유지하고자 애썼다. 그리하여 그들은 모든 뜻을 모아 헤롯을 찾아가게 되었던 것이다.

5. 헤롯의 헛된 영광과 당시의 교회(행12:21-25)

헤롯은 두로와 시돈 사람들의 요청을 받아들였다. 그리하여 한 날을 정해 왕복을 입고 왕좌에 앉았다. 그는 그 사람들을 한자리에 불러 모으고 저들을 향해 자신의 뜻을 전하는 기회를 가지게 되었다. 거기 모인 자들은 그의 말을 듣고 그것은 사람의 소리가 아니라 신의 소리라고 크게 외쳤다.

그것은 간사한 백성들의 아부였으며 헤롯은 그 가운데서 자신을 높이며 하나님께 영광을 돌리기를 거부했다. 그는 사람들의 환호하는 소리에 흡족한 마음을 먹고 큰 교만에 빠졌던 것이다. 즉 헤롯은 언약의 왕국에 속해 백성들을 통치하고 있었지만 하나님의 뜻에는 아무런 관심을 가지지 않았다.

그리하여 하나님의 천사가 곧 헤롯왕을 치게 되었다. 그렇게 되어 하나님의 몸된 교회와 사도들을 비롯한 신실한 성도들을 모질게 박해하던 그는 병충에 의해 먹혀 죽었다. 이는 언약의 백성을 지배하는 왕으로서 하나님을 멸시하고 그에게 저항함으로써 하나님의 무서운 심판을 자초하게 되었던 것이다.

헤롯은 권력의 칼로써 베드로를 죽이려 했으나 하나님께서는 도리어 천사를 동원해 기적적인 방법으로 그를 구출하셨다. 그것은 베드로 개인이 아니라 핍박받는 지상교회를 위한 것이었다. 그와 달리 권세를 휘두르던 헤롯은 하나님의 천사에 의해 생명을 박탈당했다. 그것 역시 하나님의 몸된 교회에 속한 성도들을 위한 방편이 되었다.

하나님의 자녀들은 이 사건을 통해 하나님께서 살아계심을 확인함과 동시에 큰 위로를 받았을 것이 틀림없다. 그로 인해 하나님의 말씀은 날로 흥왕하여 더욱 널리 퍼져나가게 되었다. 타락한 인간들이 하나님의 뜻에 맞서 조직적인 저항을 한다고 할지라도 하나님께서는 자신의 일을 섭리와 경륜에 따라 진척시켜 나가셨다.

한편 바나바와 사울은 안디옥 교회로부터 위임받은 대로 이방의 성도들이 힘써 모은 연보를 가지고 예루살렘을 방문하여 모든 임무를 잘 감당했다. 큰 흉년으로 인해 심한 고통을 당하는 형제들을 위해 그 돈을 장로들에게 전달했던 것이다(행11:27-30, 참조). 이렇게 하여 지상에 흩어진 모든 교회들이 하나의 보편교회라는 사실을 확인하게 되었다. 그들은 교회가 맡긴 이 직무를 완수한 후 마가(Mark)라 하는 요한(John)을 데리고 안디옥으로 되돌아갔다. 마가 요한은 나중 마가복음을 쓰게 되는 인물이다.

참된 교회로서 가지는 우주적이며 세계적인 보편성에 대해서는 오늘날 우리도 잘 이해해야 한다. 참 하나님의 교회라면 세상 어느 지역에 있든지 모두가 상호 연결되어 있다. 따라서 교회와 성도들은 항상 한 몸의 지체가 되어있는 어려운 교회들을 돌아보며 형편에 따라 저들에게 도움을 줄 수 있어야 한다. 그것은 선택의 문제가 아니라 교회와 성도들이 반드시 실천해야 할 일이다.

이에 대한 교훈과 원리는 현대 교회들 가운데서도 그대로 적용되어야한다. 성도들은 자기가 소속된 지역 교회뿐 아니라 전 세계에 흩어진 모든교회들에 적절한 관심을 기울여야 하는 것이다. 그렇게 함으로써 흩어져존재하는 보편교회에 대한 관심을 가지는 가운데, 연약한 교회가 영육간의 어떤 도움을 요청할 때 그 사안을 주의 깊게 살피지 않는 채 함부로 거절해서는 안 된다.

제7부

안디옥 교회 및 바울과 바나바의
첫 번째 복음전파 사역

제18장

바울과 바나바의 첫 번째 복음전파 사역 [I]
(행13:1-52)

1. 안디옥 교회의 교사들과 성령 하나님의 특별한 명령(행13:1-3)

이방인들을 중심으로 하여 구성된 안디옥 교회에는 사도교회 시대의 특별한 직분자인 선지자들과 교사들이 여러 명 있었다. 이를 통해 처음부터 지상에 존재하는 하나님의 교회는 여러 직분자들을 통해 말씀이 가르쳐지며 인도되었다는 사실을 보여준다. 즉 하나님의 교회는 개인의 일반적인 능력에 의존하지 않았음을 말해주고 있다.

안디옥 교회의 초기 직분자들 가운데는 바나바(Barnabas)와 니게르라 하는 시므온(Simeon), 그리고 구레네 출신 루기오(Lucius)와 분봉왕 헤롯의 젖동생 마나엔(Manaen)과 사울 곧 바울(Paul) 등이 있었다. 그들은 자의적인 판단이 아니라 예루살렘 교회의 지도 아래 이방 지역 교회에서 말씀을 선포하며 가르치는 교사들이었다. 이는 또한 교회와 그에 속한 모든 성도들은 교사의 계시적인 가르침이 없이 임의로 신앙생활을 해서는 안 된다는 사실을 보여주고 있다.

　　우리는 여기서 교회의 장로 직분제도의 한 원리를 보게 된다. 물론 그 직분들은 오늘날 우리가 이해하는 바 장로들과는 상당한 차이가 날 수 있다. 하지만 지상교회 가운데 하나님의 말씀에 익숙한 지도자들을 세워 그들을 통해 성도들을 가르치며 치리하는 공적인 제도에 연관되어 있는 것이다.

　　안디옥 교회의 지도자들이 여호와 하나님을 경배하며 금식하던 어느 날 성령께서 저들에게 말씀하셨다. 여기서 중요한 점은 하나님께서 원하시는 특별한 사역이 교회 가운데 존재한다는 사실과 그 일을 위해 특별히 바나바와 사울을 따로 세우라는 명령이 있었다는 점이다. 이는 지상교회가 마땅히 감당해야 할 중요한 사역이 존재한다는 사실과 성령께서 직접 지명하여 세우시는 사역자들이 그 일을 감당해야 한다는 점에 관련되어 있다.

　　이 모든 일들은 지상교회와 그에 속한 교인들의 자발적인 판단과 행동에 의한 것이 아니라 하나님께서 주도하고 계신다. 우리는 여기서 지상교회가 다수의 교인들이 원하는 바를 민주적으로 추구하는 종교단체가 아니라는 사실을 기억해야 한다. 따라서 교회는 하나님께서 요구하고 시키시는 사역을 순종하며 감당해야만 한다. 그리고 그 사역을 감당할 자는 스스로 자원하는 것이 아니라 원리상 하나님께서 친히 세우신다는 점을 알아야 한다.

　　그러므로 하나님의 뜻을 들은 교회의 지도자들 곧 교사들의 모임에서 금식하며 기도하는 가운데 바울과 바나바 두 사람에게 안수했다. 여기서 또한 중요하게 생각해야 할 점은 교사들의 회가 저들에게 안수했다는 사실이다. 이는 하나님께서 명하신 일을 교회가 맡기는 성격을 지니고 있다.

　　당시 바울은 이미 사도 직분자였으며 바나바는 예루살렘에서 파송받을 때 벌써 직분자로서 선택받은 인물이었다. 그런데도 그들이 다시금 안수를 받았다는 것은 하나님께서 요구하시는 사역을 위임받은 것에 연관되어 있다. 그리하여 안디옥 교회는 그 두 사람을 구브로를 비롯한 여러 이방 지역으로 보내 하나님의 복음을 선포하도록 했던 것이다.

2. 바울과 바나바의 구브로 복음사역(행13:4-12)

바울과 바나바는 안디옥 교회로부터 파송을 받았지만, 성경은 그들이 성령의 보내심을 받았다는 사실을 증거하고 있다. 이는 저들의 사역이 가지는 완전성에 대한 입증이기도 하다. 그리고 성경 본문에는 두 사람이라 언급하고 있지만 실제로는 더 많은 사람이 함께 전도여행길을 떠났다. 그럼에도 불구하고 두 사람이라고 언급한 것은 그들이 대표적인 사역자라는 사실을 말해준다. 즉 교회는 사도적인 성격을 지닌 두 사람을 비롯하여 여러 형제들을 함께 파송했던 것이다(행13:13, 참조).

그 사람들은 안디옥의 항구도시인 실루기아(Seleucia)로 내려갔다. 그곳에서 배를 타고 구브로(Cyprus) 섬으로 가기 위해서였다. 그들은 그 섬의 동쪽 해안도시 살라미(Salamis)에 도착하여 하나님의 말씀을 선포하며 증거했다. 그들은 특별히 여러 회당을 찾아다니면서 진리의 복음을 선포했는데 마가 요한이 저들의 조수로 섬기고 있었다.

살라미에서 사역을 마친 그들은 섬 가운데를 지나 서쪽 끝에 있는 바보(Paphos)에 도착했다. 그들은 거기서 유대인 거짓 선지자로서 백성들을 미혹하는 마술사 바예수(Bar-Jesus)를 만났다. 그 무당은 유대교 신비주의자로서 총독 서기오 바울(Sergius Paulus)과 가까이 지내고 있었다.[24]

---

24) 구브로 섬 '바보'에 살고 있던 거짓 선지자 '바 예수'는 사도 바울이 언급하고 있는 것처럼 '마귀의 자식'이다. 우리는 성경의 증거를 통해 그점을 확실히 알고 있다. 하지만 당시 그 지역의 보통 사람들은 그를 거짓 선지자로 생각한 것이 아니라 매우 훌륭한 선지자로 오해하고 있었던 것이 틀림없다. 종교적인 사람들 가운데 다수는 그가 행하는 마술을 하나님의 역사인 것으로 착각했을 것이기 때문이다. 따라서 바울이 바 예수의 더러운 본질을 그대로 드러내자 그를 따르던 많은 사람들은 크게 당황했을 것이다. 문제는 이와 같은 일들이 기독교 교회 역사 가운데 빈번하게 일어났으며 그에 속은 자들이 많다는 사실이다. 이런 양상은 오늘날 우리 시대에도 그대로 나타나고 있다. 마치 큰 능력자인 듯 다양한 기적들을 행하지만 실상은 '마귀의 자식'들이 많은 것이다. 참된 교회와 성숙한 성도들은 이에 대한 경각심을 가지지 않으면 안 된다.

총독은 매우 지혜로운 사람으로서 바울과 바나바를 관저로 불러 저들이 전하는 하나님의 말씀을 들어보고자 했다. 하지만 엘루마(Elymas) 곧 마술사인 바예수는 사도들의 교훈을 받아들일 수 없었다. 오히려 그는 자기의 종교적인 목적에 정면으로 배치되는 주장을 하는 사도들을 적대시했다.

그러므로 그는 자기와 친하게 지내던 총독으로 하여금 그것을 믿지 못하도록 모든 수를 동원해 방해했다. 그때 사도 바울은 성령이 충만하여 그의 눈을 주시하면서, "모든 궤계와 악행이 가득한 자요 마귀의 자식이요 모든 의의 원수여 주의 바른 길을 굽게 하기를 그치지 아니하겠느냐 보라 이제 주의 손이 네 위에 있으니 네가 소경이 되어 얼마 동안 해를 보지 못하리라"(행13:10,11)고 말했다.

그러자 그 자리에서 즉시 저의 눈이 멀게 되었다. 안개와 흑암이 그를 덮어 혼자서는 길을 걸어갈 수 없었으므로 자기를 인도해줄 사람을 구해야 할 지경에 놓이게 되었다. 그 모든 광경을 지켜본 총독은 사도들이 전하는 예수 그리스도를 믿음으로 영접했다. 그는 주님에 대한 진리의 복음을 듣고 깊은 감명을 받았다. 이렇게 하여 이방 지역인 구브로 섬에 하나님의 말씀이 선포되어 교회가 세워지게 되었던 것이다.

3. 밤빌리아와 비시디아 안디옥 사역

(1) 버가에서 발생한 문제(행13:13)

바울과 바나바를 비롯한 그와 동행하던 사람들이 구브로 섬의 바보(Paphos)에서 배를 타고 밤빌리아(Pamphylia)의 버가(Perga)에 도착했다. 이제 다시 섬에서 육지로 나와 하나님의 복음을 전파하기 위해서였다. 당시로서는 화려한 문명을 형성하고 있던 그 지역은 저들에게 생소한 곳이었다.

그런데 거기서 내부적인 문제가 발생하게 되었다. 그것은 함께 가던 요한 즉 마가 요한이 그 대열에서 이탈하여 예루살렘으로 되돌아갔기 때문이다. 그는 바나바의 생질로서 지난번 예루살렘 방문을 마치고 안디옥으로 돌아갈 때 함께 데려갔던 인물이었다. 우리는 물론 그가 예루살렘으로 돌아가게 된 구체적인 이유가 무엇이었는지에 대해서는 알기 어렵다.

분명한 사실은 나중 그에 연관하여 기록된 내용을 볼 때 당시 모든 사람들이 인정할 만한 절박한 사정이 있었던 것은 아니라는 사실이다. 사도 바울은 그가 복음을 전파하기 위한 길을 포기하고 되돌아간 것을 도저히 용납할 수 없었다. 하지만 바나바는 요한의 행동에 대해 어느 정도 인정한 것으로 보인다(행15:37-41, 참조).

물론 마가 요한 개인에게는 반드시 예루살렘으로 되돌아 가야만 할 나름대로의 어떤 이유가 있었을지도 모른다. 그는 낯선 땅에 도착하여 더 험악한 내륙으로 들어가려 했을 때 두려운 마음이 들었을 가능성이 없지 않다. 혹은 예루살렘에 계시는 어머니에 대한 염려거리가 있었을지도 모를 일이다.

사도 바울의 입장에서는 하나님의 복음을 전파하는 자에게 그 정도의 것들은 발길을 되돌려야 할 만큼의 충분한 사유가 되지 못했다. 바울은 그에게 예루살렘으로 돌아가지 말고 계속해서 함께 가자는 권면을 했을 것이 분명하다. 그럼에도 불구하고 마가 요한은 바울의 권면을 뿌리치고 예루살렘으로 되돌아갔다. 그로 인해 바울은 그에 대한 신뢰를 버리게 되었던 것으로 보인다.

(2) 비시디아 안디옥에서 맞은 첫 번째 안식일: 바울의 회당 설교
(행13:14-41)

버가에서 마가 요한이 예루살렘으로 떠난 후 바울과 바나바 일행은 그곳을 떠나 해발 일천 미터 정도 되는 비시디아 안디옥에 도착했다. 그들이 걸어간 길은 험악한 산악지대를 지나야 하는 쉽지 않은 길이었다. 그 사람들은 이방 지역에 하나님의 복음을 선포하기 위해 그 어렵고 힘든 일을 마다하지 않았던 것이다.

그 일행은 안식일을 맞아 유대인 회당을 찾아가 그곳 사람들과 함께 자리에 앉았다. 회당장은 율법서와 선지서의 낭독을 한 후 그 자리에 낯선 사람들인 바울과 바나바 일행이 있다는 사실을 알았다. 그리하여 경건한 모습을 하고 있는 저들에게 사람을 보내 말했다. 만일 회당에서 하나님을 경배하는 백성들에게 권고할 만한 내용이 있다면 말할 수 있는 기회를 주겠다는 것이었다.

당시 회당에서는 멀리서 온 유대인 손님들에게 그런 기회를 주는 것이 관례처럼 되어 있었다. 물론 그 조건은 경건한 모습을 띤 유대인들이어야만 했다. 그것을 허락하는 이유는 아마도 성경에 대한 경청과 더불어 다른 지역의 소식을 듣고자 했을 것으로 보인다. 또한 그렇게 함으로써 전 세계에 흩어진 유대인들의 일치된 정체성을 확립하고자 기대했을 것이다.

회당장의 특별한 요청을 받은 바울은 자리에서 일어나 그들에게 조용히 하도록 손짓하며 이스라엘 백성과 하나님을 경외하는 자들에게 말하기 시작했다. 그는 우선 구약성경에 기록된 이스라엘 민족 역사에 관한 내용을 언급했다. 하나님께서 언약의 조상들을 선택하시고 애굽 땅에서 나그네 된 그 백성을 높여 큰 권능으로 인도해 내어 광야에서 사십 년간 저들의 소행을 참으신 사실을 말했다. 그리고 하나님은 가나안 땅 일곱 족속을 멸망시키시고 그 땅을 (약 사백오십 년간) 조상들로 하여금 상속받게 해주셨으며[25] 나중 선지자 사무엘 때까지 저들에게 여러 사사들을 허락하셨다는 것이다.

---

25) 한글 개역성경에는 그 기간이 ('약 사백오십 년간')으로 괄호 쳐진 상태로 명시되어 있으나 다수의 사본에는 그와 같은 기록이 나타나지 않는다. 따라서 많은 번역 성경들 가운데는 그 내용이 없는 경우가 많다. (영어 KJV, NIV, 한글 공동번역, 새번역, 현대인의 성경 등 참조).

　그후 이스라엘 백성의 장로들이 사무엘을 찾아와 저들에게 왕을 달라고 구하자 하나님께서 저들에게 베냐민 지파 기스(Kish)의 아들 사울(Saul)을 사십 년간 왕으로 허락하셨다. 그는 이스라엘 자손들이 한결같이 지지하며 환호하는 인물이었다. 그러나 하나님께서는 나중 그를 왕위에서 폐위시키셨다.

　그 대신 당시 주변 사람들로부터 아무런 관심을 끌지 못하던 유다 지파 이새(Jesse)의 아들 다윗(David)을 왕으로 세우셨다. 하나님은 그가 자신의 마음에 가장 합당한 인물로서 그를 통해 자신의 거룩한 뜻을 이루시겠다는 말씀을 하셨던 것이다. 이는 메시아 언약으로서 그의 씨로부터 난 자를 이스라엘 민족을 위한 구주로 세우셨는데 그가 곧 이땅에 오신 예수 그리스도라는 것이었다.

　그 메시아가 공개적으로 이스라엘 백성 앞에 나타나시기 전에 세례 요한이 먼저 언약의 자손들에게 세례를 전파했다. 그는 이스라엘 민족을 향해 회개하고 하나님께로 돌이키도록 선포하며 요단강에서 세례를 베풀었다. 그가 구속사 가운데 자신에게 맡겨진 사역을 완성해갈 무렵 자기는 그리스도가 아니며, 그리스도는 자기 뒤에 곧 따라오시리라는 사실을 선포했다. 요한은 자기와 같이 미천한 인물로서는 그의 신발끈을 매고 풀기에도 감당할 수 없는 존재라는 사실을 밝혀 말했다.

　바울은 아브라함의 자손임을 자랑스럽게 여기는 유대인들과 하나님을 경외하는 자들을 향해 하나님께서 '그 구원의 말씀'을 저들에게 보내셨음을 언급했다. 그러나 어리석은 자들은 메시아로 오신 그를 배척하는 일을 서슴지 않았다. 예루살렘에서 살아가는 기득권층 인사들과 저들의 관원들은 메시아인 예수님을 알아보지 못했을 뿐더러 매 안식일마다 암송하는 바 선지자들이 전한 예언의 의미도 알지 못했다.

　결국 그 사람들은 감히 메시아인 예수님을 정죄함으로써 살인자가 되어 선지자들의 예언이 성취되도록 했다. 그 백성은 예수님에게서 죽일 만한 죄를 하나도 발견할 수 없었지만 로마 총독 빌라도에게 그를 죽여 달라는 강압적인 당부를 했다. 그리하여 구약성경에 기록된 메시아에 관한 모든 말씀이 다 응하게 되었던 것이다.[26]

그 사악한 유대인들은 십자가에 달려 돌아가신 예수님을 무덤에 가두었지만 하나님께서는 사흘 만에 그를 죽음으로부터 다시 살리셨다. 부활하신 예수님은 예루살렘과 갈릴리에서 자기를 따르던 제자들에게 여러 날 보이셨다. 그 모든 것에 대한 증거를 할 수 있는 증인은 당시 백성들 가운데 많이 있었다.

바울은 자기가 지금 하나님께서 언약의 조상들에게 주신 약속을 비시디아 안디옥 회당에 모인 사람들에게 전하고 있다는 사실을 말했다. 즉 하나님께서 예수 그리스도를 죽은 자들 가운데서 일으켜 세우신 것은 구약성경의 성취였다. 이에 대한 예언은 구약의 시편 제2편에 분명히 기록되어 있다.

사도 바울은 구약성경에 기록된 말씀인 "너는 내 아들이라 오늘 너를 낳았다"(시2:7)라고 한 내용과, 하나님께서 죽음에서 저를 일으켜 세움으로써 다시는 썩지 않게 하실 것과 더불어 "내가 다윗의 거룩하고 미쁜 은사를 너희에게 주리라"(사55:3)고 하신 내용을 언급했다. 또한 다른 시편에는 "주의 거룩한 자로 썩음을 당하지 않게 하시리라"(시16:10)는 노래가 기록되어 있음을 말했다.

오래 전 메시아를 예언했던 다윗은 하나님의 뜻을 좇아 섬기다가 때가

---

26) 스데반은 산헤드린 공회 앞에서 이 말을 했을 때 강력한 저지를 받았다(행 7:52, 참조). 그는 결국 그로 말미암아 정죄를 받아 사형에 처해지게 되었던 것이다. 하지만 사도 바울이 비시디아 안디옥 회당에서 복음을 선포하며, 예루살렘에 거하는 유대인들이 이방인의 권력을 동원하여 무죄한 예수를 억지로 죽임으로써 살인을 저질렀다는 말을 했을 때 그들 가운데는 저항하지 않는 자들이 많았다. 이는 하나님의 경륜과 더불어 이방 지역에 살고 있던 헬라파 유대인들이었기 때문에 그럴 수 있었던 것으로 보인다.

되어 죽어 잠들게 되었다. 그리하여 그는 조상들과 함께 무덤에 묻혀 그의 육신은 썩어졌다. 그렇지만 하나님께서 다시 살리신 예수 그리스도는 결코 썩음을 당하지 않았다. 바울은 언약의 자손들에게 그 놀라운 사실을 전하며 말씀으로 증거하고자 했던 것이다.

그러므로 사도 바울은 안디옥의 유대인 회당에 모인 백성들에게 예수 그리스도를 힘입어 죄 사함을 얻게 된다는 사실을 깨달아야 한다는 점을 강조했다. 또한 모세의 율법을 지킴으로써 의롭다고 인정받지 못하던 모든 일에 대해서 그 예수님을 힘입어 믿는 자들은 누구나 의롭게 된다는 사실을 말했다. 그것만이 하나님의 자녀들에게 허락된 구원을 위한 유일한 방편이 된다는 것이었다.

그 놀라운 진리를 깨닫게 된 자들은 선지자들이 예언한 심판의 내용이 자기에게 미치지 않도록 주의를 기울여야 한다. 성경은 그에 대하여 분명히 말하고 있다: "보라 멸시하는 사람들아 너희는 놀라고 망하라 내가 너희 때를 당하여 한 일을 행할 것이니 사람이 너희에게 이를찌라도 도무지 믿지 못할 일이라 하였느니라"(행13:41). 하나님을 믿고 그의 자녀가 된 모든 성도들은 이에 대한 분명한 이해를 하지 않으면 안 된다.

(3) 상당수 유대인들의 긍정적인 반응(행13:42,43)

사도 바울은 유대인 회당에서 하나님의 말씀을 선포하고 난 후 일행과 함께 밖으로 나갔다. 그의 선포를 들은 사람들은 다음 안식일에도 회당을 방문하여 그 말씀을 전해달라는 당부를 했다. 이는 그 지역에 메시아의 도래를 간절히 기다리던 사람들이 많이 있었다는 사실을 증거하고 있다.

바울이 회당에서 예수 그리스도를 선포할 때 다수의 사람들이 그 말씀을 받아들였다는 것은 당시 이미 저들에게 예수 그리스도에 대한 소문이 전달되었음을 시사해준다. 비록 그것이 공개적이 아니었을지라도 입소문을 통해 이방 지역에 전해졌을 것이다. 예수님이 십자가에 달려 돌아가실 때 맞았던 유월절과 그에 뒤이은 오순절을 지키기 위해 예루살렘을 방문했던 자들이 있었을 것이기 때문이다. 그들은 오순절 성령 강림과 그로 말미암아 발생한 모든 역사적 현장을 직접 목격했을 것이다.

그러므로 안식일 회당 집회가 폐한 후, 유대인들과 이방인으로서 유대교에 입교한 자들 가운데 바울과 바나바를 좇는 자들이 많이 생겨났다. 그것을 본 두 사도들은 저들과 진리에 관한 대화를 나누며 진리의 복음을 증거하게 되었다. 그리고는 하나님의 은혜 가운데 굳게 서 있으라는 당부를 했다.

(4) 두 번째 안식일 유대인들 사이에 발생한 논쟁(행13:44-52)

사도 바울이 회당에서 하나님의 말씀을 증거했던 안식일 그 다음 한 주간 동안 비시디아 안디옥의 회당에 속한 유대교도들 사이에는 난리가 났을 것이 틀림없다. 어떤 사람들은 사도들의 말을 듣고 예수 그리스도를 주님으로 영접했다. 그러나 다른 어떤 유대주의자들은 시기가 가득하여 바울의 설교를 적극적으로 반박하고 비방했다.

그 다음 안식일이 되었을 때 비시디아 안디옥 성에 속한 유대교도들은 거의 다 바울과 바나바가 전하는 말을 듣고자 회당으로 몰려들었다. 거기에는 긍정적인 입장을 가진 자들이 있었는가 하면 부정적인 태도를 지닌 자들도 많이 있었을 것이 분명하다. 그러므로 바울은 바나바와 함께 담대한 마음으로 저들에게 하나님의 말씀을 증거했다. 여기서 담대해야 했다는 것은 거기에는 상당한 위험이 도사리고 있었다는 사실을 말해주고 있다.

바울이 두 번째 안식일 날 유대인 회당에서 복음을 전할 기회를 얻은 것은 매우 특이한 일이다. 바로 앞 주간 심각한 문제를 일으켰다면 그 다음에는 유대인들이 그를 강력하게 거부하는 것이 당연하다. 그럼에도 불구하고 그에게 발언할 기회가 주어진 것은 회당의 유대주의자들 나름대로 계산이 있었을 것으로 보인다. 즉 그들은 바울로부터 확실한 죄명을 찾아 그를 궁지로 몰아가기 위한 방편으로 삼고자 했던 것이다.

바울은 그 자리에서 언약의 백성인 유대인들에게 하나님의 복음이 먼저 선포되어야 하며 저들이 그 진리를 받아들여야만 한다는 사실을 언급했다. 하지만 다수가 그 말씀을 버리고 여호와 하나님으로부터 영생 얻기를 거부하고 있음을 폭로했다. 나아가 그는 유대인들이 듣기에는 상당히 충격적인 발언을 덧붙였다. 유대인들이 진리를 거부하고 있기 때문에 이제 이방인들을 향해 갈 수밖에 없다는 것이었다. 이와 같은 언어적 표현은 그 자체로서 선민사상을 가진 유대인들에게 모독처럼 들릴 수 있었다.

사도 바울은 하나님께서 "내가 너를 이방의 빛을 삼아 너로 땅 끝까지 구원하게 하리라"는 구약의 말씀을 인용하며 자기에게 맡겨진 사명을 언급했다. 따라서 그들이 지금 하나님의 말씀에 온전히 순종하는 것이 옳다는 사실을 강조하고 있다. 그 사역은 바울과 함께하는 사도들에게 맡겨진 중요한 직무에 연관되는 것이었다.

그러므로 그 지역의 이방인들 가운데 진리의 말씀을 듣고 기뻐하며 하나님을 찬송하는 자들이 많이 생겨나게 되었다. 그것은 개인적인 판단이 아니라 창세전 하나님의 예정에 기초하고 있었다. 즉 하나님께서 영생을 주시기로 작정한 자들은 사도들로부터 전해지는 복음을 듣고 그대로 믿었다. 그리하여 하나님의 말씀이 이방 지역에 두루 퍼져나갔다. 그와 같은 상황 가운데서 주님의 제자들은 기쁨과 더불어 성령 충만한 삶을 이어갔다. 이처럼 하나님의 교회는 이방의 여러 지역에 세워져 갔던 것이다.

한편 혈통적 언약의 자손들을 폄하하는 듯한 바울의 말을 들은 유대인들은 가만히 있지 않았다. 따라서 그들은 이방인 출신의 경건한 귀부인들과 세속의 권세를 가진 성 안의 유력한 자들을 선동하여 바울과 바나바를 핍박하도록 종용했다. 이는 유대인들이 이방 사람들의 세력을 동원하여 바울 일행을 비시디아 안디옥으로부터 추방하고자 하는 사실에 밀접하게 연관되어 있다.

그리하여 바울과 바나바는 그 지역을 떠날 수밖에 없었다. 그들은 하나님의 말씀과 예수 그리스도를 배척하는 자들을 향하여 발에 묻은 먼지를 털어버렸다. 이 말은 저들을 향한 항의의 뜻과 더불어 이제 저들과 아무런 상관이 없다는 사실을 선언하는 의미를 지니고 있다. 비시디아 안디옥에서 쫓겨난 그들 일행은 이제 그 도성의 동쪽에 위치한 이고니온 지역으로 가게 되었다.

제19장

바울과 바나바의 첫 번째 복음전파 사역 [II]
(행14:1-28)

1. 이고니온에서의 사역과 유대인들의 훼방(행14:1-5)

비시디아 안디옥에서 유대주의자들에 의해 추방당한 사도 바울 일행
은 이고니온(Iconium)으로 갔다. 바울과 바나바는 거기서도 안식일날 유대
인의 회당에 찾아 들어갔다. 그들은 회당장으로부터 발언할 수 있는 기회
를 얻어 하나님의 말씀을 증거했다. 바울이 전하는 복음을 들은 유대인들
과 헬라인들 가운데 많은 사람들이 믿음을 가지게 되었다.

그러나 하나님의 말씀에 불순종하는 유대인들은 사도들이 선포하는
말을 받아들이려 하지 않았다. 그들은 도리어 사도들에 대하여 강한 적대
감을 가졌다. 따라서 불복하는 유대인들은 주변에 있는 이방인들의 마음
을 움직여 선동해 저들에게 저항하도록 종용했다. 유대인의 차별성을 부
각시키며 민족적인 자부심을 자랑하는 자들이 스스로 부정하다고 여기는
이방인들을 동원하는 것은 모순이 아닐 수 없었다.

그들에게 중요한 것은 여호와 하나님에 대한 순종과 신앙의 원리가 아니었다. 유대주의자들이 취한 태도는 현실을 앞세운 이기적인 타협이었다. 그리하여 그들은 주변의 어리석은 자들로 하여금 사도들과 복음을 깨달아 알게 된 자들에게 악감을 품도록 했다. 그것은 진실을 호도(糊塗)하는 행위로서 결코 정당한 방법이 될 수 없다.

그럼에도 불구하고 사도들은 상당 기간 동안 이고니온에 머물렀다. 그들은 하나님의 도우심을 힘입어 담대히 진리의 복음을 선포했다. 그 가운데 하나님께서는 저들로 하여금 다양한 표적과 기사를 행하도록 하심으로써 악한 유대인들의 눈앞에서 놀라운 능력을 보여주셨다. 그것들을 통해 은혜의 말씀을 증거하게 하셨던 것이다.

그렇게 되자 이고니온 성내에 거하는 백성들에게 복잡한 문제가 발생했다. 회당에 속한 자들 중에 어떤 사람들은 여전히 경직된 유대주의를 추종하는가 하면 사도들의 가르침을 듣고 회심하여 따르는 자들도 많이 있었다. 유대인들의 입장에서 볼 때 바울 일행의 행동이 종교적인 문제에 관하여 심각한 분열을 야기하는 것으로 비쳐졌다. 그래서 그들은 이방인 관료들에게 호소하기에 이르렀다.

결국 질서를 유지하고자 하는 이방인들과 유대인들 그리고 관료들이 두 사도를 심하게 능욕하기에 이르렀다. 그들은 모든 세력을 결집하여 돌로 그들을 쳐 죽이기 위해 무서운 기세로 덤벼들었다. 그들은 살해도 마다하지 않을 정도로 극단적이었다. 이 사실은 바울과 바나바가 하나님의 말씀을 전파한 것이 당시 유대인 사회와 성 안에 살고 있던 여러 주민들에게 얼마나 심각하고 큰 일이었던가 하는 점을 잘 보여주고 있다.

2. 루가오니아 성 피신과 복음전파 사역(행14:6-10)

이고니온에서 복음에 저항하는 적대자들이 바울과 바나바 일행을 죽이려고 하자 그들은 위기를 모면하기 위해 다른 곳으로 피신할 수밖에 없었다. 그들은 그 도성에서 나와 루가오니아(Lycaonia)에 속한 루스드라(Lystra)와 더베(Derbe) 및 그 인근 지역으로 갔다. 복음을 소유한 형제들은 거기서도 하나님의 말씀을 선포하는 일을 게을리하지 않았다.

루스드라 성에는 태어나면서부터 발을 쓸 수 없어서 한 번도 스스로 걸어보지 못한 앉은뱅이 한 사람이 있었다. 사도 바울이 하나님의 말씀을 증거할 때 그 사람도 여러 사람들 틈에서 그가 전하는 복음을 귀담아 듣고 있었다. 바울은 그 사람을 주목하여 보면서 그가 진실한 믿음을 소유하고 있다는 사실을 알게 되었다.

그리하여 바울은 그 사람을 향해, '당신의 발로 일어서라'고 큰 소리로 외쳤다. 그것은 거기 있던 어느 누구도 예기치 못하던 급작스런 일이었다. 따라서 그 말을 듣게 된 주변의 많은 사람들은 반신반의하며 놀라운 마음으로 저를 바라볼 수밖에 없었다.

그때 결코 일어날 수 없는 놀라운 기적이 그 자리에서 발생했다. 바울의 입술에서 떨어지는 명령을 들은 그 사람이 앉았던 자리에서 곧장 일어나 여기저기 뛰어다니며 걷기 시작했던 것이다. 거기에 모여 있던 모든 사람들은 상상조차 할 수 없는 그 상황을 보고 매우 놀랐다. 그것은 결코 사람으로서 행할 수 있는 일이 아니었기 때문이다.

우리가 여기서 반드시 생각해 보아야 할 중요한 사실은 그 앉은뱅이였던 자에게 주어진 궁극적인 기쁨에 대한 문제이다. 즉 그가 기뻐했던 까닭이 일어나 걸을 수 있게 되었기 때문이었을까 아니면 그가 예수 그리스도의 복음을 알게 되었기 때문이었을까 하는 점이다. 물론 그 두 가지 사실모두가 기뻤겠지만 그 기쁨의 더 큰 본질적인 것은 예수 그리스도를 통해알게 된 복음에 있었다.

그러므로 하나님께서 그 앉은뱅이로 하여금 걷게 하는 기적을 일으킨 것은 일차적으로 그 당사자를 위해서라기보다 오히려 구약을 신봉하는 주변 사람들을 위해서였다. 즉 불구의 몸으로 출생한 그 사람에게 자유롭게 걸을 수 있는 복을 주고자 한 것보다 다른 사람들에게 복음을 선포하고자 하는 의미가 더 컸다. 하나님께서는 저들에게 놀라운 기적을 보여주심으로써 자기에게 돌아오기를 원했던 것이다.

그럼에도 불구하고 다수 사람들은 여호와 하나님께서 친히 그 모든 일을 행하고 계신다는 사실을 미처 깨닫지 못하고 있었다. 또한 그 사건이 예수 그리스도의 십자가 사역과 밀접하게 연관되어 있다는 점을 몰랐다. 어리석은 자들은 그 사건을 통해 여호와 하나님의 뜻을 알아가고자 하기보다 개인적인 종교심에 심취하게 되었을 따름이다.

3. 종교적인 오해와 사도들의 대응(행14:11-18)

사도 바울이 태어나면서부터 앉은뱅이였던 자를 결코 있을 수 없는 기적적인 방법으로 치유하는 것을 본 사람들은 놀라지 않을 수 없었다. 그들이 놀랐던 것은 이전에 전혀 들어본 적이 없었던 일을 직접 목격하며 경험했기 때문이다. 하지만 그들은 바울이 전하고자 하는 복음과 진리에는 관심을 가지고 있지 않았다.

그러므로 거기 모인 무리가 바울이 행한 기적을 보고 그 지방 사람들이 아니면 알아들을 수 없는 루가오니아 방언으로 소리질러 외치기 시작했다. 그것은 바울과 바나바가 보통 사람이 아니라 신령들이 사람의 형상으로 저들 가운데 내려왔다는 것이었다. 그래서 바나바는 제우스(Zeus) 신이 인간의 모습을 한 것이며 바울은 헤르메스(Hermes) 신이 인간의 모습을 띠고 있는 것으로 여겼다.

제우스와 헤르메스는 헬라인들이 믿고 있던 가장 중요한 신들이었다. 당시 그 지역에는 그리스의 다양한 신들을 믿는 자들이 많이 있었다. 종교적인 사람들에게는 그보다 더 중요한 것이 존재할 수 없었다. 그리하여 성

밖에 위치한 제우스 신당의 제사장이 황소 몇 마리를 끌고 화환들을 가지고 성문 앞으로 나아와 저들에게 제사지내고자 했다.

눈앞에서 전개되는 그 어처구니없는 광경을 지켜본 바울과 바나바는 크게 당황하지 않을 수 없었다. 그것은 결코 저들이 원하는 바가 아니었을 뿐더러 도리어 그와 같은 우상숭배 행위를 버리도록 하기 위한 것이었다. 그럼에도 불구하고 그런 악행을 시도하는 자들을 보면서 입고 있던 옷을 찢으면서 무리 가운데로 뛰어들어가 소리질러 말했다.

사도 바울은 그 일을 즉시 중단하도록 큰 소리로 외쳤다. 그것은 결코 있어서는 안 될 악한 행위라는 것이었다. 하나님의 도움을 힘입어 놀라운 기적을 행했으나 자기와 바나바도 다른 사람들과 전혀 다르지 않은 똑 같은 성정을 가진 인간에 지나지 않는다는 사실을 강조했다. 저들에게 진리의 복음을 전파하는 목적은 그와 같은 헛된 일을 버리고 오직 천지와 바다와 그 가운데 있는 만물을 지으신 살아계신 여호와 하나님께로 돌아오도록 하는 목적 때문이라는 것이다.

그는 거기 모인 백성들에게 과거 하나님께서 모든 족속이 각자 제 갈 길로 가도록 내버려 두셨음을 언급했다. 하나님을 알지 못하는 자들에게는 그것이 패망의 길이었다. 하지만 하나님은 저들에게 비를 내려 주시고 열매 맺는 적절한 계절을 허락하심으로써 은총을 베풀어 주셨다. 그로 인해 먹을 식량을 공급해 주시고 저들의 마음을 즐거움으로 넘치게 해주셨다는 것이다.[27] 그리하여 바울은 거기 모인 무리에게 그와 같은 설득을 통해 자기에게 제사하려는 자들의 종교적인 행위를 중단시켰다.

---

[27] 그럼에도 불구하고 이방인들은 하나님의 뜻을 거부했다. 저들에게는 그것이 곧 심판의 근거가 된다. 사도 바울은 로마에 있는 교회에 편지하면서 그점을 언급하고 있다: "창세로부터 그의 보이지 아니하는 것들 곧 그의 영원하신 능력과 신성이 그 만드신 만물에 분명히 보여 알게 되나니 그러므로 저희가 핑계치 못할찌니라."

4. 바울의 죽음과 부활 및 더베 사역(행14:19-21)

사도 바울과 바나바는 루스드라에서 종교심이 넘치는 이방 사람들로
부터 신적인 대우를 받았다. 그들은 물론 저들의 제사행위를 강하게 거부
하며 만류했지만 진리를 알지 못하는 자들의 태도는 심각했다. 이는 또한
사도들이 많은 사람들로부터 종교적인 존경과 두려움의 대상이 되었다는
사실을 의미하고 있다.

다른 한편으로는 그 지역 사람들 중에 동일한 광경을 지켜보면서 사도
들을 존경이 아니라 경멸의 대상으로 여기는 자들이 많이 있었다. 그들은
대개 유대주의적인 배경을 지닌 사람들이었다. 그런 일은 바울 일행이 다
녀가는 모든 지역에서 빈번히 발생하는 문제였다. 이는 사도들이 비시디
아 안디옥과 이고니온에서 끼친 영향이 엄청나게 컸다는 사실을 말해주고
있다. 그것은 또한 백성들 사이에 심각한 혼란이 야기되었다는 점을 시사
하기도 한다.

그러므로 바울과 바나바가 거쳐 지나왔던 비시디아 안디옥과 이고니
온 지역의 극단적인 유대주의자들은 루스드라까지 저들을 추격해 왔다.
그들의 행동은 사도 바울을 죽이기 위한 자객과 같은 성격을 지니고 있었
다. 당시 그 인근 여러 도성에 살아가던 유대인들 사이에는 서로간 교류가
있었던 것 같다. 그 지도자들간에는 바울과 바나바를 없애지 않고 그냥 살
려두게 되면 장차 유대인 사회에 더욱 심각한 문제가 발생하리라는 판단
에 동일한 입장을 취한 것으로 보인다.

결국 안디옥과 이고니온으로부터 루스드라까지 원정 온 유대주의자들
은 현지 사람들을 선동하여 바울을 죽이도록 충동질했다. 그리하여 극단
적 유대인들은 결국 당국의 힘을 빌어 바울을 돌로 쳐 죽이게 되었다. 그
사건은 개인이나 소수 유대인 집단의 사사로운 판단이 아니라 공권력과

밀착되었을 것이 분명하다.[28) 그렇지 않다면 그것은 법을 어기는 살인행위에 지나지 않았을 것이기 때문이다.

당시 바울이 돌에 맞아 죽은 상황은 오래전 예루살렘에서 바울 자신이 아무런 죄 없는 하나님의 사람 스데반을 돌로 쳐 죽일 때와 비슷한 형국이었다. 당시 그 일은 산헤드린 공회의 결의에 따라 공적으로 행해진 사건이었다. 이제 거기에는 바울과 스데반이 처한 가해자와 피해자의 자리가 뒤바뀌었을 따름이다. 따라서 바울은 악한 적대자들로부터 돌에 맞아 죽어가면서 과거 자기가 저지른 행동을 회상했을 것이 틀림없다.

사도 바울을 살해한 사람들은 그가 돌에 맞아 사망한 것으로 판단하고 그의 시체를 성 밖에 내다 버렸다. 돌로 그를 쳐 죽인 자들은 그에게 생명이 붙어있는지 끊어졌는지 분명히 확인했을 것이다. 심장이 뛰는지 혹은 숨이 붙어있는지에 대한 확인 절차도 없이 그가 죽었을 것이라 판단하여 성 밖으로 내다버리지는 않았을 것이다.

우리가 여기서 기억해야 할 바는 바울의 대적자들이 의도한 바는 그를 죽여 없애는 것이었으며 단순히 겁박하거나 일시적인 고통에 빠뜨리고자 한 것이 아니었다는 사실이다. 군중들이 보는 앞에서 돌에 맞은 바울은 잠시나마 죽게 되었다.[29) 따라서 당시 유대인들은 바울이 죽은 것으로 판단했을 것이며 그를 성 밖에 내다버린 것은 시체를 성 안에 두지 않으려는 당시 관습에 연관된 것으로 보인다. 바울이 돌에 맞아 죽임을 당하는 현장을

---

28) 이는 앞에 기록된 사도행전 14:5의 기록을 근거로 하여 짐작할 수 있다. 즉 당시 당국자들은 반사회적인 행동을 하고 분열을 획책하는 자들 가운데 주모자를 체포해 즉석에서 사형 판결을 내리고 집행했다. 만일 단순한 감정만으로 사람을 폭행하고 죽였다면 그것은 범죄 행위가 되어 법적인 책임을 져야만 했을 것이다. 그러나 그 사건으로 말미암아 법적인 제재를 받거나 법적인 책임을 진 사람은 아무도 없었다.

29) 이광호, 바울의 생애와 바울 서신, 서울: 도서출판 칼뱅, 2007, pp.72,73, 참조.

목격한 성도들 역시 그가 죽은 것으로 판단했을 것이다.

그러므로 돌에 맞아 죽어 성 밖에 버려진 바울의 시체 주변에는 바나바를 비롯한 여러 제자들이 슬픈 마음으로 둘러서 있었다. 함께 이방 지역을 다니며 하나님의 복음을 선포하는 그룹의 가장 중요한 지도자격인 바울이 낯선 객지에서 공개적인 죽임을 당하게 된 것은 여간 심각한 문제가 아니었다. 하지만 잠시 후 바울은 죽지 않고 자리에서 벌떡 일어났다. 하나님께서 기적적으로 그를 다시 살리신 것이다. 그리하여 죽음에서 살아난 바울은 다시금 성 안으로 들어갔다.

악한 자들에 의해 돌에 맞아 죽었다가 다시 되살아난 바울의 마음은 어떠했을까? 주변의 어느 누구도 미처 생각하지 못했을지라도 바울은 과거 자기가 스데반을 돌로 쳐 죽이던 때를 머리에 떠올리며 자신의 모습을 돌아봤을 것이다. 그는 오래 전 스데반이 죽어가는 가운데서도 천상에 계시는 하나님을 바라보며 평안한 모습을 보인 것을 직접 목격했었다.

물론 죽음 앞에서 모진 고통을 당한 바울도 그와 같은 평강의 마음을 가졌을 것이 분명하다. 죽음에 이를 만큼 돌에 심하게 찍혔으므로 그의 몸이 많이 상했을 것은 두말할 나위 없다. 하나님께서 그 특별한 상황에서 바울의 상한 육체를 기적적으로 치유해 주신 것으로 보이지만 일반적인 경우라면 매우 고통스러운 일이 아닐 수 없었다.

바울은 그런 형편 가운데서도 자기를 죽인 악한 유대인들을 향해 심한 저주를 퍼붓지 않았을 것으로 보인다. 나아가 저들의 부당함을 지적하며 강하게 저항했을 것 같지도 않다. 극단적인 유대주의자들의 모습이 곧 자기의 과거 모습과 동일했기 때문이다. 그런 안타까운 생각으로 인해 바울은 저들에게 하나님의 복음을 전하고자 하는 더욱 간절한 마음을 가지게 되었을지 모른다.

죽음에서 일어나 다시 성 안으로 들어간 바울은 바나바를 비롯한 일행과 더불어 거기서 하룻밤을 지내고 그 이튿날 몸을 추스려 더베로 향해 갔다. 바울은 그 지역에서도 어김없이 하나님의 말씀을 선포하며 증거하는 일을 지속했다. 그리하여 많은 사람들이 진리의 복음을 받아들여 예수 그리스도의 제자가 되었다.

5. 더베 사역을 마친 후 지나온 길을 되돌아 수리아 안디옥에 도착한 바울 일행(행14:21-28)

더베에서의 복음전파 사역을 마친 바울 일행은 수리아에 있는 안디옥 교회로 돌아가고자 했다. 그런데 그들은 그동안 거쳐 지나왔던 길을 되돌아갔다. 즉 루스드라와 이고니온과 비시디아 안디옥을 방문하고자 했던 것이다. 사도들이 그 위험한 지역을 다시 방문하게 되면 저들에게 매우 힘든 여정이 될 수밖에 없는 상황이었다. 그 지역에는 바울을 죽이기 위해 자객을 보내고 사람들을 동원해 죽일 정도로 극단적인 종교인들이 있었다. 루스드라에서는 돌에 맞아 죽음까지 맛본 바울이었다.

그들이 거쳐 지나왔던 길을 되돌아가지 않고 곧바로 진행하면 훨씬 쉬운 방법으로 바울의 고향 다소로 갈 수 있었다. 거기서 조금만 더 가면 수리아의 안디옥에 이르게 된다. 하지만 바울과 바나바는 어떤 위태로운 상황이 눈앞에 펼쳐져 있었을지라도 그에 굴복하지 않았다. 그들에게는 최근에 설립된 지역 교회들을 돌아보는 일이 더욱 소중했기 때문이다.

사도들 일행은 왔던 길을 되돌아가면서 루스드라와 이고니온과 비시디아 안디옥에 세워진 여러 교회들을 차례로 방문했다. 그리고 예수 그리스도를 따르는 제자들의 마음을 굳게 하고 저들에게 참된 믿음에 거하라는 간절한 권면을 아끼지 않았다. 그리고 하나님 나라에 들어가려면 많은 환난을 겪어야 하리라는 점을 언급했다. 이는 예수 그리스도를 믿는 것이 결코 세상에서 평안하고 안락하게 살아가는 방편이 되지 않는다는 사실을 말해주고 있다.

당시 사도들은 그와 더불어 매우 중요한 일을 했는데 그것은 각 교회에서 성도들을 위하여 장로들을 택하여 세운 일이었다. 우리가 여기서 기억해야 할 바는 초기 이방 지역 교회에서 장로를 세우는 일은 사도들에게 속한 직무였다는 점이다.[30] 오늘날 우리시대에는 교회를 통해 직분자를 선출하며 하나님의 뜻을 알아가지만 그 기본적인 원리는 여전히 교회 가운데 기억되고 있어야 한다.

그리고 바울과 바나바 일행은 금식하고 기도하며 주님께서 그 지역 교회와 성도들을 지켜 보호해주시도록 간구했다. 그 모든 사역을 마친 후 그들은 그곳을 떠났다. 그들은 비시디아 지역을 지나 밤빌리아의 버가에 도착해 거기서도 복음의 말씀을 전했다. 그후 수리아의 안디옥으로 가기 위해 앗달리아에서 배를 탔다. 그리하여 그들은 특별한 사명을 맡겨 저들을 파송했던 교회가 있는 안디옥으로 돌아오게 되었다.

바울과 바나바는 안디옥 교회 가운데서 여호와 하나님께서 이방 지역에서 행하신 모든 일들에 관하여 보고했다. 또한 하나님이 이방인들에게 믿음의 문을 열어주신 사실을 고했다. 그들은 안디옥에 있는 교회와 모든 성도들과 더불어 상당 기간 동안 신앙의 삶을 나누며 저들과 함께 지냈다.

---

30) 우리는 오순절 성령 강림을 앞두고 사도들의 지도 아래 열 한 사도 가운데 한 사람을 보충해 세웠던 사실을 알고 있다. 당시 사도들이 두 사람을 추천하고 교회는 그 가운데 맛디아를 뽑아 사도로 세웠다. 그때도 사도들이 배제된 상태에서 그 일이 진행된 것이 아니라는 사실을 기억하는 것은 매우 중요하다.

제8부

예루살렘 공의회

제20장

예루살렘 공의회와 이방인 교회
(행15:1-35)

1. 율법주의자들의 잘못된 가르침(행15:1,2)

안디옥 교회에 심각한 문제가 발생하게 되었다. 순수한 복음을 위협하는 자들이 안디옥 교회와 그 인근 지역으로 들어와 형제들의 신앙을 어지럽혔기 때문이다. 유대로부터 온 거짓 교사들이 사도적인 가르침을 거부하고 잘못된 교훈을 베풀기 시작했던 것이다. 그들은 기독교 교사를 자칭했지만 실상은 복음의 본질을 훼손하는 율법주의자들이었다.

여기서 말하는 율법주의자들이란 반기독교적인 유대주의자들이 아니라 기독교 내부에 들어와 있으면서 구약의 율법을 지킬 것을 강요하는 자들을 일컫고 있다. 그 사람들은 이방인 개종자들이 많은 안디옥 교회와 그 주변 성도들에게 모세의 법에 따라 할례를 받아야 한다는 주장을 했다. 하나님의 구원을 받기 위해서는 반드시 그렇게 해야 한다는 것이었다.

이는 당시 이방 지역 교회에서 여간 심각한 문제가 아닐 수 없었다. 그런 주장은 오직 예수 그리스도의 십자가 사역에 따른 은혜로 말미암아 구원을 받게 된다는 복음을 약화시키는 결과를 가져오게 된다. 율법을 구원의 필수 조건 가운데 하나로 제시하게 되면 그 구원이 인간들의 판단과 행위에 어느 정도 달려 있다는 의미를 지니게 되기 때문이다. 이는 신인협력(神人協力)의 과정을 통해 구원을 이루게 된다는 알미니안주의자들의 생각과도 유사한 성격을 지니고 있다.

그렇게 되자 하나님의 참된 복음을 전파하는 바울과 바나바를 비롯한 믿음의 형제들과 율법주의에 빠진 그 거짓 교사들 사이에 다툼과 변론이 일어나게 되었다. 그런데 유대에서 온 자들은 자신이 유대 지역 출신이라는 점과 히브리인의 혈통을 앞세워 그것이 저들의 권위를 뒷받침하는 것인 양 선전하며 행동했다. 그러다보니 신앙이 어린 교인들은 저들의 감언이설에 속아 넘어갈 우려가 있었다.

그러므로 교회는 다툼을 불식할 수 있는 객관적인 진리와 참 권위가 겸비된 입장을 소유해야만 했다. 안디옥 교회는 그 문제에 대한 정확한 답변을 듣기 위해 바울과 바나바를 예루살렘으로 보내기로 작정했다. 예루살렘 공의회와 그곳에 있는 사도들과 장로들로 공적인 확인이 필요했기 때문이다. 아직 신약성경이 기록되기 전 당시의 모든 교회는 사도적인 기관인 예루살렘 공의회를 통해 최종적인 하나님의 진리를 확증할 수 있었다.

2. 예루살렘 공의회를 방문한 바울과 바나바(행15:3-5)

안디옥 교회는 바울과 바나바를 비롯한 몇 명의 성도들을 예루살렘에 있는 사도와 장로들에게 보내기로 작정했다. 이 일은 안디옥 교회가 직면하고 있는 율법에 연관된 문제를 예루살렘 공의회에 질의하는 성격을 지니고 있다. 이는 또한 안디옥 교회가 예루살렘 공의회의 지도를 받는 교회라는 사실을 말해주고 있다.

사도 바울 일행은 안디옥 교회의 파송을 받아 예루살렘으로 가는 길에 베니게와 사마리아 등 여러 지역을 거쳐 지나갔다. 그들은 그곳의 형제들에게 안디옥 교회의 안부와 더불어 갈라디아 지역에서 있었던 복음 전파를 위한 첫 번째 여행길에서 이방인들 가운데 다수가 주님께 돌아온 사실을 전했다. 그러자 그 지역 형제들은 그에 대하여 기쁜 마음을 가지고 크게 위로를 받게 되었다.

바울과 바나바 일행은 예루살렘에 도착해 교회와 사도들과 장로들로부터 영접을 받았다. 이는 예루살렘과 이방 지역에 속한 교회가 한 형제라는 사실을 입증하는 성격을 지니고 있다. 그들은 하나님께서 이방 지역에서 저들과 함께 계시며 행하신 모든 일들을 전했다. 그 가운데는 이방인들이 하나님의 복음을 영접한 내용이 포함되어 있었다.

처음 그들이 모였던 자리는 공적인 논의를 하기 위한 모임이라기보다 어느 정도 사적인 자리였던 것으로 보인다. 아직 신앙이 성숙하지 못한 유대인 출신 성도들도 그 자리에 함께 있었기 때문이다. 따라서 유대인의 관습을 완전히 버리지 못한 성도들은 바울이 전하는 말을 그대로 받아들이지 못했다.

그리하여 그 이야기를 듣던 중 바리새파 출신의 어떤 성도들 가운데 저들의 율법관에 대하여 문제를 삼으려는 자들이 있었다. 그들은 교회 안으로 들어온 이방인들에게 할례를 주는 것이 당연하다고 판단했다. 즉 이방인들이 하나님을 영접했다면 저들로 하여금 모세의 율법을 지키도록 명하는 것은 지극히 마땅하다는 것이었다.

하지만 그것은 성경의 교훈에 따른 올바른 입장이 아니었다. 아직 신앙이 어린 바리새파 출신의 기독교인들은 다른 이방인 출신의 성도들에게 자신의 율법적 경험을 요구하고자 했다. 그들은 안디옥 교회와 그 인근 지역에서 일어나는 율법주의적인 요구가 올바른 적용인 양 착각하고 있었던 것이다.

3. 예루살렘 공의회의 공적인 논의

(1) 베드로의 발언(행15:6-11)

사도 바울과 바나바를 통해서 갈라디아 지역에서 일어난 일 곧 이방인으로서 복음을 받아들이게 된 자들도 할례를 받아야 한다는 율법주의자들의 주장에 관한 이야기를 듣게 된 사도와 장로들은 그 문제를 논의하기 위해 예루살렘 공의회로 모였다(갈2:1-10; 행15:23, 참조). 그에 대해서는 예루살렘 교회 안에서도 율법주의자들과 유사한 주장을 펼치는 자들이 있었다. 이는 구약의 율법 적용이 당시 교회에 이미 심각한 문제로 대두되었음을 말해주고 있다.

예루살렘 공의회의 회원들은 그 문제를 두고 많은 변론을 했다. 이는 물론 구약성경과 예수 그리스도께서 모든 사역을 이룩하신 이후 신약시대의 정확한 해석에 연관된 문제였다. 즉 누가 말을 잘 함으로써 사람들을 설득시켜내느냐 하는 것이 아니라 성경이 과연 무엇이라 말하고 있느냐 하는 것에 모든 관심을 집중하고 있었다. 즉 그것은 단순히 다수결로 결정할 문제가 아니었다.

그러므로 공의회에서 많은 변론이 있은 후 사도 베드로가 자리에서 일어나 말했다. 그의 말은 계시적 성격을 지니고 있는 것으로서 단순히 그의 개인적인 견해를 밝히는 것 이상의 의미를 지니고 있었다. 베드로는 공의회원들을 향해 하나님께서 자신의 입술로써 이방인들로 하여금 복음의 말씀을 들어 믿게 하시려고 오래전부터 특별히 자기를 선택하셨음을 언급했다. 이는 그가 하나님의 인도하심에 따라 로마 군대의 장교인 이방인 출신 고넬료에게 하나님의 말씀을 전했던 사실을 염두에 두고 하는 말로 보인다.

그리고 각 사람들의 속마음을 훤히 꿰뚫어보시는 하나님께서 언약의 자손인 유대인들에게 큰 은혜를 베푸신 것처럼 이방인들에게도 동일한 성령을 주셔서 증거하신 사실을 언급했다. 하나님께서는 유대인들과 이방인들을 전혀 차별하지 않으시고 오직 믿음으로 저들의 심령을 깨끗케 해 주신다는 것이다. 그 모든 것은 하나님께서 직접 행하신 일이기 때문에 어느 누구도 감히 그에 저항할 수 없었다.

따라서 베드로는 복음을 깨닫게 된 이방인들에게 모세의 율법에 따라 할례를 베풀어야 한다고 주장하는 자들을 강하게 책망했다. 어찌하여 하나님을 시험하여, 이스라엘 민족의 조상과 당시 유대인들조차 감당하기 힘든 멍에를 이방인 출신 제자들의 목에 두려느냐는 것이었다. 하나님의 자녀들이라면 유대인과 이방인 사이에 어떤 차별도 존재하지 않는다. 이에 대해서는 나중 사도 바울이 강조하고 있다.

"유대인이나 헬라인이나 차별이 없음이라 한 주께서 모든 사람의 주가 되사 저를 부르는 모든 사람에게 부요하시도다"(롬10:12); "너희는 유대인이나 헬라인이나 종이나 자주자나 남자나 여자 없이 다 그리스도 예수 안에서 하나이니라"(갈3:28); "오직 부르심을 입은 자들에게는 유대인이나 헬라인이나 그리스도는 하나님의 능력이요 하나님의 지혜니라"(고전1:24); "거기는 헬라인과 유대인이나 할례당과 무할례당이나 야인이나 스구디아인이나 종이나 자유인이 분별이 있을 수 없나니 오직 그리스도는 만유시요 만유 안에 계시니라"(골3:11)

위의 성경 말씀들에서 바울이 말하고 있는 것처럼 하나님의 복음은 혈통적 유대인이나 다양한 이방 종족, 그리고 사회적인 신분으로 인한 그 어떤 제약도 받지 않는다. 하나님께서 부르시는 자들은 누구나 예수 그리스도의 제자가 될 수 있다. 그리고 하나님 안에서는 이 세상에서의 그 어떤 것도 저들 사이에서 차별을 위한 조건이 되지 않는다. 이는 예루살렘 공의회가 계시로서 확인한 바이며 사도들은 그에 대한 명확한 입장을 가지고 있었다.

(2) 야고보의 발언(행15:12-21)

베드로가 발언하는 동안 그 자리에 참석한 모든 공의회원들은 그의 말에 귀를 기울였다. 그후 바울과 바나바는 하나님께서 자신들을 통해 이방인 가운데서 행하신 놀라운 표적과 기사에 관한 내용을 소상히 보고했다. 함께 있던 사도들과 장로들 가운데 어느 누구도 하나님께서 행하신 그 일에 대하여 다른 견해를 제기하지 않았다.

그들의 정식 보고가 끝나자 이번에는 예루살렘 공의회의 의장격인 야고보가 거기 모인 형제들에게 말하기 시작했다.[31] 그는 시몬 베드로가 말한 대로 하나님께서 처음으로 저를 불러 이방인들 중에서 하나님의 이름을 위하게 될 백성을 취하시려고 저희를 권고하신 사실을 언급했다. 그것은 구약시대의 선지자들의 예언과 일치한다는 사실을 밝혔다. 즉 그는 아모스 9장 11,12절에 기록된 말씀을 인용하여 해석하며 그 사실을 공적으로 확인했다.

> "이 후에 내가 돌아와서 다윗의 무너진 장막을 다시 지으며 또 그 퇴락한 것을 다시 지어 일으키리니 이는 그 남은 사람들과 내 이름으로 일컬음을 받는 모든 이방인들로 주를 찾게 하려 함이라 하셨으니 즉 예로부터 이것을 알게 하시는 주의 말씀이라 함과 같으니라" (행15:16-18)

야고보는 구약성경에 계시된 이 교훈의 말씀을 주의 깊게 생각해 보아야 한다는 사실을 강조했다. 따라서 이방인들 가운데서 하나님께 돌아오는 자들을 괴롭게 해서는 안 된다는 것이었다. 그렇게 해야 하는 이유는

---

31) 요세푸스는 그의 고대사(Antiqueities)에서 이 야고보가 열두 제자 가운데 한 사람이었던 것으로 이해했다. 그리고 칼빈은 그가 알패오의 아들 야고보라고 보았다(칼빈 주석, 사도행전 15:13). 하지만 필자는 이 야고보가 예수님의 동생 야고보로 보는 것이 가장 무난한 것으로 여긴다. 그전에 사도 바울이 예루살렘을 방문했을 때, 예수님의 동생 야고보의 위상은 이미 중요한 자리에 있었음을 증거해주고 있기 때문이다(갈1:19; 2:9, 참조).

이방 지역에 있는 각 성에서 모세의 율법을 전하는 자들이 있어서 안식일마다 회당에서 그 글을 읽기 때문이었다. 이는 신앙이 어린 교인들이 구약성경을 문자적으로 받아들일 우려가 있음을 말해준다.

다만 우상의 더러운 것과 음행과 목매어 죽인 것과 피를 멀리 하라고 편지하는 것이 가하다는 사실을 언급했다. 야고보는 이에 대한 제안을 하면서 그 모든 내용이 일반적인 관점에서 절대 성격을 지니는 것이라기보다 이방 종교의 관행으로 인해 당시 교회의 질서를 흐트러뜨리지 말아야 한다는 점을 강조하고 있다. 이는 사도 교회의 특성과 밀접하게 연관된 의미이기도 하다.

그러므로 그후 신약시대 보편교회에 속해 살아가는 성도들은 더 이상 위의 규정에 크게 얽매이지 않는다. 즉 신약시대의 보편교회 가운데서는 특정한 음식을 금지하고 있지 않다. 나아가 절대로 동물의 피를 먹어서는 안 되는 것으로 생각하지도 않는다. 그에 관한 예루살렘 공의회의 결의와 지시는 사도교회 시대의 특수한 경우에 해당되는 원리적인 의미를 말해주고 있다.

따라서 우리시대의 성도들이 그로부터 자유로운 태도를 취하는 것은 성경의 교훈을 어기는 것이 아니다. 이를 위해서는 AD70년 예루살렘 성전이 파괴되기 전 사도교회 시대의 특성과 더불어 당시 이방 종교의 관행을 주의 깊게 이해해야 할 필요가 있다. 이는 또한 예루살렘 성전파괴가 구약의 모든 언약이 성취된 것과 연관된 의미이기도 하다.

(3) 예루살렘 공의회의 공적인 답변(행15:22-29)

예루살렘 공의회는 안디옥 교회가 공적으로 질의한 신학적인 문제에 대한 확인을 한 후 예루살렘 교회에서 몇 사람을 뽑아 바울과 바나바와 더불어 안디옥으로 보내기로 결의했다. 그 모든 과정을 통해 일방적이지 않은 인격적인 관계 가운데서 성경의 교훈을 좇아 공적으로 하나님의 뜻을 확인하게 되었다.

예루살렘 교회는 형제들 가운데 지도자에 해당되는 몇몇 인물을 택했다. 그들은 바사바라 하는 유다와 실라를 추천하여 안디옥으로 보내기로 했다. 그들을 바울과 바나바와 함께 이방 지역에 보낸 것은 예루살렘 공의회의 결의에 대한 보증인 역할을 하도록 하는 의미가 내포되었을 것이다.

공의회는 예루살렘에서 작성한 서신을 직접 저들의 손에 들려 보냈다. 그들이 결의된 내용을 구두로 전달하지 않고 문서로 작성하여 보낸 것은 전달 과정에서 어떤 오해도 발생하지 않도록 하기 위해서였다. 물론 그 편지는 계시적인 성격을 지닌 것으로서 완벽한 의미를 지니고 있었다. 그 편지의 전체적인 내용은 다음과 같다:

"사도와 장로된 형제들은 안디옥과 수리아와 길리기아에 있는 이방인 형제들에게 문안하노라 들은즉 우리 가운데서 어떤 사람들이 우리의 시킨 것도 없이 나가서 말로 너희를 괴롭게 하고 마음을 혹하게 한다 하기로 사람을 택하여 우리 주 예수 그리스도의 이름을 위하여 생명을 아끼지 아니하는 자인 우리의 사랑하는 바나바와 바울과 함께 너희에게 보내기를 일치 가결하였노라 (바울과 바나바는 우리 주 예수 그리스도의 이름을 위해서 자기 목숨을 내놓은 자들이라)[32] 그리하여 유다와 실라를 보내니 저희도 이 일을 말로 전하리라 성령과 우리는 이 요긴한 것들 외에 아무 짐도 너희에게 지우지 아니하는 것이 가한 줄 알았노니 우상의 제물과 피와 목매어 죽인 것과 음행을 멀리 할찌니라 이에 스스로 삼가면 잘 되리라 평안함을 원하노라" (행15:23-29)

앞에서 이미 언급한 것처럼 이 서신 가운데는 일반적인 문안 인사 이외에 중요한 몇 가지 사실이 명기되어 있다. 안디옥과 수리아와 길리기아

---

32) 한글개역 성경과 개역개정 번역에는 26절이 없으나 KJV, NIV, NASB, 한글 새번역 등 거의 모든 번역에는 이 부분이 포함되어 있다.

지역의 교회에 가서, 예루살렘 교회를 들먹이며 율법주의를 주장하면서
이방인 형제들을 괴롭히며 미혹하는 거짓 교사들은 예루살렘 교회가 보낸
자들이 아니라는 사실을 분명히 밝혔다. 그들은 자기의 잘못된 종교적인
주장을 펼치기 위해 예루살렘 교회의 이름을 사칭했던 것이다.

우리가 여기서 특별히 눈여겨보아야 할 점은, 그 거짓 교사들이 예루
살렘의 사도들이 시키지 않은 내용을 가르친 것에 대한 엄중한 지적이다.
이는 흩어진 모든 교회들에서 가르쳐지는 내용은 예루살렘의 지도 아래
있어야 한다는 사실을 말해주고 있다. 이에 대해서는 오늘날 우리시대 교
회를 포함한 지상의 모든 교회들이 귀담아 들어야 한다. 그에서 떠나 자의
적으로 가르치면 거짓을 가르치는 이단자가 되는 것이다.

또한 '성령과 예루살렘 공의회' 33)는 안디옥 지역 교회에 서신을 보내
면서 몇 가지 특수한 사항 이외에는 이방인 형제들에게 어떤 짐도 지우지
않는다는 사실을 언급하고 있다.34) 그 대신 예루살렘 공의회가 확인한 바
는, '우상 제물'과 '피'와 '목매어 죽인 것'과 '음행'을 멀리하는 것이라
는 점을 분명히 밝혔다. 당시 우상 제물을 금한 것은 이방인 형제들이 제
물로 바쳐진 음식을 먹음으로써 이방신과 여호와 하나님의 신성을 혼동시
킬 우려가 있었기 때문인 것으로 보인다.35)

---

33) '성령과 예루살렘 공의회' (행15:28)란 성경과 교회라는 의미이다. 이는 요한계
   시록에서 '성령과 신부' (계22:17)라는 말의 뜻과 동일하다. 여기서 우리는 교
   회의 권위를 보증하고 있는 사실을 올바르게 깨달아야 한다. 원리적으로 볼
   때, 참된 교회는 천국문을 열고 닫는 절대적인 권세를 소유하고 있다(마16:
   18,19).

34) 이에 대해서는 모든 교회들이 귀담아 들어야 한다. 오늘날 우리 시대 역시 마
   찬가지다. 지상 교회의 지도자들은 어떤 경우에도 종교적인 목적을 달성하기
   위해 성도들에게 무거운 짐을 지우는 행위를 해서는 안 된다.

35) 바울은 나중 고린도 교회에 편지하면서 우상제물 자체는 아무 것도 아니라는
   말을 한다. 즉 먹고 먹지 않는 것 자체는 문제가 될 것이 없지만 연약한 다른
   사람들이 시험에 들지 않도록 주의하라는 특별한 당부를 했던 것이다(고린도
   전서 8장, 참조).

피를 멀리하고 먹지 말라고 한 것도 종교적인 의례와 밀접하게 연관되었을 것으로 여겨진다. 즉 이방인들이 행하던 생피를 먹는 의례는 그것을 통해 자기를 정화한다는 의례가 포함되어 있었을 것이다. 동물의 피를 마시는 행위는 다양한 종교적인 의례를 담고 있는 경우가 많았다. 우리시대에도 어떤 사람들은 살아있는 동물의 피를 마시면 부정을 방지하고 오래 살 것이라는 믿음을 가진 자들이 없지 않다.

그리고 목매어 죽인 동물의 고기를 먹지 말도록 금한 것은 성도들의 신앙이 이방인들의 종교적인 의식과 본질적인 차이가 난다는 사실을 강조하는 것으로 이해된다. 아마도 이방인들 가운데는 동물의 목에 끈을 맨 채 끌고 다니며 학대하여 죽이는 경우가 있었던 것으로 보인다. 어쩌면 그것이 특별한 종교적인 의미로 행해졌을 수 있다. 하나님의 자녀가 된 성도들은 더 이상 그런 고기를 먹음으로써 이방인들의 행위에 참여해서는 안 된다는 것이었다.

또한 음행을 멀리해야 하는 것은 지극히 당연한 일이다. 하지만 이것은 일반적인 경우에 제한적으로 적용되는 말이 아니다. 당시 이방 종교문화 가운데는 특별한 경우 그것이 허용되는 듯 여겨지는 경우가 있었다. 예를 들어 신전매춘(神殿賣春)[36]이나 가난한 여성에 대한 특별한 구제책으로 일부다처(一夫多妻)가 마치 선행인 양 별 문제가 없는 듯이 생각하는 자들이 있었을 것으로 보인다. 하지만 그것은 어떤 경우에도 용납될 수 없는 문제였다.

그러므로 예루살렘 공의회는 이방 지역의 교회가 그에 관한 의미를 올바르게 받아들임으로써 하나님을 멸시하는 죄에 빠지지 않도록 강조했다.

---

36) 신전매춘은 바빌로니아, 이집트, 페르시아, 헬라, 로마 등 여러 문화권에 존재했었다. 어떤 지역에서는 모든 여성들이 일생에 한 번은 신의 대리자인 성직자에게 몸을 바쳐야 한다고 믿었는가 하면, 다른 어떤 지역에서는 신전매춘을 통해 얻은 수입을 신에게 바침으로써 풍작과 다산, 건강을 기원할 수 있게 된다는 식의 사고를 하고 있었다.

그것들을 철저히 경계하여 스스로 삼가는 성도들은 하나님의 은혜 가운데 평온한 삶을 살게 되리라는 사실을 말했다. 교회에 속한 하나님의 백성들은 그로 말미암아 진정한 평강을 누릴 수 있게 된다. 예루살렘의 사도들과 장로들은 이방인 형제들에게 그점을 강조하며 당부했던 것이다.

4. 안디옥으로 돌아온 바울과 바나바(행15:30-35)

바울과 바나바, 그리고 유다와 실라는 예루살렘을 출발하여 안디옥에 도착했다. 그들은 안디옥 교회에서 성도들의 무리를 한자리에 불러 모았다. 그리고는 예루살렘 공의회가 보낸 편지를 공적으로 전달했다. 그 내용을 읽은 교회와 성도들은 그 위로의 말을 듣고 매우 기뻐했다. 이는 이방인 회심자들이 유대인들의 율법적인 삶을 문자적으로 받아들일 필요가 없었기 때문이다.

유다와 실라는 예루살렘 교회의 특별 사신의 신분으로 안디옥을 방문했기 때문에 여러 말로 성도들을 권면하며 저들의 신앙을 굳게 하기 위해 온 힘을 기울였다. 그들은 일정 기간 동안 안디옥에 머물면서 저들에게 맡겨진 소임을 감당했다. 그 가운데는 거짓 교사들의 가르침을 철저히 경계해야 한다는 내용이 포함되어 있었을 것이 틀림없다. 그후 그곳 형제들로부터 평안히 가라는 환송을 받고 예루살렘으로 되돌아가게 되었다.

그들은 예루살렘에 돌아가 공의회 앞에서 안디옥에서 있었던 모든 사실을 그대로 보고했을 것이다. 그렇게 함으로써 이방인 교회들이 예루살렘 교회에 속해 있다는 사실을 확인할 수 있었다. 그리고 서로간 전체적으로 하나의 우주적인 교회를 이룬 형제라는 사실을 확인하게 되었다.

한편 바울과 바나바는 상당한 기간 동안 안디옥에 머물러 있으면서 교회에 속한 여러 형제들과 깊은 교제를 나누었다. 거기서 성도들에게 하나님의 말씀을 가르치며 천상의 복음을 전파했던 것이다. 그 모든 과정을 통해 안디옥 교회는 더욱 굳건히 서 갈 수 있게 되었다. 이는 안디옥 교회가 이방 지역에 하나님의 복음을 전파하는 중추적인 역할을 하게 된 사실에 연관되어 있다.

이에 대해서는 오늘날 우리시대 교회 역시 소중한 교훈을 받게 된다. 지금도 우리 주변에는 성경을 왜곡하는 거짓 교사들이 넘쳐나고 있다. 이럴 때 교회는 진리를 보존하는 공동체로서 정신을 바짝 차려야만 한다. 특히 올바른 복음을 통해 다음 세대를 온전히 지켜 보호하기 위해 각별한 노력을 기울이지 않으면 안 된다.

❖ **갈라디아서** _사도 바울의 첫 번째 서신

사도 바울은 갈라디아 지역에서 하나님의 복음을 전파한 후 안디옥으로 돌아왔다가 예루살렘을 방문하게 되었다. 그때 안디옥 지역에 거짓 교사들로 인해 구약의 율법에 연관된 신학적인 문제가 발생했기 때문이다. 바울과 바나바에게 맡겨진 중요한 임무는 예루살렘 공의회로부터 율법 적용에 연관된 신학적 문제에 대한 확인을 받아오는 일이었다. 즉 유대로부터 안디옥 지역으로 온 거짓 교사들이 이방인 출신 성도들에게 율법의 행위를 강요하는 문제를 해결해야만 했다.

유대주의자들이 복음을 영접한 이방인들에게 복음을 훼손하는 율법주의를 강요했을 때 안디옥 교회는 가만히 방관할 수 없었다. 그리하여 바울과 바나바를 예루살렘 공의회로 보냈던 것이다. 그 거짓 교사들은 먼저 안디옥에 왔다가 나중 북쪽으로 올라간 것 같다. 즉 그 거짓 교사들은 저들의 주장이 예루살렘 공의회의 지지를 받지 못하리라는 사실을 알고 그곳을 떠나 갈라디아 지역으로 갔을 것으로 보인다.

갈라디아 지역은 그전에 이미 바울과 바나바를 통해 하나님의 복음이 전파되었으므로 여기저기 새로운 이방인 교회들이 설립되어 있는 상태였다. 유대로부터 온 거짓 교사들은 그 지역을 돌아다니며 율법주의를 주장하여 교회를 어지럽혔다. 예루살렘에서 임무를 마치고 안디옥으로 돌아온 사도들은 그에 관한 형편을 전해 들었을 것이다.

그때 사도 바울은 하나님의 계시를 받아 갈라디아서를 기록하게 되었다.[37] 바울과 바나바가 이방인들의 율법에 대한 적용 문제로 인해 예루살렘을 방문할 어간에 유대인 거짓 교사들은 갈라디아 지역으로 가서 진리를 훼손했을 것이며 그 사실이 바울의 귀에도 들렸을 것이다. 하나님께서는 갈라디아 지역 교회가 잘못된 자들의 거짓 교훈으로 인해 어려움을 겪고 있을 때 바울을 통해 친히 계시로 말씀하셨다. 따라서 갈라디아서의 주제는, 율법이 아니라 믿음으로 구원을 받게 된다는 사실에 대한 증거라 할 수 있다.

"내가 하나님의 은혜를 폐하지 아니하노니 만일 의롭게 되는 것이 율법으로 말미암으면 그리스도께서 헛되이 죽으셨느니라"(갈2:21); "하나님 앞에서 아무나 율법으로 말미암아 의롭게 되지 못할 것이 분명하니

---

37) 갈라디아서 수신자에 대해서는 남 갈라디아설과 북 갈라디아설의 상이한 주장이 있다. 하지만 전체적인 정황을 볼 때 바울이 첫 번째 전도여행을 마친 후 그 지역 교회를 향해 기록한 것으로 보는 것이 훨씬 더 설득력이 있다. 즉 남 갈라디아설을 받아들이는 것이 자연스러운 것이다.

이는 의인이 믿음으로 살리라 하였음이니라"(갈3:9-11)

　　이처럼 사도 바울은 갈라디아 지역에 있는 여러 교회들에 편지하면서 하나님의 은혜를 강조했다. 즉 구약의 율법이 아니라 예수 그리스도로 말미암은 믿음으로 의롭게 된다는 것이다. 바울은 그것이 성도들에게 영원한 구원을 허락하게 된다는 사실을 강조하고 있다. 이는 유대주의자들의 율법관을 정면으로 비판하고 있는 것과 같다. 그들은 기독교 안으로 들어온 지도자 행세를 하면서 실상은 복음을 훼손하는 기독교 이단자들이었던 것이다.

제9부

바울의 두 번째 복음전파 사역

제21장

바울의 두 번째 복음전파 사역의 시작

(행15:36-41; 16:1-40)

1. 두 번째 복음 전파 계획 및 바울과 바나바의 결별(행15:36-41)

어느 정도 시간이 흘러 간 후 바울은 바나바에게 다시금 이방의 여러 지역을 방문해서 그전에 세워진 교회들을 돌아보며 하나님의 복음을 선포하는 일을 지속하자는 말을 했다. 그때 바나바는 그에 동의하면서 자기의 생질인 마가 요한을 데리고 가기를 원했다. 그는 마가의 신앙을 충분히 인정했으며 그렇게 하는 것이 자연스럽다는 생각을 하고 있었다.

어쩌면 당시 마가는 지난번 전도여행길에 밤빌리아 지역에서 일행으로부터 이탈하여 예루살렘으로 돌아갔던 자기의 처신으로 인해 위축되어 있었을지도 모른다. 바나바가 그를 데리고 가고자한 목적은 그와 연관되어 있을 수 있다. 즉 지나간 일에 지나치게 빠져있기를 원하지 않았던 것이다. 하지만 마가가 자신의 인척이기 때문에 바나바가 그렇게 하려고 했던 것은 아닌 것으로 여겨진다.

그와 달리 바울의 생각은 매우 단호했다. 밤빌리아에서 대열을 이탈하여 떠난 마가를 전도여행을 위해 데리고 가는 것이 옳지 않은 것으로 판단했다. 바울은 아마도 마가의 그런 행동이 다른 형제들에게 매우 부정적인 영향을 끼친 것으로 여겼을 것으로 보인다. 즉 그런 잘못된 본이 끼칠 악영향을 우려했을지도 모르는 것이다.

마가와 연관된 그 문제로 인해 바울과 바나바는 서로간 심히 다투게 되었다. 그리하여 그들은 서로 갈라설 수밖에 없었다. 결국 바나바는 마가를 데리고 배를 타고 구브로 섬으로 갔다. 한편 바울은 교회의 보냄을 받아 실라를 데리고 육로를 따라 수리아와 길리기아 지방으로 다녀가며 교회들을 굳건히 하기 위해 최선의 힘을 기울였다.

우리가 여기서 보게 되는 점은 본질적인 것이 아닌 문제로 인해 함께 사역하는 동료가 분열되었다는 사실이다. 사실 바울과 바나바는 서로 신뢰했으며 인간관계가 나쁘지 않았다. 그러나 마가의 문제로 인해 전혀 다른 국면에 접어들게 되었다.

우리는 여기서 하나님의 복음을 전하는 자들의 결별이 가능하다는 점을 보게 된다. 즉 성숙한 신앙인이라 할지라도 그와 같은 일이 발생할 수 있다. 물론 거기에는 인간들이 인식하지 못하는 하나님의 놀라운 섭리와 경륜이 존재하는 것으로 이해해야 한다. 각기 갈라짐으로써 각자 확장된 복음 사역을 감당하게 된 것으로 볼 수 있는 것이다.

또한 나중 성경은 바울과 마가가 서로 화해하게 된 사실을 보여주고 있다(골4:10; 몬1:24; 딤후4:11, 참조). 이단 사상에 연관된 본질적인 문제가 아니라면 성도들이 끝까지 원수처럼 지내서는 안 된다. 이에 대해서는 지상교회에 속한 모든 성도들이 배워 교훈으로 삼아야 할 내용이기도 하다.

그때 바울과 바나바가 갈라선 후 바울의 행적은 계시된 말씀 곧 사도행전을 통해 매우 구체적으로 드러난다. 그러나 바나바의 사역에 대해서는 자세히 알 수 없다. 우리가 분명히 깨달아야 할 사실은 바울이 여러 이방 지역을 다니며 복음을 전파했듯이 바나바도 또 다른 지역에서 그와 동일한 복음전파 사역을 지속했을 것이라는 점이다.

우리는 여기서 매우 중요한 내용을 생각해 볼 수 있어야 한다. 그것은 바나바의 사역이 결코 바울의 사역보다 못했다고 판단해서는 안 된다는 사실이다. 성경에 기록된 바울의 사역이 중요하듯이 바나바의 사역도 그와 동일하게 중요하다. 바나바가 오랫동안 복음을 전파하는 일을 했다면 바울이 계시받은 성경을 진리의 말씀으로 알고 모든 교회에 전했을 것이 틀림없다. 이는 모든 것들이 합력하여 조화되는 가운데 하나님의 복음이 전파되어 갔던 사실을 말해준다.

바울과 바나바가 행한 사역의 의미는 오늘날 우리시대에도 그대로 해석되고 적용되어야 한다. 하나님의 백성들의 모든 사역은 소중하고 귀하다. 남 보기에 크게 드러나지 않지만 하나님의 말씀에 온전히 순종하는 성도들의 삶이 아름다운 의미를 지닌다. 우리는 드러나지 않게 조용하게 진행되는 성도들의 사역이 널리 알려진 자들의 사역과 동일하게 값지다는 사실을 잊어서는 안 된다.

2. 더베, 루스드라, 이고니온 지역과 디모데(행16:1-5)

사도 바울은 예루살렘으로 갔다가(행15:32,33) 다시 돌아온 실라를 데리고 첫 번째 복음을 전파했던 지역으로 향해 갔다. 그들이 더베와 루스드라에 도착했을 때 젊은 청년 디모데를 만나게 되었다. 그의 모친은 유대인 여성이었으며 그의 부친은 헬라 출신이었다. 그는 정통 유대인 혈통을 지니지 않은 자로서 할례를 받지 않은 상태에 있었다.

그런 가운데서도 디모데는 더베와 루스드라뿐 아니라 이고니온에 있는 여러 형제들에게 칭찬을 받는 인물이었다. 그가 칭찬받게 된 것은 성실한 삶과 더불어 그의 신실한 신앙 자세 때문이었던 것이 분명하다. 이는 디모데가 주변의 이웃들에게 본이 되는 삶을 살았다는 사실을 증거해 주고 있다.

사도 바울은 그런 디모데를 장차 더 먼 지역으로 떠나게 되는 복음 전파 사역 길에 데리고 가고자 했다. 그때 유대인 출신 성도들 가운데는 그 사실에 대하여 미심쩍어 하는 자들이 있었다. 그의 아버지가 헬라 출신의 이방인이었으므로 그가 할례를 받지 않았다는 사실을 모든 사람이 알고 있었던 것과 연관된 것이 틀림없다.

어쩌면 할례를 받지 않고 복음을 전파한다면 그 증거의 말씀이 구약성경으로부터 계승되었다는 사실을 충분히 받아들이기에 뭔가 부족하다는 생각을 했을지도 모른다. 즉 예수 그리스도의 복음은 구약의 율법과 무관하거나 완전히 동떨어진 것이 아님에도 불구하고 그런 식으로 잘못 생각할 우려가 없지 않았다. 당시 율법 문제로 인해 복잡하게 된 상황에서는 그런 염려가 따를 수 있었던 것이다.

사도 바울은 저들이 염려하는 바를 충분히 이해하고 있었으므로 디모데에게 할례를 행하게 되었다. 불과 얼마 전 예루살렘 공의회에 참석하고 이방인들에게 할례의 짐을 지우지 말아야 한다는 사실을 확인한 바울이 할례를 베푼 것은 주목할 만한 일이 아닐 수 없다. 이는 그가 율법적인 의무 때문에 디모데에게 할례를 베푼 것이 아니라 다른 형제들을 위한 배려로 이해하는 것이 자연스럽다. 바울의 이러한 자세는 나중 고린도 교회에 보내는 편지에서 잘 드러나고 있다.

"내가 모든 사람에게 자유하였으나 스스로 모든 사람에게 종이 된 것은 더 많은 사람을 얻고자 함이라 유대인들에게는 내가 유대인과 같이 된 것은 유대인들을 얻고자 함이요 율법 아래 있는 자들에게는 내가 율법 아래 있지 아니하나 율법 아래 있는 자 같이 된 것은 율법 아래 있는 자들을 얻고자 함이요 율법 없는 자에게는 내가 하나님께는 율법 없는 자가 아니요 도리어 그리스도의 율법 아래 있는 자나 율법 없는 자와 같이 된 것은 율법 없는 자들

을 얻고자 함이라"(고전9:19-21)

바울이 디모데에게 할례를 베푼 것은 이와 같은 그의 순전한 신앙 자세 때문이었다. 이에 대해서는 오늘날 우리도 복음을 훼손하지 않고 타협하지 않으면서 여유로운 마음으로 하나님의 말씀을 전파할 수 있어야 한다. 죄에 물든 평범한 인간에 지나지 않은 우리에게는 결코 쉬운 일이 아니지만 그 원리에 대한 깨달음을 가지는 것은 중요한 일이다.

우리가 여기서 특히 유념하여 기억해야 할 바는 디모데의 겸손한 신앙 자세이다. 그는 바울을 만나 예수 그리스도의 복음과 율법에 관한 설명을 들었을 것이며 예루살렘 공의회의 결의에 대해서도 잘 알고 있었을 것이 틀림없다. 그럼에도 불구하고 바울이 할례를 받도록 요구했을 때 디모데는 그에 대해 전혀 저항하지 않았다. 이는 사도 바울에 대한 그의 전적인 신뢰를 보여주고 있다.

뿐만 아니라 그 지역에 살고 있던 성도들의 온전한 신앙이 여기서 간접적으로 드러나고 있다. 당시 율법의 적용 문제로 많은 논란이 발생하고 있을 때 '예루살렘 공의회' 의 결정을 내세워 디모데에게 할례를 베푸는 것에 반대하는 자들이 있었을 법하다. 하지만 그와 같은 정황은 전혀 없어 보인다. 이 말은 당시 그 지역 교회가 바울에 대해 절대적인 신뢰를 가지고 있었음을 증언하고 있다.

그때 보여준 성도들의 성숙한 모습은 오늘날 우리에게도 중요한 교훈이 되어야 한다. 자식이 부모를, 제자가 스승을, 성도들이 목사를 신뢰하지 못하는 형편은 우리시대가 겪는 불행이 아닐 수 없다. 사도시대와는 그 성격이 다르지만 일반적인 '조항' 을 넘어서는 '신뢰' 가 그 배경에 두텁게 깔려 있는 것이 성도들을 위한 가장 기본적인 덕목이 된다는 사실을 기억하지 않으면 안 된다.

바울은 당시 그곳에서 디모데에게 할례를 베풀었지만 그후에 여러 성읍들을 두루 다니며 예루살렘 공의회가 확인한 율법에 관한 내용을 적용하며 복음을 선포했다. 또한 사도와 장로들이 확인한 내용과 엄히 금지한 규례를 저희에게 가르쳐 지키도록 요구했다. 그렇게 함으로써 이방 지역에 있는 여러 교회와 성도들의 믿음이 더욱 견고해져 갔으며 날마다 그 수가 많아져갔다. 이는 율법에 대한 이중적인 자세나 적용이 아니라 복음의 원리에 충실한 바울의 모습을 잘 보여주고 있다.

3. 성령의 직접적인 관여와 지시(행16:6,7)

바울과 실라는 안디옥 교회를 떠나면서 앞으로 가고자 하는 정해진 목적지가 있었다. 그곳은 소아시아 지역이었다. 그들이 거기로 가고자 했던 까닭은 그 지역이 고대 헬라 철학의 중심지였기 때문이었던 것으로 짐작된다.

그런데 하나님의 뜻은 그와 전혀 달랐다. 성령께서는 저들이 가고자 하는 길을 가로 막으셨다. 그가 소아시아에서 하나님의 말씀을 전파하지 못하도록 하셨던 것이다. 이는 그들이 아시아 지역으로 가는 것은 아직 때가 이르지 않았다는 의미와 함께 더 급하게 가야 할 곳이 있음을 말해주고 있다.

그리하여 바울 일행은 소아시아 지역으로 가지 않고 브루기아와 갈라디아 땅을 거쳐 북쪽에 위치한 무시아 지역에 도착했다. 그들은 아시아로 가지 못하게 하는 성령의 인도하심을 깨달았으나 구체적으로 어디로 갈지에 대해서는 아직 명확하게 알지 못하고 있었다. 그리하여 그들은 소아시아 대신에 비두니아 지역으로 가서 복음을 전파하고자 했다.

하지만 이번에도 예수님의 영이 허락하지 않으셨다. 사도행전에는 성령이 곧 예수님의 영이라는 사실을 분명히 드러내 보여주고 있다. 성경이 여기서 삼위일체 하나님에 대해 밝혀주고 있는 것이다. 즉 성부 성자 성령 하나님께서는 결코 분리되지 않은 존재로서 복음을 전파하는 사도들의 길을 구체적으로 인도하고 계셨던 것이다.

복음 전파자들이 가고자 하는 곳을 가로막는 이와 같은 사건은 신약성경에 나타난 유일한 경우라 할 수 있다. 성경의 다른 곳에는 하나님께서 특정 지역으로 가고자 하는 사도들의 길을 가로막고 딴 곳으로 가게 한 기록이 나타나지 않는다. 그렇지만 우리는 이를 통해 그 뒤에 일어나는 사도들을 비롯한 모든 복음 전파자들의 사역에 대하여 하나님께서 친히 간섭하고 계신다는 사실을 기억하게 된다. 즉 이에 관한 기본적인 의미는 지상의 모든 성도들이 전체적으로 기억해야 할 내용이다.

이를 통해 우리가 알게 되는 것은 복음 사역의 주체는 여호와 하나님이라는 사실이다. 하나님께서 자기 백성들을 복음전파를 위한 선한 도구로 사용하시지만 인간 스스로 그것을 직접 주도하는 것은 아니라는 점을 보여준다. 이에 대해서는 오늘날 우리 역시 동일한 깨달음을 가져야 한다. 인간들의 판단이나 종교적인 열정이 아니라 하나님께서 그 일을 구체적으로 주관하고 계심을 깨닫는 것은 매우 중요하다.

4. 드로아로 인도하시는 성령 하나님(행16:8-10)

바울과 실라는 성령의 인도하심에 따라 무시아 지역을 지나 서쪽 에게 (Ege) 해를 끼고 있는 해안도시인 드로아(Troas)로 갔다. 그 행로는 저들의 자의적인 판단이 아니라 하나님께서 친히 그곳으로 이끄셨던 것이다. 물론 오늘날 우리에게도 그와 같은 계시적 인도하심이 있는 것은 아니다. 그렇다고 할지라도 우리 가운데 그 의미와 정신이 그대로 남아 있다는 사실을 기억해야만 한다.

그들이 드로아에 머물고 있는 동안 하나님께서 밤중에 바울에게 특별한 환상을 보여주셨다. 그것은 바울의 종교적인 열망이나 간절한 기도 덕분에 일어난 일이 아니었다. 그에게 아무런 짐작이나 기대조차 없을 때 하나님께서 그 환상을 보여주셨던 것이다.

환상 가운데는 마게도니아 사람 하나가 나타나 바울에게 간청했다. 마게도니아 지역으로 건너와서 도와달라는 것이었다. 이는 바다 건너 마게도니아 땅에 하나님의 말씀이 절실하다는 점과 그 복음을 전해줄 사람이 필요하다는 사실을 말해주고 있다.

바울은 그 환상이 하나님께서 친히 보여주신 것이란 사실을 깨달았다. 그래서 환상을 본 후 마게도니아로 떠나고자 서둘렀다. 하나님께서 바울과 실라, 디모데, 누가 등의 일행을 마게도니아 사람들에게 복음을 증거하도록 특별히 부르신 것으로 받아들였기 때문이다. 그리하여 하나님의 복음이 점차 그 지역으로 확장되어 가게 되었다.

5. 빌립보 사역과 자주색 옷감장사 루디아(행16:11-15)

바울과 실라를 비롯한 일행은 드로아 항구에서 배를 타고 에게해 북부에 위치한 사모드라게(Samothrace) 섬으로 갔다. 그들은 거기서 하룻밤을 지내고 난 후 그 이튿날 네압볼리(Neapolis)로 향해 갔다. 네압볼리는 에게해 서편에 특별히 세워진 신도시였다. 그들은 거기서 빌립보로 올라갔다. 빌립보는 마게도니아 지역의 수도로서 로마의 직할시였다.

바울 일행은 그 도시에서 여러 날 머물게 되었다. 사도 바울은 하나님께서 환상중에 직접 그곳으로 부르셨으므로 그에 대한 하나님의 구체적인 예비하심이 있을 것으로 기대했다. 그러나 막상 그곳에 도착했으나 어떻게 해야 할지 막막했을 뿐 그 방법을 잘 모르고 있었던 것으로 보인다.

그러므로 그들은 안식일이 되어 그 도시 가운데 유대인의 회당이나 기도처가 있는지 살펴보았다. 그러던 중 성문 밖 강가로 나가 기도처가 있음 직한 곳으로 갔다. 그들은 여러 명의 여인들이 모여있는 곳을 발견하고 거기 모인 사람들에게 하나님의 말씀을 전했다. 마침 그 자리에는 소아시아의 두아디라 성 출신의 자주색 옷감 장사로서 하나님을 경외하는 루디아(Lydia)라는 이름을 가진 한 여인이 있었다. 하나님께서 저의 마음을 열어주셨으므로 바울이 전한 말씀을 귀담아 들었다.

그리하여 그 여인과 그의 온 집이 다 예수 그리스도를 구주로 믿고 세례를 받았다. 루디아는 바울 일행을 자기 집에 초대하고자 했다. 만일 자기를 주님을 믿는 자로 인정하고 받아들인다면 자기의 집에 들어와 머물도록 강권했던 것이다. 이는 그들이 예수 그리스도 안에서 한 형제자매가 되었다는 사실을 확신했기 때문에 가능한 일이었다.

6. 악한 주인과 점하는 귀신들린 여종(행 16:16-18)

사도 바울 일행은 그 다음 기회에 유대인들이 모여 기도하는 곳으로 가다가 점하는 귀신들인 여종 하나를 만나게 되었다. 그는 점을 쳐서 그 주인들에게 큰 돈벌이를 하게 해주었다. 사악한 기득권자들이 귀신들린 여성을 저들의 욕망을 위해 이용했던 것이다.

그 귀신들린 여종이 바울 일행의 뒤를 따라가며 소리질러 외치기 시작했다. "이 사람들은 지극히 높은 하나님의 종으로 구원의 길을 너희에게 전하는 자라." 이는 귀신들린 자가 아니면 결코 말할 수 없는 내용이었다. 당시 일반 사람들 가운데 바울이 전하는 말이 하나님의 진리라는 사실을 깨닫는 자가 별로 없었다. 사람들은 바울의 말을 이상한 종교인들의 외침 가운데 하나 정도로 간주했을 따름이다.

그럴 때 귀신들린 그 여성이 바울 일행을 정확하게 알아본 것은 귀신의 초월적인 지식에 근거한다. 귀신은 예수님을 구주로 믿는 것이 아니었지만 그와 그 제자들을 두려워하지 않을 수 없었다. 그들을 통해 드러나는 하나님의 놀라운 능력을 잘 알고 있었기 때문이다.

한편 그 귀신들린 여성이 외치는 소리를 듣게 된 다른 사람들은 그를 미친 사람 정도로 간주했을 것이 분명하다. 빌립보 성에 살고 있던 자들은 이미 그 여성의 신분을 알고 있었기 때문이다. 따라서 그의 말이 아무리 옳다고 할지라도 다른 사람들이 보기에는 실성한 여인의 어처구니없는 외침에 지나지 않았을 것이다.

그러나 귀신들린 그 여종은 주변의 환경과 다른 사람들의 따가운 눈총에 아랑곳하지 않고 여러 날을 그렇게 외치고 다녔다. 성가시게 따라 다니며 매우 귀찮게 구는 그 여인[38]을 지켜본 바울은 그를 지배하고 있던 더러운 귀신에게 명령했다. 그에게서 귀신이 나오도록 예수 그리스도의 이름으로 명령했던 것이다. 그리하여 그 귀신은 즉시 그 여인으로부터 나가게 되었다.

이렇게 하여 그 귀신들린 여성은 치유를 받게 되었다. 아마도 그 여성은 사도 바울을 통해 진리의 말씀을 소상히 들었을 것이며 나중 예수님을 믿고 따르는 제자가 되었을 것이다. 이 모든 것은 하나님의 섭리 가운데서 그 귀신들린 여종이 바울을 만남으로써 인생의 큰 전환기를 맞이했던 것을 보여주고 있다.

7. 빌립보에서 고난당하는 바울과 실라를 통한 복음 선포
(행16:19-32)

귀신들린 여인이 치유를 받게 된 것은 그 당사자뿐 아니라 바울 일행에게도 기쁘고 감사한 일이었다. 그러나 그 여종의 주인들의 입장에서는

---

38) 한글 개역성경을 비롯한 몇몇 번역본들처럼 그 귀신들린 여종의 행위로 인해 '바울이 심히 괴로워했다면'(being grieved) 하나님의 진리의 복음이 하나님의 자녀들을 통해 전해져야 하는데 그것이 더러운 귀신을 통해 선포되기 때문이 아니었을까 생각해 볼 수 있다.

전혀 그렇지 않았다. 점치는 귀신들린 여자가 치유받게 됨으로써 저들의 이익의 근원인 인적 도구가 사라져 버렸기 때문이다.

그러므로 그들은 한 사람이 고통으로부터 해방되는 것 따위에는 아무런 관심이 없었다. 그런 자들이 하나님의 복음에 대해 관심을 두지 않는 것은 지극히 자연스러운 일이다. 그들은 오로지 자기의 욕망을 채울 목적으로 연약한 사람을 이용하여 눈앞에 놓인 이익을 추구하기에 급급했을 따름이다.

그런 사람들이 하나님의 말씀을 전파하는 사도들에게 분노하는 것은 지극히 당연하다고 말할 수 있다. 그들의 사업에 엄청난 차질이 생겨 막대한 손실을 가져왔기 때문이다. 따라서 화가난 그들은 바울과 실라를 붙잡아 많은 사람들이 모인 광장으로 끌고 갔다. 그리고는 로마제국의 관리들 앞으로 데리고 갔다.

그들은 바울과 실라를 범법자로 몰아 당국에 고발하기에 이르렀다. 외지에서 들어온 유대인들로서 평온한 빌립보에 들어와 온 성을 소란케 한다는 것이었다. 그 사람들은 도리어 자기를 애국자와 의로운 자로 포장하고 있었다. 로마시민으로서는 도저히 받아들일 수 없고 행하지도 못할 악한 풍속을 저들이 전한다고 주장했던 것이다. 그러자 거기 모인 무리가 함께 소송자의 편에 서기에 이르렀다.

그 사람들의 거짓 증언을 들은 공직자들은 바울과 실라의 옷을 찢어 벗기고 매로 치라는 명령을 내렸다. 그러자 집행인들이 그들에게 심한 구타를 한 후 감옥에 가두고는 간수들로 하여금 든든히 지키도록 명했다. 그 명령에 의해 바울과 실라는 발에 차꼬가 채인 채 깊은 감옥에 갇히게 되었다.[39]

---

39) 바울은 숱하게 많이 감옥에 갇혔지만 그 형태는 각기 달랐다. 가이사랴 감옥은 외부인들과 교제할 수 있는 것이 어느 정도 허락되었다. 그리고 로마 감옥은 셋집에 갇히는 일종의 연금 상태에 놓여 있었기 때문에 외부 사람들의 방문이 금지되지 않았다. 그에 반해 빌립보 감옥은 외부와 완전히 차단된 채 차꼬에 매인 채 모진 고통을 겪어야 하는 어두운 감방이었다.

그것은 견디기 어려운 고통스런 일이 아닐 수 없었다.

그 힘든 상황 가운데서도 바울과 실라는 하나님께 간절히 기도하며 찬미하기를 게을리 하지 않았다. 그 가운데서도 감사하는 마음을 버리지 않았던 것이다. 그들이 한 밤중에 여호와 하나님을 경배하며 기도하는 소리를 함께 갇혀 있던 다른 죄수들도 들을 수 있었다. 그러던 중 갑자기 큰 지진이 나서 감옥터가 흔들리고 옥문이 다 열리게 되었다. 그리고 죄수들을 묶거나 채운 모든 쇠사슬들이 다 벗겨져버렸다.

밤늦게 잠에 빠져있던 간수들은 갑작스럽게 발생한 일에 당황하지 않을 수 없었다. 그들은 잠에서 깨어나 옥문들이 열려 있는 것을 목격하고 죄수들이 도망간 줄로 판단했다. 그와 같은 사태는 엄중한 책임을 져야 할 심각한 문제가 아닐 수 없었다. 따라서 그들은 가지고 있던 검을 뽑아 스스로 목숨을 끊어 자결하려고 했다.

어두움 가운데서 그 광경을 지켜보던 바울은 간수들을 향해 큰 소리로 외쳤다. 죄수들 가운데 아무도 도망치지 않고 그대로 있으니 몸을 상하지 말라는 것이었다. 그 소리를 들은 간수가 그제서야 등불을 들고 감방 안으로 뛰어 들어가 상황을 파악한 후에는 무서워 떨며 바울과 실라 앞에 무릎을 꿇었다. 그리고는 이제 어떻게 해야 파멸을 면하고 구원을 얻을 수 있을지 물었다.

우리는 이 말 가운데서 당시 관원들과 간수들은 바울과 바나바가 어떤 연고로 감옥에 갇히게 되었는지 전후 사정을 제대로 파악하고 있었음을 알게 된다. 즉 그들이 귀신들려 점하는 여인을 치유하고 그로 말미암아 당시 기득권층의 업자들의 질시에 의해 체포되어 갇힌 사실을 알았다. 그러므로 감옥터에서 갑작스런 지진이 발생했을 때 그 일이 어떤 신의 능력으로 말미암은 것으로 받아들였던 것이다.

구원에 관한 간수의 질문을 듣게 된 바울은, "주 예수를 믿으라 그리하며 너와 네 집이 구원을 얻으리라"고 말했다. 그렇게 하지 않으면 영원한 멸망을 피할 수 없다는 것이었다. 그것은 인생의 참 생명은 오직 예수 그리스도 한 분께 달려 있음을 선포하는 의미를 지니고 있다. 로마제국과 그 가운데서 충성하는 공무원 신분이 저들의 생명을 안전하게 보장해 줄 수 없었다.

그 간수는 바울이 하는 말을 즉각 알아들을 수 있었다. 따라서 바울은 하나님의 말씀을 그와 그 집에 있는 모든 사람들에게 선포했다. 여기서 우리가 생각해 보아야 할 점은 '그의 집'에 관한 문제이다. 어쩌면 그의 집 식구들이 관사에서 살고 있었기 때문에 실제로 그의 가족에게 하나님의 말씀을 전했을 수 있다.

그렇지 않다면 감옥에서 함께 근무하는 모든 직원들을 그의 집 가속으로 설명한 것일 가능성도 없지 않다. 어쨌거나 중요한 사실은 바울과 실라가 감옥에 갇힘으로써 전혀 예기치 못한 방법으로 이방인들에게 복음을 증거하게 되었다는 점이다. 어쩌면 사도 바울이 드로아에서 보았던 환상 중에 나타난 사람이 바로 그 간수들 가운데 한 사람이었을 가능성에 대하여 생각해 볼 수도 있다. 우리는 이 모든 일들이 하룻밤 사이에 일어나게 되었다는 사실에 놀라움을 금할 길 없다.

8. 석방을 거부하는 바울(행16:33-40)

모든 사람들이 깊이 잠든 한 밤중에 엄청난 사건을 겪었던 간수는 바울과 실라를 데리고 가서 그 맞은 멍들고 쓰라린 상처를 씻어주었다. 그리고 그와 그 집 안에 있던 모든 사람들이 세례를 받게 되었다. 그후 그는 주의 사자들을 데리고 자기 집으로 올라가 음식을 차려주었으며 저와 온 집이 하나님을 믿게 되었으므로 크게 기뻐했다.

우리가 여기서 볼 수 있는 사실은 그 간수가 극도로 위험한 행동을 하고 있었다는 점이다. 그가 설령 그곳에 있는 모든 간수들을 지휘하는 간수장이라 할지라도 상부의 특별한 지시 없이 죄수들의 차꼬가 풀린 상태에서 그를 감방 밖으로 나오게 하는 것은 법을 어긴 월권행위가 될 수 있기 때문이다. 자칫하면 중죄를 지은 범인에게 호의를 베풂으로서 나중 엄청난 문책을 당할 수도 있는 있이었다.

하지만 하나님의 복음을 깨닫게 된 그에게는 그것이 전혀 문제가 될 것이 없었다. 그가 확신하고 있던 바는 바울과 실라가 중한 범죄자가 아니라는 사실과 저들이 하나님의 사역자들이라는 사실이다. 따라서 그 간수는 그들을 더 이상 죄인으로 취급하지 않았으며 오히려 하나님의 사자로 받아들였던 것이다.

그 이튿날 행정관들이 담당 직원을 보내 그들을 석방하라는 명을 내렸다. 아마도 그 사이 간수들과 관료들 사이에 그 문제에 대한 대화들이 오갔을 것이 틀림없다. 즉 감옥에 갇힌 그들에게 석방이 허락된 것은 몇몇 개인의 판단이 아니라 무죄 판단에 근거한 행정절차에 따른 것이었다. 그리하여 간수는 바울에게 행정관들이 석방을 허락했으니 이제 평안히 나가라고 말했다.

그런데 여기서 예기치 못한 문제가 발생하게 되었다. 바울은 저들에게 고맙다는 말을 하면서 감옥으로부터 나간 것이 아니라 도리어 심각한 문제를 제기하고 나섰기 때문이다. 로마시민권을 가진 자기를 정식으로 법적인 절차를 거치지 않고 여러 사람들이 보는 공중 앞에서 구타하고 감옥에 가둔 것은 명백한 불법이라는 것이었다.

바울은 로마시민권자인 자기를 그런 식으로 처우하여 깊은 감옥에 가두고 심각한 불법을 저지른 후 이제 와서 선심 쓰듯 석방을 하는 것은 받아들일 수 없다는 사실을 말했다. 그러므로 책임있는 관리들이 직접 와서 사과한 후 거기서 데리고 나가라고 요구했다. 이는 당시 로마법에 비추어볼 때 여간 심각한 문제가 아니었다. 자칫 잘못하면 전체 시행정이 제국의 중앙 관청으로부터 엄청난 문책을 받게 될지도 모르는 형편이었다.

결국 부하들이 관청으로 돌아와 바울이 한 그 말을 전하자 당국자들은 크게 두려워하지 않을 수 없었다. 그들이 로마시민권자라는 사실을 전혀 알지 못하고 있었기 때문이다. 결국 높은 지위에 있는 행정관들이 직접 감옥으로 찾아가서 그를 권면하여 밖으로 데리고 나왔다. 아마도 사과를 하며 너그러이 봐달라는 당부를 했을 것이다.

그리고는 저들에게 빌립보 성을 떠나주기를 간청했다. 바울과 실라는 불신자인 그들에게 법적으로 저항하며 맞서 싸울 마음이 전혀 없었다. 저들이 온 세상을 다니는 목적은 오직 하나님의 복음을 전하는 일이었을 뿐이다. 즉 이 세상에서 자신의 권리를 찾아 누리며 살아가는 것이 근본 목적이 아니었다.

바울과 실라는 빌립보 감옥에서 석방된 후 곧장 자주색 옷감 장사 루디아의 집으로 찾아갔다.[40] 거기에는 여러 형제들이 저들을 위해 기도하는 마음으로 모여 있었을 것이다. 전혀 예기치 못했던 바울과 실라의 갑작스런 석방으로 인해 그들은 매우 놀랐을 것이 분명하다. 당시 신앙이 어린 이방인 출신 성도들은 바울과 실라가 체포되어 구금당하는 것을 보며 마음이 약해졌을지도 모른다. 그와 같은 형편에서 형제들의 석방 과정을 통해 그들의 믿음이 더욱 굳건하게 되었을 것으로 보인다.

---

[40] 우리는 여기서 그 전에 사도 베드로가 부당하게 체포되어 감방에서 고통당한 사실과 기적적인 방법으로 출옥하여 마가 다락방에 모여 있던 성도들에게 찾아갔던 사실을 기억하게 된다(행12장).

제22장

데살로니가, 베뢰아, 아테네에서의 복음전파
(행17:1-34)

1. 데살로니가에서의 복음선포와 위기

(1) 성경 강론(행 17:1-5)

빌립보에서 쫓겨나듯 떠나온 사도 바울 일행은 암비볼리와 아볼로니아 지역을 거쳐 데살로니가에 도착했다. 그곳에는 유대인 회당이 있었다. 바울은 늘 자기가 하던 방식대로 회당으로 찾아가서 유대인들을 만났다. 그는 세 번의 안식일 동안 회당에서 구약성경을 통해 하나님의 말씀을 강론할 수 있었다.

이는 데살로니가의 유대인들이 처음에는 바울을 유대인 혈통을 지닌 랍비 즉 종교 교사로 알았을 뿐 그가 기독교의 사도라는 사실을 알지 못하고 있었음을 말해준다. 만일 그들이 처음부터 바울이 당시 이단 취급을 받던 기독교의 중요한 지도자들 가운데 한 사람인 줄 알았다면 회당의 강단에 세우지 않았을 것이다. 그러나 그는 별 어려움이 없이 세 주일 동안 구약성경을 해석하며 가르칠 수 있었다.

바울은 그들에게 하나님의 말씀을 풀어 설명하면서 메시아가 이땅에 와서 해를 받아 죽으리라고 한 사실을 전했다. 그리고 그가 죽은 자들 가운데서 다시 살아나야 한다는 사실을 증거했다. 그리고는 그가 곧 예루살렘에서 십자가에 못 박혀 죽은 나사렛 출신의 예수 그리스도라는 것이었다.

이는 당시 유대인들에게는 충격적인 말이 아닐 수 없었다. 그들이 학수고대(鶴首苦待)하며 기다리던 메시아는 이방인들에게 승리를 거두고 지상의 패권을 장악하여 이방 왕국들을 심판하는 왕이었다. 바울이 전한 메시아는 전혀 그렇지 않았음에도 불구하고 그 진리의 말씀을 들은 사람들 가운데 유대교에 입교한 헬라인의 큰 무리와 상당수의 이방인 출신 귀부인들도 성경의 가르침을 듣고 바울과 실라를 따르게 되었다.

하지만 그 가르침에 강력하게 저항하는 사람들도 많이 있었다. 유대주의자들은 많은 사람이 바울의 말을 받아들이는 것을 보며 시기와 질투에 빠졌다. 그들은 광장으로 나가 불량배들을 데리고 와서 집단적으로 소요를 일으켰다.

극렬 유대인들은 데살로니가 성에 살면서 새로운 신앙을 받아들인 야손의 집으로 쳐들어갔다. 야손은 빌립보의 자주색 옷감 장사 루디아처럼 하나님의 말씀을 전파하는 사역자들을 자기 집에 초대하여 머물도록 했다. 그 정보를 입수한 유대주의자들은 야손의 집에서 그들을 끌어내어 군중 앞에 범법자로 세우고자 그런 행동을 취했던 것이다.

(2) 반역자로 몰린 바울 일행(행17:6-9)

유대주의자들은 바울과 실라를 찾아내고자 혈안이 되어 있었다. 그들은 데살로니가에 와서 예수 그리스도의 복음을 전파하는 바울 일행을 정치적 반역자로 몰아가고 있었다. 유대주의자들은 온 도성을 두루 다니며 그들을 '천하를 어지럽히는 범죄자들'(These men who have caused trouble all over the world)로 규정했던 것이다. 물론 그것은 아무런 근거도 없으며 터무니없는 모함에 지나지 않았다.

그 사람들은 그 명분으로 야손의 집으로 쳐들어갔으나 바울 일행을 찾는 일에 실패했다. 그들이 그 집에 없었기 때문이다. 그러자 그 사람들은 야손과 그 집에 있던 예수 그리스도를 믿는 여러 성도들을 바깥으로 끌어내 관원들 앞으로 끌고 갔다. 그들이 바울과 동일한 사상을 가졌을 뿐 아니라 범인을 도와주는 자들로서 한 패거리라는 이유 때문이었다.

사악한 유대인들은 야손을 비롯한 믿는 형제들을 정치적 범죄자로 몰아붙였다. 빌립보에서부터 천하를 어지럽혀 오던 자들이 데살로니가에 이르게 되자 야손이 자기 집으로 영접해 들였다는 것이다. 그들은 바울과 그 일행을 로마제국의 황제에게 저항하는 정치적인 반란자로 몰아 고소했다.

누구든지 로마 황제를 무시한 채 자기가 왕이라 주장하는 자가 있다면 그는 반역자가 된다. 그런데 유대주의자들은 바울과 그를 추종하는 자들이 로마제국의 가이사 곧 황제의 명을 거역했다는 주장을 내세웠다. 즉 로마제국의 통치자는 황제 한 사람밖에 없는데 그들은 유대인 출신의 예수를 다른 왕이라고 주장했다는 것이다.

유대인들로부터 고발 내용을 듣게 된 무리와 관원들은 놀라지 않을 수 없었다. 반란 행위에 대하여 진상파악을 해야 하는 당국자들은 급히 나서서 야손을 체포했다. 하지만 당국자들은 저들의 반란 행위에 대한 구체적인 사실이 확인되지 않자 야손을 비롯한 성도들로부터 보석금(保釋金)을 받은 후 훈방했다. 직접 그런 말과 행동을 하지 않았다고 할지라도 당시 분위기상 저들이 무죄라 말하기는 어려웠다. 따라서 다시는 그와 같은 범죄 행위를 하지 말라고 당부하며 풀어주었던 것이다.

2. 베뢰아에서의 사역

(1) 복음 선포(행17:10-12)

데살로니가에서 바울과 실라가 유대주의자들과 당국자들에 의해 위협을 당하게 되자 믿는 형제들이 밤중에 그 일행을 내륙 깊숙이 위치한 베뢰아로 보냈다. 이곳을 떠나지 않으면 무슨 일이 발생할지 몰랐기 때문이다. 아무도 보지 못하는 밤중에 그들을 떠나보냈다는 것은 상황이 그만큼 심각했다는 사실을 말해주고 있다.

바울 일행은 먼 길을 걸어 무사히 베뢰아에 도착하게 되었다. 그들은 시간에 맞추어 유대인 회당을 방문하게 되었으며 별 탈 없이 그들 가운데서 성경말씀을 전할 수 있는 기회를 얻었다. 당시 베뢰아 사람들은 데살로니가 사람들보다 더 신사적이라는 정평이 나 있었다. 이는 다른 사람들의 말에 대하여 즉각적인 감정 대응을 하지 않고 신중하게 판단한 후 그에 반응하는 지역민들의 특성을 의미하는 것으로 보인다.

그들은 사도 바울이 증거하는 말을 듣고 간절한 마음으로 기꺼이 그의 가르침에 귀를 기울였다. 구약성경에 기록된 메시아에 대한 바울의 해석은 그전에 미처 생각해보지 못한 내용이었다. 더구나 그 메시아가 인간의 몸을 입고 이땅에 오신 예수 그리스도라는 이야기를 들었을 때 과연 그런가 하여 성경을 깊이 묵상했다.

그리하여 베뢰아 사람들 가운데 바울의 선포와 증언에 따라 예수 그리스도를 믿는 사람들이 많아졌다. 그들 중에는 헬라 출신의 귀부인들도 있었으며 많은 남성들도 섞여 있었다. 하나님의 진리가 복음 사역자들을 통해 온 세상에 전파되어 나가게 되었던 것이다.

우리는 베뢰아 사람들의 신앙 자세를 통해 우리 자신을 되돌아 볼 수 있어야 한다. 어리석은 자들은 극렬 유대주의자들처럼 무조건 자기가 옳다는 종교적인 관념에 얽매여 남을 비난한다. 그것이 지나치면 하나님의 진리에 저항하는 위험한 행위가 될 수 있다. 하나님의 자녀들은 베뢰아 사람들처럼 항상 성경의 교훈에 관심을 기울여 하나님의 뜻을 알아가도록 애써야만 한다.

(2) 데살로니가 유대주의자들의 원정 박해(행17:13-15)

사도 바울 일행이 베뢰아의 유대인 회당에서 성경을 가르친다는 사실과 그로 인해 많은 사람들이 복음을 영접하여 예수를 메시아로 믿게 된 사실이 데살로니가의 유대주의자들에게까지 소문으로 퍼져나갔다. 그렇게 되자 극렬 종교인들은 그것을 그냥 두고 보지 못했다. 그들은 그것을 중단시키기 위해서는 무슨 방법이라도 다 동원할 것 같은 태도를 보였다.

결국 데살로니가의 유대주의자들은 바울을 응징하기 위해 베뢰아까지 원정을 갔다. 이는 과거 바울이 루스드라에서 복음을 증거할 당시 비시디아 안디옥과 이고니온의 유대주의자들이 멀리 원정을 와서 바울을 죽이려던 것과 흡사한 상황이었다(행14장, 참조). 그때도 그들은 바울의 사역을 방해하기 위해 어리석은 백성들을 선동했다.

이와 유사한 사건들은 바울의 일생 동안 되풀이하여 일어났다. 데살로니가의 극렬 유대주의자들은 베뢰아까지 가서 그 지역의 무리를 선동하여 소동케 했다. 바울 일행이 조용하던 도시 베뢰아를 혼란스럽게 만들고 유대인들을 분열시키는 것에 대하여 반감을 품도록 만들었던 것이다. 그와 같은 행동이 과격한 방향으로 발전해 가게 되면 바울의 목숨까지 위태로워질 수 있었다.

그러므로 베뢰아의 믿는 형제들은 바울을 다른 지역으로 피신시키고자 했다. 그들은 바울을 데살로니가 인근의 에게해의 바닷가로 데리고 갔다. 그를 해치고자 하는 자들로부터 멀리 떠나보내기 위해서였다. 그것이 유대주의자들에 의해 위협을 당하고 있는 바울에게는 가장 안전한 방편이었다.

그런 위태로운 상황 가운데서 실라와 디모데는 여전히 베뢰아에 머물렀다. 그 사이 마게도니아 지역의 형제들은 바울을 남쪽의 아테네까지 인도했다. 그들은 바울을 아테네에 남겨 두고 다시 되돌아가야 했다. 바울은 마게도니아로 돌아가는 형제들에게 실라와 디모데를 속히 자기에게 보내달라는 당부를 하고 떠나 보냈다.

3. 아테네에서의 변론과 선포

(1) 아테네의 회당과 광장에서 변론하는 바울(행17:16-21)

사도 바울은 아테네에 머무는 동안 온 성안을 두루 다녀보았다. 철학자들의 도시인 그곳에는 여기저기 그리스 신들을 상징하는 많은 신상들이 세워져 있었다. 그것들을 목격한 바울은 우상숭배를 하는 어리석은 자들에 대한 안타까움과 더불어 분개하는 마음을 가지지 않을 수 없었다.

바울은 또한 유대인 회당을 방문해 유대인들과 이방인으로서 유대교에 들어온 경건한 자들을 향해 복음을 변증했다. 그리고 시장 어귀나 광장에서 만나는 여러 사람들과 날마다 논쟁을 벌이기도 했다. 뿐만 아니라 아테네에 있는 여러 철학자들과 쟁론을 벌이기를 주저하지 않았다. 당시 아테네는 과거부터 있어온 사상적인 특성으로 인해 많은 사람들이 몰려들었으며 철학에 대해 논쟁하기를 좋아하는 자들로 붐볐다.

그들 가운데는 스토아학파(the Stoics)[41]에 속한 자들과 에피쿠로스학파

---

41) 스토아 철학은 금욕주의를 기반으로 하며 BC3세기부터 AD2세기까지 활발한 모습을 보였다. 이 사조는 아리스토텔레스 이후 그리스 로마 철학을 대표한다고 볼 수 있다. 또한 헬레니즘 문화와 절충적인 성격을 지니고 있으면서 우주의 절대성을 앞세운 유물론과 범신론적 입장을 취하고 있다. 그들은 정념(情念)과 욕망을 극복하는 상태의 아파테이아(apatheia)를 최고의 선으로 이해했다.

(the Epicureans)[42])의 철학자들도 있었다. 당시 그들은 헬라 철학을 대표하는 양상을 보이기도 했다. 사도 바울이 논쟁을 주도할 당시 이미 그의 존재는 주변 사람들에게 상당히 알려진 상태였다. 그러므로 사람들은 그를 말쟁이라고 불렀다. 이는 바울의 주장이 아테네의 여러 철학자들에게 상당한 의미를 지닌 것으로 인정되었음을 말해준다.

한편 당시 지식인들 가운데는 바울의 사상이 매우 특이하다고 여기는 자들이 상당수 있었다. 에피쿠로스학파와 스토아학파의 철학자들도 바울과 쟁론하면서 그에 대한 사실을 드러내 보이고 있다. 그들은 종교적인 사상을 전하는 바울을 말쟁이라고 빈정대면서도 그와 대화하며 쟁론해 보기를 원했다. 사실 그리스 철학자들이 특별한 관심을 가지고 그를 대화의 대상으로 삼는 자체가 대단한 것이라 말할 수 있다.

바울이 예수 그리스도뿐 아니라 그가 몸으로 부활한 사실을 전하는 것이 철학자들에게는 결코 예사롭지 않은 문제였다. 당시에도 죽은 사람의 부활에 연관된 이방 종교사상이 있었으며 장차 그런 일이 발생하리라고 주장하는 사람들도 있었다. 그런데 바울은 예수라는 인물이 죽었다가 그 며칠 후에 몸의 부활이 이루어졌음을 전한 것은 놀라운 일이 아닐 수 없었다. 더구나 그의 말에는 논리와 권위가 실려 있었던 것이다.

그 철학자들은 바울을 데리고 많은 사람들이 몰려드는 아레오바고(Areopagus)로 갔다. 그들은 바울이 말하고 있는 바 생전 처음 접하는 종교에 관해서 들어보기를 원했다. 바울이 전하는 종교가 평범하지 않았으므로 좀 더 깊은 내용을 알고 싶었던 것이다.

---

42) 에피쿠로스학파는 인생의 최고 목적을 행복을 소유하는 것으로 여겼다. 소크라테스를 비롯한 많은 철학자들은 그와 같은 사고를 했다. 그러나 에피쿠로스학파 철학자들은 눈앞의 쾌락을 추구하는 것을 최상이라 여기지 않았다. 과연 무엇이 진정한 쾌락을 가져다주는지 주의 깊게 살펴보아야 한다고 믿었다. 따라서 그들은 어떤 것에도 흔들리지 않는 마음의 평정상태인 아타락시아(ataraxia)가 행복의 필수 조건으로서 최고의 선이라 보았다.

당시 그리스 지역에 살고 있던 상당수의 사람들은 새로운 철학적인 주장에 깊은 관심을 가지고 있었다. 특히 철학을 공부하기 위해 멀리 외국에서 찾아온 학생들과 학자들은 더욱 그랬다. 그들은 철학적인 새로운 학설들을 듣고 공부하는데 거의 모든 시간을 할애했다고 해도 과언이 아닐 정도였다. 그에 몰두하는 자들은 그와 같은 삶이 인간에게 허락된 최상의 값어치가 되는 것으로 여겼기 때문이다.

(2) 바울의 아레오바고 선포(행17:22-31)

사도 바울은 아레오바고 가운데 서서 진리의 말씀을 전파했다. 그때 많은 사람들이 그가 하는 말을 귀담아 들었다. 그 중에는 헬라 철학에 능통한 학자들도 있었으며 지나가다가 우연히 그의 말을 듣게 된 사람들도 있었을 것이 분명하다. 또한 하릴없이 배회하던 중 그 광경을 목격하고 진리의 말을 접한 자들도 없지 않았을 것이다.

그들 가운데 어떤 사람들은 긍정적인 관점에서 바울이 전하는 말을 들었지만 다른 어떤 사람들은 부정적인 태도를 취하고 있었다. 거기 모인 사람들은 학문과 지식의 정도에 큰 차이가 났을 것이 분명하다. 또한 신분과 직업, 인종, 출신 배경, 빈부격차 등 매우 다양한 모습의 사람들이 그 자리에 모여 있었다.

바울은 먼저 그들을 향해, 거기 모인 사람들을 포함한 아테네에 살고 있는 주민들이 범사에 종교성이 많다는 사실을 언급했다. 그가 아테네 시가지를 두루 다니면서 백성들이 섬기는 수많은 신상들을 보던 중 '알지 못하는 신에게'(TO THE UNKNOWN GOD)라고 새겨진 제단도 보았음을 말했다. 따라서 아테네 사람들이 알지 못하고 섬긴다는 그 신에 대하여 바울 자신이 저들에게 알게 해주겠노라는 말을 했다.

살아계신 하나님은 우주와 그 가운데 존재하는 만물을 창조하신 분이다. 그는 하늘과 땅의 주인으로서 사람들이 손으로 지은 신당에 계시지 않는다. 바울은 천지만물을 창조하신 그 하나님은 무엇인가 부족한 듯 사람의 손으로 만든 것을 통해 섬김을 받는 분이 아니라는 점을 강조했다. 이 말 가운데는 아테네에 살고 있는 사람들이 손으로 신상을 만들어 섬기는 것은 헛된 종교성에 지나지 않는다는 의미가 내포되어 있다.

또한 바울은 하나님께서 모든 인간들에게 생명과 호흡을 허락하셨으며 세상에 존재하는 모든 것들을 인간들이 누리게 된 것은 하나님으로 말미암은 은총이라고 했다. 그리고 인류의 모든 족속을 한 혈통으로 만들어 온 땅에 거하게 하시고 각 사람들이 살아갈 다양한 시대와 거주할 지역을 미리 정해주셨다는 것이다.

이 말은 인간과 세상에 대한 하나님의 놀라운 섭리와 경륜에 연관된 언급이다. 하나님께서 그렇게 은총을 베푸신 것은 사람들로 하여금 하나님을 더듬어 찾고자 하는 마음을 주시기 위해서였다. 즉 하나님은 인간들로부터 멀리 떨어져 계신 분이 아니라는 것이었다. 하나님께서는 일반 자연계시를 통해 인간들로 하여금 자기를 알아가고자 하는 마음을 가질 수 있도록 허락하신 것이다.

바울의 말 가운데는 하나님께서 아담을 지으시고 그를 통해 모든 인간이 존재하게 되었음을 말해준다. 모든 인간들은 예외 없이 하나님의 뜻에 의해 지어진 한 사람 아담(Adam)의 자손이다. 이는 우리시대의 불신자인 진화론자들과 기독교 가운데 존재하는 유신진화론자들의 주장과 완전히 상반되는 내용이다.

그러므로 사도 바울은 모든 인간은 그의 일반적인 은총을 힘입어 살아가며 기동하고 있다는 사실을 강조했다. 그는 또한 그리스 출신의 어느 시인이 신에 대한 언급을 하며 '우리가 그의 자녀들이라' 고 한 말을 인용하며 말했다. 그러면서 인간들은 자신이 신의 자녀라는 사실을 알아야만 한다고 강조했다. 인간이 조물주 앞에서 자신의 존재를 올바르게 알게 되는 것은 매우 중요한 일이라는 것이었다.

또한 누구든지 신의 자녀가 된 자라면 사람들의 두뇌를 통한 고안과 손 기술을 동원하여 금이나 은이나 돌로써 신의 형상을 새겨 만들어 그것을 마치 신인 양 간주하여 섬겨서는 안 된다는 점을 언급했다. 신을 알지 못하던 때는 하나님께서 그 허물을 당장 책망하지 않으셨다. 하지만 그것을 알게 된 후로는 어디에 살아가는 인간이든지 하나님께서 저에게 회개하라고 명하신 사실을 말했다.

바울은 거기 모인 백성들에게 저들이 이 말을 받아들이지 않으면 하나님의 심판을 피할 수 없게 된다는 사실을 밝혔다. 즉 하나님께서 선택하신 특별한 한 사람으로 하여금 천하를 공의로 심판하실 날을 작정하고 계신다는 것이었다. 하나님께서는 그것을 위해 성자(聖子)인 예수 그리스도를 죽은 자들 가운데서 다시 살리심으로써 그것을 모든 사람들에게 믿을 만한 증거로 삼으셨음을 말했다. 이는 메시아 사역에 연관된 말씀이다.

(3) 아테네에서의 열매(행17:32-34)

사도 바울이 아레오바고에서 하나님의 진리를 선포했을 때 거기 모인 사람들의 반응은 각양각색이었다. 특히 죽은 자의 부활 곧 예수 그리스도가 죽었다가 다시 살아난 사실에 대한 말을 듣고 각자의 속마음이 그대로 드러났다. 그것은 결코 일반 상식적인 내용이 아니었기 때문이다.

그들 가운데 많은 사람들은 바울의 말을 듣고 나서 비웃으며 조롱했다. 무신론자들의 입장이나 인간의 이성과 경험을 배경으로 한 자들은 결코 그의 주장을 받아들일 수 없었다. 유사 이래 완전히 죽었던 사람이 며칠간 무덤에 묻혔다가 나중 다시 살아나서 활동한 예는 들어본 적이 없었기 때문이다.

그런데 다른 한편으로는 바울이 전하는 말에 깊은 관심을 기울이는 자들이 생겨났다. 그들은 그 가르침에 대해 다시금 들어보고자 하는 마음을 가졌다. 아마도 바울은 그후에도 몇 차례 더 동일한 장소에서 많은 사람들 앞에서 하나님의 말씀을 선포했을 것으로 보인다.

바울의 가르침을 조롱하며 비방하는 자들과 그에 관심을 가지는 자들은 개인적인 철학 지식의 많고 적음을 근거로 하지 않았다. 즉 그들이 가진 지식의 많고 적음이나 인간적인 지혜의 정도와 직접적인 관련이 없었을 것이다. 오직 하나님의 은혜와 성령의 도우심에 의해 진리의 말씀을 깨달을 수 있었을 따름이다.

그리하여 철학의 본거지 아테네에 하나님의 복음을 믿는 자들이 생겨나게 되었다. 몇몇 사람은 하나님을 믿고 바울과 친하게 지내는 일이 발생했다. 아마도 그들이 아테네 교회의 초기 성도들이 되었을 것이다. 그들 가운데는 아레오바고 관원이었던 디오누시오(Dionysius)와 다마리(Damaris)라고 하는 여자도 있었다. 그들 이외에도 하나님을 믿게 된 성도들이 여러 명 있었다.

아테네에 하나님의 말씀이 증거되고 교회가 세워졌다는 사실은 매우 중요한 의미를 지니고 있다. 이는 예수 그리스도의 복음이 세상 철학을 생산해 내는 심장부를 정면으로 겨누게 된 격이었기 때문이다. 당시 소아시아 지역에서도 이교도의 철학이 성행했지만 아테네가 당대 철학의 중심지 역할을 하고 있었던 것이다.

제23장

고린도에서의 복음전파
(행18:1-22)

1. 고린도에서 바울이 아굴라 부부를 만남(행18:1-5)

아테네에 주님의 몸된 교회가 세워짐으로써 이방 철학의 잘못된 사상들이 뚜렷이 노출되었다. 하나님의 백성들은 세상의 철학적 논리에 근거한 삶이 아니라 하나님의 말씀에 따른 참된 가치를 통해 살아가게 된다. 그것을 위해서 세상에 대항하는 교회의 영적인 전투가 일어날 수밖에 없었다.

아테네에서의 모든 사역을 마친 사도 바울은 고린도 지역으로 내려갔다. 고린도에는 아테네와 마찬가지로 그리스인들의 이방 신전들이 많이 있었다. 그 가운데 아프로디테 신전에는 천 명 가까이 되는 신전 창녀들이 있었다고 전해진다. 당시 그 도시는 경제적인 번영을 누린 동시에 성적으로 매우 문란한 지역으로 정평이 나 있었다.

거기에는 마침 본도(Pontus) 출신의 유대인 아굴라와 브리스길라 부부가 바울보다 먼저 와 있었다. 그들은 로마에서 고린도로 이주해 왔으며 신앙적인 문제로 인해 부득이 그곳으로 올 수밖에 없었다. 즉 당시 로마제국의 클라우디우스 황제가 내린 기독교인들에 대한 로마 추방령으로 인해 그곳으로 이주해왔던 것이다.

당시 로마에서는 기독교인들이 적잖게 문제시되고 있었다. 물론 그것은 오해와 모함으로 인한 것이었다. 그들이 매주일 공적으로 회집하는 예배 시간에 그리스도의 피와 살을 먹는 성찬을 나누는 것을 두고 사람들은 마치 기독교인들이 인육(人肉)을 먹는 것처럼 소문이 돌기 시작했다.[43] 그것은 기독교인들의 잔혹성을 말하는 것으로 오해되었고 이는 상식적인 사람들로서는 상상조차 하기 어려운 일이었다.

뿐만 아니라 당시 기독교인들은 나사렛 출신의 예수를 왕(王)으로 모시고 있다는 소문이 파다하게 퍼져 있었다. 그것은 로마 황제에 저항하는 집단적 반란 행위가 아니었음에도 불구하고 악한 사람들은 그런 식으로 소문을 퍼뜨렸다. 그에 대한 이야기를 전해 듣는 사람들은 실제 여부를 확인하지 않은 채 극단적인 기독교인들이 로마제국을 전복하고자 반역을 꾸미는 것으로 오해하게 되었다.

그와 같은 여러 가지 이유들로 인해 제국의 수도인 로마에서는 바짝 긴장하지 않을 수 없었다. 그래서 클라우디우스 황제는 AD49년 경 기독교인들(Chrestus)에게 로마에서 떠나도록 추방령을 내렸다. 그것은 강제적으로 시행되는 황제 칙령에 의한 것이었다. 그로 인해 로마에 살고 있던 기독교인들은 세계 여러 지역으로 흩어지게 되었다. 그때 아굴라와 브리스길라 부부가 고린도 지역으로 이주해 왔던 것이다.

---

43) 심지어 사람이 실종되기라도 하면 기독교인들의 소행일지 모른다는 소문이 나돌 지경이었다고 한다. 그것은 단순한 헛소문에 지나지 않았지만 실상을 모르는 일반 시민들로 하여금 심한 경계심을 가지게 할 만한 충분한 요인이 될 수 있었다.

성경은 사도 바울이 고린도 지역에서 아굴라 부부를 만났을 때 저들의 직업이 같았다는 사실을 언급하고 있다. 그들은 장막을 만드는 기술을 가진 자들(tent-makers)이었다는 것이다. 물론 바울은 당시 그 일을 직업으로 삼고 있지 않았지만 그는 장막 제작 기술을 가지고 있었다. 그런데 문제는 성경을 통해 살펴 보건데 이전 바울의 생애 가운데 그와 같은 일을 한 적이 없었다는 사실이다. 그는 가말리엘의 문하생으로 학업을 마친 후에는 산헤드린 공회원으로 활동한 인물이었다.

그럼에도 불구하고 성경은 바울의 직업이 장막 만드는 것이라 말하고 있다. 그렇다면 우리는 이를 어떻게 받아들여야 하는가? 이는 당시의 교육제도와 연관된 것으로 이해하는 것이 자연스럽다. 당시 교육기관에서는 공부와 더불어 기술을 익히는 직업 교육을 동시에 진행했던 것으로 보인다. 이를테면 오전에는 학과 수업을 하고 오후에는 직업을 위한 기술을 배우고 밤에는 각기 자신의 공부를 하는 식이었을 것이다.

아마도 당시 학생들이 배우는 기술 교육은 다양했을 것으로 보인다. 오늘날 우리식으로 말한다면 어떤 학생은 요리를 만드는 기술을 배워 익히고 또 다른 어떤 학생들은 미용이나 의상에 연관된 기술을 배우기도 했을 것이다. 또한 도자기 제조나 선박을 만드는 기술을 배우는 학생들이 있었을지도 모른다. 그때 바울은 장막을 만드는 기술을 익혔던 것으로 보인다. 그로 말미암아 나중 바울의 직업이 아굴라와 같은 장막 만드는 것으로 표현되었던 것이다.

우리는 또한 여기서 바울이 장막을 만드는 기술을 가졌다는 의미는 일종의 건축과 연관되는 것으로 보는 것이 자연스럽다. 즉 오늘날 우리가 일반적으로 생각하는 천으로 된 텐트를 만드는 일이라기보다 사람들의 임시 가옥 건축에 연관된 것으로 보인다. 어쨌거나 바울과 아굴라 부부는 동일한 신앙을 소유하고 있었을 뿐 아니라 같은 기술을 가지고 있었으므로 더욱 급속히 가까워질 수 있었을 것이다.

그렇다고 해서 사도 바울이 계속하여 자기가 가진 기술을 통한 직업인으로 남아있었던 것은 아니다. 그는 매 안식일마다 유대인 회당에 들어가 하나님의 말씀을 강론하는 것을 주된 사역으로 이해했다. 그리고 구약성경에 기록된 내용을 받아들이는 유대인과 헬라인들을 권면하여 진리를 깨닫게 해주는 일에 매진했다.

그러던 중 실라와 디모데가 마게도니아로부터 바울에게로 내려 왔다. 바울은 그들과 함께 헬라인을 비롯한 이방인들뿐 아니라 유대인들에게 예수는 그리스도라는 사실을 밝히 증거하고자 최선의 노력을 기울였다. 유대인들은 구약성경을 가지고 있으면서 메시아가 오기를 소망하는 자들이었다. 사도 바울은 성령의 인도하심에 따라 하나님의 말씀에 붙잡혀 그들에게 이미 오신 그리스도에 관한 진리를 선포했던 것이다.

❖ 데살로니가전서_바울의 두 번째 서신

실라와 디모데가 마게도니아 지역으로부터 고린도에 도착했을 무렵 사도 바울은 하나님으로부터 계시받은 데살로니가 전서를 기록한 것으로 보인다. 그것을 다른 형제들의 손에 들려 데살로니가 교회로 보냈을 것이다. 당시 데살로니가 지역의 교회들은 유대주의자들에 의해 당하는 고통뿐 아니라 여러 가지 해결해야만 할 신학적 문제들이 존재하고 있었다.

그 가운데 가장 두드러진 것은 부활 승천하신 예수님의 재림에 관한 문제였다. 다수의 성도들이 사도들의 가르침에 따라 그리스도의 육체적 재림을 믿고 있었지만 여러 가지 궁금한 점이 많을 수밖에 없었다. 하지만 그것이 지나쳐 상당한 논쟁을 불러일으키는 경우가 발생하기도 했다.

　어리석은 자들은 예수님이 곧장 다시 재림하실 것 같은 주장을 펼쳤다. 신앙이 어린 교인들 가운데는 주님의 재림이 임박한 것으로 여겨 세상에서의 삶을 등한시 하기도 했다. 조만간 예수님께서 재림하시면 모든 것이 끝나게 되는데 애써 노력하며 살아갈 필요가 없다는 것이었다.

　한편 예수님이 육체적으로 재림하는 것을 부인하거나 그 시기가 자기와는 아무런 상관이 없는 것처럼 생각하는 자들도 있었다. 그런 자들은 주님의 재림을 간절히 기다리지 않았기 때문에 하나님의 최종적인 심판을 가볍게 여기며 자신의 욕망을 채워나가기에 급급했다. 그들은 현세적 현실주의자가 되어 하나님께서 예비하시는 영원한 나라에 대하여 갈급한 심정을 가지지 않았다.

　그러므로 사도 바울은 장차 주님께서 만왕의 왕으로서의 찬란한 위엄을 가지고 재림하신다는 사실을 분명히 전했다. 즉 주님께서 천사장을 대동하고 호령을 하는 가운데 이땅에 오실 것이며 하나님의 나팔소리와 더불어 이땅에 재림하시게 된다는 사실을 증거했다(살전4:16,17). 따라서 지상교회에 속한 모든 성도들은 항상 심판주이신 예수님께서 오실 그 날을 손꼽아 기다리지 않으면 안 된다.

　하지만 그가 언제 이땅에 재림하실지에 대하여 아는 사람은 아무도 없다. 즉 정확한 재림의 날과 시간을 알고 있는 자가 존재하지 않는다. 어리석은 인간들이 이 세상에 빠져 자신의 욕망을 추구하며 살아갈 때 예수님께서 갑작스럽게 오시게 된다. 배부른 인간들이 평안하다고 외치며 만족스러워 할 때 영광스런 모습을 띤 예수님께서는 무서운 심판주로서 마치 도적같이 갑자기 오시는 것이다.

하지만 하나님의 자녀들은 그 시기를 어느 정도 예견하고 준비할 수 있다. 세상의 형편을 살피며 그 때가 무르익었음을 깨닫게 된다. 따라서 참된 교회와 그에 속한 성도들에게는 그 날이 도적같이 갑자기 임하지 못한다. 그러므로 하나님의 자녀들은 깊은 잠에 빠져있지 말고 항상 깨어 있는 자세로 근신하고 있어야만 하는 것이다(살전5:1-6).

사도 바울은 데살로니가 교회에 편지하면서 성도들은 예수 그리스도의 정결한 신부답게 질서를 지키며 살아가야 한다는 사실을 강조했다. 교회가 성경의 원리와 교훈에 따라 질서를 유지하는 것은 매우 중요하다. 그래야만 교회에 속한 성숙한 성도들뿐 아니라 교회의 상속을 이어가는 어린 언약의 자손들이 하나님의 뜻 가운데서 혼선을 빚지 않게 된다.

바울은 또한 성도들에게 어떤 어렵고 힘든 상황이 닥친다고 할지라도 항상 기뻐하는 가운데 쉬지 말고 기도하며 범사에 감사하라는 요구를 하고 있다(살전5:16-18). 이는 단순히 감정적인 표현을 두고 하는 말이 아니다. 그리고 아무 것도 하지 말고 기도만 하고 있으라거나 앞뒤 가리지 않고 무조건 감사하라는 일반적인 의미를 담고 있지도 않다.

하나님의 자녀들은 이 세상의 고통 가운데서도 영원한 천상의 나라를 바라보며 참된 기쁨을 잃지 말아야 한다. 또한 천상과 연결되는 것에 대한 증거가 되는 기도의 끈을 놓아서는 안 된다. 범사에 감사하라는 것도 세상에서의 좋은 환경 조건 때문이 아니라 영원한 나라와 하나님의 궁극적인 사역으로 인해 감사하라는 의미를 지니고 있는 것이다.

2. 유대인들의 저항과 이방인을 향한 바울(행18:6-10)

고린도 지역의 유대주의자들은 바울을 대적하며 그가 전하는 말씀사역을 훼방했다. 그것으로 인해 교회와 성도들이 견디기 어려운 상황에까지 이르게 되었다. 그리하여 바울은 옷의 먼지를 떨어내면서 그 사람들을 향해 저들의 피가 그 머리로 돌아갈 것이라 말했다. 이는 저들에 대한 저주의 선언이었다. 하나님의 말씀을 거절하는 자들은 마땅히 그 무서운 심판을 받아야만 한다.

사도 바울은 그러면서 자기는 하나님 앞에서 순결하다는 사실을 언급했다. 그는 이제 유대인들에게 복음 전하는 일을 포기하고 이방인들을 향해 나아가리라고 했다. 이와 같은 말은 유대주의자들에게는 여간 심한 모욕적인 언사가 아닐 수 없었다. 저주의 말 자체도 그랬지만 저들이 부정하게 여기는 이방인들보다 못한 존재로 간주되었기 때문이다.

유대인들을 떠난 바울은 하나님을 경외하는 디도 유스도(Titius Justus)의 집으로 갔다. 그는 예수 그리스도를 믿는 성도로서 그의 집은 고린도의 유대인 회당 옆에 있었다. 그 옆집에 살고 있는 회당장 그리스보(Crispus)도 온 가족과 더불어 예수를 믿게 되었다. 이처럼 고린도 지역에는 예수를 믿고 세례를 받은 사람들이 적지 않았다. 그럼에도 불구하고 당시 바울은 유대인들로부터 심각한 위협을 받고 있는 형편이었다. 그 분위기가 매우 험악했던 것이다. 따라서 밤중에 하나님께서 환상 가운데 바울에게 말씀하시기를 두려워하거나 잠잠하지 말고 지금까지 그래왔듯이 복음을 선포하라고 하셨다. 바울은 당연히 하나님의 말씀에 순종하게 되었다.

하나님께서는 또한 자기가 그와 함께 계실 것이기 때문에 아무도 그를 대적하여 해칠 자가 없다는 사실을 말씀하셨다. 이는 고린도에 하나님의 백성들이 많으므로 함부로 바울을 건드리지 못하리라는 것이었다. 우리가 여기서 주의를 기울여 생각해야 할 점은 하나님께서 바울에게 하신 그 약

속을 일반화시키지 말아야 한다는 사실이다. 즉 하나님께서 언제 어디서
든지 항상 그가 해를 당하지 않게 하겠다고 말씀하신 것은 아니다.

사도 바울은 이미 앞에서 여러 차례 심한 고난을 받았으며 앞으로 더
큰 고통을 당하게 된다. 따라서 당시 하나님께서 그에게 말씀하신 것은 고
린도에서의 상황을 말씀하셨던 것으로 이해해야 한다. 물론 하나님께서는
궁극적으로 저를 지켜 주시지만 때로 박해 가운데서 오차 없이 자신의 구
속 사역을 이루어 가셨던 것이다. 이에 대해서는 오늘날 우리도 전반적으
로 이와 동일한 관점에서 이해하고 적용해야 한다.

3. 일 년 육 개월의 고린도 사역과 총독부에 피소된 바울(행18:11-17)

당시 사도 바울은 고린도 지역에 일 년 육 개월 간 머물며 하나님의 말
씀을 가르치며 주님의 몸 된 교회를 굳건하게 세워나갔다. 그러던 중 갈리
오(Gallio)가 아가야 지역의 총독으로 부임하게 되었다. 그는 네로(Nero) 황
제의 스승이자 스토아학파의 거두라 할 수 있는 세네카(Seneca)의 형제로서
막강한 정치적 배경을 가진 인물이었다.

갈리오가 그 지역의 총독이 되어 부임해 왔을 때, 유대주의자들이 정
치적 전환기를 이용하여 바울과 그의 추종자들을 대적하여 일제히 일어났
다. 결국 그들은 바울을 붙잡아 재판정으로 끌고 갔다. 그들은 바울을 당
국에 고소하면서 그가 율법을 어기고 상식적이지 않은 다른 방법으로 하
나님을 섬기라고 요구하면서 사람들을 선동한다는 것이었다.

유대주의자들이 바울을 고소한 직접적인 혐의 내용은 성경에 기록되
어 있다. "이 사람이 율법을 어기어 하나님을 공경하라고 사람들을 권한
다"(행18:13)는 것이었다. 여기서 우리는 중요한 몇 가지 의미를 발견하게
된다. 그것은 우선 유대인들이 로마 총독에게 바울이 율법을 어긴다고 주
장한 점이다.

그들의 입장에서는 바울이 유대인의 율법을 어긴 것으로 판단했지만 총독에게는 그가 로마법을 어기는 것처럼 고소했다. 이는 언어적으로 총독을 교묘히 기만하고자 하는 못된 속내를 지니고 있었다. 뿐만 아니라 유대인들은 바울이 하나님을 공경하라고 사람들을 권한다는 주장을 했다. 그의 말 가운데는 로마 황제를 부인하도록 권하는 성격이 들어 있다는 것이었다. 하지만 바울은 로마법을 어기지도 않았으며 예수님을 정치적인 왕으로 옹립하고자 한 것도 아니었다.

그러므로 바울은 로마 총독 갈리오 앞에서 정당성을 내세우며 자신의 입장을 변호하고자 했다. 그러자 총독 갈리오는 그의 입을 가로막으면서 원고에 해당되는 유대인들을 향해 말했다. 만일 피고인 바울이 부정한 일이나 흉악한 범죄행위를 저지른 증거가 있다면 당연히 저들의 말대로 재판을 하겠다고 했다.

하지만 그 문제가 언어적인 표현이나 명칭 혹은 유대인들의 율법에 연관된 것이라면 스스로 처리하라고 말했다. 이는 저들이 사용하는 메시아라는 용어나 그 조상들에 연관된 것들이 포함되어 있었을 것이 분명하다. 자기는 그와 같은 일에 대한 재판장이 되기를 원치 않는다는 것이었다. 갈리오는 로마에서 클라우디우스 황제가 칙령을 내려 기독교인들을 추방한 사건을 비롯하여 유대인과 기독교인들 사이에 존재하는 깊은 갈등 양상과 그 내용을 이미 잘 알고 있었던 것으로 보인다.

그러므로 총독 갈리오는 유대주의자들이 제기한 사건을 기각하고 그들을 재판정에서 내보냈다. 그와 같은 상황에 이르자 유대인들은 분노하게 되었다. 그리하여 그들은 바울 대신 회당장 소스데네[44]를 잡아와 재판

---

44) 본문에 나타나는 회당장 소스데네는 고린도전서 1:1에 기록된 소스데네와 동일 인물로 보인다. 유대인 회당에 속한 자들이 바울을 집단적으로 소송한 터에 지역 최고 지도자인 그가 기독교로 개종했다는 것은 저들의 입장에서 볼 때 배신자라는 사실을 말해주고 있다. 그는 나중에 바울의 중요한 동역자로 활동하게 된다.

정 뜰 앞에서 매질을 하며 폭행을 가했다. 이는 그가 예수 그리스도를 받아들여 회심했기 때문이다. 한편 로마 총독부에서는 그를 범죄자로 규정하지 않았지만 유대인들의 행위를 일종의 관행으로 보고 있었다. 따라서 총독은 유대인들의 일들을 모른 채 하고 그에 상관하지 않았다.

❖ 데살로니가후서_바울의 세 번째 서신

사도 바울이 데살로니가 교회에 첫 번째 편지를 보냈을 때 그 수신자들은 큰 위로를 받았을 것이 틀림없다. 그렇지만 그들은 여전히 유대주의자들에 의해 심한 박해를 받아야만 했다. 그런 가운데 하나님의 자녀들은 주님의 재림을 기다렸지만 그것을 빌미로 유혹하는 자들이 생겨났다.

하나님께서는 그런 처지에 놓인 데살로니가 교회 성도들에게 또 다시 계시로 말씀하셨다. 바울은 먼저 저들이 환난과 핍박 가운데서 인내하며 믿음을 지키는 것에 대하여 크게 칭찬했다(살후1:4,5). 그것이 전 세계에 흩어진 여러 교회들을 위한 귀감이 되며 자랑스러운 일이라는 것이었다.

그리고 사도 바울은 하나님의 백성을 미혹하는 거짓 교사들을 경계하라는 말을 했다. 진리의 복음이 전파되는 곳에는 항상 악한 사탄의 세력이 기승을 부리게 된다. 그와 같은 일은 하나님의 교회가 존재하는 곳에는 항상 있게 된다는 사실을 말하고 있다.

"영으로나 또는 말로나 또는 우리에게서 받았다 하는 편지로나 주의 날이 이르렀다고 해서 쉽게 마음이 흔들리거나 두려워하거나 하지 말아야 한다는 것이라 누가 어떻게 하여도 너희가 미혹되지 말라 먼저 배교

하는 일이 있고 저 불법의 사람 곧 멸망의 아들이 나타나기 전에는 그 날
이 이르지 아니하리니 그는 대적하는 자라 신이라고 불리는 모든 것과
숭배함을 받는 것에 대항하여 그 위에 자기를 높이고 하나님의 성전에
앉아 자기를 하나님이라고 내세우느니라"(살후2:2-4)

악한 종교인들은 사도들의 가르침과 다른 교훈을 베풀면서 그
것이 마치 사도적인 교훈인 양 주장하며 어린 신앙인들을 혼란스럽
게 한다. 그들은 자신의 욕망을 추구하면서 어리석은 성도들에게
겁을 주며 미혹한다. 그러나 그런 거짓 교사들을 두려워하거나 마
음이 흔들릴 필요가 전혀 없다.

하나님의 구속사역이 이루어져 가는 과정에서 그와 같은 일이
발생하는 것은 이상한 일이 아니다. 배교하는 자들과 멸망의 자식
들이 나타나 자기가 마치 하나님이라도 되는 양 내세우며 숭배받는
자리에 앉고자 한다. 데살로니가 교회에도 그와 같은 일이 발생하
고 있었으며 장차 모든 교회들 가운데 그와 유사한 일이 발생하게
된다. 그러므로 바울은 성도들에게 그와 같은 상황을 예의주시하
며 경계의 끈을 늦추지 말도록 당부했던 것이다.

성경은 그런 가운데서도 성도들이 규모 있는 성숙한 삶을 살아
가야 한다는 점을 강조하고 있다. 만일 사도들의 전한 교훈을 벗어
나 제 맘대로 살아가는 자들이 있다면 저들과는 교제를 끊으라는
요구를 했다(살후3:6). 이는 사실 오늘날 우리시대 교회가 특별히 귀
담아 들어야 할 내용이다.

현대는 모든 것을 받아들이는 왜곡된 관용주의에 빠진 시대이
다. 하나님의 사랑을 오해한 자들이 종교적 혼합주의를 만들어가
고 있다. 진리를 허물고 상대화하려는 자들이 기승을 부리고 있기

때문이다. 바울은 데살로니가 교회에 보내는 두 번째 편지에서 그에 대하여 매우 단호한 요구를 하고 있는 것이다.

그리고 사도는 편지를 받는 수신자들에게 게으르지 말고 성실하게 일하라는 명령을 했다. 어리석고 악한 자들은 주님이 곧 재림한다면 열심히 노동하며 살아갈 필요가 없는 듯이 주장한다. 또한 이 세상의 것들은 아무 것도 아니기 때문에 굳이 최선을 다해 부지런히 일하지 않아도 별 문제될 것이 없는 듯 주장하는 자들이 있다.

하지만 사도 바울은 일하기 싫어하는 자들이 있다면 먹지도 말게 하라는 말을 하고 있다(살후3:10). 하나님의 백성들은 주님의 재림이 눈앞에 바짝 다가왔다고 할지라도 여전히 성실하게 일하며 살아가야 한다. 평상시와 다르지 않게 신실한 삶을 살아가는 가운데 주님의 재림을 맞아야 하는 것이다.

바울은 지상교회에 속한 형제들이 그렇게 살아갈 수 있도록 성숙한 성도들은 항상 어린 교인들을 잘 돌보아야 한다는 사실을 강조했다. 그의 편지 말미에 그에 대한 사실을 분명히 언급하고 있다. 그는 자기가 쓴 편지가 하나님으로 말미암은 것으로서 모든 성도들이 순종해야 할 진리라는 사실을 강조했다.

"누가 이 편지에 한 우리 말을 순종하지 아니하거든 그 사람을 지목하여 사귀지 말고 그로 하여금 부끄럽게 하라 그러나 원수와 같이 생각하지 말고 형제 같이 권면하라"(살후3:14,15)

사도 바울이 전한 이 말씀은 오늘날 우리에게도 여전히 진리로 작용해야 한다. 교회에 속한 성도들은 하나님의 요구에 순종하지 않고 거부하는 자들을 경계하고 그들과 사귀지 말아야 한다. 오히려 진리를 들어냄으로써 저들을 부끄럽게 할 수 있어야 한다.

하지만 그들을 원수같이 여기지 말고 형제 같이 권면해야 한다는 사실을 말하고 있다. 물론 그들이 자신의 잘못으로부터 돌이켜 하나님의 진리를 온전히 받아들인다면 형제로 인정하여 교제할 수 있다. 그러나 그런 자가 끝까지 하나님으로부터 계시된 진리를 거부하고 받아들이지 않을 경우에는 저들과 단교할 수밖에 없다.

4. 에베소와 수리아를 거쳐 안디옥을 향한 길 (행18:18-22)

사도 바울은 그 일이 있은 후 일정 기간 고린도에 더 머물렀다. 그후 형제들을 작별하고 선박편으로 수리아의 안디옥으로 돌아가고자 했다. 그때 브리스길라와 아굴라 부부도 그와 함께 떠날 채비를 하고 있었다. 바울은 그 지역을 떠나기 전에 앞서 특별히 맹세한 바가 있었기 때문에 겐그리아 (Cenchrea)에서 머리를 깎았다. 그것은 아마도 그의 개인적인 결심에 의하여 취한 행동으로 보인다.

바울은 브리스길라와 아굴라 부부를 포함한 일행과 함께 고린도 항구에서 배를 타고 에베소에 도착했다. 그는 함께 온 그 부부를 따로 머물게 하고 자기는 유대인 회당을 찾아 들어갔다. 에베소의 회당에 들어간 바울은 거기 모여 있던 유대인들과 성경을 근거로 하여 진리에 관하여 변론했다.

사도 바울의 성경해석을 통한 가르침을 들은 유대인들 가운데 많은 사람들이 그로부터 더 배우기 위해 에베소에 오래 머물도록 요구했다. 하지만 바울은 형편상 저들의 요청을 수락하지 않았다. 결국 그는 자기를 알고 있던 에베소의 여러 형제들과 작별 인사를 나누었다. 만일 하나님께서 인도하신다면 다시 돌아오리라는 말을 남기고 그곳을 떠났다.

바울은 에베소 항구에서 배를 타고 아시아 지역을 떠났다. 그는 에게해의 동쪽 바다와 지중해 북쪽 연안을 거쳐 팔레스틴의 가이사랴에 상륙했다. 그 항구 도시가 지리적으로 보아 예루살렘에 가깝기 때문에 바울은 예루살렘을 방문하여 여러 사도들과 형제들을 만나 교회의 안부를 묻고 마게도니아와 고린도 지역, 그리고 에베소 등지에서 있었던 하나님의 사역을 보고하며 교제를 나누었을 것이다.

그후 사도 바울은 시리아에 있는 안디옥으로 돌아가서 교회와 성도들을 반가운 마음으로 만나게 되었다. 다음번 복음 전파를 위한 여행을 떠나기까지 그곳에 머물면서 성도들을 말씀으로 가르쳐 지도하며 교회를 굳건히 하는 일에 최선을 다했다. 그러면서 안디옥 교회의 보냄을 받아 복음전파 여행을 떠나기 위한 준비를 갖추었던 것이다.

제10부

바울의 세 번째 복음전파 사역

제24장

바울의 세 번째 복음전파 사역

(행18:23-28; 19:1-22)

1. 갈라디아와 브루기아 땅에서의 사역과 에베소 인근지역의 형편(행18:23-28)

사도 바울은 두 번째 전도여행을 마친 후 예루살렘을 거쳐 자기를 파송한 교회가 있는 안디옥에서 일정 기간 머물다가 다시금 세 번째 파송을 받았다. 그는 육로를 따라 갈라디아 지역과 브루기아 땅을 지나가며 여러 교회들을 방문했다. 그 지역에 살아가는 성도들과 교제하며 저들의 신앙을 군건히 해주고자 하는 목적 때문이었다.

바울이 그 지역을 여행하는 동안 에베소에는 매우 유능한 인물로 인정받는 한 사람이 도착했다. 그는 유대인 출신의 아볼로였다. 그 사람은 알렉산드리아 태생으로 학문에 능통하고 구약성경에 대한 깊은 이해를 하고 있었다. 아볼로는 그전에 이미 하나님의 도를 열심히 배워 예수님에 관한 비밀을 잘 알고 있는 상태였다.

하지만 그는 세례 요한이 베푼 세례만 알고 있었을 뿐 아직 성령 하나님과 그로 말미암은 세례에 대해서는 잘 알고 있지 못했다. 이는 사도교회 시대에 있었던 일시적인 특수한 현상이었다. 당시에는 요단강에서 회개를 촉구한 세례 요한의 사역과 더불어 예수님의 모든 사역에 대한 이해가 있음에도 불구하고 성령 강림과 그를 통한 사역에 대해서 모르는 자들이 상당수 있었다.

물론 그런 사람들도 하나님의 복음을 깨닫고 있었던 것으로 이해할 수 있다. 따라서 아볼로는 에베소에 도착했을 때 유대인 회당을 찾아가 담대히 하나님의 말씀을 가르쳐 선포하기 시작했다. 그 중심에는 예수 그리스도의 사역과 교훈이 존재하고 있었을 것이 틀림없다. 하지만 그는 성령의 인도하심에 따르기보다 스스로 구약성경을 열심히 연구하여 가르치려 했을 것이다.[45]

그때 에베소에 머물던 브리스길라와 아굴라 부부도 아볼로가 가르치는 내용을 듣게 되었다. 그의 가르침이 잘못되지는 않았지만 그것은 성령으로 말미암지 않았으므로 심각한 문제였다. 아굴라 부부는 성령 강림에 대하여 명확하게 알고 있었으므로 아볼로의 가르침에 중요한 의미가 빠져 있다는 사실을 금방 알아차릴 수 있었다.

그러므로 그들 부부는 아볼로를 따로 불러다가 하나님의 복음의 도를 더 자세히 풀어 설명해 주었다. 그것은 예수 그리스도의 부활 승천 후 이루어진 성령 강림과 그의 사역에 관련된 것이었다. 아볼로는 저들의 말을 듣고 그에 대해 아무런 저항 없이 받아들였다. 예수 그리스도를 믿고 있으

---

45) 이에 대해서는 우리 시대의 신학교 교수들과 성경교사인 목사들이 소중한 교훈을 받아야만 한다. 성령의 도우심을 멀리한 채 인간의 이성으로 성경을 연구하여 학생들과 교인들을 가르치는 것은 생명력이 없는 종교 행위에 지나지 않는다. 물론 그것을 통해 하나님의 말씀을 깨닫게 되는 성도들이 많을 수도 있다. 그것은 하나님의 놀라운 섭리와 은혜로 인한 것이다.

면서 성경의 내용을 충분히 이해하고 있었으므로 쉽게 그 진리를 깨달을 수 있었던 것이다.

이제 아볼로는 세례 요한이 선포한 회개의 세례뿐 아니라 성령 세례를 깨달음으로써 복음을 온전히 이해하게 되었다. 그는 그후 에게(Ege) 바다 건너편 아가야 지방의 고린도로 건너가기를 원했다. 그것을 알게 된 여러 성도들은 고린도 교회에 그가 믿을 만한 형제란 사실을 통보해 주었다. 그들은 아볼로를 영접해 달라는 추천서를 교회에 써 보냄으로서 그를 위한 신앙의 보증을 섰던 것이다.

아볼로는 아가야 지방의 고린도에 도착해 교회에 속한 믿는 형제들에게 많은 유익을 주었다. 사도 바울을 비롯한 브리스길리와 아굴라 부부가 없는 자리에서 자기에게 맡겨진 사명을 잘 감당했다. 그는 성령의 도우심에 따라 예수가 구약성경에 지속적으로 예언되어온 그리스도라는 사실을 증거하게 되었던 것이다.

유대인이자 구약성경에 능통한 아볼로였기에 여러 사람들이 모인 공중 앞에서 예수 그리스도를 능히 증거할 수 있었다. 유대인들과 논쟁할 때도 성경에 기록된 모든 논리를 동원해 저들을 쉽게 제압할 수 있었다. 그리하여 아가야 지역과 고린도에 살고 있던 성도들이 그로 말미암아 큰 힘을 얻게 되었던 것이다.

2. 에베소에 도착한 바울의 사역(행19:1-7)

아볼로가 고린도 지역에 가서 복음 사역을 감당하고 있을 즈음 사도 바울이 갈라디아와 브루기아 지역을 거쳐 에베소에 도착했다. 그때 바울은 메시아를 간절히 기다리던 어떤 제자들을 만나 교제하게 되었다. 그는 저들에게 먼저 메시아에 대한 믿음을 가질 때 성령을 받았는지 물어보았다.

우리는 여기서 사도교회 시대의 또 다른 한 특성을 보게 된다. 당시에는 메시아에 대한 간절한 소망을 가지고 있었으나 예수 그리스도의 복음에 관하여 분명한 깨달음이 없는 자들이 상당수 있었다. 그들은 성령을 받지 않은 상태에서 구약성경의 약속을 믿으며 세례 요한의 선포와 더불어 메시아 강림에 대한 소망을 가진 경우가 많았던 것이다.[46] 하지만 그들이 온전한 신앙을 가지고 있었던 것으로 말할 수는 없다.

그와 같은 사람들은 기본적인 신앙을 가지고 있었지만 성령 하나님의 직접적인 도우심보다는 개인의 깨달음과 종교적인 결심에 의존했을 것으로 보인다. 따라서 바울이 저들에게 성령을 받았는지 물어보는 것은 매우 자연스런 일일 수 있었다. 그 질문을 받은 사람들은 예상대로 성령을 받기는커녕 그 존재에 대해서도 들어본 적이 없다는 말을 했다.

당시 메시아를 간절히 기다리던 에베소 지역의 사람들 중에는 세례 요한이 선포한 회개의 물세례를 받은 자들이 많았다. 지역적으로 요단강에서 멀리 떨어져 있었지만 요한의 선포를 받아들여 세례를 받았던 것이다. 이는 저들의 신앙이 개인적인 판단과 결심에 따른 것이라 해도 물을 통한 공적인 세례의 과정을 거쳐야만 했다는 사실을 말해주고 있다.

하지만 그들은 예수 그리스도로 말미암아 세워진 지상교회와 그에 속한 성도들을 돕는 보혜사 성령에 대해서는 미처 듣지 못하고 있었다. 따라서 사도 바울은 저들에게 세례 요한이 선포한 메시지와 더불어 하나님의 복음을 설명해 주었다. 그는 세례 요한이 요단강에서 회개의 세례를 베풀면서 백성들에게 한 말, 곧 자기 뒤에 오시는 분 곧 예수를 메시아로 믿으라고 한 사실을 언급했다. 바울의 설명을 들은 사람들은 그 자리에서 예수

---

46) 이 사람들은 사도행전 18:24-26에 소개된 아볼로와는 경우가 달랐다. 아볼로는 성령 세례를 받기 전 예수 그리스도에 대하여 잘 알고 있었지만 그들은 요한의 세례만 알고 받았을 뿐 예수 그리스도에 대하여 알지 못했던 것으로 보인다.

그리스도의 이름으로 세례를 받게 되었다.

또한 바울은 저들에게 다시금 물로 세례를 베푼 후[47] 안수하자 성령이 임하게 되었다. 그리하여 그 사람들이 방언과 예언을 하는 놀라운 역사가 일어났다.[48] 우리가 여기서 알 수 있는 사실은 메시아를 기다리던 사람들이 예수 그리스도의 이름과 더불어 세례를 받음으로써 저들에게 성령이 임했다는 사실이다. 성경은 그때 거기서 바울에 의해 세례를 받은 성도들의 수가 열두 사람 정도 되었다는 점을 기록하고 있다.

3. 바울의 유대인 회당 강론(행19:8-12)

사도 바울은 에베소에 머물며 삼 개월 동안 유대인 회당에서 '하나님 나라'에 관한 강론을 했다. 그는 진리의 복음을 전파하며 하나님의 말씀을 듣는 자들로 하여금 참된 진리를 깨달을 수 있도록 도와주며 권면하기를 게을리 하지 않았다. 하지만 그 사역을 감당하기 위해서는 담대한 마음을 가지지 않으면 안 되었다.

---

47) 존 칼빈은 이때 바울은 물로 세례를 베풀지 않은 것으로 본다. 물을 통한 요한의 세례를 받은 자에게 다시 세례를 베풀면 재세례가 된다는 것이었다(칼빈 성경주석, 행19:5, 참조). 그러나 당시의 세례를 그렇게 이해할 수는 없다. 요한이 베푼 세례는 회개의 세례로서 우리가 이해하는 바 세례와는 그 성격이 다르다. 우리가 교회 가운데 베푸는 세례는 예수 그리스도의 십자가 사역에 포함된 개념의 세례이다. 그러므로 요한의 세례를 받은 자들이 다시금 예수 그리스도께 속하여 물로 세례를 받는 것은 자연스런 일이었다.

48) 우리는 여기서 사도교회 시대의 방언과 예언 등 다양한 은사들이 고린도 교회뿐 아니라 당시의 모든 교회들에 존재했음을 보게 된다. 사도 바울이 특별히 고린도 교회를 위해 은사에 관한 내용을 기록한 것은 거기서 그로 말미암은 문제가 많이 일어났기 때문이다. 물론 고린도 교회를 향해 쓴 은사에 관한 내용들은 사도시대의 교회들과 역사 가운데 존재한 모든 교회들을 향해 중요한 교훈을 주고 있다.

바울이 그 말씀을 전했을 때 긍정적인 관심을 가지고 접근하는 자들이 있었던가 하면 반감을 가지는 사람들도 많이 있었다. 그 반대자들은 마음이 굳어 말씀에 순종하지 않았을 뿐 아니라 무리 앞에서 그 진리의 도를 심하게 비방했다. 자기의 종교적인 욕망에서 벗어나는 가르침을 배격하기 위해 부정적인 여론을 조성했던 것이다.

그러자 사도 바울은 유대인 회당에서 지속적으로 말씀을 강론하기가 어렵게 되었다. 결국 유대인 회당에서 가르치는 일을 중단하고 따로 제자들을 모아 저들에게 하나님의 말씀을 가르치고자 했다. 그래서 그는 여러 사람이 함께 모일 수 있는 장소인 두란노 서원(the school of Tyrannus)에서 강론을 이어갈 수 있었다. 그곳은 당시 높은 수준의 철학교육이 시행되던 일종의 철학 학교와 같은 성격을 지니고 있었다.

우리는 여기서 매우 의미심장한 상황을 보게 된다. 유대인들의 회당으로부터 거부당한 바울이 세속 철학을 가르치는 학교로 그 장소를 옮겼기 때문이다. 물론 그 장소를 빌려준 사람들이 바울의 사상을 환영한다는 의미가 아니었던 것은 분명하다. 아마도 그들은 바울이 선포하는 종교적인 내용을 세속 철학교인 두란노 서원에서 가르친다고 해도 별 문제가 되지 않을 것이라 판단했을 것이다.

이는 앞에서 바울이 고린도 지역에 있을 때 유대인들을 떠나 이방인들에게로 향해 가리라고 했던 말을 연상케 한다(행18:6, 참조). 그가 두란노 서원에서 가르친 대상은 하나님을 믿는 제자들이었다. 하지만 날마다 그곳을 드나드는 수많은 철학자들과 철학을 공부하는 학생들도 그에 관한 이야기를 좀 더 가까이에서 접할 수 있는 기회를 얻게 되었다.

사도 바울은 두란노 서원에서 두 해 동안 날마다 제자들에게 하나님의 말씀을 강론했다. 즉 성경을 통해 하나님의 모든 경륜과 예수 그리스도를 증거했던 것이다. 그동안 소아시아 지역에 살고 있던 유대인들과 헬라인들 가운데 복음에 관심을 가진 자들은 다 그의 가르침을 받을 수 있었다.

그 과정을 통해 에베소와 아시아 지역에 세워진 교회들이 더욱 든든히 서 가게 되었던 것이다.

당시 하나님께서는 바울에게 이적들을 행할 수 있는 특별한 능력을 허락하셨다. 그것은 바울을 유능한 종교인으로 드러내기 위해서가 아니라 그 이적들이 이론적으로 전파되는 하나님의 말씀에 대한 실제적인 보증의 역할을 하도록 하기 위해서였다. 사도교회 시대에 기록된 신약성경이 완성되기 전에는 다양한 기적들을 통해 하나님의 존재와 그 말씀이 진리라는 사실을 실증적으로 보여주었던 것이다.

그리하여 사람들이 바울의 몸에 손수건이나 앞치마를 갖다 대었다가 그것을 병든 사람에게 얹으면 그 질병이 떠나가는 일이 발생했다. 뿐만 아니라 그와 같은 방법으로 더러운 귀신이 떠나가기도 했다. 그것은 놀라운 일이 아닐 수 없었다. 하지만 누구나 보고 경험할 수 있는 그와 같은 놀라운 이적에도 불구하고 하나님의 은혜 밖에 있는 자들은 그 복음을 받아들이지 않았다.

그럼에도 하나님께서 바울에게 그런 기적의 능력을 허락하셨던 것은 당시 고난 가운데 존재하던 교회와 성도들을 격려하기 위한 것으로 이해해야 한다. 하나님의 자녀들은 눈앞에 보이는 기적으로 인해 예수 그리스도를 믿게 된 것이 아니었다. 우리의 믿음은 오직 하나님의 말씀에 기록된 약속과 성령 하나님의 도우심에 근거한 것이다. 이는 옛날이나 지금이나 모든 성도들의 삶 가운데 동일하게 적용되어야 할 내용이다.

4. 유대인 거짓 교사들의 미혹(행 19:13-20)

사도 바울이 놀라운 이적들을 일으키는 광경을 보게 된 자들 가운데는 자기도 그와 같은 능력을 가지기를 원하는 자들이 생겨났다. 그런 자들은 하나님의 복음에 관심을 가진 것이 아니라 자신의 종교적인 욕망에 더 큰 관심을 가지고 있는 자들이었다. 사람들을 제압할 수 있는 그 능력을 통해 결국은 자기를 나타내고자 했던 것이다.

이와 같은 일은 오늘날 우리시대에도 그대로 나타나는 양상이다. 어떤 사람이 하나님으로부터 소중한 은사를 받은 것으로 판단되면 자기도 그와 같은 은사를 받고자 하는 마음을 가진다. 그런 자들은 말로는 하나님의 복음을 위해 그것을 소유하기를 원한다고 주장하지만 그 내면을 들여다보면 하나님이 아니라 자기 자신의 종교적인 욕망을 위해 그것을 추구하는 경우가 태반이다.

바울이 사역하던 당시 에베소에서는 유대인들 가운데 하나님을 알지 못하면서 그의 이름을 앞세워 마술을 행하며 이적을 일으키던 자들이 더러 있었다. 그들은 바울이 행하는 놀라운 기적들을 목격하면서 자기가 행하는 것과는 비교가 되지 않을 만큼 우월하다는 판단을 하지 않을 수 없었다. 따라서 그들은 바울이 행하는 것처럼 더 수준 높은 마술을 행하고자 하는 욕심을 가지게 되었다.

바울이 다양한 기적을 일으킬 때 동반되는 가장 중요한 특징은 '예수 그리스도의 이름으로' 그것을 행한다는 점이었다. 그리하여 그들도 그 이름을 사용하면 뭔가 될 것 같다는 생각을 하게 되었다. 사도 바울은 전적으로 예수 그리스도의 이름에 의존하여 그의 능력에 순종하는 것이었던 반면 마술을 행하던 유대인 거짓 교사들은 '예수 그리스도의 이름'을 마치 요술방망이처럼 이용하여 자기의 목적을 이루고자 했던 것이다.

그러므로 그 유대인 마술사들은 시험삼아 귀신들린 자들을 향해 주 예수의 이름을 언급하며 마술을 행하고자 시도했다. 바울이 전파하는 예수를 의지하여 명하니 그 귀신들린 자에게서 나가라고 명령했던 것이다. 그들 가운데는 스게와(Sceva)라고 하는 유대인들의 지도급 제사장의 일곱 아들도 있었다.

하지만 저들이 명하는 말을 들은 그 귀신은 자기는 예수도 알고 바울도 알지만 지금 자기에게 나가라고 명령하는 자는 누구인지 도무지 모르 겠다고 반응했다. 그리고는 그 귀신들린 자가 마술을 행하려는 자들에게 덤벼들어 그 위에서 짓눌렀다. 급작스럽게 발생한 그 일로 말미암아 그들 은 몸이 크게 상하게 되어 옷을 내던져 버린 채 벗은 상태로 그 집에서 도 망치게 되었다.

에베소에 살고 있던 모든 유대인들과 헬라인들은 그 사실을 전해 듣고 두려워하지 않을 수 없었다. 그들은 혈통적 유대인들과 유대교에 입교하 여 여호와 하나님을 믿는다고 생각하는 이방 출신자들이었다. 그러므로 그들 가운데는 예수를 그리스도로 받아들이고 그의 이름을 높이 찬양하는 자들이 많아지게 되었다. 또한 적잖은 사람들이 바울을 찾아와 자기의 죄 를 자복하며 그전에 행했던 악한 일들을 뉘우치기도 했다.

뿐만 아니라 마술을 행하던 많은 유대인들이 그동안 사용해 오던 거짓 교본인 책들을 한 곳에 모아두고 여러 사람들이 보는 앞에서 불살라 버렸 다. 그때는 마술을 위한 교본뿐만 아니라 잘못된 사상을 조장하는 불신앙 적인 책들이 상당히 포함되었을 것으로 보인다. 이는 과거에 가졌던 저들 의 모든 가치관을 포기하는 것과 마찬가지였다. 당시 불살라버린 책은 은 화로 무려 오만 정도가 되는 거액이었다.[49]

그와 같은 놀라운 사건과 더불어 에베소에는 새로운 영적인 바람이 불 었으며 하나님의 말씀은 더욱 힘을 얻게 되었다. 이는 철학을 비롯한 다양 한 사상들이 난무하던 에베소 지역을 향하여 진리를 선포한 선언적인 의 미를 지니고 있다. 그리하여 복음이 흥왕하여 그 세력이 점차 커져 갔다.

---

49) 영어성경 NIV와 한글 현대인의성경은 이 액수를 은화 오만 드라크마 (drachma)로 번역하고 있다. 이 액수를 환산해 보면 매우 큰 액수임을 알 수 있다. 성인 남자의 하루 일당을 한 드라크마로 볼 때 우리의 경우는 대략 10만 원 정도 된다. 그렇다면 은화 오만 드라크마는 우리 돈 50억 원 정도가 된다. 이는 엄청난 거액으로 그만큼 많은 책들을 불태웠다는 사실을 의미하고 있다.

그 일로 인해 교회가 점점 성장해 갈 수 있었던 것이다.

5. 바울의 예루살렘 행 결심과 마게도니아, 아가야, 로마에 대한 관심(행19:21-22)

사도 바울은 항상 보편교회에 대한 관심의 끈을 놓지 않았다. 그는 언제 어디에 있든지 항상 세상에 흩어져 존재하는 여러 교회들을 염두에 둔 채 살아갔다. 이는 그가 사도였기 때문에 그렇게 했던 것이 아니라 지상의 모든 성도들이 가져야 할 기본자세이기도 하다. 이 세상에 존재하는 모든 참된 교회들은 하나의 보편교회를 이루는 예수 그리스도의 신부가 되기 때문이다.

그러므로 에베소에서 마술을 행하던 유대인 거짓 교사들 가운데 많은 사람들이 하나님의 복음을 듣고 회심하여 가지고 있던 책들을 모아 불사르는 사건이 있은 후 바울은 예루살렘으로 가기로 작정했다. 그가 예루살렘을 방문하고자 했던 주된 이유는 그곳의 형제들이 기근으로 인해 심한 고통을 당하고 있었기 때문이다. 따라서 그는 이방 지역의 교회들의 사랑을 저들에게 보여주고자 했다.

그런데 그는 예루살렘으로 떠나기 전 마게도니아와 아가야 지역에 흩어져 있는 여러 교회들을 방문하고자 했다. 즉 바울은 에베소에서 배를 타고 곧장 예루살렘으로 갈 수 있었지만 일부러 어렵고 힘든 길을 거쳐 가고자 했다. 그는 먼저 에베소에서 북서쪽으로 멀리 떨어진 마게도니아 지역을 방문하고 난후 다시금 남쪽으로 내려가 아가야 지역으로 가려는 마음을 먹었다. 마게도니아에는 빌립보, 데살로니가, 베뢰아 등에 교회들이 있었으며 아가야 인근에는 아테네와 고린도에 교회들이 세워져 있었다.

사도 바울이 가고자 하는 그 길은 결코 만만치 않은 어려운 여정일 수밖에 없었다. 먼 길을 걸어 여행한다는 것 자체가 힘든 일이다. 그럼에도 불구하고 굳이 그렇게 하고자 했던 것은 여러 교회들을 방문해 열악한 환경 가운데서 고난받는 성도들을 격려하고 말씀으로 굳게 세우고자 하는 의도 때문이었다. 그리고 저들로부터 연보를 거두어 예루살렘 교회에 전달하고자 하는 뜻을 가지고 있었다.

바울은 흩어진 교회들을 강건하게 하는 목적을 달성하는 동시에 연보를 거두어 예루살렘으로 가기를 원했던 것이다. 그는 그것을 통해 지상에 존재하는 모든 교회들의 하나됨을 구체적으로 보여주고자 했다. 특히 당시에는 사도들의 모임인 예루살렘 공의회가 있던 예루살렘 교회를 보호하는 것이 매우 중요한 일이었다.

그리고 그는 나중 기회가 되면 로마를 방문하고자 한다는 계획을 언급했다. 로마제국의 심장부로서 정치, 군사, 경제, 사회, 문화 등 모든 것의 중심인 로마를 방문하여 하나님의 말씀을 선포하고자 하는 간절한 마음 때문이었다. 그는 제국의 심장부를 겨눈 복음의 적극적인 공세가 필요하다는 판단을 하고 있었던 것으로 보인다.

바울은 장차 있을 자기의 행보에 대한 계획을 정리한 후 자기와 함께 있던 디모데와 에라스도 두 사람을 먼저 마게도니아 지역으로 보냈다. 저들로 하여금 자기가 가서 해야 할 일들을 미리 예비하도록 하기 위해서였다. 그리고 자기는 얼마동안 아시아 지역에 남아 있었다. 이는 아직 거기서 그가 마무리해야 할 일이 남아 있었기 때문이다.

❖ **고린도전서**_바울의 네 번째 서신

사도 바울이 에베소에서 사역하는 동안 고린도 교회에서 몇몇 손님들이 방문했었다. 그들은 글로에의 집에서 모이는 교회로부터 온 자들과 스데바나, 브드나도, 아가이고 등이었다(고전1:11; 16:17). 그 사람들은 에베소에 가서 바울을 만나 고린도 교회가 직면한 여러 문제들에 관한 이야기를 했을 것이 분명하다. 바울은 그 말을 듣고 하나님의 계시를 받아 고린도 교회에 보내는 첫 번째 편지를 기록했던 것이다.

고린도 교회에는 바울을 비롯하여 브리스길라와 아굴라 부부가 떠난 후 여러 가지 문제들이 동시다발적으로 발생하고 있었다. 우선 교회들 사이에 불건전한 분파운동이 일어났다. 고린도에 있던 각 지교회들마다 바울파, 아볼로파, 베드로파, 그리스도파라고 주장하는 파당이 생겨났던 것이다.

그리고 고린도 교회는 점차 하나님의 계시보다 인간의 이성을 중시하는 잘못된 풍조가 일어났다. 그들은 종교적인 경험을 앞세워 하나님의 교회를 이끌어가고자 했다. 그런 자들은 하나님의 말씀을 들음으로써 순종하고자 하지 않고 세상에서 익힌 개인적인 지혜를 앞세워 종교적인 욕망에 따라 교회를 세워가고자 했다.

또한 고린도 교회에는 성적인 문제로 교회를 어지럽히는 자들이 생겨났다. 당시 고린도의 이방인들 가운데는 성적으로 문란한 자들이 많이 있었다. 그러나 교회는 순결을 지키며 그런 범죄행위를 허용하지 말아야 했다. 그럼에도 불구하고 교회가 세속화되어 가면서 세상의 악한 풍조가 들어오기 시작했던 것이다. 그로 말미암아 교회에서 성적인 부정에 대하여 둔감한 태도를 취하는 자들이 많이 생겨나게 되었다.

뿐만 아니라 교회와 가정에서 남녀 사이의 기본적인 질서가 허물어져가고 있었다. 자유로운 사조가 범람하던 고린도 지역에서 교회 안으로 그와 연관된 세속적인 위태로운 관습들이 스며들어왔기 때문이다. 그것은 하나님의 창조질서를 가볍게 여기는 행위로서 결코 하나님께서 원하시는 바가 아니었다.

그와 같은 사조는 결국 교회의 직분에도 심각한 영향을 끼치게 되었다. 교회에서 말씀을 선포하고 가르치는 직분은 남성에게 허락된 것이었다. 그것은 직분의 높고 낮음의 문제나 남성우월이나 여성비하를 합리화하는 것도 아니다. 그에 연관된 잘못된 인식은 가정에까지 연장될 수밖에 없는 성격을 지니고 있었다.

그리고 고린도 교회에는 우상제물을 먹는 것으로 인한 문제가 대두되었다. 음식 자체에 문제가 있는 것은 아니었지만 그로 말미암아 생겨날 파장은 적지 않았다. 그럼에도 불구하고 신앙이 어린 교인들은 제각각 개인적인 판단에 따라 모든 것을 해석하게 되었다. 그리하여 그 문제는 점점 커져 율법주의나 무율법주의를 가져오게 되어 심각한 상황으로 번져갔던 것이다. 따라서 교회는 성경이 말하는 원리적 교훈에 따라야만 했다.

고린도 교회에서 발생한 가장 심각한 문제는 다양한 은사들에 관한 문제였다. 방언과 통변, 예언 등 특별한 은사들에 관한 잘못된 이해는 적잖은 혼선을 가져왔다. 그것은 직분과 밀접하게 연관되어 있기도 했으며 성도들의 신앙적인 삶에도 관련되어 있었다. 지금도 그렇지만 성도들이 지상교회를 세워가면서 그에 대한 올바른 이해를 하지 못하면 복잡한 문제를 야기시킬 수밖에 없었다.

그리고 고린도 교회 가운데는 부활에 관한 다양한 주장들이 생겨나기 시작했다. 다수의 사람들은 예수님께서 십자가에 달려 돌아가셨다가 몸으로 부활하신 사실을 믿었지만 어떤 사람들은 예수님의 부활을 상징적으로 해석하기도 했다. 그런 자들은 그 부활을 역사적인 실제 사건으로 받아들이지 않았다. 복음의 가장 기초가 되는 부활을 부인한다는 것은 지상교회를 허무는 사악한 행위가 될 수밖에 없었다.

사도 바울은 이 모든 문제점들에 대해 하나하나씩 구체적인 답변을 했다. 그것은 물론 단순히 바울의 개인적인 견해가 아니라 하나님의 계시에 따른 진리의 말씀이었다. 고린도 교회 성도들은 그가 보낸 편지를 절대 진리로 받아들여 교회 가운데 적용해야만 했다. 만일 그렇게 하기를 거부하고 다른 주장을 펼치는 자들이 있다면 그는 하나님께 저항하는 악한 자가 될 수밖에 없다.

고린도전서의 마지막 부분에서 바울은 보편교회의 중요성에 대한 강조를 하고 있다. 기근으로 인해 심한 고통을 당하는 예루살렘 교회를 위해 특별히 연보하도록 당부했기 때문이다. 이는 단순히 형제 교회를 위해 인정을 베풀도록 요구한 것이 아니라 모든 교회가 당연히 행해야 할 일이다. 다른 지역에 존재하는 주님의 몸된 교회에 속한 성도들이 심한 어려움을 겪는 것을 알게 된다면 당연히 그에 동참하는 자세를 가져야 하는 것이다.

그러므로 사도 바울은 고린도 교회 성도들에게 안부를 전하면서 아시아에 있는 교회와 그에 속한 성도들의 안부를 전하고 있다. 그것은 단순한 인사치레가 아니라 한 하나님께 속한 형제로서 보내는 진심어린 표현이었다. 지금도 보편교회에 속한 참된 성도라면 그와 같은 기본적인 신앙자세를 소유하고 있어야만 한다.

제25장

에베소에서의 대 소동
(행19:23-41)

1. 종교적인 마찰(행19:23)

사도 바울이 에베소 지역에서 하나님의 말씀을 전파했을 때 여러 가지 문제들이 야기될 수밖에 없었다. 하지만 두란노 서원에서 강론할 때 신앙과 철학 사이에는 큰 갈등이 발생하지 않았던 것 같다. 적어도 그 문제가 겉보기에 크게 부각되지는 않았다. 아마도 서로 별개의 영역으로 여겨졌기 때문이었을 것으로 보인다.

하지만 종교와 종교 사이의 갈등 양상은 그리 간단하지 않았다. 예수 그리스도를 중심에 둔 기독교와 그 복음을 거부한 유대주의자들 사이에는 적잖은 갈등이 일어났다. 하지만 그것은 일반 에베소 시민들이 볼 때는 지엽적인 일에 지나지 않았다. 즉 그것은 유대인들의 집안싸움 정도로 비쳐질 수 있었기 때문이다.

이에 반해 보다 심각한 문제는 기독교와 에베소 사람들이 믿고 있던 전통적인 이방 종교와의 마찰이었다. 당시 소 아시아 지역과 에베소에 살던 사람들은 대개 그리스 종교를 믿고 있었다. 그 지역에는 제우스신과 아데미 여신을 믿는 종교인들이 많았다.[50] 저들에게 있어서 제우스는 그리스의 최고신이었으며 아데미는 풍요의 여신이었다.

그들은 특히 풍요의 여신 아데미를 신앙하며 풍요로운 삶을 살고자 원했다. 따라서 그 사람들은 아데미 신전을 건립하고 거대한 아데미 신상을 그 안에 세워두고 있었다. 수천 년이 지난 지금도 터키의 에베소 인근 지역에 가면 풍요의 상징으로 젖가슴이 많이 달린 그 여신상의 흔적들을 볼 수 있다.

그러므로 그 사람들은 아데미 신전과 거대한 여신상뿐 아니라 그것을 본따서 만든 모형물을 집안에 모셔두거나 가까이 소유하기를 원했다. 그 신을 섬기면서 부지런히 빌며 풍년을 기원했던 것이다. 이는 저들의 생활 중심에는 아데미 여신을 섬기는 신앙과 더불어 그로 말미암아 풍요로운 삶을 얻고자 하는 열망으로 가득 채워져 있었음을 말해준다.

물론 사도 바울은 의도적으로 저들과 대립각을 세우고자 하지는 않았다. 그럼에도 불구하고 저들과 부딪칠 수밖에 없는 상황이었다. 하나님의 복음은 모든 우상숭배를 철저히 금했으며, 이방인으로서 예수 그리스도를 구주로 받아들인 자들로 인해 현실적인 문제로 부각되었기 때문이다. 즉 이방인들 가운데 예수를 믿게 된 성도들은 그 이방신을 배척하고 자기 주변의 모든 우상들을 제거했던 것이다.

이것은 아데미 여신을 숭상하던 사람들에게는 심각한 도전이 되었다. 나아가 그 신전과 신상에 연관된 종교적인 일을 하는 자들에게는 커다란 문제가 되지 않을 수 없었다. 특히 아데미 신상을 제작하거나 그 모형물을 만들어 팔며 사업을 하는 자들은 그로 말미암아 치명적인 손실을 입게 되

---

50) 제우스(Zeus)는 주피터(Jupiter)와 동일한 최고신이며, 아데미(Artemis)는 다이애나(Diana)와 동일한 여신이다.

었던 것이다.

2. 데메드리오의 선동(행19:24-27)

이처럼 당시 에베소에서는 사도 바울이 전파한 복음으로 말미암아 적잖은 문제가 발생하게 되었다. 그것은 결국 이방인 사회에서 집단적인 소요가 일어나도록 빌미를 제공하는 것처럼 되어버렸다. 당시 에베소 지역에는 유력한 종교 사업가인 데메드리오라는 인물이 있었다. 그는 은 세공업자로서 많은 직공들을 고용하여 아데미 신전과 신상의 모형물을 만들어 파는 부유한 사람이었다.

에베소 주민들 가운데는 풍요의 여신 아데미를 믿는 종교인들이 많았다. 그들은 아데미 신상의 모형물을 구입하여 집안을 비롯한 생활 영역 가까이 모셔둔 채 종교생활을 하고 있었다. 데메드리오는 일반 백성들을 상대로 그와 같은 종교적인 사업을 함으로써 아시아 지역에 큰 영향을 끼치는 인물이었다.

그런데 사도 바울이 에베소에 들어와서 새로운 종교를 설파하자 점차 예수 그리스도를 믿는 사람들이 많이 생겨나기 시작했다. 그들은 아데미 여신상을 우상으로 간주함으로써 그것을 가까이 모시던 행위를 청산했다. 그렇게 되자 아데미 신의 모형을 만들어 파는 사업에 큰 차질이 발생할 수밖에 없었다.

그리하여 데메드리오는 자기에게 속한 여러 직공들과 그 우상을 판매하는 상인들을 모아 그에 대하여 강력하게 규탄하기 시작했다. 그는 기독교를 믿는 사람들이 저들의 중요한 종교 사업을 방해하고 있다는 사실을 강조했다. 그로 말미암아 저들의 풍족한 생활에 심각한 위협을 당하고 있다는 점을 호소했던 것이다.

그는 바울이라는 기독교 지도자가 에베소뿐 아니라 전 아시아 지역을 두루 다니면서 저들이 원하지 않는 방식으로 종교 활동을 하고 있다고 했다. 즉 사람들을 권하여 인간의 손으로 만든 것들은 신이 아니라 우상이기 때문에 척결해야 한다는 주장을 퍼뜨린다는 것이었다. 그에 관한 모든 사실은 이미 에베소 사람들이 직접 보고 들은 바가 아니냐고 말했다.

그와 같은 일로 말미암아 저들이 그동안 정성들여 시행해 온 작업과 사업이 천박한 것으로 간주될 우려가 있다고 했다. 당시는 그 직업이 종교와 관련되어 있었기 때문에 어느 정도 고귀한 직업으로 인정받아 왔다. 그런 터에 그 일에 종사하는 것이 천박하게 비쳐지면 저들에게 원치 않는 신분상의 변화가 올지 모른다고 했다.

그렇게 되면 위대한 여신 아데미 신전도 무시당하게 될 것이 틀림없다는 점을 강조했다. 그 상황을 방치하면 결국 아시아를 비롯한 온 천하에서 아데미 여신의 위엄이 땅에 떨어지게 될까 두렵다고 주장했던 것이다. 따라서 그와 같은 상황을 급히 중단시켜야 한다고 거기 모인 사람들을 선동했다.

3. 분노한 군중과 성급한 집단행동(행 19:28,29)

한자리에 집결하여 데메드리오의 말을 듣고 있던 모든 사람들은 분노에 가득 차게 되었다. 아데미 신전과 신상의 모형물을 제작하는 일에 종사하던 사람들은 그동안 나름대로 자부심을 가지고 일해 왔을 뿐 아니라 아데미 신을 믿는 열렬한 종교인들이었을 것이 분명하다. 그와 같은 사람들이 바울을 비롯한 기독교인으로 말미암아 발생한 문제에 대하여 분개하는 것은 지극히 당연한 일이라 할 수 있다.

따라서 그 사람들은 문제 해결을 위하여 "위대한 에베소 사람의 여신 아데미여!"라는 구호를 크게 외치기 시작했다. 이는 종교적인 분위기를 조성하여 아데미 여신에게 부르짖음으로써 현실적으로 직면한 어려운 상황을 타개하고자하는 의미를 지니고 있었다. 즉 그 위기의 국면을 넘겨 에베소 사람들의 아데미 여신에 대한 신앙이 약화되지 않고 그 위엄이 유지되도록 하고자 했다.

하지만 생명 없이 죽은 아데미가 아무런 응답을 하지 않는 것은 지극히 당연한 일이었다. 그럼에도 불구하고 그와 같은 분위기는 여론에 힘입어 점차 확산되어 갔다. 결국 아데미 여신상의 모형을 제작하여 종교적인 사업을 하던 자들과 그에 대한 신앙을 가진 사람들로 인해 에베소 온 시내가 소란스럽게 되었다.

에베소의 이방 종교인들은 바울을 비롯한 복음전파자들을 적대세력으로 간주하기 시작했다. 문제는 그와 같은 정서가 집단화되어 갔다는 사실이다. 그리하여 아데미 여신을 신앙하는 자들은 바울과 동역하던 마게도니아 출신의 가이오와 아리스다고를 붙들어 연극장 안으로 끌고 들어갔다. 아데미 신을 모독하는 자들을 법의 심판대 앞에 세워 정죄하기 위해서였다. 그 분위기는 일촉즉발의 위태로운 상황을 연출하고 있었다.

4. 바울의 반응과 주변 사람들의 만류(행19:30,31)

바울이 그 갑작스런 상황을 알게 되었을 때 그냥 가만히 앉아 있을 수는 없었다. 하나님의 자녀들은 이기적인 삶을 포기하고 진리와 교회를 위해 살아가는 자들이었다. 그들은 타인을 자기의 종교적인 도구로 여기지 않을 뿐더러 이웃을 위해 기꺼이 자신을 희생할 수 있었다. 따라서 아무리 큰 손해를 볼 만한 일이 발생한다고 할지라도 진리와 정의를 위해서라면 주저하지 않고 행동했다.

사도 바울은 자기와 동역하던 친구들이 분노한 군중에 의해 극장 안으로 끌려갔다는 소식을 듣자마자 곧장 그곳으로 달려가 백성들 앞에 서고자 했다. 어떤 위협이 닥치게 될지 모르는 상황에서도 그렇게 하는 것이 그가 취할 수 있는 최선의 방책이라 판단하고 있었기 때문이다. 바울은 곧장 군중들 앞으로 나아가 직접 그에 대한 해명을 하고자 했던 것이다.

하지만 바울의 마음을 알게 된 제자들은 그가 극장 안으로 들어가지 못하도록 막아섰다. 자칫 잘못하면 분노한 군중들로 말미암아 신체를 상하게 될 위태로운 상황에 직면할 우려가 있었기 때문이다. 심하면 생명의 위협이 따를지도 모를 일이었다. 그들은 절대로 그와 같은 극단적인 사태가 발생해서는 안 된다는 판단을 하고 있었다.

나아가 소아시아 지역의 관청에서 공직을 수행하던 자들 가운데 바울을 잘 아는 한 친구가 그에게 통지해 왔다. 당시의 상황으로는 극장 안으로 들어가는 무모한 행동을 해서는 안 된다는 것이었다. 분위기를 보건데 바울이 그곳으로 들어간다고 해도 아무런 유익이 없었기 때문이다. 당시에도 정부의 관리들은 전개되어 가는 소요사태를 살피며 그 해결책을 모색하고 있었으므로 진행되는 상황을 더 명확하게 파악할 수 있었다.

5. 연극장 안에서 일어난 소동(행19:32-34)

당시 연극장은 여러 사람들이 모이는 집회 장소로 사용되기도 했다. 고대 아테네의 영향을 받은 지역들에서는 개개인의 의견이 집약된 형태의 여론을 매우 중요하게 여겼다. 그러므로 사람들은 한자리에 모여 토론을 벌이며 자기주장을 펼치기도 했다.

때로 정치적인 문제를 두고 열띤 토론을 하는가 하면 철학에 관련된 여러 사상들을 논하기도 했다. 따라서 사람들이 모이는 곳에는 항상 그와 같은 일들이 벌어졌으며 관심 있는 자들은 그에 직접 참여하는 경우가 많았다. 그때 에베소의 한 극장에서는 일반적인 경우와 달랐지만 사태의 옳고 그름을 직접 판단하고자 하여 사람들이 몰려들었다.

데메드리오가 제기한 종교적인 문제로 인해 극장에는 수많은 사람들이 몰려들었지만 당시 거기 모여든 사람들 가운데 다수는 그 구체적인 이유를 파악하지 못한 채 웅성대는 분위기를 보였다. 어떤 사람들은 이런 말을 하고 또 다른 어떤 사람들은 저런 말을 함으로써 무리 가운데 분란이 일어났다. 극장에 모인 사람들 가운데 상당수는 무엇 때문에 사람들이 그곳에 모였는지 정확하게 모르고 있었던 것이다.

그러던 중 유대인들이 무리 가운데서 알렉산더라는 사람을 권하여 앞으로 나가도록 했다. 아마도 바울이 전하는 기독교의 폐해를 알리고자 하는 마음 때문이었을 것으로 보인다. 그리하여 그가 여러 사람들 앞에 서게 되었다. 알렉산더는 우선 거기 모인 군중들에게 조용히 해달라며 손짓하면서 자신의 입장을 설명하고자 했다.

그러나 거기 모인 사람들은 그가 유대인인줄 알고 좋지 않은 시선으로 바라보았다. 그래서 그들은, "위대한 에베소 사람의 아데미여"라는 구호를 무려 두 시간 동안이나 외쳐댔다. 유대인들이 알렉산더를 사람들 앞으로 내보낸 것은 오히려 부정적인 역할을 했다. 에베소의 이방 종교인들은 유대인들이 아데미 여신을 모독하는 것으로 여겼기 때문이다. 따라서 더 이상 자신들이 믿는 신을 멸시하거나 모욕하는 일이 없도록 하라는 뜻으로 아데미 여신의 이름을 장시간 외쳤던 것이다.

6. 서기장의 권고(행19:35-40)

상황이 점차 악화되어 가자 결국 그 가운데 책임 공직자였던 서기장이 나서서 무리를 진정시키면서 에베소 사람들을 향해 말했다. 먼저 에베소가 위대한 여신 아데미와 제우스로부터 부여받은 대표적인 신전 수호자 역할을 한다는 사실을 모르는 자들은 아무도 없다는 사실을 언급했다. 즉 아데미와 제우스 신전을 지키는 위대한 도시인 에베소의 자부심을 잘 알고 있다는 것이었다.

그는 이에 대해서 부인할 사람은 아무도 없을 것이기 때문에 진정하고 조용히 문제를 해결하는 것이 최선의 방책이라는 사실을 강조했다. 괜히 경솔하게 행동하다 보면 오히려 예기치 못한 불리한 일이 발생할지 모른다는 것이었다. 서기장은 지금 저들로부터 혐의를 받고 있는 자들이 아데미 신전의 성물(聖物)을 도둑질한 것도 아니고 그 여신에 대하여 직접적인 비방을 하지도 않은 터에 그들을 강제로 끌고 온 것은 법적으로 볼 때 불리하게 작용할 수도 있다는 것이었다.

그러므로 데메드리오와 그와 함께 있던 직공들 가운데 누구든지 법적으로 고발할 만한 일이 있다면 재판날이 있고 총독들도 있으니 적법하게 고소하도록 권고했다. 그것이 가장 바람직한 행동일 뿐 아니라 저들에게 유리하게 작용할 수 있다는 것이었다. 그것 이외에 달리 문제를 제기하고자 하는 마음이 있다면 정식으로 민회에 문제를 제기함으로써 옳고 그름을 따져 볼 수 있을 것이란 말을 덧붙였다.

당시 극장에 모인 사람들이 문제시하고 있는 사태는 법적인 근거가 충분하지 않고 특별한 까닭이 없어 보이기 때문에 신중해야 한다는 사실을 강조했다. 또한 에베소 사람들이 근거 없이 소요를 일으킨 것으로 간주되면 그로 인해 서기장인 자기를 비롯한 공직자들이 문책받을 위험이 있다는 점을 언급했다. 우선 그 집회는 절차에 따라 당국의 허가를 얻지 않은 상태에서 열린 불법에 해당된다는 사실을 언급하며 그 정도로는 딱히 상부에 보고할 자료가 없다고 설득했던 것이다.

7. 강제해산과 교회가 얻은 교훈(행19:41)

군중들이 마게도니아 출신 가이오와 아리스다고를 붙들어 연극장으로 끌고와 소요를 일으키며 정죄하려는 행위는 엄연한 불법이었다. 그 당사자들은 영문도 모르는 채 끌려갔을지도 모른다. 또한 다수의 사람들은 그 구체적인 내막도 모르는 채 몰려들어 불법 집회에 참여하게 되었을 것으로 보인다.

그러므로 서기장은 저들의 그와 같은 행동이 적법하지 않다는 사실을 분명히 지적했다. 자칫 잘못하면 불법 집회를 주동한 것으로 지목되는 자들이 도리어 당국에 끌려가 엄중한 심판을 받아야 될지 모른다는 것이었다. 그러나 당국의 입장에서는 여론을 의식했으므로 실제로 그렇게 할 마음이 있었던 것같아 보이지는 않았다.

저들에게 있어서 최선의 방편은 조용히 그 사건을 마무리하는 것이었다. 결국 서기장은 그 말과 더불어 그날 극장에서의 모임을 해산시켰다. 아마도 바울의 동역자들인 가이오와 아리스다고 역시 풀려났을 것이 틀림없다. 그리하여 은 세공업자인 데메드리오가 선동한 그 소요는 일단락 될 수 있었다.

당시 사도 바울을 비롯한 에베소 교회와 아시아 지역의 모든 성도들은 그로 인해 큰 교훈을 받았을 것이 분명하다. 우선 그 소요로 말미암은 교회의 피해가 전혀 없었다는 것은 감사하고 다행한 일이었다. 하지만 앞으로도 각종 신상 모형들을 우상으로 간주하여 거부할 때 언제든지 그와 동일한 문제가 발생할 수 있었다. 그렇다고 해서 그 문제 자체를 발생하지 않도록 할 수 있는 방도는 없었다.

분명한 사실은 하나님의 백성들은 어떤 경우에도 우상숭배를 용납할 수 없다는 사실이다. 따라서 종교적인 성격을 지니는 우상이나 신상을 절대로 가까이 해서는 안 된다. 당시 에베소 교회 성도들은 그 위태로운 사태를 겪으면서 하나님의 적극적인 도우심이 없이는 그 위기를 피하기 어렵다는 사실을 깨닫게 되었다. 그와 같은 세상과의 갈등 가운데 하나님의 교회는 점차 굳건히 자라갔다.

8. 바울이 에베소에서 당한 심한 고난

사도 바울의 사역과 삶은 어디를 가든지 녹녹치 않았다. 하나님의 자녀들은 그를 적극적으로 환영했지만 불신자들은 전혀 그렇지 않았다. 그의 앞에는 항상 대적하는 자들이 기다리고 있었으며 예기치 못한 다양한 위험요소들이 있었다. 그가 에베소에 머물며 사역하는 동안에도 형언할 수 없는 많은 고난을 당하게 되었다. 그것은 그에게 평안하고 안락한 삶이 허락된 것이 아니었음을 말해주고 있다.

바울은 에베소에서 매우 위태로운 싸움에 직면했던 사실을 감추지 않았다. 그의 주변에는 영적이거나 육적인 위기의 상황이 끊임없이 발생하고 있었다. 하지만 그 싸움 자체에 어떤 의미가 있었던 것은 아니었다. 중요한 점은 하나님의 복음이 올바르게 전파되고 주님의 교회가 올바르게 성장해 가는 것이었다. 그는 고린도 교회에 보내는 첫 번째 편지에서 자기가 에베소에서 겪었던 일에 관한 내용을 소개하고 있다.

> "내가 범인처럼 에베소에서 맹수로 더불어 싸웠으면 내게 무슨 유익이 있느뇨 죽은 자가 다시 살지 못할 것이면 내일 죽을터이니 먹고 마시자 하리라"(고전15:32)

에베소에서의 바울의 삶은 힘들 때가 많았다. 대적자들에 의해 심한 고통을 당하게 되었기 때문이었다. 바울은 자기가 에베소에서 사나운 맹수와 싸워야 하는 위험을 겪었다는 말을 했다. 하지만 그가 그것 자체에 특별한 의미를 부여하지는 않았다. 그럼에도 불구하고 힘거운 상황을 경험하면서 하나님의 자녀로서 타락한 세상을 살아가는 것이 결코 쉽지 않다는 사실을 고백적으로 말하고 있다.

그런데 위의 본문에서 언급한 것처럼 사도 바울이 실제로 사자굴이나 맹수가 풀려있는 운동경기장 같은 곳에 내던져졌는지에 대해서는 정확하게 말하기 어렵다. 물론 그럴 만한 가능성은 얼마든지 존재한다. 당시 중대한 죄악을 저지른 범죄자들의 경우 그와 같은 무서운 형벌을 받기도 했기 때문이다.

한편 바울이 언급한 그 말이 상징적인 의미로 기술된 것으로 이해할 수 있는 여지가 남아 있다. 바울이 에베소 지역에서 복음을 증거하며 활동하던 때로부터 오래전 그리스 철학자 헤라클레토스(Herakleitos)는 에베소 사람들을 저들의 특성에 따라 '맹수'로 부른 적이 있다.[51] 따라서 바울 당시에도 그 지역 사람들에 대한 그런 용어가 남아 있을 수 있는 가능성이 있었던 것이다.[52]

어쨌거나 사도 바울은 대적자들과 맞서 싸웠던 것은 분명하다. 하지만 보통 사람들처럼 인간적인 동기나 자기의 생명을 보전하기 위한 목적 때문에 그렇게 하지는 않았음을 밝혔다. 만일 그와 같은 이유 때문이라면 별 의미가 없다는 것이었다. 바울은 자신이 끔찍한 위기를 겪으면서 견뎌낸 것은 오직 예수 그리스도의 부활을 증거하기 위해서였음을 말했다. 바울의 삶에 있어서는 그것이 가장 소중한 본질적인 의미였기 때문이다.

그러므로 만일 영원한 부활이 없다면 이 세상에 살아가는 인간들의 삶은 아무것도 아니라고 했다. 이 세상에서의 삶이 전부라면 곧 죽을 인생이기 때문에 오늘 배불리 먹고 마시다가 죽는 것이 최상의 삶이 될 따름이라는 것이었다. 그러므로 하나님을 알지 못하는 자들은 내세에 대한 진정한 소망이 없는 현실주의자에 지나지 않는다.

바울의 이 말 가운데는 하나님의 자녀들은 결코 그렇지 않다는 의미가

---

51) 우리나라에서도 종종 서울 사람들을 '서울 야시(여우)'라 칭하고, 경상도 사람들을 '경상도 문둥이'라 칭하는 것과 동일하다.

52) Albert Bengel, Bengel's Ner Testament Commentary, 1 Chorinthians 15:32. 참조.

내포되어 있다. 따라서 영원한 하나님 나라에 연결되어 있을 때 비로소 진정한 삶을 살아갈 수 있게 된다. 바울 자신은 참된 소망을 소유하고 있으므로 그런 위태로운 상황에 직면하여 값진 싸움을 싸울 수 있었다는 점을 말했던 것이다.

그는 또한 고린도 교회에 보내는 두 번째 편지에서 아시아 곧 에베소 지역에서 자기가 겪은 끔찍한 환난에 대해 언급했다. 그 고통의 정도는 직접 겪어보지 않은 자들은 상상조차 하기 어려운 것이었다. 바울이 그 사실을 말한 이유 가운데는 자기가 겪은 일을 자랑하기 위해서가 아니라 고린도에 살고 있는 교인들의 안일한 삶의 태도에 대한 질책의 성격이 담겨 있다.

> "형제들아 우리가 아시아에서 당한 환난을 너희가 알지 못하기를 원치 아니하노니 힘에 지나도록 심한 고생을 받아 살 소망까지 끊어지고 우리 마음에 사형 선고를 받은 줄 알았으니 이는 우리로 자기를 의뢰하지 말고 오직 죽은 자를 다시 살리시는 하나님만 의뢰하게 하심이라" (고후1:8,9)

사도 바울은 에베소에 있을 때 고린도 교회에서 발생한 많은 부정적인 문제들을 듣게 되었다. 그가 보기에 고린도 교회 성도들에게는 신앙에 대한 절박감이 전혀 없어보였다. 신앙이 어린 교인들과 잘못된 신앙을 가진 자들이 진리를 벗어난 복잡한 문제들을 만들어내고 있었기 때문이다. 바울은 그런 성도들을 향해 상상을 초월하는 환난 가운데서 참된 신앙을 지켜낸 자기의 형편을 고백하듯이 말하고 있다.

그는 자기가 아시아 지역에서 당한 엄청난 환난을 고린도 교회 성도들이 알게 되기를 원한다고 했다. 그는 견디기 어려운 힘겨운 고생을 했다는 사실을 말했다. 살아갈 소망이 완전히 끊어진 것 같은 처지에서 심적으로 사형 선고를 받은 것 같은 절박한 상황에 빠져들 정도였다는 것이다.

그럼에도 불구하고 자기는 인간의 능력이나 주변의 열악한 환경에 의존하지 않고 오직 여호와 하나님 한 분만 바라보았음을 고백했다. 또한 세상에서 발생하는 모든 것들은 잠시 지나가는 것일 뿐 영원하지 않다는 사실을 강조했다. 그에 반해 죽음에서 부활하시고 죽은 자들을 살려내시는 하나님은 영원하신 분으로 오직 그만 신뢰할 수 있다는 것이었다.

사도 바울은 고린도 교회를 향해 이 말을 전하면서 세상에 존재하는 모든 교회와 성도들이 자기와 같은 신앙인의 삶을 살아가기를 원한다고 했다. 그는 이제 힘들었던 에베소에서의 생활을 뒤로하고 마게도니아와 고린도 지역을 거쳐 기근으로 인해 심한 고통을 당하는 형제들이 있는 예루살렘으로 가고자 했다. 그는 에베소의 힘든 여건을 피해 더 편하고 안락한 지역을 찾아 나선 것이 아니라, 그보다 훨씬 더 힘들고 고통스런 환경이 기다린다고 할지라도 그 길을 따라 갔을 것이 분명하다.

제26장

바울의 복음전파 사역 : 마게도니아, 고린도, 드로아 그리고 에게해 동부 연안과 섬 지역
(행20:1-15)

1. 바울의 마게도니아 지역 방문(행20:1,2)

사도 바울은 에베소를 출발하여 마게도니아 지역으로 갔다. 디모데와 에라스도는 이미 그곳에 도착해 있었다(행19:22). 그곳은 교회를 위해 안정된 지역이 아니었으므로, 성도들이 주변 상황과 더불어 상당한 위험에 노출된 상태였다. 특히 바울과 같이 기독교 지도자로 알려진 경우에는 더욱 그러했다.

마게도니아는 바울에게 있어서 숱하게 많은 기억들이 남아 있는 지역이었다. 빌립보, 데살로니가, 베뢰아 등에서는 감사한 일들도 많았거니와 힘들고 괴로운 일들도 많았다. 빌립보 감옥에서 있었던 일은 결코 잊을 수 없는 사건이었다. 아울러 그 지역에는 개인적으로 알고 있는 믿음의 형제들이 많이 있었다.

마게도니아에 도착한 바울은 평안하게 지낼 수 있었던 것이 아니라 사방으로부터 공격해오는 세력에 맞서 싸워야만 했다. 또한 심적으로는 두려운 마음을 떨쳐버릴 수 없었다. 바울은 고린도 교회에 보내는 두 번째 편지에서 그에 관한 형편과 심정을 기록하고 있다.

> "우리가 마게도냐에 이르렀을 때에도 우리 육체가 편치 못하고 사방으로 환난을 당하여 밖으로는 다툼이요 안으로는 두려움이라"(고후7:5)

그런 힘든 상황 가운데서도 바울은 마게도니아 지역에 있는 연약한 교회들을 굳건히 서가도록 돕는 일에 최선의 노력을 기울였다. 바울은 오래 전 아가야 지역에 있을 때 두 번에 걸쳐 데살로니가 교회에 하나님으로부터 계시받은 편지를 보낸 적이 있었다. 아마도 그는 저들이 그때 전한 말씀의 원리대로 살아가는지 확인했을 것이 분명하다.

마게도니아에 머물고 있던 바울은 그러던 중 고린도로부터 도착한 디도를 만나게 되었다. 그는 물론 바울을 만나기 위해 일부러 찾아왔을 것으로 보인다. 디도는 그동안 고린도 교회에서 일어난 모든 형편을 설명했을 것이며 바울은 그를 통해 많은 이야기들을 전해들을 수 있었을 것이다.

고린도 교회 성도들은 바울이 에베소에서 써 보낸 첫 번째 편지를 받고 잘못으로부터 돌이킨 사람들이 많았다. 그리하여 교회가 점차 건강한 모습을 회복해 가고 있었다. 그것은 여간 반가운 소식이 아닐 수 없었다. 하지만 고린도 교회에서는 또 다른 여러 문제들이 발생하고 있다는 소식을 듣게 되었다.

고린도 지역의 신앙적으로 어린 교인들이 타락한 세상의 가치관을 받아들이면서 점차 세속화되어 갔다. 거기다가 사탄에게 속한 거짓 교사들이 의인의 탈을 쓴 채 교회 안으로 들어와 말씀을 왜곡하는 가운데 성도들을 어지럽히기도 했다. 그런 많은 문제들을 듣게 된 바울은 하나님의 계시에 따라 저들에게 두 번째 편지를 써 보내게 되었던 것이다.

❖ **고린도후서** _ 바울의 다섯 번째 서신

　사도 바울은 마게도니아에 도착해 성도들을 격려하며 교회를 바르게 세우는 일에 관심을 기울이는 동안 하나님으로부터 특별한 계시를 받게 되었다. 그것은 고린도 교회에 보내는 두 번째 편지였다. 당시 마게도니아 지역에 머물고 있던 그는 고린도에서 도착한 디도를 통해 반가운 소식을 들을 수 있었다. 그런데 그 반가운 소식과 더불어 거짓 교사들에 대한 소식도 같이 전해졌다.

　그러므로 바울은 편지 가운데 저들에게 어려움을 잘 이겨낸 성도들을 향해 감사와 위로의 말을 전했다. 그러면서 저들의 삶 가운데 항상 그리스도를 믿는 자로서 그의 향기가 풍겨나야 한다는 사실을 언급했다. 그리하여 많은 사람들이 성도들을 통해 예수 그리스도를 알게 되기를 바란다는 것이었다.

　나아가 하나님의 자녀들이라면 마땅히 저들의 삶 가운데 그리스도의 생명이 드러나야 한다는 사실을 언급했다. 즉 영원한 생명이 성도들의 육체에 나타나는 것은 자연스럽다는 것이었다. 이는 하나님의 자녀들은 마음으로 믿는 신앙 정서를 넘어 누구든지 그에 관한 실상을 눈으로 볼 수 있도록 실체적으로 드러나야 한다는 사실을 말해준다.

　그렇게 함으로써 주변 사람들에게 그리스도인의 삶을 보여주는 동시에 하나님의 복음을 분명히 드러내야 한다는 사실을 강조했다. 따라서 성숙한 성도들은 지상교회를 어지럽히는 무리들에 대한 경고를 해야만 한다. 또한 그와 더불어 하나님의 교회를 지켜 보호하는 역할을 감당해야만 했던 것이다.

그러므로 그릇된 교리를 퍼뜨리며 성도들을 미혹하는 거짓 교사들에 대하여 단호히 대처하도록 요구했다. 그런 자들에 대해서는 결코 무분별한 관용이 베풀어져서는 안 된다. 그렇게 되면 교회가 더욱 심하게 어지럽혀질 것이기 때문이다. 따라서 포괄적 개념에서 볼 때 성도들은 거짓된 자들과 어울리지 말아야 한다. 만일 그점을 조심하지 않으면 신앙이 어린 자들이 쉽게 긴장의 끈을 늦출수 있을 것이기 때문이다.

또한 당시 고린도 교회에는 일종의 혼합주의적 양상이 일어났던 것으로 보인다. 세상에 대한 지나친 관용은 혼합된 가치관으로 인해 교회를 어지럽게 한다. 어리석은 자들은 세상의 것들을 받아들이는 것을 장려하게 된다. 그것이 마치 세상에 대한 교회의 역할인 양 여기고 있기 때문이다. 따라서 바울은 고린도 교회 성도들을 향해 믿지 않는 자와 멍에를 같이 하지 말도록 요구했던 것이다.

"너희는 믿지 않는 자와 멍에를 같이 하지 말라 의와 불법이 어찌 함께하며 빛과 어두움이 어찌 사귀며 그리스도와 벨리알이 어찌 조화되며 믿는 자와 믿지 않는 자가 어찌 상관하며 하나님의 성전과 우상이 어찌 일치가 되리요 우리는 살아 계신 하나님의 성전이라 이와 같이 하나님께서 가라사대 내가 저희 가운데 거하며 두루 행하여 나는 저희 하나님이 되고 저희는 나의 백성이 되리라 하셨느니라"(고후 6:14-16)

사도 바울의 이 말은 불신자들과의 교제를 완전히 금하거나 서로 만나지도 말라고 명한 것이 아니다. 이 교훈 가운데는 교회의 순결을 요구하는 의미가 담겨 있다. 중요한 점은 교회가 예수 그리스도의 신부로서 순결을 유지하는 것이다. 세상의 오염된 가치관들을 교회 안으로 끌어들인다는 것은 하나님의 말씀이 요구하는 가치관을 버리는 것과 같다.

이에 대해서는 오늘날 우리시대 교회가 귀담아 들어야만 한다. 현대의 타락한 교회들은 세상을 복음 선포 대상으로 삼는 것이 아니라 교회와 세상을 동일한 격상에 두는 것을 오히려 자연스럽게 여긴다. 그로 말미암아 교회가 세속화 되어 성경에 기록된 절대 진리를 멀리하게 되는 것이다.

바울은 또한 보편교회에 속한 성도들이 소유해야 할 삶의 원리에 관한 교훈을 했다. 하나님의 자녀들은 항상 교회의 이웃과 더불어 살아가고자 하는 마음을 가져야 한다. 따라서 부유한 성도들은 항상 어려운 성도들을 위한 준비를 갖추고 있어야만 한다. 그렇게 함으로써 '평균케 하는 원리'가 적용되어 모든 성도들이 지나친 어려움을 당하지 않고 함께 살아갈 수 있게 된다(고후8:9-15, 참조).

주님의 몸된 교회를 올바르게 세워나가기 위해서는 항상 거짓 교사들을 경계하지 않으면 안 된다. 그런 자들은 그리스도의 이름을 앞세워 자신의 욕망을 추구하기에 급급하지만 겉보기에는 훌륭한 신앙인으로 비쳐진다. 그들은 사탄의 앞잡이이면서 마치 의의 일군이라도 되는 듯이 광명한 천사로 가장하여 성도들을 미혹하는 것이다.

"저런 사람들은 거짓 사도요 궤휼의 역군이니 자기를 그리스도의 사도로 가장하는 자들이니라 이것이 이상한 일이 아니라 사단도 자기를 광명의 천사로 가장하나니 그러므로 사단의 일군들도 자기를 의의 일군으로 가장하는 것이 또한 큰 일이 아니라 저희의 결국은 그 행위대로 되리라"(고후11:13-15)

사도 바울은 이에 대하여 매우 강력한 용어를 사용하며 주의를 주고 있다. 따라서 우리 역시 항상 그점을 신경쓰지 않으면 안 된다. 성숙하지 않은 어린 교인들은 어느 것이 참인지 거짓인지 구별하지 못할 것이기 때문이다. 지금도 교회 언저리에는 항상 거짓 교사들이 자기가 마치 참된 선생이라도 되는 양 어리석은 교인들을 미혹하고 있다.

바울은 이 편지를 써서 그것을 디도의 손에 들려 고린도 교회에 보낸 것으로 보인다(고후12:18). 그후 그는 직접 고린도 지역을 방문하게 된다. 아마도 고린도의 성도들은 바울을 통해 계시된 하나님의 말씀을 귀담아 들었다. 사도교회 시대의 거짓 교사를 따르는 자들이 아닌 하나님을 진정으로 믿는 성도들은 사도들의 말을 절대진리로 알고 그대로 순종하는 자세를 가지고 있었던 것이다.

2. 고린도 지역(행20:2-3)

아가야 지역에 도착한 바울은 고린도에서 약 삼 개월 동안 머물면서 교회를 굳건히 세우기 위해 애썼다. 또한 지난번 에베소에서 써 보낸 고린도전서에 언급된 문제들이 얼마나 잘 해결되었는지 확인했을 것이다. 바울이 도착했을 때 고린도 교회 성도들은 그의 가르침을 들어 순종해야 한다는 사실을 잘 알고 있었을 것이 분명하다.

뿐만 아니라 그동안 고린도 교회 언저리에는 사탄의 앞잡이 노릇을 하는 거짓 교사들이 상당수 있었다. 그런 자들은 의인의 탈을 쓰고 열성적인 종교 활동을 하면서 어리석은 자들을 미혹하기를 게을리 하지 않았다. 바

울은 그와 같은 형편에 처해 있는 교회와 성도들을 올바른 신앙의 길로 인
도하고 잡아주어야만 했다.

그는 또한 고린도지역의 교회들 가운데서 거세게 불고 있던 세속화
의 바람을 차단시키기 위해 신경을 곤두세우지 않을 수 없었다. 하나님
의 진리를 멀리하고 세상의 가치관들을 교회 안으로 끌고 들어오는 자들
을 방치할 수 없었기 때문이다. 그런 것을 용납하는 자들은 불신자들과
협력하여 다양한 일들을 만들기도 하며 종교적인 활동을 했던 것으로 보
인다.

한편으로는 기독교인이라 주장하면서 경직된 사고를 하며 이기적인
태도를 가진 자들이 상당수 있었다. 바울은 하나님의 자녀들은 천상에 소
망을 둔 자로서 주변 사람들로부터 좋은 인정을 받아야 한다는 사실을 강
조했다. 따라서 성도들은 가난하고 어려운 삶을 살아가는 사람들에게 사
랑을 베풀며 살아갈 수 있어야 했던 것이다.

바울은 그때 고린도 교회의 성도들에게 보편교회의 원리를 가르치고
자 최선의 노력을 기울였다. 그것은 지상의 모든 참된 교회들이 하나의 끈
으로 엮어져 있다는 사실에 밀접하게 연관되어 있었다. 따라서 예루살렘
교회가 기근으로 인해 심한 고통을 당하는 것에 대하여 고린도 교회가 그
들을 위한 일에 동참해야 한다는 사실을 강조했다. 그리하여 연보를 모아
예루살렘 교회에 전달하고자 했던 것이다.

바울은 고린도 지역에 머무는 동안 로마에 있는 교회에 편지를 썼다.
그것은 물론 하나님으로부터 계시된 말씀으로 로마 교회에 보내는 특별한
메시지였다. 바울은 고린도에 머물고 있으면서 예루살렘과 로마에 대한
관심을 갖고 있었던 것이다. 이는 하나님의 언약의 도시 예루살렘에 근본
적인 관심을 두고 세상 왕국의 최고 수도인 로마를 복음으로 공략하고자
하는 그의 심정을 보여주고 있는 것으로 이해할 수 있다.

❖ 로마서_바울의 여섯 번째 서신

사도 바울은 고린도에 삼 개월 가량 머무는 동안 하나님의 계시를 받아 로마에 있는 교회에 편지했다. 로마는 제국의 심장부로서 모든 권력과 부가 거기 몰려 있었다. 즉 정치 사회 경제 문화 군사 등의 중심지였던 것이다. 그는 바로 그곳에 있는 로마 교회를 향해 하나님의 계시를 전했다.

바울은 로마서에서 인간들 가운데 의인은 하나도 없으며 모든 인간들은 죄인에 지나지 않는다는 사실을 강조해 말했다. 또한 당시 로마에 살고 있는 신앙이 어린 교인들 가운데는 로마에서 성공을 이룬 유력한 자들을 부러워하는 자들이 있었을지도 모른다. 하지만 외모로 사람을 판단하는 행위는 지극히 어리석은 것에 지나지 않는다.

"기록한 바 의인은 없나니 하나도 없으며 깨닫는 자도 없고 하나님을 찾는 자도 없고 다 치우쳐 한가지로 무익하게 되고 선을 행하는 자는 없나니 하나도 없도다 저희 목구멍은 열린 무덤이요 그 혀로는 속임을 베풀며 그 입술에는 독사의 독이 있고 그 입에는 저주와 악독이 가득하고 그 발은 피 흘리는데 빠른지라"(롬3:10-15)

하나님께서 로마의 성도들에게 그 말을 한 것은 세상에 부러워할 만한 대상이 아무도 없다는 사실을 말해주고 있는 것과 같다. 하나님의 자녀로서 가장 어리석은 태도는 불신자들의 성공을 부러워하는 것이다. 그것은 결코 부러움의 대상이 될 수 없으며 도리어 그것을 자랑으로 삼는 자들에 대한 안타까움이 커야만 한다.

하나님의 자녀들은 세상에 대해서는 죽은 자들이다. 예수 그리스도를 알게 된 교인들은 그의 이름에 힘입어 세례를 받게 된다. 즉 교회에 속한 성도들은 십자가에 달린 예수님과 더불어 세상에 대해서는 죽게 되고 그의 부활과 더불어 하나님에 대해서는 다시 살아나게 된다. 이로써 그리스도 안에서 새로운 피조물이 되는 것이다.

"무릇 그리스도 예수와 합하여 세례를 받은 우리는 그의 죽으심과 합하여 세례 받은 줄을 알지 못하느뇨 그러므로 우리가 그의 죽으심과 합하여 세례를 받음으로 그와 함께 장사되었나니 이는 아버지의 영광으로 말미암아 그리스도를 죽은 자 가운데서 살리심과 같이 우리로 또한 새 생명 가운데서 행하게 하려 함이니라"(롬6:3,4)

이렇게 하여 하나님을 믿는 성도들은 옛 것을 포기한 새로운 피조물이 된 자들이다. 하지만 세상에 대해서 죽은 자들이 되었음에도 불구하고 여전히 이 세상에서 살아갈 수밖에 없다. 따라서 진리를 지키기 위해 투쟁하는 삶을 살아가면서도 동시에 세속국가의 권력에 대해서도 책임 있는 삶을 살아가야만 한다.

그러므로 사도 바울은 국가에 연관된 언급을 하고 있다. 그는 여기서 세상에 존재하는 국가는 하나님께서 세우신 특별한 기관이라는 사실을 말했던 것이다. 즉 국가 권력은 악한 자들을 응징함으로써 세상의 질서를 유지하는 역할을 하게 된다. 하나님의 자녀들이라 할지라도 교회가 저들의 안정된 삶은 보장하지 못한다. 그에 반해 세속국가가 악한 자들을 경계하여 그 범죄를 저지르지 못하게 한다는 것이었다.

"각 사람은 위에 있는 권세들에게 굴복하라 권세는 하나님께로 나지 않음이 없나니 모든 권세는 다 하나님의 정하신 바라 그러므로 권세를 거스리는 자는 하나님의 명을 거스림이니 거스리는 자들은 심판을 자취하리라 관원들은 선한 일에 대하여 두려움이 되지 않고 악한 일에 대하여 되나니 … 네가 악을 행하거든 두려워하라 그가 공연히 칼을 가지지 아니하였으니 곧 하나님의 사자가 되어 악을 행하는 자에게 진노하심을 위하여 보응하는 자니라"(롬13:1-4)

사도 바울은 지상에 존재하는 교회가 영적인 권세로서 하나님의 뜻을 선포하는 데 반해 세속국가는 공권력을 통해 악을 제어하게 된다고 했다. 영적인 진리를 싫어하는 국가는 교회를 핍박하는 일이 있을지라도 성도들이 부당한 폭력을 당할 때 공권력을 동원해 그것을 막아준다. 따라서 그와 같은 일은 하나님으로 말미암는 것으로서 세속국가가 하나님의 일을 대신 하게 된다는 것이었다.

이는 사실 우리에게 매우 중요한 교훈을 주고 있다. 여기서 하나님께서는 자기 피로 값 주고 사신 거룩한 교회뿐 아니라 국가에 대해서도 자기 관할 아래 두고 있다는 점을 드러내고 계시기 때문이다. 따라서 교회 즉 하나님 나라에 속한 성도들은 국가에 대하여 성실한 자세를 가져야 한다. 성경의 교훈에 반하는 부당한 일이 아니라면 그 명에 따라야 할 의무가 있는 것이다.

그런데 당시 로마에 보내는 바울의 편지로 말미암아 크게 오해하는 자들이 생겨났다. 그들은 유대인 열성주의자들이었다. 그들은 로마제국을 투쟁이나 분쇄의 대상으로 여기고 있었다. 로마제국에게 나라를 빼앗긴 형편에서 로마 정부에 복종하라는 일반적인 요구는 결코 받아들일 수 없었다.

그런 정치적 분위기 가운데서 사도 바울이 기독교인들에게 로마제국의 권력에 순종하라는 말을 했을 때 유대인들은 그것을 이해하기 어려웠다. 더구나 다른 지역도 아니고 제국의 수도인 로마에 있는 교회에 그와 같은 요구를 했다는 것은 여간 심각한 일이 아니었다. 그로 말미암아 유대교도들은 기독교가 예루살렘과 유대인들을 버리고 로마를 선택한 것으로 오해하기에 충분했다.

물론 그것은 교회와 국가의 관계를 오해한 결과로 인한 것이었다. 사도 바울은 예수님께서 그리하셨던 것처럼 세상 왕국을 물리적으로 정복하고자 하는 마음이 전혀 없었다. 그것은 하나님의 뜻이 아니었기 때문이다. 교회가 궁극적으로 타락한 세상을 정복하게 되겠지만 그것은 영적인 영역을 의미하는 것일 뿐 물리적인 정복과는 아무런 상관이 없다.

바울은 로마서의 마지막 부분에서 자기는 곧 예루살렘을 방문하게 되리라는 사실을 언급했다. 그때 예루살렘의 가난한 성도들을 위해 연보를 거두어 간다는 말을 덧붙였다(롬15:25,26). 그러면서 교회의 순결을 지키기 위해 최선의 노력을 기울이라는 요구를 했다. 바울에게서 가장 중요한 것은 하나님의 교회가 순수하게 성장해 가는 것이었다. 따라서 그에 대한 중요한 교훈을 남겼다.

"형제들아 내가 너희를 권하노니 너희 교훈을 거스려 분쟁을 일으키고 거치게 하는 자들을 살피고 저희에게서 떠나라 이같은 자들은 우리 주 그리스도를 섬기지 아니하고 다만 자기의 배만 섬기나니 공교하고 아첨하는 말로 순진한 자들의 마음을 미혹하느니라"(롬16:17,18)

지상교회 가운데는 욕망에 가득 찬 종교인들로 인해 심한 분쟁이 일어나는 경우가 많았다. 로마에 있는 교회도 그와 다르지 않았다. 바울은 순진한 교인들을 미혹하여 자신의 이익을 추구하는 자들을 살펴보아 그로부터 떠나라는 요구를 하고 있다. 그런 자들은 성경에 기록된 하나님의 교훈을 적극적으로 거스르는 자들이었다.

그런데 문제는 어리석은 자들의 성경의 교훈을 벗어난 왜곡된 사랑이다. 그런 자들은 지상교회를 어지럽히고 허무는 자들조차 사랑하며 저들과 화합하라고 말한다. 그렇게 말하는 사람들은 교회의 참된 성장보다 자신의 욕망추구에 관심이 더 많다. 하지만 참된 성도들은 그들과 화합할 것이 아니라 저들과 분리되어야 한다. 그렇게 함으로써 교회가 그 본질을 지키며 순결을 유지할 수 있기 때문이다. 우리는 로마서에 기록된 교훈들을 올바르게 이해하지 않으면 안 된다.

3. 마게도니아와 아시아 지역 이동(행20:3-6)

사도 바울은 고린도 지역에서 삼 개월 가량을 보낸 후 교회들로부터 거둔 연보를 가지고 예루살렘으로 가고자 했다. 그는 거기서 배를 타고 수리아 지역으로 곧바로 가려 했으나 유대주의자들의 위협으로 인해 그렇게 하지 못했다. 당시 그곳에는 바울을 협박하는 자들이 많았으며 생명을 헤치기 위해 악한 음모를 꾸미는 자들도 있었다.

그래서 바울은 결국 선박을 통한 바닷길을 포기해야만 했다. 그 대신 육로로 통해 지난번 왔던 길을 따라 마게도니아와 소아시아 지역을 거쳐 되돌아갈 수밖에 없었다. 그 여정은 결코 편안하고 만만한 길이 아니라 힘겨운 길이라는 점을 누구나 알고 있었다.

하지만 그럴 수밖에 없는 형편에 처한 바울은 그 길을 택하지 않을 수 없었다. 우리는 그 가운데서도 하나님의 놀라운 섭리와 경륜이 작용하고 있었다는 사실을 깨달아야 한다. 나중에 드로아 등지에서 일어난 특별한 사건들을 기억하면 그점을 쉽게 이해할 수 있다.

사도 바울은 그때 여러 형제들과 동행하여 아시아 지역까지 가게 되었다. 그들은 베뢰아 출신 부로의 아들 소바더, 데살로니가 사람 아리스다고와 세군도, 더베 사람 가이오와 디모데, 아시아 사람 두기고와 드로비모 등이었다. 그들은 각기 출신지 배경이 다르고 상이한 문화적 습성을 가지고 있었지만 예수 그리스도 안에서 하나가 된 성도들이었다.

그들은 바울보다 먼저 고린도 지역을 출발하여 드로아에서 바울과 누가 일행을 기다렸다. 그런데 바울은 그 때 왜 여러 사람들과 함께 움직였을까 하는 생각을 해보게 된다. 안전 문제 때문이었을까 아니면 조직적 복음전파를 위해서였을까? 우리가 알 수 있는 중요한 사실은 당시 복음 선포 사역이 상당한 체계를 갖추고 진행되었다는 점이다. 즉 주먹구구식의 임기응변적으로 복음사역을 감당한 것이 아니라 흩어진 여러 교회들과 더불어 체계적인 사역을 했던 것이다.

사도 바울은 마게도니아 지역에서 자기와 함께 있던 형제들을 먼저 보낸 후 그곳에 좀 더 머물며 복음을 증거하며 교회를 굳건히 세우고자 애썼다. 바울과 누가를 비롯한 다른 형제들은 유월절 다음 무교절이 지난 후 빌립보에서 출발하여 네압볼리에 이르러 거기서 배를 타고 에게해를 건너 드로아 땅에 도착했다. 빌립보에서 드로아까지는 닷새가 걸리는 가깝지 않은 길이었다.

4. 드로아 교회(행20:6-12)

사도 바울이 드로아에 도착했을 때 그곳에는 당시 기독교 지도자들이 대거 모여 있었다. 그들은 물론 바울의 인도 아래 복음 사역을 감당하던 형제들이었다. 그들은 복음 안에서 상호 신뢰하는 관계를 유지하고 있었다. 바울은 그 지역에서 한 주간을 머물며 여러 성도들과 교제했다.

바울이 드로아에 도착한 후 주일(Lord' s Day)이 되어 교회가 예배와 성찬을 나누기 위해 한자리에 모였다. 그날은 바울이 드로아를 떠나기 하루 전날이었다. 그 주일 예배 시간에 바울은 하나님의 말씀을 강론하게 되었다. 그는 마지막 기회라 여기고 밤늦도록 성도들에게 하나님의 말씀을 전했다. 얼마나 긴 시간을 강론했는지 명확하게 알 수 없지만 낮부터 밤중까지 이어진 것으로 보인다.

당시 하나님의 말씀에 갈급한 성도들은 그 시간을 길게 여기지 않고 가장 소중한 기회로 삼았을 것이 분명하다. 하지만 그들 가운데는 그 시간을 지루하게 여기는 자들이 있었을지도 모른다. 또한 말씀을 간절히 사모하지만 지나치게 피곤한 나머지 조는 사람들도 상당수 있었을 것으로 보인다.

성도들이 한자리에 모여 하나님을 예배하는 장소인 건물 위층 다락방에는 등불이 많이 켜져 있었다. 드로아 교회에는 유두고(Eutychus)라 하는 나이 어린 청소년(boy: NASB)[53]이 있었는데 그가 삼층 창문턱에 앉아 선포되는 말씀을 들었다. 그러다가 바울의 강론이 길어지자 졸음을 이기지 못하고 깊이 졸다가 창문에서 떨어지는 일이 발생하게 되었다. 사람들이 다가가 창문으로부터 떨어진 그 청년을 일으켜보니 이미 죽어 있는 상태였다.

그러자 바울이 직접 내려가서 그 죽은 유두고의 몸 위에 엎드려 그를 안아보고는 사람들에게 떠들지 말고 조용하도록 했다. 그에게 생명이 붙어있다는 것이었다. 우리가 여기서 알게 되는 점은, 다른 사람들이 봤을 때 그 청년은 분명히 죽은 상태였지만 바울이 볼 때는 아직 그에게 생명이

---

53) 한글 개역성경의 사도행전 20:9에는 '청년' (a young man)으로 번역되어 있으며, 20:12에는 '아이' (the boy)로 번역되어 있다.

남아 있다는 전혀 다른 해석이었다. 그리하여 결국 죽었던 그 소년은 생명을 회복하게 되었다. 그것은 놀라운 기적이 아닐 수 없었다.

그 죽음의 사건이 해결된 후 바울은 다시금 다락으로 올라가 떡을 떼고 아침이 밝아올 때까지 하나님의 말씀을 전하며 이야기했다. 그런 다음 바울은 그곳을 떠나게 되었다. 유두고의 죽음으로 인해 절망에 빠진 많은 성도들은 그 어린 소년이 되살아난 광경을 보면서 큰 위로를 받게 되었다. 드로아 교회 성도들은 이 사건을 통해 하나님에 대한 믿음이 더욱 굳건해졌을 것이 틀림없다.

5. 드로아에서 밀레도까지의 여정(행20:13-15)

드로아 교회에서 주일 공예배 설교와 성찬을 나눈 다음날 바울은 걸어서 앗소(Assos)로 향해 갔다. 한편 다른 일행은 바울보다 앞서 배를 타고 바닷길로 먼저 그곳에 도착하게 되었다. 앗소에는 오래된 아테나 신전이 있는 도시였으며 아리스토텔레스(BC384-322)가 그곳에 학교를 세워 수년간 학생들을 가르치기도 한 곳이다.

바울은 앗소에서 형제들을 만나 배를 타고 레스보스(Lesbos) 섬의 미둘레네로 건너갔다. 당시 그 섬 지역에는 창피하게도 동성애자들이 많이 살고 있었다. 오늘날까지 여성 동성애자를 레즈비언(Lesbian)이라 칭하는 용어는 그 섬의 이름에서 기인한 것이다.

그후 그들은 미둘레네에서 배를 타고 키오스(Chios) 섬으로 갔다. 그 섬은 고대 그리스 시인 호메로스(BC800-750경)의 고향으로 알려진 곳이다. 유대인 역사학자인 요세푸스에 의하면 고스 섬에서 레스보스 섬으로 가려던 헤롯왕이 북풍에 밀려 키오스 섬에 도착하여 그 도시의 신전 기둥을 재건할 자금을 지원해 주었다고 한다. 우리는 여기서 헤롯왕이 유대민족의 통치자였으나 언약과 상관이 없는 불신자였다는 사실을 알게 된다.

그리고 바울 일행은 그 이튿날 키오스 섬에서 배를 타고 사모스 섬으로 건너갔다. 그 섬은 법칙 철학자이자 수학자였던 피타고라스(BC580-500경)의 고향이다. 그는 영혼불멸, 윤회사상, 사후응보 등을 중시하는 이방 종교인이었다. 또한 이솝(Aesop: BC620-560경)이 그곳에서 왕궁 노예생활을 하며 재미있는 우화들을 쓴 곳이기도 하다. 뿐만 아니라 역사의 아버지라 일컬어지는 헤로도토스가 정치적인 이유로 그곳에서 잠시 망명생활을 하기도 했다.

한 주간 동안 드로아에서 감사한 시간을 보낸 후 바울은 앗소, 레스보스 섬의 미둘레네, 키오스, 사모스 섬을 차례대로 방문하면서 안타까운 마음과 더불어 분노가 치밀었을 것이 분명하다. 이방 종교의 거대한 신전, 동성애의 추악한 모습, 복음에 반하는 고대철학 사상, 세속 문학 사조 등이 뿌리 깊이 자리매김하고 있는 지역에서 천상에 소망을 둔 성도들이 흩어져 살아가고 있었다. 이와 같은 풍조들은 역사 가운데 항상 존재해 왔으며, 지상교회가 말씀의 능력으로 극복해야 할 대상이다.

이처럼 사도 바울 일행이 지나가면서 들른 여러 섬에서의 시간은 매우 짧았지만 그들은 기회가 닿는 대로 천상의 진리를 전하며 하나님 나라의 확장을 위해 최선의 노력을 기울였을 것이 분명하다. 바울의 관심은 항상 영원한 복음을 선포하는 일에 있었기 때문이다. 그들은 그 이튿날 사모스 섬에서 배를 타고 소아시아의 육지에 위치한 밀레도(Miletus)를 향해 떠나가게 되었다.

제27장

바울의 밀레도에서의 고별설교

(행20:15-38)

1. 밀레도(행20:15)

사도 바울이 도착한 밀레도(Miletus)는 고대 철학의 중심지였다. 그곳은 흔히 '철학의 아버지'라 불리는 탈레스가 학교를 세우고 제자들을 가르친 유서 깊은 도시였던 것이다. 피타고라스를 법칙 철학자로 이해한다면 탈레스는 자연 철학자였다.[54] 그로 말미암아 밀레도학파 곧 탈레스학파가 생겨나게 되었다.

그들은 우주의 기원과 자연적 물질의 근원에 관심을 가지고 있는 경우

---

54) 탈레스(BC624-545)는 철학자이면서 정치활동을 하던 인물로서 유다왕국이 바벨론 제국에 의해 공격을 받고 예루살렘 성전이 완전히 파괴된 사실에 대한 소문을 들었을 것이 틀림없다. 그리고 피타고라스(BC580-500) 역시 철학자이자 수학자이면서 동시에 정치가였으므로 페르시아 제국에 의해 바벨론이 패망한 후 당시 유대인들이 저들의 본토와 예루살렘으로 돌아와 성전을 건축한다는 소문을 들었을 것이 분명하다.

가 많았으며 물, 불, 흙, 공기 등의 조화에 의해 우주가 생성된 것으로 보았다. 그와 같은 무신론적 사조는 전 세계인들의 정신을 장악할 만큼 큰 영향력을 가졌다. 이에 대해서는 수천 년이 지난 지금까지도 진화론자들을 비롯한 일반 학자들이 깊은 관심을 기울이고 있는 실정이다.

이처럼 사도 바울이 밀레도를 방문할 당시 그 지역은 지금보다 훨씬 더 철학적이었을 것이 틀림없다. 따라서 그 인근에 있던 교회나 성도들은 그런 철학적 풍조의 영향을 더 많이 받았을 것으로 보인다. 지역 교회는 그와 같은 상황에서 세상의 가르침과 정신적인 경계선을 분명히 확정짓지 않으면 안 되었다. 바울은 바로 그곳에서 며칠간 머물며 에베소 교회의 장로들을 불러 교제하기를 원했다.

2. 에베소에 들르지 않고 예루살렘 행을 재촉한 바울(행20:16)

사도 바울은 그 지역 마지막 여행이 될지도 모르는 상황에서 에베소를 직접 방문하지 않았다. 성경은 그가 에베소를 지나 밀레도로 간 것은 가급적이면 오순절이 이르기 전 능히 예루살렘에 도착하려고 하는 마음 때문이라고 했다. 그는 예루살렘 교회를 생각하면서 소아시아 지역에 오래 머물 생각이 없었던 것이다. 당시 바울에게 가장 큰 관심거리는 예루살렘에 집중되어 있었던 것 같다.

그런데 바울이 왜 그리 급하게 예루살렘으로 가고자 했을까 하는 생각을 해 볼 수 있다. 우선 그는 속히 예루살렘에 가서 그곳 성도들을 위로하고 싶은 마음이 간절했을 것이다. 하지만 그렇다고 해서 에베소 교회와 성도들을 방문하기 위한 불과 며칠 정도의 시간조차 내지 못할 만큼 급박했을까 하는 생각이 든다. 에베소 교회 장로들을 밀레도로 초청할 정도의 시간이 있었다면 직접 방문할 수도 있었을 것으로 보이기 때문이다.

그럼에도 불구하고 바울이 에베소를 방문하지 않은 것은 그 이상의 어떤 이유가 있었을 것이 틀림없다. 아마도 그 중요한 이유 가운데 하나는 그가 에베소에 가면 쉽게 그곳을 떠나기 어려웠을 것으로 판단했을 수 있다. 특히 심한 어려움을 겪고 있는 사랑하는 형제들을 뒤에 두고 예루살렘을 향해 발길을 떼기 쉽지 않았을 것이다.

그리고 또 다른 하나는 바울이 에베소에 들어가게 되면 예기치 못한 문제들이 발생할지도 모를 우려 때문이었을 가능성이 있다. 불과 몇 개월 전 에베소의 아데미 신상을 만들어 파는 데메드리오와 그의 추종자들이 큰 소요를 일으켰었다. 그때 발생한 일은 온 성을 발칵 뒤집어 놓을 만큼 심각한 사건이었다.

다행히 당시 그 사건은 잘 마무리 되었지만 그것은 정부 당국의 공권력을 지닌 공직자의 적극적인 개입에 의한 결과였다. 따라서 바울로 인해 심각한 피해를 입은 것으로 판단하는 에베소 지역의 이방 종교인들은 그를 쉽게 용납할 수 없었다. 즉 아직 바울과 기독교인들에 대한 앙금이 여전히 남아 있었을 것이 틀림없다. 여전히 이방 종교의 우상을 만들어 파는 자들의 사업은 힘든 상황을 면치 못하고 있었을 것이기 때문이다.

그런 상황 가운데 바울이 에베소에 나타난다면 그 자체로 비상이 걸릴 우려가 있었다. 가장 중요한 기독교 지도자로 알려진 그가 왔다는 소문이 나면 그들이 결코 가만히 있으려 하지 않을 것이다. 즉 그런 판국에 바울이 에베소에 등장하게 되면 또다시 무슨 일이 발생할지 모를 일이었다. 그것은 곧 교회가 또다시 저들로 인해 엄청난 혼란을 겪게 될 수 있다는 사실을 의미한다.

사도 바울이 에베소를 직접 방문하지 않은 것은 이와 같은 속사정들에 연관된 것 같다. 즉 그가 에베소에 가지 않은 데는 위의 두 가지 이유가 복합적으로 작용하고 있었던 것으로 보인다. 바울은 그런 미묘한 상황을 피해 밀레도를 거쳐 곧장 예루살렘으로 속히 돌아가고자 했던 것이다.

3. 바울의 밀레도 고별설교

(1) 에베소 교회의 장로들을 초청(행20:17)

바울은 직접 에베소를 방문하는 대신 에베소 교회의 장로들을 밀레도로 초청했다. 그는 거기까지 가서 그 장로들을 만나지 않은 채 아시아 지역을 그냥 지나칠 수는 없었다. 에베소 교회와 사랑하는 성도들이 처한 어려운 형편을 잘 알고 있는 터에 저들에게 특별한 당부와 더불어 반드시 해주고 싶은 말이 있었던 것이다.

그때 사도 바울의 초청으로 에베소에서 밀레도에 온 장로들은 오늘날우리의 직분으로 말하자면 치리 장로가 아닌 가르치는 장로인 목사에 해당하는 인물들이었다. 즉 흩어진 여러 지교회들 가운데서 목회하며 하나님의 말씀을 가르치는 교사들을 지칭하고 있다. 그들이 하나님의 복음을올바르게 이해하고 있어야만 지역 교회를 든든히 세워나갈 수 있다.

바울은 그들을 불러 마지막 고별인사와 더불어 중요한 메시지를 남기고자 했다. 그는 조만간 그곳을 떠나면 살아생전 다시 저들을 만나기 어려울 것이란 생각을 하고 있었다. 이는 이 세상에 살아가는 사람으로서 지극히 자연스러운 일이기도 하지만 한편 여간 아쉬운 일이 아닐 수 없었다.

당시 에베소를 비롯한 소아시아 교회는 로마제국 전역에 흩어진 전체교회의 중심지 역할을 했다. 그 지역은 바울뿐 아니라 사도 요한도 머물던중요한 곳이었다. 당시의 상황을 감안하면 그 지역 목회자들을 굳건히 세우는 것은 주변 교회들뿐 아니라 흩어진 모든 교회들에게 중요한 영향을끼치게 된다.

그리하여 에베소 교회의 장로들이 사도 바울을 보기 위해 밀레도까지오게 되었다. 그들은 자신들이 처한 모든 형편을 바울에게 고함과 동시에그의 지도와 교훈을 받고자 했을 것이다. 사도교회 시대 신약성경이 완성되기 전 사도로부터 직접적인 교훈을 듣는다는 것은 매우 중요한 일이었음이 분명하다.

(2) 자신의 사역을 회상(행20:18-21)

사도 바울은 밀레도에서 에베소로부터 방문한 장로들을 만났다. 그는 먼저 저들에게 자기가 지난 날 에베소 교회를 위하여 사역했던 때를 회상하며 말했다. 그가 아시아에 들어온 첫날부터 지금까지 교회와 저들 가운데서 어떻게 행했는지 모든 사람들이 다 알고 있다는 사실을 언급했다.

그는 하나님과 사람들 앞에서 항상 겸손한 자세로 임했음을 말했다. 그리고 눈물을 흘리는 가운데 최선의 노력을 기울인 사실을 상기시켰다. 이는 저들에게 주님의 교회를 위해 자기와 같은 심정을 가지라는 당부의 의미를 지니고 있다.

또한 악한 유대주의자들의 간계로 인해 당한 시험을 참고 견딘 사실에 관하여 언급했다. 그는 어떤 어려운 일이 눈앞을 가로막고 있었다고 해도 하나님의 말씀이 증거하고 있는 바 유익한 것은 무엇이든지 공중 앞에서나 교회, 그리고 각 집에서 거리낌 없이 전하여 가르쳤다는 말을 했다. 즉 유대인들의 협박과 집요한 방해에도 아랑곳하지 않고 하나님의 진리를 선포했다는 것이다. 이와 같은 힘든 일은 앞으로도 끊임없이 발생할 것인데, 그로 인해 복음 사역자로서 위축되지 말라는 것이었다.

뿐만 아니라 자기는 그 하나님의 진리를 온 세상을 향해 선포했음을 언급했다. 즉 유대인들을 넘어 헬라인들에게도 회개를 선포하며 주 예수 그리스도에 대한 믿음을 증거한 사실을 말했다. 이는 그가 하나님의 말씀에 순종하기 위해 온 세상을 향하여 두려움 없이 자기에게 맡겨진 사명을 성실하게 감당했음을 말했던 것이다.

하나님의 복음은 이제 유대인과 이방인 사이를 가로막고 있던 장벽을 완전히 허물어버렸다. 사도들이 하나님의 말씀을 가르칠 때 진리를 받아들이는 자들이라면 반드시 자신을 돌아보며 회개를 하게 된다. 이는 믿음

을 동반하며 자신의 형편에 의존함으로써 세상의 것들에 치중하는 삶으로
부터 돌이키는 것에 밀접하게 연관되어 있다.

(3) 예루살렘에서의 환난 예상(행20:22-27)

사도 바울은 이제 자기는 성령의 지시에 따라 예루살렘으로 떠난다는
사실을 말했다. 이는 그가 단순히 개인적인 판단에 따라 그렇게 행동하는
것이 아님을 강조하는 의미를 지니고 있다. 즉 하나님의 계시로 말미암은
인도하심에 순종하고 있음을 말하고 있다. 이는 사도교회 시대 사도들에
게 허락된 특별한 경우로써 오늘날 우리도 그렇게 말할 수 있는 성질의 것
은 아니다.

그런데 바울은 예루살렘에 가면 자기에게 어떤 위험한 일이 닥치게
될지 모른다고 했다. 바울이 한 이 말 가운데는 이번에 예루살렘으로 가
면 체포되어 결박당하거나 큰 환난을 겪게 되리라는 의미가 내포되어 있
다. 그는 장차 발생할 그와 같은 사실을 성령 하나님의 계시에 의해 알게
되었다는 점을 말했다. 이는 자기가 가는 길 앞에는 평온한 환경이 아니
라 괴롭고 고통스런 일이 기다리고 있다는 점에 연관되어 있다. 즉 바울
은 지금보다 편안하고 안락한 삶을 살기 위해 그곳으로 가는 것이 아니
었다.

보통 사람들 같았으면 그 길을 피하고자 했을 것이 분명하다. 하지만
바울은 전혀 그렇지 않았다. 앞으로 닥치게 될 모든 위태로운 형편을 알았
지만 그는 자기에게 맡겨진 사명을 완수하고 하나님의 은혜의 복음을 전
하는 일을 완수하고자 한다고 했다. 그 복음을 위해서라면 자신의 목숨을
조금도 아끼지 않으리라는 것이었다. 이는 하나님을 모르는 사람들은 도
저히 이해할 수 없는 자세였다.

바울은 또한 에베소 교회 장로들에게 과거 자기가 아시아 지역으로 들
어간 후 힘든 여건 가운데서 하나님의 나라를 선포한 사실을 언급했다. 그

는 하나님의 복음을 위해 얼마나 심한 고난을 겪었는지에 대하여 말하고
자 했던 것이다. 즉 바울은 에베소 교회에 대한 자기의 깊은 사랑을 표현
하고자 했던 것으로 보인다.

그러나 자기가 곧 예루살렘으로 떠나게 되면 다시는 서로간 얼굴을 보
지 못할 것이라 했다. 이는 그의 앞길에 엄청난 위기가 기다리고 있다는
사실에 연관되어 있었다. 하지만 자기가 이제 곧 그곳을 떠난다고 해도 저
들에게 전한 하나님의 말씀은 그대로 남아 존재할 것이라고 말했다.

그리고 바울은 '모든 사람의 피에 대하여 자기는 깨끗하다' 는 사실을
언급했다(행20:26). 이 말은 자기의 단호한 사역에 대하여 오해하는 자들을
염두에 두고 하는 말로 여겨진다. 그는 하나님의 복음을 선포하면서 엄밀
한 입장을 취했다. 즉 복음의 내용을 양보하지도 않고 타협하지도 않았다.
그것을 본 사람들 가운데는 바울의 그와 같은 비관용적인 태도는 많은 사
람들을 실망에 빠지게 하거나 복음을 듣고자 하는 자들의 귀를 막는 행위
가 된다고 비판하는 자들이 있었던 것으로 보인다.[55]

그러나 바울은 자기의 입장을 변명하지 않았다. 따라서 자기가 복음을
전파했던 지역에서 누가 구원을 받지 못해 멸망당한다고 할지라도 자기는
할 일을 다 했을 따름이라고 말했다. 달리 어떻게 할 방법이 있지 않다는

---

55) 세례 요한은, 바리새인과 사두개인이 자기가 세례를 베푸는 요단강으로 나아
왔을 때, '독사의 자식들아 누가 너희를 가르쳐 임박한 진노를 피하라 하더
냐?'(마3:7)며 심하게 책망했다. 일반적으로 생각하면 그들을 따뜻하게 맞아들
여 대화를 할 필요가 있었던 것으로 보인다. 하지만 일부러 자기를 찾아온 자
들에게 냉정한 욕설을 퍼부으며 대화 자체를 단절시켜 버렸다. 그것을 본 사람
들은 세례 요한을 인정이 없는 냉정한 인물이라고 판단했을 것이 틀림없다. 즉
그들에게 따뜻한 대화를 시도하여 저들을 친구로 삼아 효과적으로 복음을 전
할 수 있었음에도 불구하고 냉정한 욕설을 퍼부어 복음을 들을 귀를 막아 버림
으로써 저들을 멸망에 빠뜨린 것으로 여기는 자들이 없지 않았을 것이다. 그러
나 그것은 인간의 생각일 뿐 하나님의 뜻은 그와 전혀 달랐다. 사도 바울이 에
베소에서 그와 같은 냉정한 모습을 보였을 때 동일한 오해를 하는 자들이 있었
을 것이다.

것이었다. 그는 어떤 어려움 가운데서도 주저하지 않고 저들에게 진리를 선포하는 일을 게을리 하지 않았다고 했다. 즉 자기가 그동안 에베소 지역에서 오직 진리의 말씀을 전하기 위해 최선의 노력을 기울였음을 강조하고 있다.

(4) 하나님의 양떼를 맡기는 바울의 간절한 당부(행20:28-32)

사도 바울은 에베소 교회의 장로들에게 중요한 당부를 했다. 스스로 자신을 잘 살피는 가운데 하나님의 양떼를 성실하게 돌보라는 것이었다. 성령 하나님께서 그들을 양떼 가운데 감독자로 세우심으로써 하나님의 피로 값 주고 사신 교회를 보살피도록 하셨다고 했다.

우리는 여기서 그 양떼의 주인이 여호와 하나님이라는 사실을 분명히 기억하고 있어야만 한다. 따라서 절대로 하나님의 양떼를 자신을 위한 것으로 여겨서는 안 된다. 만일 자기를 위해 그 양을 잡아먹으려 한다면 하나님의 양을 도둑질하는 것이 되며 그 양을 자기의 것으로 만들면 하나님의 것을 빼앗는 강도와 마찬가지가 된다.

바울은 또한 그들이 교회의 장로로 세워진 것이 저들 스스로 그 직분을 쟁취한 것이 아니라 하나님으로 말미암은 것이란 사실을 강조했다. 바울의 이 말 가운데는 비록 에베소 지역의 교회 장로들뿐 아니라 지상에 흩어진 모든 교회의 직분자들에게 해당되는 말이다. 따라서 지상교회 가운데 말씀의 원리에 따라 정상적으로 세워진 직분자들이라면 예외 없이 그 의미를 받아들여야 한다.

그리고 바울은 자기가 곧 그곳을 떠나게 되면 그후에 사나운 이리들이 저들 가운데 들어가게 되리란 사실을 언급하고 있다. 그 이리들이란 하나님의 백성들을 미혹하는 거짓 교사들을 지칭하고 있다. 그들은 하나님의 양떼를 아끼지 않고 자신을 위한 먹잇감으로만 간주한다. 교회의 장로들은 그런 자들을 정신차려 견제하지 않으면 안 된다. 하나님의 양떼를 지켜

보호해야 하기 때문이다.

또한 장차 에베소 교회의 장로들 가운데서도 성도들을 미혹해 자기자신을 따르게 하는 자들이 생겨나게 되리라는 점을 말했다. 그들은 그 목적을 달성하기 위해 어그러진 말을 하며 자기에게로 사람들을 끌어들이려하게 된다. 하나님의 교회는 이를 방지하기 위해 정신차려 저들을 경계하지 않으면 안 된다.

우리가 여기서 알 수 있는 점은 교회 안팎으로부터 거짓 교사들이 나타나 신앙이 어리거나 어리석은 교인들을 미혹하며 교회를 어지럽게 된다는 사실이다. 교회 밖에서 사나운 이리들이 교회 안으로 들어와 성도들을 미혹하는 일이 발생하는가 하면 교회 내부에서 거짓 교사들이 양산되기도 할 것이기 때문이다.

우리가 이 말 가운데서 특별히 주의를 기울여야 할 점은 교회 내부에서 자기를 따르게 할 목적으로 성도들을 미혹하는 자들이 생겨나게 되리라는 사실이다. 이에 대해서는 지상의 모든 교회 목사들이 귀담아 들어야하며 그에 대하여 여간 조심하지 않으면 안 된다. 바울이 에베소 교회 장로들에게 항상 자신을 살피라고 요구한 것은 이에 연관되어 있다.

어리석은 목사들은 종교적인 목적을 달성하기 위해 자기의 직분을 내세워 교인들을 끌어 모으고자 하는 유혹에 빠지기 쉽다. 그렇게 되면 어그러진 말을 하면서 신앙이 어린 교인들을 미혹할 우려가 따른다. 교회의 외적인 규모를 키우기 위한 잘못된 욕망은 감독자들 즉 목사들이 항상 신경을 써 조심해야만 할 문제이다.

그리고 사도 바울은 자기가 에베소 교회 장로들에게 지난 삼 년 동안 밤낮 쉬지 않고 간절한 마음으로 눈물로써 각 사람들을 훈계한 사실을 강조하여 말했다. 이는 그가 단순히 지식을 전달한 것 이상의 사역을 감당했다는 사실을 말해준다. 따라서 그들은 정신을 바짝 차리고 그점을 기억하지 않으면 안 된다는 것이었다.

바울은 교회와 그에 속한 모든 성도들을 주님과 그의 은혜의 말씀에 의탁한다고 말했다. 그 말씀이 능히 저들을 든든히 세워서 거룩하게 하심을 입은 모든 성도들 가운데 기업을 잇게 하리라는 것이었다. 이는 지상교회의 상속에 밀접하게 연관된 의미를 지니고 있다.

(5) 자신의 삶을 본받으라는 바울(행20:33-35)

바울은 하나님의 말씀을 전하는 사역의 목적이 결코 이 세상에서 부유하게 살아가는 것에 연관되어 있지 않는다는 사실을 언급했다. 그래서 그동안 어떤 사람이 가진 은이나 금은 물론 의복을 탐낸 적이 없었다는 점을 말했다. 이는 어떤 경우에도 누구에겐가 금전을 요구한 일이 없었다는 것이다.

에베소에 있을 때 자신의 생활에 대해 잘 알고 있는 사람들이 많듯이 자기는 직접 적절한 노동을 하면서 자기와 동료들이 사용할 경비를 충당하였음을 강조했다. 자기는 모든 일에 있어서 교회의 지도자들을 위해 본이 되도록 최선의 노력을 기울였다는 것이다. 그리하여 수고함으로써 연약한 사람들을 돕는 일을 위해 게을리 하지 않았다고 말했던 것이다.

사도 바울은 거기 모인 장로들에게 자기를 본받으라는 말을 했다. 동시에 주 예수께서 '주는 것이 받는 것보다 복이 있다' [56]고 하신 말씀을 항상 기억해야 한다는 사실을 강조했다. 어리석은 자들은 모든 것을 손에 움켜쥔 채 그것을 자신의 즐거움으로 삼지만 지혜로운 자들은 주님의 말씀을 좇아 자기가 가진 모든 것들을 이웃과 나누기를 좋아한다는 것이었다.

---

56) 예수님께서 하신 이 말씀은 복음서에 기록되지 않은 내용이다. 이는 예수님의 모든 말씀이 성경에 다 기록된 것은 아니란 사실에 연관되어 있다. 즉 성경에는 하나님의 계시를 받은 사도들이 예수님의 말씀 가운데 일부를 기록했음을 말해주고 있는 것이다.

4. 장엄한 작별(행20:36-38)

사도 바울은 에베소 교회 장로들에게 이 말을 마친 후 무릎을 꿇고 기도했다. 거기 모인 모든 사람들과 함께 하나님께 간구했던 것이다. 이는 온 성도들이 하나님 앞에 복종하는 모습을 보여주고 있다. 아무리 어렵고 힘든 상황이 전개된다 할지라도 주님께서 요구하시면 그에 온전히 순종하는 것이 성도의 기본적인 자세이다. 바울은 자신이 그렇게 함으로써 많은 사람들에게 소중한 교훈을 남겼다.

바울이 이제 곧 그곳을 떠나야만 한다는 사실을 알게 된 성도들은 다 크게 울었다. 이는 단순한 작별 때문에 흘린 눈물이라기보다 사랑하는 사도가 장차 악한 세상에서 당해야 할 고난을 떠올리며 그렇게 한 것으로 보인다. 거기 모인 모든 성도들이 그 고난에 직접 참여하는 것은 아니었지만 그 눈물을 통해 마음으로나마 사도의 아픔에 참여하고자 했다.

그리고 그 자리에 모여 있던 모든 형제들은 바울의 목을 끌어안고 뺨에 입을 맞추며 마지막 석별의 인사를 나누었다. 서로간 또다시 얼굴을 보지 못하리라고 한 그의 말로 인해 더욱 서운하지 않을 수 없었다. 그들은 그런 안타까운 심정으로 승선하는 배까지 바울을 전송함으로써 작별인사를 나누었던 것이다.

제28장

바울의 예루살렘 행
(행21:1-17)

1. 바울의 여정 - 고스, 로도스, 바다라(행21:1-3)

　사도 바울과 그와 함께한 일행은 예루살렘으로 가고자 밀레도에서 배를 타고 떠났다. 그들은 배가 정박하고자 들르는 곳에 따라 도중에 여러 지역들을 거쳐야만 했다. 바울은 많은 섬들과 도시를 지나면서 과거 지나간 역사를 회상했을 것이 틀림없다.

　그가 가는 곳마다 과거에 하나님의 진리를 알지 못한 채 엉뚱한 삶을 열정적으로 살았던 사람들의 흔적이 남아 있었다. 뿐만 아니라 당시 생존한 사람들도 참된 진리에 대한 개념 없이 허탄한 삶을 살아갔다. 따라서 모든 역사적 현장들과 낯선 사람들의 삶의 모습은 현실을 돌아볼 수 있는 중요한 거울이 되었을 것이다.

　바울 일행을 태운 배가 맨 처음 도착한 곳은 오늘날의 보드룸(Bodrum)인 할리카르나소스(Halicarnassos)[57] 건너편에 있는 고스(Cos) 섬이었다. 그 섬에는 '의학의 아버지'라 일컬어지는 히포크라테스(BC460-377경)가 세운

---

[57] 할리카르나소스(Halicarnassos)는 '역사의 아버지'라 일컬어지는 헤로도토스(Herodotos: BC484-425 경)의 고향이다.

의학교가 있던 곳이었다. 그 섬 한편에 위치한 산기슭에는 수천 년 전에 세워졌던 학교의 유적이 오늘날까지도 남아 있어 옛날의 영화를 떠올리게 한다. 고대 의술의 발전은 많은 사람들의 삶을 바꾸어 놓았을 것이 틀림없다. 오늘날에 비할 바는 아니라 할지라도 당시로는 획기적이었다.

하지만 아무리 대단한 의술이라 할지라도 그것은 한계가 있을 수밖에 없었다. 하나님께서 치유하시는 능력을 직접 체험하며 기적을 행한 바 있던 바울은 거기서 고대와 당시 탁월한 의료인을 떠올리며 그들이 아무리 유능하다고 할지라도 사람을 영원히 살게 하지 못한다는 생각을 하며 저들의 어리석음을 안타까워했을지도 모른다.

바울 일행이 그 다음으로 방문했던 곳은 고대에 매우 중요한 섬이었던 로도스(Rhodes)였다. 그 당시에도 로도스 섬은 헬라와 지중해 전역에 매우 큰 영향을 끼치고 있었다. 에베소 사람들이 아데미 여신을 섬기고 있었듯이 그 섬사람들은 태양신 헬리오스 곧 아폴론을 주신(主神)으로 섬기는 자들이었다. 그리하여 사람들은 로도스 섬 전체를 헬리오스의 소유물로 간주하여 성스럽게 여기기도 했다.

고대로부터 그 섬에는 각종 교육 기관 및 연구시설들이 많이 있었던 것으로 알려져 있었다. 따라서 다양한 학문 분야의 탁월한 인재들이 그곳에서 많이 배출되었다고 한다. 그래서 로마황제 티베리우스는 황제가 되기 전 모든 공직을 내려놓은 채 그 섬에서 7년간의 세월을 보낸 것으로 알려져 있다.

사도 바울은 로도스 섬에서 많은 생각을 했을 것이 분명하다. 아마도 그는 허망한 신앙을 가지고 태양신을 섬기는 자들과 인간들의 탁월한 학문이 아무것도 아니라는 사실을 머리에 떠올렸을 것으로 보인다. 또한 세상의 최고 권력을 소유한 자라 할지라도 불쌍한 인간에 지나지 않는다는 점을 생각했을 것이다. 이처럼 바울은 과거의 역사와 더불어 우상숭배에 빠진 사람들의 실상을 보며 안타까운 마음을 가졌을 것 같다.

그후 바울은 로도스 섬에서 배를 타고 바다 건너 바다라(Patara)에 도착했다. 그 도시는 대륙인 소아시아 남쪽 해안에 자리잡은 항구로서 이집트 인들에게 있어서 무역을 위한 중요한 요충지 역할을 했다. 그곳에는 동쪽으로 수리아와 아프리카 지역으로 가는 배와 서쪽으로 로마와 아테네 등지로 가는 배들이 많아 교통이 편리했다. 바울은 거기서 베니게(Phoenicia)로 가는 배를 만나 승선하여 수리아 지역을 향해 갔다. 그 배는 출항하여 구브로 섬을 왼편에 두고 지중해를 가로질러 수리아로 갔다.

2. 두로에 상륙한 바울 일행(행21:3-6)

바울 일행은 장시간의 항해 끝에 수리아 지역의 두로(Tyre)에 도착했다. 거기서 내려야 할 배의 화물이 있었으므로 배가 그곳에 정박하게 되었다. 그 도시는 당시 지중해 동부 연안의 무역 중심지 역할을 하는 매우 중요한 거점지였다. 따라서 이집트, 구브로, 로도스, 그리스 여러 도시들과 시실리 등지를 향하여 오가는 배들로 인해 항상 성시를 이루고 있었다. 그래서 두로 지역에는 풍부한 물자들이 몰렸으며 경제적인 부를 누리며 살아가는 사람들이 많았다.

그와 같은 형편에 놓인 두로 지역에는 당시 하나님의 교회가 세워져 있었다. 따라서 사도 바울 일행은 그곳에서 주님을 믿는 제자들을 찾아 만났다. 그들은 거기서 성도와 이레 동안 함께 머물며 저들과 교제하게 되었다. 그들은 그 형제들에게 아시아와 마게도니아, 고린도 등지에서 있었던 하나님의 놀라운 사역을 전달했을 것이다. 그곳의 성도들은 그 반가운 소식을 듣고 큰 위로를 받았을 것이 틀림없다.

지나가는 나그네인 형제들이 두로에 머무는 동안 그 지역의 성도들 가운데 성령의 감동을 받아 바울에게 예루살렘으로 들어가지 말라고 권면하는 일이 있었다. 이 말 가운데는 바울이 예루살렘으로 올라가면 장차 그로 말미암아 큰 문제가 발생하게 되리라는 사실에 대한 예언적 의미를 지니고 있었다. 이는 앞으로 바울이 예루살렘에 가서 직면하게 될 심한 고난을 예언하고 있는 것과 같았다.

그런데 우리는 여기서 이해하기 쉽지 않은 난제를 만나게 된다. 이는 그들의 예언이, 하나님께서 바울에게 예루살렘으로 올라가지 말라고 명령한 것인가 하는 점 때문이다. 만일 그것이 하나님의 명령이라면 바울은 그에 순종해야만 했다.

그런데 사도 바울은 그 예언에 따르지 않았다. 물론 그는 그 예언이 성령으로 말미암아 주어진 것이란 사실을 인정하고 있었다. 하지만 그곳의 형제들이 바울의 예루살렘행을 만류하고 있음에도 불구하고 그 권고를 듣지 않은 것은 자기 나름대로 분명한 이유가 있었기 때문이다.

만일 성령 하나님께서 특별한 예언을 통해 사도 바울의 예루살렘행을 가로 막으셨다면 당연히 그 말씀에 순종해야만 했다. 그런데 바울이 예루살렘으로 가려는 자기의 마음을 바꾸지 않았던 것을 보며 우리는 그것이 하나님에 대한 불순종으로 보지 않는다. 따라서 이 문제를 주의 깊게 살핌으로써 올바르게 이해하지 않으면 안 된다.

성령께서 두로의 제자들을 감동시켜 바울에게 예루살렘행을 만류한 것은 바울의 앞날에 대한 예언과 더불어 그에 대한 저들의 사랑을 보여주고자 한 것으로 보인다. 즉 그의 예루살렘행을 가로막고자 한 것이 목적이 아니었다. 바울은 그 제자들의 예언을 듣고 앞으로 자기 앞에 전개될 상황을 더욱 분명히 알 수 있었다. 따라서 그는 성령께서 자기로 하여금 예루살렘으로 가지 말라고 명한 것으로 받아들이지 않았다.

그러므로 한 주간을 두로의 형제들과 보낸 바울 일행은 때가 되어 그곳을 떠나야만 했다. 그것은 바울의 계획이 아니라 배의 출항 일정에 맞추어져 있었던 것이다. 그때 하나님을 믿는 두로의 형제들과 그 모든 가족이 성문 밖까지 전송을 나왔다.

떠나보내는 자들과 떠나가는 모든 성도들이 바닷가에서 함께 무릎을 꿇고 하나님을 향해 간절히 기도했다.[58] 당시 그들은 과연 무슨 기도를 했을까? 장차 예루살렘에서 바울이 아무런 어려움을 당하지 않도록 하나님께 빌며 간구했을까? 물론 거기 모인 성도들이 그와 같은 기도를 한 것이 아닐 것은 틀림없다.

분명한 사실은 천상의 나라에 참된 소망을 두고 살아가는 성도들로서 언제 어디에 있든지 항상 하나님의 말씀을 의지하여 살아갈 수 있도록 기도했을 것으로 보인다. 그리고 지상에 세워진 여러 교회들이 세상의 모진 핍박에 굴복하지 않고 담대한 마음을 가질 수 있도록 기도했을 것이다. 그와 같은 성도의 삶을 위해 기도한 후 바울 일행은 배에 오르고 두로의 성도들은 각기 자기 집으로 돌아가게 되었다.

3. 돌레마이에 도착(행21:7)

사도 바울 일행은 두로에서 배에 올라 돌레마이(Ptolemais)를 향해 출발했다. 그들이 도착한 항구도시 돌레마이는 성경에 기록된 악고(Acre)와 동일한 지역이다. 그곳은 블레셋 사람들이 모여 살아가는 도시로 알려져 있었다. 또한 그 도시는 BC2세기 경 유대 마카비 왕조가 예루살렘 성전을 모독한 적군을 향해 저항하는 무장 항쟁을 벌일 때 중요한 거점이 된 지역이기도 했다.

그러므로 돌레마이 사람들은 어쩌면 다른 지역에 비해 상대적으로 저항적인 성향을 지니고 있었을지도 모른다. 바울은 그곳을 방문하여 하나님의 교회와 성도들을 찾았다. 이는 당시 그곳에 주님의 몸된 교회가 세워져 있었다는 사실을 말해주고 있다. 그들 일행은 그곳에서 하나님을 믿는 성도들을 쉽게 만날 수 있었다.

---

58) 바울은 밀레도의 바닷가에서도 그곳의 모든 형제들과 함께 무릎을 꿇고 기도한 후 헤어졌다(행20:36, 참조).

우리가 여기서 알 수 있는 놀라운 사실은 당시 그 지역 사람들이 사도 바울을 알고 있었다는 점이다. 적어도 돌레마이의 교회 지도자들은 사도로서 바울이 소유한 신분에 대한 이해를 하고 있었을 것이 틀림없다. 따라서 바울은 그곳의 여러 형제들에게 안부를 묻고 그들과 함께 하루를 지냈다.

그들은 사도 바울을 통해 소아시아와 마게도니아, 고린도 지역 등에서 있었던 여러 일들에 관한 소식을 들었을 것이다. 그것은 저들을 위한 소중한 기도제목이 되었을 것이며 저들에게 커다란 위로가 되었을 것이 틀림 없다. 또한 그 지역의 성도들은 바울의 교훈을 듣고 진리에 대한 이해를 더욱 확고히 했을 것이다.

4. 가이사랴에서 일어난 일(행21:8-14)

돌레마이에서 하루를 보낸 바울은 그 이튿날 예루살렘의 관문인 항구도시 가이사랴에 도착하게 되었다. 그들은 거기서 오래전 예루살렘에서 사도들에 의해 특별히 세워진 일곱 집사들 가운데 한 사람인 전도자 빌립의 집으로 찾아갔다. 그에게는 혼인하지 않은 네 명의 딸들이 있었다. 그들은 하나님으로부터 예언의 은사를 받은 선지자들이었다. 당시 그 가족 전체가 하나님으로부터 놀라운 은사를 받았던 것으로 보인다.

사도 바울은 그 집에서 여러 날을 머물게 되었다. 그때 아가보라고 하는 선지자 한 사람이 유대 지역으로부터 가이사랴로 내려왔다.[59] 그는 우연히 바울 일행을 만난 것이 아니라 바울을 만나기 위해 일부러 가이사랴를 방문했던 것으로 보인다.

아가보가 빌립의 집을 찾아간 것으로 보아 그점을 짐작할 수 있다. 그

---

[59] 이때 사도 바울이 예루살렘에서 당하게 될 일을 예언한 아가보(Agabus)는 사도행전 11:28에 언급된 자와 동일 인물로 보인다(행11:28, 참조). 그는 당시 온 천하에 흉년이 들게 되리라는 사실을 예언했으며 글라우디오 황제 때 그것이 성취되었다.

는 바울 일행을 만났을 때 곧바로 하나님의 예언을 전하고자 했다. 그것은 하나님으로 말미암아 전해지는 예언이었다. 그리하여 아가보는 바울의 허리띠를 가지고 와서 여러 사람들이 보는 앞에서 자신의 손과 발을 포박하듯이 잡아맸다.

그리고는 성령께서 자기를 통해 하신 말씀을 전달함으로써 예언했다. 예루살렘에서 그 띠의 임자를 그와 같이 결박하여 이방인의 손에 넘겨주리라는 것이었다. 이는 바울이 예루살렘에서 유대인들에게 붙잡혀 로마 군대에 넘겨지게 되어 결국 체포될 것에 대한 예언이었다. 그 집에는 사도에 준하는 직분자인 빌립과 특별한 예언의 은사를 받은 그의 딸들도 있었으며 무엇보다 사도 바울이 함께 있었기 때문에 그 예언이 거짓이 아니라 참 예언이라는 사실이 입증되고 있었다.

아가보로부터 그 예언의 말씀을 들은 바울과 함께 있던 모든 사람들은 그에게 예루살렘으로 올라가지 말라고 권면했다. 그들은 되풀이 되는 예언을 듣고 울면서 애원하듯 간절히 말했다. 바울이 체포당하는 문제는 두로의 제자들도 성령의 감동을 받아 예언한 후 예루살렘행을 재고해 보도록 이미 권면한 바였다(행21:4). 따라서 그들은 진심으로 바울을 위하는 마음이 있었기에 그렇게 권한 것이다.

그렇지만 사도 바울은 자기의 뜻을 굽힐 마음이 전혀 없었다. 바울이 예루살렘에서 결박될 것에 대한 예언은 분명했으나 그로 하여금 예루살렘으로 가지 말라고 한 것은 성령의 뜻이 아니라 성도들의 인정어린 권면이란 사실을 잘 알고 있었기 때문이다. 바울이 끔찍한 고통에 처하는 것을 피할 수 있기 원하는 것은 저들의 깊은 사랑에 기인한 것이 분명하지만 그것이 곧 하나님의 뜻은 아니었던 것이다. 그에 대해서는 누구보다도 사도 바울이 가장 잘 알고 있었다.

그러므로 사도 바울은 예루살렘으로 올라가고자 하는 자신의 길을 포기하지 않았다. 도리어 그는 가이사랴의 많은 성도들이 울면서 만류하는 것을 보며 자기의 마음을 상하지 말라며 강한 어조로 책망하듯 말했다. 자기가 예루살렘으로 올라가는 것은 단순한 개인적인 판단에 의한 것이 아니라 하나님의 뜻이라는 것이었다.

당시 바울은 하나님의 아들로서 자신의 보배로운 목숨을 기꺼이 내어 놓음으로써 죄에 빠진 자기를 구원해주신 예수 그리스도를 위해 모든 것을 바칠 준비가 되어 있다는 사실을 강조해 말했다. 따라서 그는 주 예수님의 이름을 위하여 원수들에 의해 결박당하는 정도는 아무것도 아니라고 했다. 이는 그가 주님을 위해 목숨을 내어놓고 죽을 각오가 되어 있음에 대한 각오를 보여주고 있다.

그리하여 거기 모여 있던 모든 성도들은 예루살렘으로 가고자 하는 바울의 뜻을 돌이킬 수 없음을 알았다. 예루살렘에서 일어날 바울의 앞날을 예언하는 선지자의 말을 들었을 때는 그 길을 피하는 것이 최상일 것이라 생각했지만, 사도의 말을 듣고는 더 이상 그의 결심을 돌이킬 수 없다는 사실을 깨닫게 되었다. 사도인 바울이 특별한 예언의 은사를 가진 여러 선지자들보다 하나님의 계시에 대한 의미를 완벽하게 알고 있었기 때문이다. 그래서 그들은 모든 것이 주님께서 원하시는 뜻대로 이루어지기를 바라며 더 이상 바울의 예루살렘행을 막으려 하지 않았다.

5. 바울 일행이 예루살렘에 도착함(행21:15-17)

사도 바울 일행은 가이사랴에 있는 빌립의 집에서 여러 날 머문 후 여장을 꾸려 예루살렘으로 올라갔다. 그때 가이사랴에 있던 몇 사람의 제자들도 그와 동행하게 되었다. 그 가운데는 바울과 오랫동안 교제를 지속해 온 신실한 제자였던 구브로 출신 나손(Mnason)도 포함되어 있었다. 바울이 그를 특별히 함께 데리고 가고자 했던 이유는 예루살렘으로 가서 그의 집에 머물기 위해서였다.

바울 일행이 예루살렘에 도착했을 때는 그곳 형제들이 그들을 기꺼이 영접했다. 예루살렘으로 올라가는 길은 평온한 여행길이었지만 실제로는 그후 비상이 걸릴 만한 위태로운 상황이 전개되어 갔다. 바울이 유대교를 떠난 지 이미 오랜 세월이 지났지만 예루살렘의 유대인들에게는 여전히 그가 눈엣가시처럼 인식되었던 것으로 보인다.

바울은 예수님께서 지상 사역을 하시는 동안 직접 그를 따라 다니던 사도가 아니었다. 이는 그의 신앙 경력이 다른 사도들과는 전혀 달랐음을 말해주고 있다. 베드로와 요한, 야고보 등과 같은 사도들은 직접 예수님과 함께 예루살렘과 갈릴리 지역을 거닐며 생활하던 자들로서 처음부터 유대주의자들과는 상당한 거리를 두고 있었다.

그에 반해 바울은 과거에 철저한 유대교 신봉자였다. 따라서 초기 기독교인들의 입장에서 볼 때 그는 교제할 수 있는 대상이 아니었다. 즉 회심하기 전의 바울은 기독교인들이 두려워할 만한 공포의 대상이었을 따름이다. 하지만 당시 예루살렘을 방문하게 된 바울은 과거와 전혀 다른 모습이었다.

그런 배경을 지닌 바울은 유대주의자들이 적으로 간주하는 기독교에서 매우 중요한 사역자로 활약하고 있었다. 유대인들의 입장에서 볼 때 그는 유대교를 배신한 인물에 지나지 않았던 것이다. 눈엣가시 같은 그런 사람이 예루살렘에 도착했다는 것은 저들로서는 결코 유쾌한 일이 될 수 없었다.

또한 초기 예루살렘 기독교인들 가운데는 율법을 중하게 여기는 자들이 상당수 있었다. 그들은 이방 지역에서 하나님의 복음을 전하는 바울에 대하여 오해하기도 했다. 그들 역시 바울을 좋게 보지 않았다. 당시 그와 같은 상황을 가장 잘 파악하고 있던 이들은 역시 예루살렘에 있던 사도들이었다. 그러므로 사도 바울이 예루살렘에 도착했을 때 그곳 교회는 긴장하지 않을 수 없었던 것이다.

제11부

예루살렘에서 고난 받는 바울

제29장

예루살렘에 도착한 바울과 체포

(행21:17-40)

1. 바울과 예루살렘 공의회(행21:17-20)

사도 바울 일행이 예루살렘 성에 도착했을 때 사도들과 여러 형제들이 그들을 환영했다. 그 이튿날 바울은 함께 간 형제들과 예루살렘 공의회를 찾아갔다. 즉 그들은 공의회의 의장격이라 할 수 있는 야고보를 방문했으며 그 자리에는 여러 장로들도 한자리에 다 모여 있었다.

당시 예루살렘 교회에 속한 성도들은 기근으로 말미암아 상당한 어려움에 처한 상태였다. 아마 그때 바울은 마게도니아와 고린도 지역의 여러 교회들로부터 거둔 연보를 전달했을 것으로 보인다. 그것은 하나의 보편교회에 속한 성도들의 상호 관심과 더불어 실제적인 사랑을 보여주고 있다.

바울은 저들에게 문안을 전한 후 하나님께서 자신의 사역을 통해 이방 지역에서 행하신 모든 일들을 낱낱이 보고했다. 그들은 바울의 보고를 듣고 나서 하나님께 영광을 돌렸다. 그리고 난후 예루살렘 교회의 지도자들은 그 지역의 정서적 형편을 언급했다.

모든 사람들이 알고 있듯이 예루살렘 교회에는 유대교 배경을 가진 자들 가운데 믿는 형제들이 수만 명이 있다는 사실을 말했다. 그런데 그들은 엄격한 종교 생활을 해왔으므로 모두 율법에 열성을 가진 자들이라고 했다. 이는 저들의 신앙이 외형상 바울의 신앙과 달리 보일 수도 있다는 사실을 의미하고 있다. 즉 바울의 신앙이 저들로부터 오해받을 수 있음을 시사하고 있었던 것이다.

2. 유대인 출신 기독교인들에 의해 오해받는 바울(행21:20-26)

예루살렘 공의회는 사도 바울에게 그가 일부 유대교 출신 기독교인들에 의해 상당한 오해를 받고 있음에 대한 구체적인 언급을 했다. 바울이 이방 지역에 흩어져 있는 유대인들을 가르쳐 지도하면서 모세를 배반하도록 지시한 것으로 잘못 알고 있다는 것이었다. 그리고 남자 아기가 태어났을 때 할례를 베풀지 못하게 하며 유대인들의 관습을 지키지 말도록 했다는 사실을 저들이 들었다는 것이다.

기독교 지도자들은 그와 같은 오해가 존재하는 상황에서 이제 어떻게 하면 좋을지 말했다. 유대교의 배경을 지닌 교인들이 그가 예루살렘에 온 것을 알면 잠자코 있지 않으리라는 것이었다. 이는 당시 이미 율법 문제로 인해 교회 내부에 상당한 어려움이 발생하고 있었다는 점을 시사해주고 있다.

그러면서 예루살렘 공의회는 바울에게 하나의 중요한 제안을 하게 되었다. 예루살렘 교회 안에 서원한 사람 네 명이 있으니 그들을 데리고 성전으로 들어가서 정결의례를 행하라는 것이었다. 그리고 그들을 위해 비용을 부담하여 머리를 깎게 하라고 당부했다. 그렇게 하면 모든 사람이 바울에 대하여 들은 것이 사실이 아니고 그도 율법을 지켜 행하는 줄 알게 되리라는 것이었다.

공의회에서는 또한 그 전에 예수 그리스도를 믿는 이방인에게 보낸 편지에 대한 언급을 했다. 예루살렘 공의회가 저들에게 우상 제물과 피와 목매어 죽인 것과 음행을 피할 것을 요구했다는 것이다. 이는 앞에서 언급한 것처럼 율법을 가볍게 여기거나 어기도록 요구하지 않았다는 점을 확인하는 의미를 지니고 있다.[60]

우리가 여기서 기억해야 할 점은 예루살렘 공의회가 바울로 하여금 그렇게 하도록 강압적으로 요구한 것이 아니라는 사실이다. 바울 역시 그렇게 하는 것이 하나님의 복음을 가볍게 하거나 타협하는 것이 아니라고 생각했음이 분명하다. 그러므로 바울은 공의회의 요구를 기꺼이 받아들였던 것이다.

사도 바울은 그 이튿날 서원한 네 사람들을 데리고 성전 안으로 들어가 정결의례를 행했다. 그리고 성전에 들어가서 정결케 하는 기한을 채우고 각 사람을 위해서 예물을 바침으로써 그 기간이 만기된 사실을 신고하게 되었다. 이는 성전의 규례를 따르는 것이었으며 임의로 행하는 의례가 아니었음을 말해준다.

3. 유대인들에게 붙잡힌 바울(행21:27-29)

사도 바울이 정결의례의 기간을 마쳐갈 즈음 예기치 못한 또 다른 심각한 문제가 발생했다. 이레 동안의 정결의례가 거의 끝나갈 무렵 소아시아 지역으로부터 온 일부 유대인들이 성전 안에 있는 바울을 보고 주변의

---

60) 본서, 사도행전 15장 29절 해설 부분, 참조.

무리를 충동질하여 그를 붙잡았기 때문이다. 정결의례를 통해 예루살렘의 유대교 출신 성도들의 오해는 풀 수 있었으나 외지에서 예루살렘을 방문한 유대주의자들의 의혹을 피할 수 없었다.

그러므로 이방 지역에서 예루살렘을 방문 중인 유대인들은 주변에 있던 유대주의자들에게 바울을 응징하기 위한 도움을 요청했다. 그들이 붙잡은 사람은 로마제국 안의 여러 지역을 두루 다니면서 유대인들과 저들의 율법을 멸시했을 뿐 아니라 예루살렘 성전을 비방했다는 것이었다. 나아가 많은 사람들에게 이스라엘 민족을 비난하며 잘못된 가르침을 베풀었다고 주장했다.

그 유대인들은 지금도 그가 부정한 이방인에 해당되는 헬라인을 데리고 성전 안으로 들어감으로써 거룩한 하나님의 전을 더럽혔다고 했다. 그들은 에베소 사람 드로비모가 바울과 함께 예루살렘 시내에 다니던 것을 보고 바울이 그를 성전으로 데리고 들어간 것으로 생각했던 것이다. 하지만 그것은 저들의 오해였거나 그를 모함하기 위한 말이었다.

우리가 여기서 분명히 기억해야 할 바는 바울이 단순히 예수를 믿는다는 사실 하나만으로 저들의 표적이 된 것이 아니었다는 사실이다. 당시 예루살렘에 거주하고 있던 사도들은 기독교인이었음에도 불구하고 저들에 의해 체포되지 않았다. 따라서 바울이 유대인들의 미움을 받게 된 것은 그가 율법과 성전을 비방하면서 유대인과 이방인을 차별 없이 대하는 것으로 여겼기 때문이었던 것으로 보인다.

4. 죽음의 위기에 처한 바울(행21:30,31)

사도 바울이 성전 안에 들어가 있음으로 인해 예루살렘에는 큰 소동이 일어나게 되었다. 극성 유대주의자들은 바울을 붙잡아 둔 채 거기 몰려든 군중들 앞에서 그가 유대교를 모욕하고 있다는 사실을 언급했다. 열렬한 유대주의자들이 바울을 크게 모함하자 그 말을 듣게 된 사람들은 더욱 깊은 관심을 가지지 않을 수 없었다.

흥분한 유대주의자들은 단순한 불만을 표출하려는 것 이상으로 그를 죽여 없애고자 했다. 그리하여 그들은 사도 바울을 성전 밖으로 끌고 나갔다. 그때는 성전문을 닫을 시간이 가까웠으므로 바울이 끌려 나가자 곧 문이 닫혔다. 이제 극렬 유대주의자들은 바울을 죽이기 위해 행동을 개시하고자 했다. 당시 여러 정황을 살펴볼 때 그들은 아마도 돌로 바울을 쳐 죽이려 했을 것이 틀림없다.

유대인들은 과거에도 그와 유사한 일로 인해 죄 없는 애꿎은 사람들을 처형한 예가 더러 있었다. 대표적으로 스데반을 죽인 경우가 곧 그에 해당된다. 그때 그 끔찍한 사건에 앞장 선 사람은 다름 아닌 바울이었다(행 7:58,59, 참조). 그런데 상황이 반전되어 사도 바울 자신이 스데반에게 행한 그 죄인의 자리에 서서 끔찍한 죽임을 당하게 되었던 것이다. 바울은 그 자리에서 오래 전 군중들 앞에서 자기의 주도 아래 스데반이 피를 흘리며 죽어간 사건을 되돌아보며 기억했을 것이 분명하다.

그런데 우리가 여기서 맞닥뜨리게 되는 이해하기 쉽지 않은 문제는 예루살렘에 거주하는 성도들의 반응이다. 바울이 끔찍한 죽임을 당하게 될 극한 위기에 처한 그때 로마 군인들에게 금방 전갈이 갔다. 그래서 로마 군대의 최고위 간부는 시간을 지체하지 않고 즉시 그에 개입했다. 상황이 그 정도로 위급했다면 사도들을 비롯한 예루살렘의 기독교인들도 그 정황을 충분히 파악하게 되었을 것이 틀림없다.

하지만 당시 예루살렘의 사도들과 기독교인들은 그에 대한 아무런 반응을 보이지 않았다. 그를 구출하려는 적극적인 의지는커녕 거의 외면한 것처럼 비쳐지고 있었기 때문이다. 과연 그들은 예루살렘 교회를 돕기 위해 멀리서 연보를 거두어 방문한 고마운 사도 바울을 외면했을까? 우리는 단순히 그렇게 말할 수 없다. 그들은 오히려 훨씬 높고 큰 하나님의 뜻을 기억하며 하나님이 하시는 일을 묵묵히 바라보았을 것이다.

그 심각한 위기에 직면하게 된 사도들과 기독교인들은 그 상황 가운데서 하나님께 간절히 기도했을 것이 분명하다. 예루살렘 교회는 박해받는 교회를 기억하며 하나님의 놀라운 뜻이 이루어지리라는 사실을 알고 기도했을 것이다. 하지만 그들은 유대인들의 돌 처형으로부터 바울을 구출해 달라고 기도하지는 않았을 것으로 보인다.[61] 사도들을 비롯한 성숙한 신앙인들은 그보다 훨씬 멀리 내다봤을 것이다.

적어도 당시 예루살렘의 성도들은 위기에 처한 바울에게 깊은 연민을 가지고 있었을 것이 틀림없다. 그러나 그들은 유대교 극렬주의자들에게 행동으로 저항하지 않았다. 성도들은 인간들의 제한적인 저항행위보다 살아있는 하나님의 절대적인 능력을 믿고 있었다. 그들은 악한 세상을 향한 자신의 저항하는 행동 자체를 두고 가치 있는 것으로 여기지 않았다. 그들은 고난 가운데 나타나는 어떤 결과라 할지라도 그 가운데서 하나님의 놀라운 섭리와 경륜이 나타나리라는 사실을 믿고 있었던 것이다.

그러므로 하나님의 아들이신 거룩한 예수님께서 십자가에 매달려 모진 고통속에 죽임을 당할 때도 그의 모든 제자들은 철저히 침묵하는 모습을 보였다. 예수님의 어머니를 비롯한 그를 믿는 여성들도 로마 군인들과

---

61) 오래전 스데반이 바울의 지휘에 의해 돌에 맞아 죽었을 때도 이와 동일했을 것으로 보인다. 즉 당시 기독교인들은 스데반을 죽음으로부터 구해달라는 기도를 했을 것 같지 않다. 만일 그렇게 했다면 하나님은 저들의 간절한 기도를 들어주시지 않은 것처럼 된다. 하지만 당시에도 성도들은 기도했을 것이 분명하다. 그들은 하나님의 놀라운 섭리와 천상의 나라에 소망을 두는 것을 최우선으로 여기고 기도했을 것이 틀림없다. 이에 대해서는 오늘날 우리 역시 그때와 동일한 형편에 처해진다면 어떤 자세를 취해야 할지 그 교훈을 얻을 수 있어야 한다. 이는 하나님의 백성들이 세상에 대한 태도 곧 무저항주의에 대한 중요한 단면을 보여준다. 그리고 보다 앞서 베드로가 아나니아와 삽비라를 죽음에 내어주었던 사건과 크게 대비된다. 이 모든 것들은 교회 내부의 순결을 위한 엄격한 권징과 기독교 외부에서 발생하는 박해에 대한 대처 사이에 커다란 차이가 난다는 사실을 보여주고 있다.

사악한 유대주의자들에게 저항하는 행동을 취하지 않았다. 단지 그 안타까운 상황을 괴로운 심정으로 묵묵히 지켜보면서 기도하는 가운데 하나님의 뜻을 기억하고 있었을 따름이다.

또한 세례 요한이 헤롯에 의해 목이 잘려 처참하게 죽었을 때도 그러했다. 피로 얼룩진 그의 잘린 머리가 쟁반 위에 올려진 채 헤롯 왕 개인의 잔치를 위한 끔찍한 놀림거리가 되었을 때도 당시 하나님을 믿는 성도들은 그에 저항하거나 요동하지 않았다. 또한 스데반이 돌에 맞아 죽임을 당하고 야고보가 칼에 맞아 죽은 것을 보고도 교회는 그에 대해 적극적으로 저항하는 행동을 취하지 않았다. 그것이 영원한 천상에 소망을 둔 교회와 성도들이 소유한 진정한 믿음이었던 것이다.

5. 로마 군대에 체포된 바울(행21:32-36)

흥분한 유대주의자들은 바울에게 무자비한 폭력을 가했다. 그들은 그렇게 하는 것이 하나님을 위한 충성인 양 착각하고 있었다. 따라서 단순한 폭행으로 만족하지 않고 그를 쳐 죽이고자 했다. 그리하여 온 예루살렘 성이 소란할 수밖에 없었다. 그 유대인들 가운데는 바울을 죽여야만 한다고 생각하는 자들도 있었는가 하면 그를 죽이는 것은 지나친 행위라 여기는 자들도 없지 않았을 것이다.

한편 거기 모인 군중들 가운데 기독교인이 섞여 있었다면 기도하는 마음으로 그 광경을 바라보며 안타까움을 금할 수 없었을 것이 틀림없다. 하지만 그들은 악한 자들을 향하여 행동으로 저항하지 않았다. 영원한 천상의 나라에 소망을 두고 천국 시민으로 살아가는 성도들은 이 세상에서 철저하게 무저항주의를 지향하고 있기 때문이다.

그에 반해 그 위급한 상황을 알게 된 로마군의 지휘관들은 시간을 지체하지 않고 즉각 반응하게 되었다. 그 소문을 듣게 된 로마 군대의 천부장[62]은 황급히 백부장들과 병사들을 대동하고 사건 현장으로 달려갔다. 바울을 죽이려고 하던 유대주의자들은 천부장과 군인들이 오는 것을 보고 그를 죽이려던 행동을 멈추었다. 그렇다고 해서 그들이 바울을 죄가 없는 자로 여겼던 것은 아니다.

그러므로 로마의 천부장은 바울을 잡아 두 쇠사슬로 결박하라는 명령을 내렸다. 그리고는 그가 누구이며 무슨 범죄를 저질렀는지 거기 모인 사람들에게 물어보았다. 하지만 거기 모인 다수는 지금 돌에 맞아 죽을 처지에 놓인 그 사람의 인적사항이나 구체적인 죄 몫에 대하여 정확히 알지 못했다.

어떤 사람들은 이런 말로 또 다른 어떤 사람들은 저런 말로 소리 질러댔을 따름이다. 거기 있던 사람들은 군중심리에 의해 몰려들기는 했으나 일관성 있는 입장을 가지고 있지 않았던 것이다. 따라서 천부장은 그곳에 모인 자들의 다양한 주장을 통해서는 바울이 구체적으로 무슨 범죄행위를 저질렀는지 알 수 없었다. 따라서 그는 쇠사슬에 결박된 바울을 군대 영내로 끌고가도록 명령했다. 그러나 바울이 로마 병사들에 의해 끌려가는 동안에도 군중들은 여전히 바울을 엄하게 정죄하도록 외쳤다.

그가 로마 군대의 주둔지 건물 층계에 이를 때 즈음 군중들이 난폭한 모습을 보였다. 그렇게 되자 병사들은 결박된 바울을 조용히 끌고가기 어려운 지경이 되었다. 유대주의자들이 바울을 쳐 죽이라며 열광했기 때문이다. 상황이 위급하게 되자 병사들은 바울을 그냥 끌고가지 않고 마치 작전을 펼치듯이 들고 가야만 했다. 그와 같은 상황이 전개된 것은 군중을 선동해 로마 군대에 압력을 행사하려는 유대주의자들의 판단 때문이었을 것이다.

---

62) 이 천부장은 당시 예루살렘 지역의 치안 문제를 담당한 최고 지휘관이었던 글라우디오 루시아(Claudius Lysias)였다.

6. 바울과 로마 군대의 천부장의 대화(행21:37-40)

로마 병사들이 바울을 끌고 영내로 들어가려 할 때 바울이 천부장에게 자기의 형편을 말하고자 했다. 억울한 심경을 그에게 호소하고 계속해서 뒤따라오는 유대인들을 향해 자기의 입장을 밝히고 싶었기 때문이다. 그 래서 그렇게 허락해 줄 수 있는지 물어보았다. 바울이 헬라어로 말하자 천 부장은 그로 말미암아 놀라지 않을 수 없었다. 유대인들의 공격 대상이 된 그가 헬라어를 사용할 줄 미처 몰랐기 때문이다.

그러자 천부장은 바울을 과거에 수많은 자객(terrorists)을 거느리고 활동 하던 위험한 반사회 집단의 두목일지도 모른다는 판단을 했다. 그리하여 그에게 예전에 자객 사 천 명을 거느리고 광야에 나가 유리하며 소요를 일 으키던 애굽인이 아니냐고 물었다.[63] 이는 그가 자신의 정치적 목적과 이 권을 위해서라면 무지막지한 행동을 서슴지 않던 애굽 출신의 무법자에 대한 소문을 익히 알고 있었기 때문이다.

물론 바울은 그 사실을 전면으로 부인했다. 자기는 자객들의 두목이 아닐 뿐더러 애굽인이 아니라는 것이었다. 그 대신 자기는 유대인으로서 길리기아 다소(Tarsus) 시민이라는 사실을 밝혔다. 그리고는 거기 모인 백성 들 앞에서 말할 수 있도록 허락해 달라는 당부를 했다. 천부장은 바울의

---

63) 역사가 요세푸스에 의하면, AD54년 경 한 애굽인 거짓 선지자에 의하여 예루 살렘에 반란을 위한 전조적 사건이 일어났다고 한다. 스스로 선지자를 자처한 그는 자신의 추종자 3만여 명을 이끌고 예루살렘 부근으로 잠입해 들어왔는데 그중 4천 명은 자객이었다고 한다. 그 많은 사람들이 예루살렘에 모일 수 있었 던 것은 당시 그 도시에는 명절마다 엄청난 사람들이 몰려들었기 때문이다. 하 지만 아직 본격적인 반란을 일으키기 전 그 애굽인 주모자는 부하들을 광야와 감람산 등지에 웅거하게 하면서, 자기는 예루살렘의 파괴와 로마군대의 멸망 을 예언하면서 때를 보아 적극적 반란을 일으키고자 획책했다고 한다. 그러나 로마 총독 벨릭스(AD52-58)의 군대에 의해 진압당하게 되자 그는 자취를 감 추어버렸다고 한다(Thomson Ⅱ Commentary Bible, Acts 21:38, 참조).

요청을 듣고 거기 모인 사람들 앞에서 자신의 입장을 말할 수 있도록 허락해 주었다. 그리하여 바울은 층대 위에 서서 백성들에게 손짓하며 조용하도록 했다. 그리고는 히브리어로 저들에게 자신이 깨달은 복음에 관해 말하기 시작했던 것이다.

제30장

바울의 해명과 군중의 격한 반응

(행22:1-29)

1. 바울의 해명(행22:1,2)

로마 군대의 천부장과 헬라어로 대화하던 바울은 몰려든 유대인들 앞에서 히브리어로 말하기 시작했다. 바울은 자신의 입장을 해명하고자 했지만 단순히 변호하거나 변명하려 했던 것이 아니라 하나님의 복음을 선포하려는 마음을 먹고 있었다. 그런 극한 상황 가운데서도 그는 위기를 벗어나기 위해 애쓰기보다 저들에게 진리를 말하고자 했던 것이다.

바울이 히브리어로 말하기 시작하자 거기 모여 있던 모든 사람들이 조용하게 되었다. 무리 가운데는 그가 헬라어나 로마제국 언어를 사용하는 자로 여기는 자들이 많았던 것으로 보인다. 당시 헬라파 유대인들 가운데는 히브리어를 자유롭게 구사하지 못하는 사람들이 상당수 있었기 때문이다.

또한 히브리 민족에 대한 자부심이 덜한 사람들은 당시 세계적으로 공용어 기능을 하던 헬라어나 로마어를 사용하기를 더 좋아했다. 그것이 마치 지성인으로서 자신의 위상을 높이는 것인 양 착각하는 자들 마저 있었다. 이는 가나안 땅에서 태어나 히브리어를 사용하던 평범한 자들이 헬라어나 로마어를 잘 모르던 것과 대조적이었다.

그러다보니 거기 모인 사람들 가운데는 모세의 율법과 거룩한 성전을 모독하고 언약의 민족을 가볍게 여기면서 심각한 문제를 일으킨 당사자인 바울이 이방 언어를 사용할 것이라 생각한 자들이 많았을지 모른다. 그런 중에 바울이 히브리어로 말하게 되었다. 따라서 그가 히브리말로 자신의 입장을 해명하는 말을 시작하자 조용하게 되었던 것이다.

그렇지만 천부장에게는 그와 같은 상황이 다소 실망스러웠을지도 모른다. 왜냐하면 군중들 앞에서 행해지는 바울의 해명을 통해 그의 죄 몫을 좀 더 구체적으로 파악하고 싶었을 것이기 때문이다. 하지만 바울은 그가 전혀 이해할 수 없는 히브리어로 해명하기 시작했으며 거기 모인 히브리인들은 그가 하는 말에 귀를 기울였다.

그런 상황 가운데서도 천부장을 비롯한 로마 군인들은 갑작스럽게 일어난 그 사태를 파악하고자 관심을 집중했을 것이 분명하다. 물론 그들이 바울의 말을 알아들을 수는 없었으나 그 말을 듣고 있던 무리의 반응을 살피며 그 분위기를 어느 정도 감지할 수 있었을 것이다. 하지만 그것 자체로서 사태의 원인을 정확하게 판단하기는 쉽지 않았다.

2. 바울의 연설

(1) 바울의 자기소개와 과거 행적에 대한 고백(행22:3-5)

바울은 먼저 거기 모인 사람들에게 자신에 대한 소개를 했다. 민족과 출신지, 공부한 내력과 신앙에 관한 점들을 전체적으로 언급했다. 이는 앞에서 로마군 천부장이 자신에 대하여 거기 모인 자들에게 물어보았을 때 자기를 구체적으로 아는 사람이 별로 없었던 점을 기억하고 있었기 때문이었던 것으로 보인다.

그는 자신도 거기 모인 무리와 마찬가지로 유대인이라는 점을 먼저 밝혔다. 그리고 길리기아 다소성(Tarsus of Cilicia)에서 출생하여 어린시절 거기서 성장했다는 사실을 말했다. 또한 나중에는 예루살렘으로 유학을 와서 교법사 가말리엘(Gamaliel)의 문하생으로 공부했음을 언급했다. 이는 바울 자신이 구약성경에 대하여 가장 정통한 지식을 가지고 있다는 의미를 내포하고 있다.

여기까지는 바울의 신분에 아무런 문제가 될 것이 없었다. 나아가 바울은 자기가 그와 같은 배경을 가지고 있으므로 인해 모세 율법에 기록된 조상들의 매우 엄한 교훈을 받은 사실을 말했다. 따라서 그곳에 모여 있던 모든 사람들처럼 자기도 열성적으로 하나님을 섬기는 자라는 점을 강조했다.

그러므로 바울은 지금 자기가 믿고 있는 신앙의 도리인 기독교를 심하게 박해하여 신실한 성도들을 죽이기까지 했음을 언급했다. 뿐만 아니라 남녀를 구별하지 않고 닥치는 대로 기독교인들을 결박하여 당국에 넘겨 감옥에 가두는 일을 한 사실을 말했다. 그에 대해서는 예루살렘에 있는 대제사장을 비롯한 모든 유대교 장로들이 그 증인이라고 했다. 이는 자기가 행한 일들이 산헤드린 공회에 문서로 기록되어 남아 있을 것이란 점을 어느 정도 시사하는 것이기도 하다.

그는 또한 당시 기독교를 말살시키기 위해 자기처럼 혼신의 힘을 쏟은 자가 없다는 점을 말했다. 따라서 심지어는 공회로부터 다메섹으로 가는 공문을 받아 그 외국 지역에 살고 있는 기독교인들도 결박하여 예루살렘으로 끌고 가 형벌을 받게 하고자 했다는 것이다. 이는 자기가 유대인들의 신앙을 익히 알고 있으며 지금 거기 모인 사람들의 심정도 충분히 이해한다는 점에 대한 언급이다.

(2) 예수 그리스도를 만남(행22:6-10)

바울은 계속해서 무리를 향해 말을 이어갔다. 기독교인들을 체포하기 위해 직접 다메섹으로 가는 도상에서 한낮인 오정쯤 되어 갑자기 하늘로부터 큰 빛이 자기를 둘러 비추게 된 사실을 언급했다.[64] 그것은 일반적인 빛이 아니라 사람들이 두려워할 만한 특별한 빛이어서 땅 위에 엎드러질 수밖에 없었다고 말했다. 그가 땅에 엎드러져 있을 때 어떤 소리가 들려왔음을 언급했다.

그 소리는 '사울아, 사울아 네가 왜 나를 박해하느냐?' 는 음성이었다고 했다. 그 소리를 듣고 놀라서 그 말을 하는 자가 누구인지 되물었을 때 그는 자기로 인해 심한 박해를 받고 있는 나사렛 예수라고 했다는 것이었다. 그때 자기와 함께 다메섹을 향해 가던 자들은 빛을 보면서도 자기에게 말씀하시는 분의 소리를 듣지 못했다고 했다.[65]

바울은 그런 신비한 상황에서 자기에게 말씀하시는 예수 그리스도를 향해 이제 무엇을 어떻게 해야 할지 물어보았음을 말했다. 그러자 그는 행하던 길을 계속해 다메섹으로 곧장 들어가라고 말씀하셨다고 했다. 그러면 장차 그가 행해야 할 모든 일들에 대하여 알려줄 사람을 만나게 되리라는 것이었다. 바울은 그 말씀에 순종하지 않을 수 없었다.

---

64) 그 빛은 하루 중 가장 밝은 대낮의 햇빛보다 더 밝은 어떤 빛이었기 때문에 인간들의 상상을 초월할 수밖에 없다. 하나님께서는 그 빛을 통해 영화롭고 위엄 있는 자신의 존재를 바울에게 드러내 보여주셨던 것이다.

65) 사도행전 9:7에는, 바울과 함께 다메섹으로 가던 사람들이 '소리만 듣고 아무도 보지 못했음' 을 언급하고 있다. 이는 22:9과 상반되는 묘사이다. 그렇다면 그 둘은 상호 모순되는가? 하지만 그것은 모순이 아니라 동일한 상황에 대한 다른 설명이다. 그들은 소리를 들었으나 언어로 알아듣지 못했으며, 말씀하시는 분을 보지 못했다. 그리고 사도행전 22:9에서 '빛은 보면서도 말씀하시는 이의 소리는 듣지 못했다' 는 말도 눈으로 어떤 범상치 않은 빛을 보았으나 말씀하시는 분을 보지 못했으며 그가 말하는 내용을 알아듣지 못했다는 점을 말해주고 있다. 즉 사도행전 9:7과 사도행전 22:9에 기록된 말씀은 겉보기에 서로 모순되는 것처럼 보일지라도 동일한 내용의 다른 표현이다.

(3) 다메섹에서의 특별한 경험과 세례(행22:11-16)

바울은 그 강렬한 빛의 광채로 말미암아 땅에 쓰러진 후 더 이상 앞을 볼 수 없게 되었다고 했다. 그래서 그는 혼자 힘으로 다메섹으로 걸어 들어가지 못하고 자기와 함께 가던 사람들의 손에 끌려 그곳으로 들어갔다는 말을 했다. 우리는 여기서 그때 바울이 자기와 함께 간 사람들에게 예수 그리스도를 만난 일에 대하여 명확한 설명을 하지 않았을 것이란 사실을 기억할 필요가 있다.

그것은 바울에게만 허락된 비밀스런 내용이었기 때문이다. 그와 함께 길 가던 자들이 예수님을 보지 못하고 그의 말을 전혀 알아듣지 못하게 하신 분도 역시 하나님이었다. 만일 그와 동행하던 자들이 저들의 수장에 해당되는 바울이 예수를 믿기 시작한 사실을 알았더라면 어떤 일이 발생했을지 알 수 없다. 바울이 예수를 믿는 자로 회심했다는 사실은 저들을 보낸 산헤드린 공회에 대한 배신을 의미하기 때문이다.

하지만 유대교를 배신하고 나사렛 예수를 따르는 새로운 종교를 받아들이는 심각한 일이, 산헤드린 공회의 공문을 지닌 공직자들에게 집단적 배신으로 이어지기는 가능하지 않은 상황이었던 것이 분명하다. 따라서 바울과 함께 가던 유대인들이 앞을 전혀 볼 수 없는 그를 데리고 다메섹으로 들어갔다.

바울은 거기서 율법에 따라 경건하게 살아가는 자로서 모든 유대인들에게 칭찬을 듣는 아나니아를 만나게 되었다(행22:12). 하나님의 인도하심에 따라 바울을 대면한 아나니아는 신실한 기독교인이었지만 성경의 교훈을 따라 경건한 삶을 살았으므로 다른 유대인들의 존경을 받고 있었다. 바울이 그를 만났을 때 가장 먼저 다메섹으로 오는 도중에 있었던 신비한 모든 일을 설명했을 것이 분명하다.

그의 말을 듣고 난 아나니아는 앞을 전혀 보지 못하는 바울에게 가까이 다가갔다. 그리고는 '형제 사울아 다시 보라'고 말하자 즉시 눈을 뜨게 되었다. 이는 바울이 그렇게 되기를 간절히 원했기 때문이 아니었으며 하나님께 열심히 기도함으로써 응답받은 것도 아니었다. 그것은 전적인 하나님의 작정에 의한 것이었다.

그때 예루살렘에서 바울과 함께 온 자들은 그 자리에 없었을 것이 틀림없다. 다메섹의 아나니아는 그 자리에서 바울에게 매우 중요한 예언의 말을 했다. 언약의 조상들의 하나님께서 그를 특별히 선택하여 그로 하여금 자신의 뜻하신 바를 깨닫게 하시고 죄가 전혀 없는 의로운 분인 예수 그리스도를 알아보게 하셨으며 그가 친히 하시는 말씀을 들을 수 있도록 하셨음을 언급했다.

따라서 이제 바울이 그 주님을 위하여 여러 사람들 앞에서 직접 보고 들은 모든 사실에 대한 증인이 되리라고 말했다. 이는 그가 예수 그리스도의 증인이 되리라는 사실에 대한 예언이었다. 그리고는 바울로 하여금 이제 주저하지 말고 자리에서 일어나 주님의 이름을 부르라고 말했다.

여기서 주님의 이름을 부른다는 것은 유일한 생명의 근원이 되시는 예수 그리스도에게 모든 것이 달려 있음을 알고 그에게 전부 맡기라는 의미를 지니고 있다. 그리고 난 후 주님을 온전히 영접한 자로서 세례를 받도록 요구했다. 그렇게 하면 깨끗이 씻음 받아 그의 모든 죄를 용서받게 된다는 것이었다.

(4) 예루살렘 방문과 떠남(행22:17-21)

바울은 거기 모인 무리에게 다메섹 도상에서 자기가 겪은 신비한 체험과 다메섹에서 여러 일들이 있은 후 예루살렘으로 돌아온 사실을 언급했다. 시간적으로 봐서는 상당한 기간이 흐른 다음의 일이었다. 그는 자기가 예루살렘에 도착해서 거룩한 성전에 들어가 기도한 사실에 관해 말했다(행22:17). 이는 그가 결코 하나님의 거룩한 성전을 멸시하거나 가볍게 여기는 자가 아니라는 사실을 강변하는 의미를 지니고 있었다.

그가 성전 안에서 기도하던 중 신비한 환상을 보았는데 그때 주님 곧
예수 그리스도께서 자기에게 말씀하신 사실을 언급했다. 그는 자기에게 속
히 예루살렘으로부터 떠나라고 하셨다는 것이다. 왜냐하면 그곳 사람들은
예수 그리스도에 대한 바울의 증언을 듣지 않으리라는 이유 때문이었다.

주님의 말씀을 들은 바울은 주님께 과거에 저지른 자신의 과오에 대하
여 말씀드린 사실을 언급했다. 거기에는 자기의 잘못을 고백하는 동시에
예루살렘의 무지한 백성들에게 하나님의 복음이 필요하다는 점을 강조하
는 의미가 내포되어 있었다. 따라서 주님의 신실한 증인이었던 스데반이
피를 흘리며 처참하게 죽어갈 때 자기는 그 곁에 서서 상황을 지지하면서
그 살인자들이 벗어둔 옷을 지킨 사실을 말했다.

그리고 당시 예루살렘에 살고 있는 사람들 가운데 다수는 자신에 대하
여 잘 알고 있다는 점을 말한 사실을 언급했다. 이는 하나님을 모르는 안
타까운 유대인들에게 하나님의 복음을 전하고자 하는 자신의 심정을 드러
내 보이는 것이었다. 하지만 주님께서는 자기가 원하는 바를 허락하지 않
으셨음을 말했다. 또한 주님께서는 자기에게 예루살렘을 떠나가라는 말씀
을 되풀이 하셨음을 언급했다. 자기를 유대인들이 아닌 이방인에게로 보
내리라고 말씀하셨다는 것이다.[66] 바울은 물론 자기의 판단을 버리고 하
나님의 뜻을 따르게 되었음을 말했다. 그는 한 평생 당시 주님으로부터 들
은 그 말씀을 마음에 두고 살아갔을 것이 틀림없다.

3. 군중들의 격한 반응(행22:22,23)

바울이 거기까지 말하자 군중들은 크게 웅성거리기 시작했다. 그는 더

---

66) 갈라디아 교회에 보내는 편지에서 그에 연관된 언급을 했다: "도리어 내가 무
할례자에게 복음 전함을 맡기를 베드로가 할례자에게 맡음과 같이 한 것을 보
고 베드로에게 역사하사 그를 할례자의 사도로 삼으신 이가 또한 내게 역사하
사 나를 이방인의 사도로 삼으셨느니라"(갈2:7,8).

이상 말을 이어갈 수 없었다. 아마도 거기 모인 사람들은 그가 예루살렘과 그 안에 사는 유대인들을 모독한 것으로 받아들였을 것이다. 즉 그의 말에 저들의 자존심이 심하게 상한 것으로 보인다. 앞에서 바울이 한 말 가운데 는 예루살렘의 유대주의자들보다 이방인들이 하나님의 말씀을 훨씬 더 잘 알아들으리라고 말한 것으로 보일 수 있었기 때문이다.

그러므로 거기 모인 무리는 바울을 죽이려고 했다. 그런 배도자는 더 이상 이 세상에 살려둘 필요가 없으니 죽여 없애 버리고자 했던 것이다. 결국 그들은 옷을 벗어던지고 티끌을 공중에 날리며 그를 죽이려고 달려 들 기세였다. 그것은 저들의 분노에 찬 결단을 보여주고 있다. 당시 유대 인들의 분위기는 과거 바울과 그의 휘하에 있던 자들이 신실한 증인이었 던 스데반을 죽일 때와 유사한 분위기였다.

하지만 지금은 바울을 비롯한 유대주의자들이 스데반을 돌로 쳐 죽일 때와는 상황이 전혀 달랐다. 무장한 로마 군인들이 바울의 주변을 철통같 이 지키고 있었기 때문이다. 천부장을 비롯한 그 현장에 있던 로마 군인들 은 그 과정을 통해 상황을 어느 정도 알 수 있었다.

물론 거기 모인 유대인들은 매우 격분한 상태였지만 바울을 돌로 쳐 죽이지는 못했다. 나중 그 자리에 모였던 무리가 해산하고 그 날의 상황이 종료된 후에도 바울을 죽여야 한다는 저들의 생각은 쉽게 사라지지 않았 다. 예루살렘의 유대주의자들은 언약의 백성들인 선민을 모독한 것으로 판단되는 자를 살려둘 필요가 없다고 여겼던 것이다.

4. 천부장의 명령과 바울의 대응(행22:24-29)

그와 같은 험악한 분위기를 파악한 천부장은 부하들에게 바울을 영내 로 끌고 들어가라는 명령을 내렸다. 그리고 거기 모인 군중이 무슨 일로 인해 그를 향해 그토록 심하게 분노하는지 그 구체적인 원인을 알아보고자 했다. 그것을 위해서는 그를 심문하여 범죄 행위를 확인하는 수밖에 없었다.

그러므로 천부장은 자기 부하들에게 그를 채찍질하여 심문하도록 명했다. 군인들은 상관의 명에 따라 그를 가죽줄로 결박하게 되었다. 그러자 바울이 옆에 있는 백부장을 향해 말했다. 로마시민인 자기를 정식 절차를 밟은 판결도 없이 그런 식으로 채찍질할 수 있느냐고 따져 물었던 것이다.

그의 말을 들은 백부장은 놀라 천부장에게 가서 범죄자로 지목받은 바울이 로마시민권자라는 사실을 보고했다. 그러니 이제 어떻게 해야 할지 그에게 물었다. 그 말을 듣게 된 천부장도 당황하지 않을 수 없었다. 로마시민에 대해서는 로마법이 특별히 보호하고 있었으므로 재판을 통한 판결 없이 함부로 그를 체벌할 수 없었기 때문이다.

그리하여 천부장은 직접 바울에게 갔다. 그가 정말 로마시민권자인지 확인하기 위해서였다. 천부장이 바울을 향해 진짜 로마시민이냐고 묻자 바울은 자기가 로마시민이라는 사실을 강조해 말했다. 그러자 천부장은 자기는 많은 돈을 들여 로마시민권을 얻게 된 사실을 언급하면서 바울이 가진 로마시민권에 대한 취득 근거를 물었다. 이를 통해 그가 과연 로마시민권자인지 사실 여부를 확인하고자 했던 것이다.

바울은 천부장의 말을 듣고 자기는 출생하면서부터 태생적인 로마시민이라는 사실을 밝혔다. 그 말을 들은 로마 병사들은 그를 심문하려던 태도를 멈추고 물러갈 수밖에 없었다. 천부장도 그가 로마시민인 줄 알고 범죄 사실을 확인하지 않은 채 그를 결박한 것으로 인해 도리어 두려운 마음을 가지게 되었다. 자칫 잘못하면 그것으로 말미암아 로마의 중앙정부로부터 문책을 당할 수 있었기 때문이다.

제31장

바울의 산헤드린 공회 앞 증언
(행22:30-23:35)

1. 바울을 산헤드린 공회로 보내는 천부장(행22:30)

로마 군대의 천부장은 바울이 로마시민권을 가진 자인 줄 알고 나서 당황하지 않을 수 없었다. 그는 이미 로마인인 그에게 정당한 법적인 절차를 거치지 않고 상당한 폭행을 가한 상태였다. 따라서 더 이상 그를 심문하기를 두려워했다.

천부장은 이제 바울을 유대인 당국에 넘겨 저들로 하여금 적절히 처리하도록 만들 심산이었다. 예루살렘의 치안 책임자로서 그에 관한 모든 문제에 직접 관여함으로써 무리한 결과를 만들어내고 싶지 않았다. 로마시민권을 가진 인물을 잘못 취조했다가 자칫 욕을 당할 우려가 있었기 때문이다.

그리하여 천부장은 바울의 결박을 풀고 산헤드린 공회 앞으로 데려가고자 했다. 그는 그 이튿날 제사장들과 온 공회원들을 회집시킨 후 바울을 그리로 데리고 들어가서 그들 앞에 세워 심문을 받도록 했다. 그렇게 함으로써 유대인들이 무슨 일로 그를 고발하는지 구체적인 범죄사실을 파악하고 싶었던 것이다.

우리가 여기서 볼 수 있는 사실은 당시 언약의 백성이라 주장하던 정치 종교 지도자들의 모임인 산헤드린 공회가 로마제국 권력의 통제 아래 놓여 있었다는 점이다. 이는 결코 있어서는 안 될 굴욕이라 말할 수밖에 없다. 하지만 기득권자들은 참 진리를 박해하면서도 세속국가의 권력과 타협하며 종교적인 명분을 유지해 가고 있었다.[67]

2. 산헤드린 공회 앞에 선 바울(행23:1)

바울은 심문을 받기 전 공회의 허락에 따라 발언할 수 있는 기회를 얻었다. 그는 거기서 자기의 신앙을 담대히 말하기 시작했다. 그 자리에는 이스라엘 민족 가운데 최고의 권위를 가진 지도자들이 앉아 있었다. 여기서 언급되는 모든 발언은 책임져야 할 공적인 의미를 지닐 수밖에 없었다. 더구나 그가 죄인의 입장에서 재판관 행세를 하는 공회원들을 향한 말이었으므로 더욱 그러했다.

공회원들 앞에 선 바울은 떠올리고 싶지 않은 지나간 옛날 생각이 났을 것이 틀림없다. 오래 전 그는 지금 자기를 심문하는 자들의 자리에 앉아 있었다. 당시 공회 앞에서는 스데반이 죄인의 모습으로 자기 신앙을 고

---

67) 이에 대해서는 오늘날 우리 시대에도 교회는 '정교분리의 원칙'에 따라 세속권력과 타협하거나 국가의 통제를 받지 말아야 한다. 그럼에도 불구하고 어리석은 종교인들은 그에 대한 성경적인 이해가 부족하거나 감각이 없다. 금년(2018년)부터 실시되는 '목회자 납세' 문제는 교회가 국가의 통재 아래 들어가는 빌미를 제공하는 위태로운 흐름이 될 수 있다; (이광호, "목회자 과세 문제-목회자 과세를 반대하는 입장에서", 종교인 과세를 앞둔 목회자 납세 포럼, 주최: 교회를 위한 신학포럼, 부산 기독교윤리실천운동, 부산 중앙교회당 비전홀, 2017.10.30).

백하며 대응했었다. 그 결과 스데반은 돌에 맞아 처형되어야 했으며, 바울
은 그를 쳐 죽이는 자들을 지휘하는 책임자로서 앞장을 서게 되었다(행6:12-
15, 행7장).

이제 바울은 과거 스데반이 섰던 바로 그 입장에 죄인의 신분으로 선
채 권위주의로 가득 찬 공회원들을 향해 담대하게 말했다. 용기 있는 그의
자세는 오래 전 스데반이 가졌던 것과 동일했다. 산헤드린의 입장에서 볼
때는 그런 행동이 만용으로 비쳐졌을 수도 있었다. 자칫 잘못하면 스데반
처럼 죽음을 몰고 올 수도 있는 상황이었기 때문이다.

그럼에도 불구하고 바울은 공회원들을 주목한 채 자신의 소신을 분명
히 밝혔다. 바로 그날까지 '자기는 범사에 양심을 따라 하나님을 섬겨왔다
는 사실'을 언급했다. 이는 자신의 신앙에 아무런 잘못이 없다는 점을 강
조하는 의미를 지니고 있다. 그것은 산헤드린 공회와 유대주의자들의 신
앙이 근본적으로 틀렸다고 지적하는 것과 마찬가지였다. 따라서 산헤드린
공회는 그의 말을 듣고 격분하지 않을 수 없었던 것이다.

3. 대제사장 아나니아와 바울(행23:2-5)

자기의 신앙에 아무런 잘못이 없다고 주장하는 바울의 첫 마디에 산헤
드린 공회는 발칵 뒤집혀지게 되었다. 따라서 대제사장 아나니아는 바울
의 곁에 서 있는 사람들에게 그 입을 치라고 명령했다. 그런데 바울은 그
의 명령이 내려졌음에도 불구하고 그로 인해 전혀 위축되지 않았다. 도리
어 그는 대제사장을 향해 강한 책망의 말을 내뱉었다.

바울은 산헤드린 공회 앞에서 죄수가 된 상태에서 감히 대제사장을 향
해 큰 소리로 외쳤다. "회칠한 담이여 하나님이 너를 치시리로다 네가 나
를 율법대로 심판한다고 앉아서 율법을 어기고 나를 치라 하느냐?"(행23:3).
이 말은 엄청난 파장을 몰고 올 수밖에 없었다. 유대인들이 생각하기에는

그 말이 단순히 대제사장 한 사람뿐 아니라 하나님을 모독하는 것으로 간주되었기 때문이다.

그러므로 그 곁에 서 있던 사람들이 감히 하나님의 대제사장을 욕하느냐며 바울을 심하게 질책했다. 바울은 그들의 말을 듣게 되자 자기의 입을 치라고 명령을 내린 그 사람이 대제사장인 줄 알지 못했다고 변명하며 응대했다. 그는 율법에 기록된 '너는 재판장을 욕하지 말며 백성의 유사를 저주하지 말찌니라'(출22:28)는 말씀을 원용하며, '너의 백성의 관리를 비방하지 말라'고 한 사실을 언급하며 한 발짝 물러섰다. 외형상으로는 일단 자기의 잘못을 인정하는 것처럼 보였다.

그러나 우리가 여기서 생각해 볼 수 있는 것은, 바울이 과연 자기의 입을 치라고 명한 자가 대제사장 신분을 가졌다는 사실을 전혀 몰랐을까 하는 점이다. 물론 그가 대제사장이었던 사실을 전혀 몰랐다고 할지라도 그 사람이 매우 중요한 직위에 있다는 사실을 짐작하고 있었음이 분명하다. 공회 석상에서 자기의 말이 마음에 들지 않는다고 해서 그렇게 직접적인 명령을 내릴 수 있는 자라면 신분이 매우 높은 사람이라는 사실에 대하여 의심할 여지가 없었기 때문이다.

더군다나 바울은 산헤드린 공회 내부의 상황에 대해서 누구보다 잘 아는 인물이다. 그 역시 과거에는 그 자리에 앉아 있으면서 중요한 사안의 논의에 직접 참여한 바 있었기 때문이다. 따라서 모든 공회원들의 얼굴을 다 알지 못한다고 해도 좌석의 배치만 봐도 그 지위를 어느 정도 짐작할 수 있었을 것이다. 어쩌면 그 자리에 과거에 자기와 알고 지내던 사람들이 상당수 앉아 있었을지도 모를 일이다.

4. 공회 앞에서의 바울의 지혜와 연설(행23:6-9)

바울은 산헤드린 공회에 대하여 어느 누구보다 잘 알고 있었다. 그 구성원들 가운데는 여러 부류의 사람들이 뒤섞여 있었다. 특히 사두개인들과 바리새인들은 서로간 극한 대립적 상황에 처해 있는 형국이었다. 그들은 크게 보아 유대주의라는 틀 안에 있었으나 근본적인 신앙이 서로 달랐다.

산헤드린 공회의 이와 같은 생태를 잘 알고 있던 바울은 그점을 이용하고자 했다. 그러므로 자신을 원래부터 바리새파 가정에서 태어난 순혈(純血) 바리새인으로 소개하며 자기는 죽은 자의 소망 곧 부활을 믿는다는 사실은 언급했다. 그리고 지금 자기가 산헤드린 공회 앞에 죄인으로 서게 된 것은 바로 그점 때문이라고 말했다. 그렇게 함으로써 바리새파와 사두개파 사이에 분열이 일어나도록 했던 것이다.

바울의 예상대로 그 말을 들은 산헤드린 공회원들은 술렁거리기 시작했다. 바리새인들과 사두개인들이 바울의 말로 인해 신학적 논쟁을 벌이게 되었기 때문이다. 당시 그들에게는 그 신학적 문제가 매우 중요하게 작용하고 있었다.

그러므로 죽은 자의 부활을 믿지 않고 천사들의 존재를 부인할 뿐 아니라 영혼의 존재를 거부하는 무신론적 현실주의자들인 사두개파 인사들이 주도하여 바울을 문책하는 것으로 비쳐지게 되었다. 따라서 바리새파 인사들은 신앙적인 관점에서 사두개파의 행동을 의심하기에 이르렀다. 즉 바리새파에 속한 바울을 잡아들인 배경에 사두개파의 계략이 있는 것으로 여겼던 것이다.

이처럼 내세와 영적인 세계를 부인하는 사두개파와 모세의 율법을 문자적으로 해석하며 절대적인 규준으로 삼고 있던 바리새파 사이에는 도저히 융화될 수 없는 깊은 골이 존재하고 있었다.[68] 따라서 바리새인들 가운

---

68) 당시 사두개파에 속한 자들은 오늘날 성경의 진리를 거부하는 자유주의와 유사한 신학사상을 소유한 인물들이었다. 그에 반해 바리새파는 성경에 계시된 진리를 외면한 채 메시아를 거부하는 수구적이며 세속주의적인 신학사상을 가지고 있었다.

데 몇 명의 서기관들이 자리에서 일어나 저들과 심하게 언쟁했다. 그 결과 바리새파에서는 바울을 보니 죄인으로 간주될 만한 악한 것이 없다는 주장을 하기에 이르렀다. 혹시라도 영적인 존재나 천사가 그에게 어떤 특별한 말을 했다면 어떻게 하겠느냐며 다그쳤던 것이다.

물론 우리는 여기서 사두개파보다 바리새파의 신앙이 더 나은 것으로 보지 않는다. 사두개인들이 무신론적인 입장을 가진 반면 바리새파 사람들이 유신론적인 신앙을 가졌다고 할지라도 그들은 성경에서 교훈하는 참된 신앙의 본질로부터 크게 벗어나 있었으므로 양쪽 모두 잘못된 신앙을 가지고 있기 때문이다. 그런 상황에서 그들은 서로 자기가 옳다고 우기고 있었던 것이다.

5. 산헤드린 공회, 로마 군대의 천부장, 천상의 그리스도
(행23:10,11)

산헤드린 공회에서 심한 분쟁이 발생하자 가장 당황한 사람은 로마 군대의 천부장이었다. 그는 바울에 관련된 문제를 해결하기 위해 유대인들의 산헤드린 공회를 이용하고자 했는데 분위기가 전혀 엉뚱한 방향으로 흘러갔기 때문이다. 그래서 그는 바울을 거기서 데리고 나갈 수밖에 없었다.

천부장은 자칫 잘못하면 바울이 분노한 자들에 의해 찢겨 죽을지도 모른다는 생각을 하게 되었다. 따라서 그는 군인들을 명하여 그를 바깥으로 데리고 나가라고 명령했다. 결국 로마 군인들은 바울을 산헤드린 공회로부터 데리고 나와 영내로 들어가게 되었다. 바울은 자기가 그동안 겪은 모든 과정과 로마군 주둔지 영내에 잡혀 있는 동안 인간적으로 상당히 위축되었을 수도 있다.

그러므로 그날 밤 주님께서 환상 중에 바울에게 나타나셨다. 그는 바울을 향해 아무것도 두려워하지 말고 담대하라고 말씀하셨다. 그가 예루살렘에서 그리스도에 대하여 증언한 것같이 로마에서도 그와 같이 증언하게 되리라는 것이었다. 주님께서는 바울이 예루살렘에서 취한 모든 행동이 주님께서 행하신 일을 증언한 것이라고 말씀하셨다. 그와 동일한 일을 그가 로마에서도 하게 되리라는 것이었다.

이는 바울의 마음에 위로가 되었던 것이 아니라 오히려 그를 착잡하게 만들었을 것이 분명하다. 예루살렘에서 유대인들로부터 무서운 위협을 당하고 있는 터에 로마에 가면 당국으로부터 훨씬 더 심한 어려움을 당할 것으로 여겨졌을 것이기 때문이다. 하지만 그 모든 것은 하나님의 뜻에 따른 경륜이었기 때문에 바울은 그것을 받아들이기를 주저하지 않았다.

6. 바울을 죽이려는 유대인들의 계략(행23:12-15)

그 이튿날 유대인들은 극단주의자들로 조직된 패거리를 만들어 바울을 살해하고자 결의했다. 그 사람들은 바울을 죽이기 전에는 먹지도 않고 마시지도 않겠다며 맹세하게 되었다. 그 특수 조직에 참여한 자들은 사십여 명이나 되었다. 그들은 대제사장들과 장로들을 찾아가서 저들의 결연한 의지와 그 실상을 알렸다. 그들이 공회원들 앞에서 단호한 모습을 보여 주었던 것이다.

그러므로 바울을 죽이고자 하는 자들은 공회원들에게 함께 전략을 짜자는 요구를 했다. 그들이 먼저 그럴듯한 상황을 꾸밀 만한 아이디어를 냈다. 그것은 로마 군대의 천부장을 속여 그에게 접근하는 것이었다.

이제 산헤드린 공회가 바울에 관한 문제를 더 자세히 알아보려는 의도가 있는 척 위장하여 천부장에게 사람을 보내자고 했다. 그리하여 그를 군영내로부터 공회장으로 데리고 나오도록 유인하자는 것이었다. 그때 그 정황을 살펴 바울이 가까이 이르기 전 길가에 숨어 있다가 도중에 저를 죽여 버리면 된다는 것이었다.

7. 유대인들의 계략 노출(행23:16-22)

극렬 유대주의자들의 바울을 살해하기 위한 계획은 나름대로 치밀했다. 하지만 그들이 산헤드린 공회와 공모하여 바울을 죽이려하는 극비가 사전에 누설되었다. 철통같은 보안이 새나가 버렸던 것이다. 마침 바울의 생질이 그에 관한 사실을 알게 되어 영내에 있는 바울을 면회했다.

바울이 아직 판결을 받지 않은 미결수(未決囚)였으므로 면회가 쉽게 이루어질 수 있었다. 바울을 만난 그의 생질은 유대주의자들이 꾸미고 있는 끔찍한 계략을 알려주었다. 그것은 산헤드린 공회가 천부장에게 바울에 대한 직접 심문을 요청한 후 그가 밖으로 나오면 사십여 명으로 구성된 유대인 살인조가 길가에 매복해 있다가 그를 죽이려는 계략을 세워두고 있다는 것이다.

그 놀라운 사실을 듣게 된 바울은 곧장 로마 군대의 백부장을 불러 자기에게 말한 그 청년을 천부장에게로 인도해 달라는 부탁을 했다. 그가 천부장에게 반드시 전달해야 할 매우 중요한 정보를 가지고 있다는 것이었다. 아울러 그 비밀 정보는 함부로 외부로 알려져서는 안 될 중대한 사안이라고 말했다.

그래서 백부장은 그 청년을 천부장에게 데리고 갈 수밖에 없었다. 그리고는 죄수 바울이 자기를 불러 그 청년이 천부장에게 꼭 전해야 할 말이 있다는 보고를 했다. 물론 천부장은 그 고급 정보가 과연 무엇인지 궁금했을 것이 분명하다.

따라서 그는 백부장의 보고를 들은 후 곧바로 그 청년을 불러들여 그의 손을 잡고 조용히 물었다. 자기에게 전하고자 하는 내용이 무엇인지 구체적으로 말해보라는 것이었다. 그러자 그 청년은 천부장에게 자기가 알고 있는 정보에 대한 모든 내용을 자초지종(自初至終) 말했다. 그것은 유대인들이 은밀히 바울을 죽이기로 공모하고 산헤드린 공회가 그에 적극적으로 동조하고 있다는 것이었다.

산헤드린 공회가 바울에 관하여 더 자세한 것들을 묻고자 하여 내일쯤 전갈이 올 것이라 말했다. 그들이 바울을 공회로 데리고 오도록 요청할 때 절대로 그 말을 들어주어서는 안 된다고 했다. 왜냐하면 유대인 당국자들과 공모한 살인조가 길가에 매복해 있다가 갑자기 공격해 바울을 빼앗아 죽이기로 작정하고 있기 때문이라는 것이다.

그러므로 산헤드린 공회가 그런 요청을 해올지라도 절대로 그 청을 들어주지 말라고 당부했다. 그들 가운데 바울을 죽이기 전에는 먹지도 마시지도 않기로 맹세한 결의에 찬 자가 사십여 명이 된다는 것이었다. 이는 저들의 극단적인 태도를 알려주고 있다. 그들은 이미 모든 준비를 마친 상태이며, 천부장이 저들의 요청을 받아들여 바울을 밖으로 내보내기만 하면 중도에서 그를 죽이려고 한다는 것이다.

천부장은 그 청년의 말을 듣고 상황을 충분히 파악할 수 있었다. 그 정보를 사전에 입수하게 된 천부장은 산헤드린 공회로부터 그런 요청이 온다고 해도 바울을 내보내지 말아야겠다는 판단을 했다. 그래서 그 청년에게 유대인들의 음모에 관한 일을 자기에게 신고했다는 사실을 아무에게도 발설하지 말도록 엄히 경계하고 돌려보냈다.

8. 로마 군대의 작전(행23:23-30)

천부장은 그 자리에서 두 명의 백부장을 불러 비밀 지시를 내렸다. 밤 제 삼시 곧 우리의 시간으로 밤 아홉시 경에 가이사랴까지 죄수 바울을 호송할 보병 이백 명과 기병 칠십 명과 창병 이백 명을 대기시키도록 했다. 그리고 바울을 총독 벨릭스에게 무사히 보내기 위해 그를 태울 짐승을 준

비하도록 명했다.[69] 그것도 비밀리 진행되는 중요한 군사작전이었다. 천
부장은 로마시민권을 가진 바울에 대하여 문제를 그르치지 않기 위해 최
선의 노력을 기울이고 있었다.

그리고는 벨릭스 총독에게 보낼 편지를 썼다. 그 내용 가운데는 바울
의 사건에 연관된 모든 경위가 포함되어 있었다. 천부장 글라우디오 루시
오가 총독 벨릭스에게 문안을 전한다는 인사말을 쓴 다음 지금 이송되는
바울이 유대인들에게 잡혀 죽게 된 것을 그가 로마시민권을 가진 자라는
사실을 알고 자기가 직접 군대를 동원해 그를 위기로부터 구출해냈다는
점을 강조했다. 이는 실제적인 사실과는 다소 차이가 난다. 천부장은 적법
한 절차 없이 바울을 고문한 적이 있었지만 그점은 언급하지 않았다.

그는 또한 편지 가운데서 유대인들이 무슨 일로 바울을 죄인으로 고
발하는지 그 형편을 알아보고자 하여 그를 유대인 산헤드린 공회에 데리
고 간 사실을 언급했다. 그 과정을 조사해보니 그들이 고발한 이유가 유대
인들의 종교적인 율법에 관한 문제였을 뿐 그를 결박하거나 사형에 처할
만한 실정법을 어긴 범죄사실이 없었다는 의견을 전했다.

그럼에도 불구하고 유대인들이 그를 죽이기 위해 혈안이 되어 있음을
언급했다. 극렬 유대인들이 살해조를 조직하여 그 사람을 죽이려는 간계
가 있다고 누가 신고했기 때문에 부득불 그를 가이사랴의 총독부로 이송
하게 되었다는 사실을 언급했다. 그리고 그를 고발한 자들도 총독 벨릭스
에게 그를 심문받게 하도록 원하는 자들이 있다는 점을 명시했다.

9. 가이사랴의 총독부로 이송된 바울(행23:31-35)

천부장의 명령을 받은 백부장들은 그대로 실행에 옮겼다. 바울이 로마

---

69) 그 짐승은 아마도 말이나 나귀였을 것으로 보인다. 당시 이스라엘 지역에서는
사람들이 그런 짐승을 타고 다니는 경우가 일반적이었기 때문이다.

군대의 호송을 받으며 예루살렘으로부터 가이사랴로 내려가는 길에 그 바깥에는 그를 죽이려는 유대주의자들이 진치고 있었다. 이는 언약의 자손이라 일컬어지는 배도자들이 겨눈 칼날을 이방 나라의 군대가 막아주는 형국이었다.

이에 대해서는 오늘날 우리시대에도 그와 별반 다르지 않은 양상을 보이고 있다. 참된 진리를 보존하는 교회를 배도에 빠진 기독교도라 일컫는 자들이 공격하는가 하면 세상 사람들은 오히려 그들에게 관대한 모습을 보이고 있기 때문이다. 이와 같은 형국은 기독교 역사 가운데 지속적으로 있어왔던 일이다.

하여튼 상당한 규모를 갖춘 로마 군대의 보병 부대는 밤중에 바울을 데리고 예루살렘으로부터 가이사랴로 이동하는 중 먼저 안디바드리(Antipatris)에 도착했다. 그 이튿날 기병 부대를 동원하여 바울을 호송하도록 하고 다른 군인들은 본 부대로 되돌아갔다. 그 기병들은 가이사랴로 들어가서 천부장이 쓴 편지를 벨릭스 총독에게 전달했다. 그리고는 죄수 바울을 총독에게 데리고 가서 그 앞에 세웠다.

벨릭스 총독은 천부장이 예루살렘에서 써 보내온 편지를 읽고 나서 죄수 바울에게 물었다. 먼저 어느 영지 사람인지 묻자 바울은 자기가 길리기아 영지에 속한 사람이라고 답변했다. 총독은 바울의 출신지와 신분 등 가장 기본적인 신원을 확인한 후 거기서 멈췄다. 조만간 저를 고발한 사람들이 예루살렘으로부터 자기에게 도착하면 그때 가서 그의 주장을 소상히 들어보겠다는 것이었다. 그리고는 바울을 헤롯 궁에 가두어두고 군인들로 하여금 그를 지키라고 명령했다.

제12부

가이사랴 감옥과 바울

제32장
총독부에 고발당하는 바울
(행24:1-27)

1. 정식 고발당하는 바울(행24:1-9)

바울이 가이사랴에 이송됨으로써 벨릭스 총독에 의해 간단한 인정신문(認定訊問)을 받게 되었다. 그후 닷새가 지난 다음 산헤드린 공회의 요직에 있는 인사들이 예루살렘에서 가이사랴로 왔다. 그때 대제사장 아나니아가 몇 명의 장로들과 변호사 더둘로(Tertullus)를 대동했다. 그것은 정식 재판이 시작된다는 의미를 지니고 있었다.

벨릭스 총독은 시시비비를 가릴 목적으로 정식 법정을 개설하고 모든 관련자들을 불러 모았다. 그리고 죄인으로 지목된 바울을 그 앞으로 불러냈다. 그러자 변호사 더둘로가 산헤드린 공회의 입장에서 바울을 로마 총독부에 정식으로 고발하게 되었다.

그는 먼저 벨릭스를 향해 마음에도 없는 찬사를 보냈다. 그의 탁월한 정치력 덕분에 이스라엘 민족이 태평성대를 누리고 있으며 그의 세심한 노력으로 이스라엘의 취약한 여러 분야를 개선하는 유익이 있었다는 것이다. 그리하여 이스라엘 민족을 위한 법정 대리인으로서 그에게 큰 감사를 돌린다는 언급을 했다

그러면서 총독의 심정을 더 이상 괴롭게 하지 않기 위해 부득불 소송을 제기하니 관대한 마음으로 들어주기를 원한다고 했다. 이는 산헤드린 공회의 사악한 종교적인 목적 때문이 아니라 로마제국의 법치(法治)를 위해 바울을 고소하는 것처럼 내세우는 것이었다. 하지만 그의 말은 자신에게 유리한 판결을 얻어내기 위한 입에 발린 아부에 지나지 않았다. 거기에는 어떤 진실성도 없었던 것이다.

변호사 더둘로는 여러 사람들 앞에서 바울을 정식으로 고발하기 시작했다. 위험한 전염병과 같은 그가 천하에 흩어져 살아가는 유대인들을 선동하여 소요를 일으키고 있다는 것이었다. 그 변호사는 바울을 로마제국을 심각하게 어지럽히는 자로 몰아세우며 터무니없는 허위 주장을 늘어놓았다.

나아가 변호사는 바울을 두고 이미 로마 황제의 권위를 무시하고 자신을 왕으로 주장하다가 십자가에서 처형당한 나사렛 이단 예수를 추종하는 자들의 우두머리라고 주장했다. 변호사 더둘로는 그가 로마제국 전역에 흩어져 살아가는 유대인들을 선동하여 로마 황제에게 반기를 들고 저항하도록 앞장서고 있는 양 몰아붙였던 것이다.

뿐만 아니라 그는 유대인들의 성전을 더럽히고 있는 자라고 주장했다. 유대인들의 신앙에 그 성전은 하나님의 거룩한 집이기 때문에 어느 누구도 그곳을 더럽혀서는 안 된다는 것이었다. 산헤드린 공회가 그를 잡아들이게 된 중요한 이유 가운데 하나는 바로 그점이라고 했다. 총독 벨릭스가 그를 직접 심문해 보시면 지금 자기가 고발하는 모든 내용이 진실이라는 점을 쉽게 알게 되리라고 했다.

변호사 더둘로가 바울을 정식으로 법정에 고발하자 거기 모여 있던 유

대인들도 그 주장에 동조했다. 따라서 그의 모든 말이 옳다는 식으로 한마디씩 하며 참여했다. 거기 있던 다수의 유대인들이 그렇게 동조하는 것은 예루살렘 거민들의 여론을 대변하는 것으로 비쳐질 뿐 아니라 그에 대한 중요한 증인의 역할을 하게 되는 효과를 가지게 된다. 이로써 바울은 처음부터 불리한 조건 앞에 서지 않을 수 없었다.

2. 총독 앞에서의 법정 변호를 하는 바울(행24:10-21)

변호사의 고발 내용을 청취한 총독 벨릭스는 피고인 바울에게 머릿짓으로 그에 대응할 말이 있으면 해보라고 요구했다. 바울은 최대한의 예를 갖추어 그에게 답변하기 시작했다. 여러해 전부터 그가 유대 민족의 통치를 맡아 온 사실을 잘 알고 있다는 점과 자기로 말미암아 벌어진 사건에 대하여 기꺼이 진술하며 그에 대한 변호를 하겠다고 했다.

우선 자기가 로마제국 내 여러 지역을 여행하며 생활하다가 하나님을 예배할 마음으로 예루살렘에 올라간 지 이제 불과 열이틀 밖에 되지 않았다는 사실을 말했다. 그에 대한 사실 여부는 조사해보면 금방 알 수 있을 것이라 했다. 지금 자기를 법정에 고발하고 있는 유대인들은 자기가 예루살렘 성전에서 누구와 대화를 하는 것이나 회당 혹은 시중에서 무리를 선동하여 요란하게 하는 것을 본 적이 없다는 점을 강조했다.

바울이 그렇게 말할 수 있었던 것은 실제로 그런 행동을 한 적이 없었기 때문이다. 따라서 자기를 법정에 고발하는 자들은 그 모든 일에 대하여 범죄가 될 만한 어떤 증거도 제시할 수 없을 것이란 점을 언급했다. 이는 지금 산헤드린 공회원들이 자기에 대한 무고죄를 범하고 있음에 대하여 항변하는 의미를 지니고 있다. 그들은 군중들이 떠들어 댄 근거 없는 주장을 펼치게 될 따름이라는 것이었다.

하지만 바울은 총독에게 자신의 신앙에 대한 사실을 밝히겠다는 말을 했다. 자기는 유대인들이 이단이라고 주장하며 고발하는 바로 그 도를 따라 이스라엘 민족의 조상들이 믿던 하나님을 온전히 섬기고 있다고 주장했다. 그리고 율법과 선지자들의 글 곧 구약성경에 기록된 모든 내용들을 다 믿고 있다는 사실을 언급했다.

그러므로 유대인들이 메시아를 믿고 기다린다는 주장을 내세우는 것처럼 자신도 하나님과 그의 사역을 향한 소망을 가지고 있다는 점을 강조해 말했다. 또한 그 신앙의 중심에는 장차 있게 될 의인과 악인의 부활이 존재한다고 했다. 그것을 위해 자기도 항상 하나님과 사람에 대하여 양심에 거리낌 없이 살아가기를 힘쓴다는 사실을 말하고 있다.

바울의 이 말은 듣기에 따라서는 재판을 담당하고 있는 총독을 분노케할 수도 있었다. 왜냐하면 그가 의인과 악인의 부활을 언급할 때, 그로 말미암아 총독을 비롯한 로마제국에 속한 모든 이방인들이 악인으로 분류될 수밖에 없기 때문이다. 따라서 그와 같은 발언은 매우 심각한 문제를 야기할 수도 있었던 것이다.

그렇지만 바울은 그에 대한 자신의 신앙을 분명히 밝히지 않을 수 없었다. 설령 그 말로 인해 재판 결과에 엄청난 손해를 볼 수 있다고 해도 그점을 언급해야만 했다. 지금은 자기가 유대주의자들에 의해 고발당하는 상태에 놓여 있지만 자기의 근본적인 부활 신앙은 유대인들과 크게 다르지 않은 것으로 볼 수 있기 때문이다. 물론 그렇게 말함으로써 자기를 범죄자로 고발하는 유대인들 역시 로마 총독에 대하여 동일한 생각을 하고 있음을 부각시킬 필요가 있었을 수도 있다.

하여튼 바울은 또한 자기가 열이틀 전 여러 해 만에 예루살렘을 방문한 이유는, 자기 민족이 기근으로 고통당하는 것을 보고 그들을 구제할 마음이 있어서 상당한 돈과 제물을 모아 가지고 왔다는 점을 언급했다. 예루살렘에 도착한 그는 그 과정에서 예루살렘 성전을 방문하여 정결례를 행하였다고 했다. 그때 많은 유대인들이 성전에 있는 자기를 보았지만 군중을 모아 어떤 선동을 하거나 소란을 피운 적이 없다는 사실을 말했다.

그러나 아무런 범죄행위도 하지 않은 자기에게 엉뚱한 트집을 잡아 문제를 야기하고 확대시킨 자들은 따로 있었다는 사실을 언급했다. 아시아로부터 예루살렘을 방문한 어떤 유대인들이 자기에게 대항하여 죄가 있다는 식으로 몰아붙이며 군중을 선동했다는 것이다. 그로 말미암아 사람들이 모여들게 되었으며 점차 군중집회로 번져갔다고 했던 것이다.

만일 자기에게 어떤 범죄 사실이 있었다면 그들이 군중을 끌어 모아 여론을 조장하며 소요를 일으킬 것이 아니라 적법한 방법에 따라 정식으로 고발해야 했다는 점을 강조했다. 즉 정말 자기가 범죄를 저질렀다면 당연히 로마 총독부에 문제를 제기하고 고발하는 것이 옳다는 것이었다. 이는 그들이 처음부터 죄의 실상을 살피지 않은 채 자기를 모함했다는 점을 지적하고 있는 것이었다.

그러므로 바울은 총독을 향해, 이제 여기서 자기를 고발하는 자들에게 자기가 산헤드린 공회 앞에 섰을 때 범죄와 연관된 무슨 증거를 찾았는지 제시해보도록 요구하라고 했다. 자기에게 범죄 사실이 존재한다면 이미 그들이 그에 대한 증거를 충분히 확보하는 것이 당연하지 않느냐는 것이었다. 이는 자기에게 아무런 죄가 없으므로 저들은 아무런 증거를 가지고 있을 리 없다는 점을 강조하는 의미를 지니고 있다. 바울은 자기가 유대인들의 산헤드린 공회에 불려갔을 때 죽은 자의 부활을 믿는다는 점 때문에 저들로부터 심문을 받는다고 한 말밖에 없다는 사실을 강조했던 것이다.

3. 벨릭스의 판결 전 판단과 바울의 구금(행24:22,23)

총독 벨릭스는 피고 바울이 자신을 변호하는 진술을 듣고 나서 일단 거기서 멈추고 재판 기일을 연기했다. 그는 로마 총독으로서 재판권을 가진 최고위 공직자였지만 나름대로 기독교에 대한 상당한 지식을 소유하고 있었다. 이는 그가 기독교뿐 아니라 유대교에 대해서도 잘 알고 있었다는 사실을 말해주고 있다.

벨릭스가 기독교와 유대교에 대하여 잘 알고 있었던 것은 당시의 첨예한 정치적 상황으로 인한 것이기도 했겠지만 유대인 출신인 그의 아내 드루실라(Drusilla)의 영향이 컸다. 총독으로서 권력을 가진 그는 이혼 경력이 있는 부도덕한 여성인 헤롯 아그립바 1세 왕의 딸과 정략결혼을 했다. 그는 자기 아내를 통해 이스라엘 백성의 종교에 관한 이야기를 구체적이고 소상하게 들을 수 있었다.

따라서 총독 벨릭스는 겉으로 드러난 기독교인들의 외형적인 형편뿐 아니라 유대교와 갈등을 일으키는 기독교 교리에 대해서도 상당한 지식을 가지고 있었던 것이 틀림없다. 따라서 바울의 진술을 듣고 나서 더 이상 재판을 진행시킬 필요가 없으리라고 판단했다. 즉 바울이 유대인들의 고발을 당하고 있는 상태에서 종교적인 문제가 첨예하게 부딪치게 되면 아무런 진척이 없으리라는 점을 파악했던 것이다.

그러므로 총독은 예루살렘에서 천부장 루시아가 내려오면 그때 가서 재판을 재개하리라고 말했다. 즉 유대인들이 바울을 소송한 문제를 더 정확한 증거를 살핀 후 나중에 처리하겠다는 것이었다. 총독은 바울에 연관된 사건과 그 모든 과정을 예루살렘의 치안 책임자로부터 소상히 들어보고자 했던 것이다. 교리적인 문제를 중심에 둔 상태에서는 제대로 된 판결을 내리기 어렵다는 사실을 잘 알고 있었기 때문이다.

그는 법정을 마무리하면서 백부장을 향해 바울을 구금하여 지키되 자유를 주라고 명령했다. 또한 그의 친구들이 내부로 들어와서 그를 돌보아 주는 것을 금하지 말도록 했다. 그리하여 바울은 가아사랴 감옥에 갇힌 상태에서 밖으로 나가지 못했을 뿐 친구들을 만나며 어느 정도 자유롭게 생활할 수 있었다. 그가 가이사랴 감옥에 갇혀 있는 두 해 동안 수시로 변하기는 했으나 미결수로서 어느 정도 자유를 누릴 수 있었던 것은 총독의 배려와 함께 그가 로마시민권을 가지고 있었기 때문이었다.

4. 총독 벨릭스의 특별한 관심(행24:24-27)

벨릭스는 죄수로서 판결을 받아야 할 바울에게 남다른 특별한 관심을 보였다. 하지만 그는 신실한 인격을 가진 사람으로 보이지는 않는다. 이는 그가 바울이 전하는 말을 들어보고자 하는 마음을 가지고 있는 동시에 그로부터 뇌물을 받고자 하는 마음이 있었기 때문이다.

총독 벨릭스는 수일이 지난 후 헤롯 대왕의 증손녀로서 유대 왕가의 공주인 자기 아내 드루실라(Drusilla)[70]와 함께 바울을 자기에게 불러들였다. 거기에는 정치가로서 다양한 포석이 깔려 있었던 것으로 보인다. 그는 바울과 헬라어로 대화할 수 있었겠지만 완벽한 히브리어를 사용하는 아내를 통해 바울에게 적절한 위압감을 주는 동시에 어느 정도 긴장감을 풀어 주고자 하는 마음도 없지 않았을 것이다.

총독은 우선 바울이 죄인으로 간주된 것은 자신의 신앙 문제 때문이라고 주장하는 그 내용을 들어보고자 했다. 따라서 바울은 그에게 예수 그리스도를 믿는 신앙의 도리에 관한 설명을 했다. 그는 그리스도와 연관된 의와 절제와 장차 오게 되는 하나님의 심판에 대하여 강론했던 것이다. 그말을 들은 총독은 두려운 마음을 가지게 되었으며 그로 인해 바울을 돌려

---

70) 유대 여자 드루실라(Drusilla)는 헤롯 대왕의 증손녀로서 아그립바 1세 왕의 막내딸이다. 그녀는 사도행전 25, 26장에 기록된 아그립바 2세 왕의 누이이자 그와 불륜 관계에 있던 버니게(Bernice)와는 친자매 관계이기도 했다. 드루실라는 소아시아 지역에 있던 콤마게네(Commagene)의 왕자(王子) 에피파네스와 약혼한 적이 있으며 15세 때 수리아에 있는 에메사(Emesa) 왕 아시수스(Azizus)와 결혼했으나 이혼하고 로마 총독 벨릭스와 재혼했다. 헤롯의 가문은 당시에도 윤리를 파괴하는 가장 비도덕적인 집안으로 알려져 있었다.

보냈다. 그리고 나중에 기회가 되면 다시 부르겠다는 말을 남겼다.

그후 총독 벨릭스는 종종 바울을 불러 신앙에 연관된 이야기를 듣고자 기회를 가졌다. 하지만 그것은 그의 순수한 의도가 아니라 여전히 그로부터 뇌물을 받고자 하는 마음이 있었기 때문이다. 바울은 앞에서 자기가 외지(外地)에서 예루살렘으로 올 때 상당한 돈을 거두어 가지고 왔다는 사실을 언급했었다(행24:17). 그 말을 들은 총독은 그 돈이 아직 그의 수중에 있을 것이라 판단했을 수도 있다. 하지만 그 모든 돈은 이미 예루살렘 공의회에 전달되었을 것이며 바울에게는 그 돈이 남아있지 않았을 것이 분명하다.

그와 같은 식으로 몇 년간의 세월이 흘러갔다. 그동안 바울은 미결수의 신분으로 가이사랴 감옥에 머물러 있었던 것이다. 벨릭스가 특별한 범죄 사실을 발견할 수 없는데도 불구하고 그를 가두어두었던 것은 유대인들의 여론을 살핀 정치적인 의도 때문이었다. 두 해가 지난 후 벨릭스는 다른 곳으로 발령을 받아 가게 되고 그 대신 보르기오 베스도가 그 지역의 신임 총독이 되어 가이사랴로 부임해 왔다. 그가 바울에 대한 재판을 떠안게 되었던 것이다.

❖ 빌립보서 _ 바울의 일곱 번째 서신

사도 바울은 가이사랴 감옥에 갇혀 있는 동안 하나님의 계시를 받아 빌립보 교회에 편지를 써 보냈다. 학자들 가운데는 빌립보서가 로마 감옥이나 에베소나 고린도 지역에서 기록되었을 것으로 보는 이들이 상당수 있다. 하지만 그 서신은 바울이 가이사랴에서 계

시받아 기록했을 가능성이 짙다.[71]

바울은 이번 예루살렘에 도착하기 전 마게도니아 지역을 거쳐 왔다. 그때 빌립보 교회의 여러 성도들을 만났을 것이 분명했다. 그는 빌립보서를 기록하면서 디모데와 함께 있다는 사실을 언급하고 있다. 그는 마게도니아 지역을 떠나면서 디모데를 데리고 예루살렘으로 왔던 것이다(행20:4).

그는 편지 가운데서 감옥에 갇힌 몸이었으나 담대하게 하나님의 복음을 전한 사실을 강조했다. 그가 그리스도를 위하여 갇히게 되었다는 사실이 경비대를 비롯한 모든 사람들에게 나타났다고 말했다(빌1:13). 그는 가이사랴 감옥에 수감된 상태에서 벨릭스 총독과 베스도 총독 그리고 아그립바 왕 앞에서 하나님의 복음을 선포했다(행24-26장, 참조). 당시 바울은 로마 감옥에서와는 달리 상당한 위협을 느끼고 있었지만 겁 없이 담대하게 하나님의 말씀을 전했다는 사실이 빌립보서에 나타나고 있다(빌1:14).

또한 가이사랴 감옥에서의 바울은 아직 미결수였지만 주변 상황으로 인해 위협을 당하고 있었다. 산헤드린 공회와 극렬 유대주의자들은 그를 죽이기 위해 호시탐탐 기회를 노렸기 때문이다. 따라서 그는 자기가 삶과 죽음 사이에 끼어 있다는 사실을 언급했다

71) Gerald F. Hawthorne, Word Biblical Commentary, Philippians (Waco: Word Book Publisher, 1983), Introduction to Philippians 인용 참조; H. E. G. Paulus가 1779년 빌립보서의 가이사랴에서 기록을 주장하면서 다수의 학자들이 그 견해에 동조하고 있다; F. Spitta, Zue Geschichte und Litertur des Urchristentums (Gottingen: Vandenhoeck und Ruprecht, 1907); E. Lohmeyer, Der Brief an die Phlipper (Gottingen: Vandenhoeck und Ruprecht, 1930); J. J. Gunther, Paul: Messenger and Exile(Valley Forge: Judson Press, 1972).

(빌1:23). 언제 죽을지 모르는 그의 삶이 평온하지 않다는 것이었다.

그럼에도 불구하고 빌립보 교회 성도들에게 기뻐하라는 요구를 하며 자기도 기쁨을 잃지 않고 있다는 사실을 언급했다(빌1:18; 2:4,18; 3:1; 4:4). 이는 빌립보 교회에 속한 성도들을 위로하는 의미를 지니고 있다. 그곳에서 어려움을 당하며 살아가는 성도들로 하여금 기쁨을 잃지 않도록 격려했던 것이다. 감옥에 갇혀 힘겹게 살아가는 자기도 기뻐하는 터에 저들도 하나님의 자녀로서 기쁜 삶을 살아야 한다는 것이었다.

그러므로 사도 바울은 예수 그리스도께서는 하나님의 아들 곧 하나님이시면서도 천한 인간의 모습으로 와서 이루 상상조차 할 수 없는 큰 고통을 당하셨다는 점을 강조했다. 그리고 그는 자기를 끝까지 낮추시고 죽기까지 복종했다는 사실을 언급했다. 하물며 평범한 인간들이야 예수 그리스도의 은혜를 입은 자로서 어떤 환경에서라 할지라도 기뻐하고 감사해야 한다는 것이었다.

"너희 안에 이 마음을 품으라 곧 그리스도 예수의 마음이니 그는 근본 하나님의 본체시나 하나님과 동등됨을 취할 것으로 여기지 아니하시고 오히려 자기를 비어 종의 형체를 가져 사람들과 같이 되었고 사람의 모양으로 나타나셨으매 자기를 낮추시고 죽기까지 복종하셨으니 곧 십자가에 죽으심이라" (빌2:5-8)

사도 바울은 이 말씀을 통해 자기의 죄 없는 몸을 내어주신 예수 그리스도의 마음을 품으라고 했다. 우리를 위한 그의 사랑을 기억한다면 하나님 앞에서 겸손한 자세를 가지지 않을 수 없다는 것이었다. 따라서 성도들은 항상 하나님의 은혜를 기억하고 복종하며 두렵고 떨림으로 구원을 이루어가야 함을 강조하고 있었던 것이다(빌2:12).

그러면서 빌립보 교회 주변에 어슬렁거리며 혼란을 부추기는 위장된 거짓 교사들을 조심하라는 당부를 하고 있다. 바울은 사악한 그들을 부정한 개들로 묘사했으며 행악하는 자들과 손할례당으로 간주했다(빌3:2). 그들은 개와 같이 부정하고 악한 자들이면서 교회에 속한 어리석은 성도들을 끊임없이 미혹한다. 그들은 하나님의 뜻을 멸시하면서도 종교적인 형식을 앞에서 마치 의인인 척 위장하고 있다.

그런 자들은 열정적이며 분주한 종교 활동을 하고 있음에도 불구하고 십자가의 원수로 행하는 자들이다. 그 사람들은 자기의 욕망을 채우기 위해 열성을 다하지만 결국은 무서운 심판과 멸망으로 나아가게 될 따름이다. 그들은 '하나님 나라'가 아니라 '땅의 신학과 신앙'을 추구하기를 좋아했다. 따라서 사도 바울은 빌립보 교회에 편지를 쓰면서 하나님의 자녀들로 하여금 절대로 그에 속아서는 안 된다는 사실을 강조하고 있다.

"오직 우리의 시민권은 하늘에 있는지라 거기로서 구원하는 자 곧 주 예수 그리스도를 기다리노니 그가 만물을 자기에게 복종케 하실 수 있는 자의 역사로 우리의 낮은 몸을 자기 영광의 몸의 형체와 같이 변케 하시리라"(빌3:20-21)

감옥에 갇힌 채 심한 고생을 하고 있는 바울은 빌립보 교회 성도들에게 성도들의 시민권은 이땅이 아니라 영원한 하늘에 존재한다는 사실을 말하고 있다. 이 세상에서 아무리 강력한 나라의 시민이라 해도 그것은 아무것도 아니다. 이 말 가운데는 바울 자신은 로마시민권자이지만 그것이 자신을 안전하게 지켜주지 못한다는 사실을 내비치고 있다.

그러므로 천상의 시민권을 가진 자들은 이땅에서의 일로 말미암아 일희일비(一喜一悲)하지 말아야 한다. 바울은 감옥에 갇힌 몸이었지만 그것으로 인해 슬퍼하지는 않았다. 도리어 복음을 위해 수감되어 있으므로 세상 사람들이 알지 못하는 진정한 기쁨을 누리고 있다는 것이었다. 그러므로 교회에 속한 성도들은 주님의 재림이 가까이 다가온다는 사실을 알고 관용하며 기뻐하라고 강조했다(빌 4:4,5).

우리는 사도 바울이 빌립보 교회에 보내는 편지를 통하여 어려운 환경 가운데서도 여유로운 삶의 자세를 유지하는 그의 모습을 보게 된다. 따라서 우리는 이 세상에서 가난하든지 부하든지 혹은 어떤 고난을 당하든지 항상 하나님만 바라보며 살아갈 수 있어야 한다. 이처럼 영원한 천국에 소망을 두고 살아갈 때 어떤 무서운 환난이 닥친다고 할지라도 하나님의 은혜 가운데 거뜬히 살아낼 수 있는 것이다.

바울은 빌립보서 마지막 부분에서 자기에게는 아무런 부족함이 없다는 사실을 말했다. 그들이 지원해준 물질에 대하여 감사하게 여기고 있으며 그것이 하나님이 기쁘시게 받으실 만한 향기로운 제물이라고 언급했다. 이는 예수 그리스도 안에 존재하는 성도들은 하나의 보편교회에 속한 자들이라는 사실을 말하고 있는 것이다. 그는 이와 더불어 자기가 전파한 복음으로 말미암아 복음을 깨닫게 된 공직자들을 비롯한 여러 성도들의 문안을 전하며 예수 그리스도의 은혜를 기원하며 편지를 맺고 있다.

제33장

총독 베스도의 재판정과 로마 황제에게 상소한 바울
(행25:1-12)

1. 총독 베스도의 부임과 산헤드린 공회(행25:1-5)

벨릭스가 이임한 다음 후임 총독 베스도가 팔레스틴 지역으로 부임하게 되었다. 그는 사흘 동안 가이사랴에 머물며 어느 정도 업무 파악을 한 후 예루살렘으로 올라갔다. 신임 발령을 받은 지역에 도착한 다음 사흘이라는 기간은 전체 업무를 파악하기에 매우 짧은 기간이라 말하지 않을 수 없다.

그럼에도 불구하고 베스도가 급히 예루살렘으로 갔던 것은 반드시 확인하거나 해결해야 할 문제가 있었기 때문이었을 것이다. 로마제국이 강권정치를 펼치는 세력 있는 지배국이기는 했지만 피지배 지역 주민들의 정서를 무시할 수는 없는 노릇이었다. 따라서 로마 총독이 유대인들의 대의기관인 산헤드린 공회와 그에 속한 지도자들을 우호적으로 끌어안는 일은 중요하지 않을 수 없었다. 만일 그들과의 관계가 뒤틀리게 되면 식민 정치가 어려워질 수밖에 없기 때문이다.

신임 총독이 산헤드린 공회를 방문했을 때 대제사장들과 유대인 고위 공직자들은 가장 먼저 그에게 바울을 고소했다. 당시 산헤드린 공회에서는 벨릭스 시대 총독부가 저들이 원하는 대로 바울의 문제를 신속히 처리하지 않는 것에 대하여 상당한 불만이 있었던 것으로 보인다. 유대주의자들은 예수 그리스도를 따르는 성도들의 지도자인 바울을 그냥 가만히 두고 볼 수만은 없었던 것이다.

그러므로 유대인들은 이제 막 가이사랴에 부임한 신임 총독에게 감옥에 갇혀 있는 미결수인 바울을 죄인으로 규정하여 다시금 고소했다. 그점을 보아 당시 바울에 연관된 사건이 저들에게 얼마나 중대한 문제였는지 짐작할 수 있다. 유대주의자들의 입장에서는 눈엣가시 같은 바울을 반드시 엄중하게 정죄해야만 한다고 여겼던 것이다.

그들은 신임 베스도 총독에게 바울을 고소하면서 특별한 당부를 했다. 그것은 그를 가이사랴의 총독부에서 판결하기 전 예루살렘으로 이송하여 산헤드린 공회에서 먼저 그의 범죄사실을 다루도록 해달라는 것이었다. 유대인 지도자들은 바울의 문제에 관하여 산헤드린 당국에서 직접 확인할 내용이 있는 듯이 가장하고 있었다. 하지만 그것은 속내를 감춘 거짓 행동에 지나지 않았다.

유대인 당국자들의 목적은 바울을 죽여 없애는 것이었다. 따라서 가이사랴에서부터 그를 예루살렘으로 데려올 수 있는 방법이 있다면, 길가에 살해조가 매복해 있다가 도중에서 그를 죽여 버리고자 했다. 우리는 여기서 배도자의 무리인 산헤드린 공회의 끈질긴 악한 태도를 보게 된다. 그들은 수년 전에 바울을 죽이고자 세웠던 무모한 계획을 그때까지도 포기하지 않고 있었던 것이다.

하지만 총독 베스도는 산헤드린의 그 요구에 대하여 즉각적인 도움을 주기를 거부했다. 로마 총독부의 관할 아래 있는 미결수를 그렇게 하는 것은 곤란하다고 했을 것이다. 아마도 그는 전임 총독으로부터 바울에 대하여 직접 들었거나 가이사랴에 있던 로마 총독부 직원으로부터 그 실상을 파악했을 것으로부터 보인다. 따라서 바울에 대한 저들의 계략을 짐작하고도 남음이 있었을 것이다.

그러므로 베스도 총독은 바울을 가이사랴에 감금하여 두고 엄히 지키고 있다는 사실을 먼저 언급하면서 자기도 곧 예루살렘을 떠나 그곳으로 가게 되리라고 말했다. 그러니 이제 산헤드린 공회원들 가운데 유력한 자들이 자기와 함께 내려가 만일 그에게 잘못된 범죄 사실이 드러난다면 거기서 고발하라는 말을 했다. 이는 총독부에서 직접 바울을 심문하겠다는 분명한 의중을 보여주고 있다.

2. 베스도의 재판정(행25:6-9)

총독 베스도는 예루살렘에서 '팔일 혹은 십일' (eight or ten days)[72] 정도

---

72) 사도행전 25:6에는, 신임 총독 베스도가 예루살렘에서 '팔일 혹은 십일' (eight or ten days) 동안 머물렀던 것으로 기록하고 있다. 대다수 성경번역은 헬라어 원문에 따라 '팔일 혹은 십일'로 번역하고 있다. 한글 성경의 '개역한글', '개역개정', '공동번역', '새 번역'과 영어성경 NIV, NASB 등에서는 이를 '팔일 혹은 십일(eight or ten days)로 번역했다. 한편 한글 '현대인의 성경'은 이를 '열흘 가까이'로 번역하고 있으며, KJV는 '열흘 이상' (more than ten days)으로 번역하고 있다. 이는 '팔일 혹은 열흘'이란 말이 논리적으로 수긍할 수 없는 표현이기 때문일 것이다. 완벽한 하나님의 계시라면 '팔일'이든지 '십일'이든지 그것도 아니라면 최소한 '팔구일' 혹은 '구십일'이어야 한다. 따라서 한글 '현대인의 성경'과 영어성경 KJV에서 '열흘 가까이'나 '열흘 이상'으로 번역한 것은 그점을 보완하기 위한 것으로 보인다. 그러나 우리는 해당 성경본문에서 베스도가 '팔일 혹은 십일' (eight or ten days) 동안 예루살렘에 머문 사실의 진정한 의미를 이해한다면 하등의 문제 될 것이 없다. 이를 보건데 총독 베스도는 아마도 그때 예루살렘을 방문하여 열흘 정도 있는 동안 하루 이틀 시간을 내어 예루살렘에서 가까운 주변 지역을 방문했을 것이 분명하다. 본문에서 '팔일 혹은 십일'이라는 표현이 사용된 것은 그에 연관된 의미로 받아들이는 것이 가장 자연스럽다.

를 체류했다. 가이사랴에 부임한 지 며칠 되지 않은 총독에게 그 기간은 결코 짧은 기간이 아니었다. 총독부에 부임하여 그곳에서 불과 사흘 정도 있다가 곧장 예루살렘을 방문하여 열흘 정도 머물렀다는 사실은 그것 자체로 파격적인 행보가 아닐 수 없었다. 그가 그렇게 해야만 했던 것은 아마도 그가 예루살렘에 머물며 천부장을 비롯한 군 고위 장교들과 관계를 돈독히 하고자 하는 이유 때문이었을 것이다. 현지 군부를 장악하여 자기의 확실한 통치 아래 두는 것은 여간 중요한 일이 아니었다.

그리고 산헤드린 공회의 공적인 모임에서 자기의 정치적 취지를 밝혔을 뿐 아니라 유대인 지도자들을 개인적으로 만났을 가능성이 크다. 그들의 적극적인 협조가 없다면 원활한 식민 통치를 펼치기가 쉽지 않을 것이 분명하다. 따라서 그들과 협상을 벌이기도 하고 자신이 가진 권력의 위엄을 보여주고자 했을 것이다. 물론 우리는 당시의 구체적인 통치행위에 대해서는 명확하게 알 수 없다.

유대인들의 성지인 예루살렘에서 열흘 가까운 날을 보내며 목적한 바 업무를 마친 베스도는 총독부가 있는 근무지 가이사랴로 내려갔다. 먼 길을 여행한 그는 매우 피곤했을 것이지만 가이사랴에 도착하자 바로 이튿날 재판정을 열고 배석자들과 함께 자리에 앉았다. 그리고는 죄수 바울을 그 앞으로 데려오라고 명령했다.

이처럼 바울을 재판하기 위한 절차는 매우 신속하게 이루어졌다. 이는 바울에 연관된 사건이 당시 얼마나 중요한 문제였던가 하는 점을 여실히 보여주고 있다. 바울이 재판정으로 나왔을 때 거기에는 예루살렘에서 내려온 유력한 유대인 지도자들이 함께 있었다. 총독이 내려올 때 같이 왔던 것으로 보인다.

예루살렘에서 온 유대인 지도자들은 바울이 중한 범죄자라는 사실을 내세우며 총독에게 고발했다. 그들 나름대로는 여러 가지 문제들을 제기하며 그가 죄인이라는 점을 부각시키고자 애썼다. 하지만 그들은 실제적인 아무런 증거를 제시하지 못했다. 결국 증거 없이 말로만 그를 죄인으로 몰아갔던 것이다.

그러자 이제 바울이 총독 앞에서 자신을 변호하기 시작했다. 그는 이제까지 유대인의 율법을 어긴 적이 없고 예루살렘 성전을 모독하지도 않았다는 점을 언급했다. 그리고 로마제국에 저항하는 반기를 들지 않았음을 강조했다. 즉 황제에 대해 반란을 일으키거나 로마법에 저촉될 만한 범죄행위를 저지르지 않았음을 말했던 것이다.

하지만 총독 베스도에게는 사실 여부와 상관없이 유대인 지도자들의 환심을 사는 것이 매우 중요했다. 신임 총독으로서 피지배국 백성의 유력 인사들을 감싸 안으며 자기편으로 만드는 일은 절대로 필요한 일이었기 때문이다. 그래서 그는 그 자리에서 바울을 향해 예루살렘으로 올라가서 자기의 판결을 받으면 어떻겠느냐는 말을 했다.

이 말은 그가 산헤드린 공회 앞에서 판결을 내리겠다는 의미를 내포하고 있다. 즉 총독이 바울에 대한 재판을 포기하겠다는 것이 아니라 회집한 산헤드린 공회원들 앞에서 자기가 직접 재판하겠다는 것이었다. 그렇게 함으로써 그는 유대주의자들로부터 반감을 사지 않고자 했던 것이다.

3. 로마 황제에게 상소한 바울(행25:10-12)

바울은 예루살렘의 산헤드린 공회에서 자신의 재판을 받도록 권면하는 총독 베스도의 요청을 강하게 거부했다. 그렇게 하는 것은 아무런 의미 없는 행동이라는 사실을 그가 잘 알고 있었기 때문이다. 오히려 예루살렘으로 가게 되면 도중에 유대인들로부터 자기가 살해당할지도 모른다는 생각을 하고 있었던 것으로 보인다.

그리고 바울이 설령 산헤드린 공회까지 안전하게 도착한 후 거기서 총독으로부터 판결을 받는다고 해도 자기에게 유리할 것이 전혀 없으리라는 사실을 잘 알고 있었다. 그것은 상당한 위험부담을 안고 있었던 것이다. 최악의 경우 어쩌면 예기치 않게 총독에 의해 사형에 해당되는 엄벌을 받을지도 모를 일이었다.

유대주의자들은 입술로 하나님의 이름을 핑계대면서 법이나 근본 원리를 완전히 무시하는 무자비한 태도를 취하고 있었다. 예수님이 사형을 당할 때도 로마 총독 본디오 빌라도는 그에게 아무런 죄가 없음을 확인하고도 유대인들의 여론에 밀려 사형을 언도했었다. 바울은 과거에 있었던 그 사건을 누구보다 잘 알고 있었다. 만일 예루살렘에 가면 그와 유사한 일이 발생하지 않는다고 아무도 장담할 수 없는 일이었다.

그러므로 바울은 총독에게 로마 황제의 재판을 받고자 한다는 사실을 밝혔다. 그는 황제의 법정에 가서 거기서 심문과 판결을 받고자 했던 것이다. 이는 물론 그가 황제로부터 직접 재판을 받을 수 있다는 것이 아니라 로마에 가서 황제의 직할법원에서 재판을 받겠다는 의미를 지니고 있었다. 그것은 그가 로마시민권자였기 때문에 가능한 일이었다.

바울은 제국의 수도인 로마 황제의 법정에 서기를 원한다고 하면서 그 이유는 자기에게 아무런 범죄사실이 없기 때문이라는 점을 강조했다. 바울이 그렇게 말할 때는 자기가 로마제국이나 황제에게 범죄한 사실이 전혀 없다는 점을 강력하게 시사하고 있다. 만일 로마법에 저촉되는 어떤 범죄행위를 저질렀다면 그와 같은 요구를 할 리가 만무하다.

나아가 자기는 유대인들에게도 불의한 범죄를 저지른 일이 없다는 사실을 강조했다. 그럼에도 불구하고 산헤드린 공회는 자기를 죽이기 위해 혈안이 되어 있다는 것이었다. 따라서 그들의 영향력을 행사하는 관할 지역에서 재판받기를 원하지 않는다고 말했다. 그리하여 총독이 자기를 예루살렘에 같이 가서 거기서 재판을 받을 의향이 있느냐고 물었을 때 그는 로마행을 작정했던 것이다.

그러면서 그는 만일 자기가 불의를 행하여 사형에 처해질 정도의 심각한 범죄사실이 있다면 죽음을 피하지 않을 것이라고 했다. 또한 그는 만일 예루살렘에서 내려온 유대인들이 자기를 고발하는 내용이 사실이 아니어서 아무런 증거를 제시하지 못한다면 어느 누구도 미결수인 자기를 저들에게 내어줄 수 없다고 강조했다. 그것은 로마법상 불법이라는 사실을 강조하고 있는 것이었다. 그러면서 그는 정식으로 로마 황제에게 상소한다고 말했다.

"내가 가이사에게 상소하노라: I appeal to Caesar" (행25:11)

바울의 이 말은 매우 중요한 선언적인 의미를 지니고 있었다. 로마 총독이라 할지라도 확실한 범죄증거가 없는 상태에서 그 요구에 대한 거부권을 행사할 수 없었다. 이는 로마시민권자에게 허락되는 특권으로서 아무나 누릴 수 있는 권리가 아니었다. 따라서 총독은 자기와 함께 앉아있던 배석자들에게 그에 관한 상의를 한 후 피고 바울이 원하는 요구대로 들어주기로 결정했다.

그러므로 총독 베스도는 피고 바울에게 로마행을 공적으로 허락했다. "네가 가이사에게 상소하였으니 가이사에게 갈 것이니라"(행25:12). 이것은 법적인 근거에 의한 결정이었다. 즉 사사로운 생각에 따라 그렇게 허락된 것이 아니다. 그리하여 바울은 로마제국의 황제 법정에서 재판받기 위해 로마로의 이송이 확정되었던 것이다.

이는 하나님께서 바울에게 계시로 전한 말씀이 경륜적으로 진행되어가고 있음을 보여주고 있다(행23:11). 그리하여 바울은 로마로 가서 황제의 직할 법정에서 재판을 받을 수 있게 되었다. 이는 유대인들의 종교적인 질투에 의해 부당한 재판을 받는 것을 피하게 되었음을 말해주고 있다.

이는 사실 거기 참석하고 있던 산헤드린 공회원들에게는 매우 충격적인 일이었을 것이 분명하다. 피지배국의 최고 지도자들이 공적으로 지목한 죄수가 막강한 세력을 가진 로마제국으로부터 그와 같은 파격적인 대우를 받는다는 것은 놀랄 만한 일이 아닐 수 없었다. 아무나 그런 특혜를 받을 수 있는 것이 아니었기 때문이다.

또한 바울이 그렇게 함으로써 기독교인들에 대한 유대주의자들의 기세가 한풀 꺾였을 수 있다. 로마 법정에서 재판을 받겠다는 바울의 선언과 그에 연관된 문제는 즉시 전 예루살렘과 모든 지역에 소문으로 퍼져나갔을 것이 분명하다. 그로 말미암아 유대주의자들이 기독교인들을 함부로 대하기 어렵게 되었을 것으로 보인다.

물론 그로 인해 기독교인들이 유대인들로부터 더 심한 원성의 대상이 되었을 수도 있다. 당시 엄한 판결을 통해 바울을 죽이고자 했던 자들은 대개 극단적인 유대주의자들이었다. 그들은 바울이 로마제국으로부터 특별한 대우를 받는 것을 보며 바울을 비롯한 기독교인들을 반 유대민족주의자들로서 친 로마주의자들로 간주했을 가능성이 컸기 때문이다. 유대인 지도자들이 실제로는 친 로마주의자이면서 애꿎은 기독교인들을 그런 식으로 간주하는 자가당착(自家撞着)에 빠져 있었던 것이다.

제34장

아그립바 왕 앞에 선 바울

(행25:13-27)

1. 아그립바 왕73)과 버니게(행25:13)

바울이 가이사랴 감옥에 갇혀 있을 당시 이스라엘 민족은 전반적으로 지리멸렬한 상태에 놓여 있었다. 로마제국의 압제 아래서 신음하고

---

73) 예수님이 이땅에 오시기 전부터 이스라엘의 왕권을 소유하게 된 헤롯 왕가는 몇 대에 이어 부패한 찬탈왕조를 이어갔다. 예수님의 지상 생애 동안과 사도교회 시대가 끝나는 AD70년 예루살렘 성전이 완전히 파괴되고 나라가 패망할 때까지 그들은 권력의 끈을 놓지 않고 있었다. 하나님께서 세우신 다윗 왕가에서 출생한 자가 아닌 자들이 왕 노릇하는 것은 하나님으로 말미암지 않은 불법을 자행하는 것에 지나지 않았다. 솔로몬 왕이 죽은 후 여로보암은 스스로 북이스라엘 왕국의 부당한 왕위에 올랐으며 나중 오므리 왕조 역시 마찬가지였다. 이처럼 헤롯 왕가도 불법으로 그 자손들에게 왕위를 계승한 왕조로서 결국 하나님의 저주 아래 놓일 수밖에 없었다. 예수님이 베들레헴에 탄생하셨을 때 동방박사들이 예루살렘을 방문하여 '유대인의 왕'이 오신 사실을 선포한 것은 당시 최고 권력을 누리던 헤롯이 진짜 왕이 아니란 사실을 선언한 것과 동일한 의미를 지니고 있다.

있었을 뿐 아니라 예루살렘에는 종교적인 욕망을 채우고자 하는 사악한 지도자들로 가득했다. 유대인들의 대의기관인 산헤드린 공회는 모세 율법을 내세우고 있었지만 실상은 하나님의 뜻으로부터 벗어나 있었다. 그들은 이땅에 오신 예수 그리스도를 대적하는 세력으로 구축되어 있었던 것이다.

로마인들에 의하여 강점당한 상태에서 유대인 정치가들 역시 내부적으로 엉망진창이었다. 배도에 빠진 그들의 신앙에 대해서는 두말할 나위 없었으며 윤리도덕적인 측면에서도 그러했다. 사도행전 25장에 기록된 아그립바(Agrippa)는 일반적으로 알려진 아그랍바 2세 왕이다. 그는 헤롯 대왕의 증손자이자 헤롯 아그립바 1세[74]의 아들이다. 아그립바 2세는 AD53년 팔레스틴 북쪽 지역을 통치하는 왕으로 즉위했으며 AD100년에 사망했다.

그는 약속의 땅 북부 지역의 분봉왕이 되어 부친의 영토 일부분인 갈릴리와 베레아 지방을 다스렸다. 아그립바 2세는 자기의 친 남매 사이인 버니게와 부당한 부부행세를 하길 서슴지 않은 부도덕한 인물이었다. 유대 역사가 요세푸스(Josephus)에 의하면 버니게는 품행이 단정치 못한 여인이었으며 실상은 그들이 혼인을 한 것이 아니라 불륜 관계를 지속하고 있었다는 사실을 말하고 있다.

아그립바 2세 왕은 그의 부친 아그립바 1세 왕과 마찬가지로 로마제국의 집행부로부터 상당한 신뢰를 받아 예루살렘 성전의 감독권과 제사장 임명권을 부여받기도 했다. 하지만 그는 하나님의 뜻을 따르는 것과는 거

---

74) 헤롯 아그립바 1세는 헤롯 대왕의 손자로서 사도행전 12:1에 '헤롯'으로 언급되어 나타난다. 그는 로마제국의 권력자들로부터 신임을 받은 인물로서 AD37년에서 44년까지 팔레스틴 전역을 다스렸다. 또한 그는 유대인들의 환심을 사기 위해 예수님의 제자 야고보를 사형에 처했으며 베드로를 투옥시켜 죽이려고 했었다(행12:1-5).

리가 멀었으며 악한 행동을 일삼기에 급급했다. 아그립바 왕은 자기의 정치적인 권력을 통해 이 세상에서 부귀영화를 누리고자 했을 따름이다. 그는 또한 AD66년부터 시작된 로마제국에 항거하는 유대인 반란에 참여하지 않았으며 오히려 로마제국에 모든 충성을 다 바쳤다.

그와 같은 성향을 지닌 분봉왕 아그립바 왕과 버니게가 가이사랴를 방문한 것은 신임 총독으로 부임한 베스도에게 예를 갖추어 문안 인사를 하기 위해서였다. 그 여정에는 그로부터 신임 받고자 하는 정치적 의도가 다분히 깔려 있었다. 식민통치를 해야 하는 로마제국의 총독과 피지배국의 분봉왕은 서로간 필요로 하는 관계에 놓여 있었던 것이다.

2. 아그립바 왕에게 바울의 실상을 전하는 베스도(행25:14-21)

아그립바 왕은 피지배국의 분봉왕으로서 형식적으로는 자기 나라 백성들을 위한 명분상의 통치자였다. 하지만 그에게 최종적인 권세가 있었던 것은 아니었다. 이에 반해 로마 총독 베스도는 식민 통치를 하는 최고 권력을 가진 지위에 있었다. 그가 정치적인 실권을 장악하고 있었던 것이다.

이처럼 외세에 의해 식민 통치를 받는 형편에 처해있던 아그립바 왕이 자기와 함께 살고 있는 버니게를 데리고 가이사랴에 있는 신임 총독 베스도를 예방(禮訪)하게 되었다. 당시 베스도는 이스라엘 민족 가운데 상당한 영향력이 있는 헤롯 대왕의 증손자인 아그립바 왕에게 상당한 관심을 가지고 있었을 것이 분명하다.

특히 아그립바 왕이 자신의 아내라고 해서 함께 데리고 온 버니게에 대한 호기심이 적지 않았을 것이 분명하다. 그 여인은 신임 총독으로 온 베스도의 전임이었던 벨릭스 총독의 유대인 아내인 드루실라의 친자매였기 때문이다. 물론 그 역시 아그립바 왕의 친누이였다. 아마도 총독 벨릭

스는 윤리와 도덕관념이 결여된 그 여인을 정치적 목적과 더불어 현지처
(現地妻)로 두었을 것으로 보인다.

당시의 상황으로 보건데 베스도 총독은 가이사랴에 도착했을 때 그 모
든 정보를 사전에 이미 입수하고 있었을 것이다. 그런 그가 아그립바 왕을
만나자마자 자기의 전임이었던 총독 벨릭스가 바울이라는 한 유대인을 감
금해 둔 사실과 그에 연관된 사정을 언급했다. 자기가 팔레스틴 지역의 신
임총독이 되어 가이사랴에 도착한 지 며칠 지나지 않아 예루살렘을 방문
했을 때, 산헤드린 공회의 대제사장들과 장로들이 그를 고소하며 정죄하
기를 촉구하면서 저들에게 넘겨주기를 요청한 사실을 말했다.

그러나 총독 베스도 자신은 저들에게 로마법상 그 요구를 들어줄 수
없다는 사실을 말했다고 했다. 즉 고소당한 피고가 소송 당사자인 원고들
앞에서 그에 대하여 변호할 기회를 주지 않은 상태에서 그를 다시금 민간
에 내어주는 것은 로마법에 어긋난다는 것이었다. 그러니 만일 속히 그에
대한 재판이 진행되기를 원한다면, 자기와 함께 가이사랴로 내려가서 그
렇게 하도록 해주겠다고 한 사실을 말했다.

그리하여 그들이 자기와 함께 가이사랴로 내려왔으므로 지체하지 않
고 바로 그 이튿날 재판정을 열고 바울을 그 자리에 데리고 나왔다고 했
다. 하지만 그를 고소한 원고인 유대인들은 자기가 짐작한 것과 같은 악한
범죄를 저지른 증거를 하나도 제시하지 않은 사실을 언급했다. 그들은 단
지 저들의 종교적인 문제와, 예수라는 사람이 죽었음에도 불구하고 바울
은 그가 살아있다고 주장하는 것에 대한 문제를 범죄로 간주하여 고발하
는 것밖에 달리 방법이 없었다는 것이다.

원고의 고소 내용을 들은 자기는 그 문제를 어떻게 심리하고 판결해야
할지 매우 어려웠다고 했다. 그래서 죄수 바울에게 예루살렘에 가서 자기
에게 심문을 받으면 어떻겠느냐고 물어보았다는 말을 했다. 물론 예루살
렘으로 올라가면 더 많은 증인과 증거들이 있을지 모른다는 생각과 더불

어 설령 거기로 간다고 해도 유대인들에게 재판을 넘기지 않고 자기가 직접 판결하리라는 마음을 먹고 있었다.

그런데 죄수 바울은 예루살렘으로 올라가면 어떻겠느냐는 자기의 요청을 거부하고 로마에 있는 황제의 법정에서 판결을 받겠다고 했다는 것이다. 로마시민권을 가진 자로서 그렇게 할 수 있는 것은 정당한 권리에 해당되는 일이었다. 그리하여 결국은 그를 로마로 보내기로 하고 그때까지 가이사랴 구치소에 가두어 두고 지키도록 명령했다는 것이다.

3. 아그립바의 관심(행25:22)

베스도 총독의 설명을 듣게 된 아그립바 왕은 죄수 바울에게 깊은 관심을 가졌다. 참된 신앙인이 아니었을 뿐더러 팔레스틴 북부 지역의 분봉왕으로 있던 그는 바울에 대한 소문을 듣지 못했던 것으로 보인다. 예루살렘으로부터 멀리 떨어진 갈릴리와 베레아는 팔레스틴 가운데 변방에 속하는 지역이었기 때문이다.

그는 아마도 예루살렘에서 일어나고 있는 여러 사건들에 대하여 소상히 알지 못하고 있던 터에 흥미로운 이야기를 듣게 되었던 것이다. 심상찮은 죄수로 지목된 그를 만나면 예루살렘에서 일어나고 있는 문제들에 대한 상당한 정보를 얻을 수 있을 것이란 생각을 했을지 모른다. 적어도 그가 죄수 바울을 만나 심문한다고 할지라도 손해 볼 일이 전혀 없었다.

그러므로 아그립바 왕은 베스도 총독에게 자기의 의사를 전했다. 자기도 그 사람의 주장을 소상히 들어보고 싶다는 것이었다. 그 말을 듣게 된 베스도는 즉각 그것을 받아들였다. 내일 그를 만나 그의 입장을 들어볼 수 있도록 배려해 주겠다는 것이었다.

사실 아그립바가 바울을 만나 그로부터 모든 이야기를 듣는다고 할지라도 변할 것은 아무것도 없었다. 그는 죄수를 직접 재판할 권한이 없었으며 설령 아무런 죄가 없을지라도 그를 훈방할 수 있는 권한이 있지도 않았다. 따라서 그가 죄수 바울을 향해 예루살렘으로 올라가도록 권면하거나 강하게 요구할 이유는 없었다. 설령 그런 식으로 당부한다고 해도 바울은 그의 말을 들을 리 만무했다.

나아가 아그립바 왕이 바울에게 황제의 직할 법정에서 재판받기 위해 로마로 가는 것을 만류한다고 해도 그가 듣지 않을 것은 뻔한 일이다. 그럼에도 불구하고 아그립바 왕은 그를 만나 구체적인 정황을 알아보기를 원했다. 그에 따라 베스도 총독은 그렇게 하도록 특별한 자리를 마련하게 되었던 것이다.

4. 아그립바 왕과 버니게 앞에 선 바울(행25:23-25)

그 이튿날 아그립바 왕과 버니게가 나름대로 크게 위엄과 격식을 갖춘 채 바울을 만나보기 위하여 접견 장소로 나아갔다. 거기에는 로마 군대의 지휘관인 천부장들을 비롯하여 성읍의 여러 요인(要人)들도 그 자리에 함께 있었다. 베스도는 그 광경을 보고 부하에게 명령하여 바울을 데리고 나오도록 했다.

그러자 죄수의 신분인 바울이 여러 사람들이 모여 있는 그곳으로 들어왔다. 총독 베스도는 아그립바 왕과 거기 있는 모든 사람들을 위해 그에 관한 상황을 설명하기 시작했다. 그곳에 있던 모든 사람들이 보는 죄수 바울은 유대지역에 있는 종교인들이 그냥 살려 두어서는 안 될 자로 지목하고 있음을 언급했다. 즉 그들은 그를 반드시 죽여야만 할 범죄자라고 생각한다고 했다. 유대인들의 주장에 의하면 그는 중범죄를 저지른 만큼 반드시 사형에 처해야 한다고 주장한다는 것이었다.

뿐만 아니라 예루살렘의 산헤드린 공회에 속한 민족 지도자들은 가이사랴의 로마 총독부까지 직접 내려와서 그를 엄하게 판결해주도록 상소한 사실을 언급했다. 바울에 대한 유대인들의 적대감은 상상을 초월할 만큼 심각한 정도였다. 따라서 그들은 바울을 반드시 죽여야 한다는 생각을 했던 것이다. 이는 바울이 사도로서 당시 기독교의 최고 지도자중 한 사람이었던 사실과 연관되어 있다.

그러므로 총독 베스도는 바울에게 중대한 범죄사실이 있는지 철저하게 수사해 봤다고 했다. 하지만 유대인들이 소송한 대로 모든 것들을 조사한 결과 그로부터 반드시 죽여야 할 범죄 사실을 발견할 수 없었다는 점을 언급했다. 이는 원칙대로 판결한다면 총독의 권한으로 그를 무죄 석방할 수도 있었다는 의미를 지니고 있다.

하지만 바울은 자신을 로마에 있는 황제 법정으로 보내달라는 호소를 했다고 말했다. 거기에는 총독부 법정에 대하여 완전한 신뢰를 할 수 없다는 점을 내포하고 있다. 이는 산헤드린 공회의 유대인 지도자들과 정치적으로 엮여져 있는 총독부가 자기에게 정당한 판결을 내릴 것으로 받아들이기 어려웠음을 말해준다. 이로 말미암아 바울은 로마행을 원했으며 총독은 로마의 황제 법정으로 그를 보내기로 작정하게 되었음을 말했다.

5. 아그립바 왕으로부터 도움을 받고자 하는 총독 베스도
(행25:26,27)

총독 베스도가 아그립바 왕으로 하여금 죄수 바울을 만나도록 주선한 것은 나름대로 특별한 목적이 있었기 때문이다. 그것은 아직 명확하게 정리되지 않은 그의 죄목을 좀 더 구체적으로 알아보기 위해서였다. 죄수를 로마의 황제 법정에 보내면서 피고인의 혐의를 분명히 규정짓는 것은 필수 사항이었다.

로마법에 저촉될 만한 범죄 사실이 전혀 없는 죄수 바울이었지만, 그의 죄목을 명확히 규정짓는 것은 매우 중요한 일이었다. 총독은 그것을 문서화하여 그와 함께 로마 법정으로 보내야만 했기 때문이다. 그래서 베스도는 아그립바 왕에게 자신의 처지를 말했다. 죄수를 로마 법정으로 이송해야 하는데 아직 그의 범죄 사실을 구체적으로 규정하기 어렵다는 사실을 토로하며 도움을 구했던 것이다.

총독으로서 죄목이 확증되지 않은 상태에서 바울을 로마로 이송하는 것은 무모한 일이 아닐 수 없었다. 그는 정확한 문서를 작성하여 죄수와 함께 그 서류를 로마로 보내야만 했다. 그리하여 아그립바 왕이 그를 직접 심문한 후 전체적인 상황을 파악하여 황제 법정에 소송을 제기할 수 있는 법적인 근거를 찾아주기를 원한다고 했다.

이처럼 총독 베스도가 아그립바 왕 앞에 바울을 특별히 세우게 된 주된 이유는 바로 그것 때문이라는 사실을 분명히 밝혔다. 죄목이 확증되지 않은 상태에서 그를 죄수로 간주하여 로마로 보낸다면 자기가 오히려 지적을 받을 수 있다는 사실을 총독 스스로 잘 알고 있었던 것이다. 따라서 이 문제에 관해서는 베스도 총독이 아그립바 왕에게 도움을 요청하는 형국이 되었다.

6. 바울 앞에 모인 악인들

베스도 총독과 아그립바 왕을 비롯한 높은 지위에 있던 많은 귀족들이 보는 앞에 아직 미결수이긴 했으나 바울은 죄수의 몸으로 서있다. 바로 그 자리에서 로마 총독과 아그립바 왕은 바울을 심문하기 전에 마치 정치적인 흥정을 하듯 긴밀한 대화를 나누고 있었다. 총독은 바울과 동일한 민족적 배경을 가지고 있는 아그립바 왕이 그의 죄목에 대하여 소상히 알아봐 주기를 원했던 것이다.

바울은 마치 중한 죄를 저지른 범인처럼 초라한 모습으로 그 자리에 서 있었다. 그는 하나님 보시기에 의로운 사람으로서 극악한 범죄행위를 저지른 적이 없었음에도 불구하고 억울한 누명을 쓰고 고통당하고 있었다. 그러나 당시 바울을 심문하며 조롱하던 자들은 한결같이 사악한 자들이었다. 로마 총독, 천부장들, 산헤드린 공회원들, 아그립바 왕, 버니게 등은 하나님을 모독하거나 그에게 저항하는 인물들이었던 것이다.

그 악한 자들이 선한 사람인 바울을 고발하고 중형을 내리기 위해 그의 범죄행위를 찾아내고자 발악했다. 더군다나 그들은 법적인 근거를 가지고 정당하게 행동한다는 생각을 가지고 있었다. 그러나 실제로는 선한 사람과 악한 사람들의 자리가 완전히 뒤바뀌어 있었다. 바울은 죄수의 자리에 서있었지만 하나님 보시기에 선한 인물이었으며, 그 악한 자들은 마치 재판관이라도 되는 양 의기양양한 모습을 보이고 있었지만 실상은 하나님을 욕보이는 추악한 죄인들에 지나지 않았다.

장차 때가 이르면 모든 것이 만천하에 밝혀지게 된다. 부활 승천하신 예수님께서 천상으로부터 재림하시는 마지막 심판날이 이르게 되면 알곡과 쭉정이가 구별되듯이 선한 사람들과 악한 사람들 사이에 영생과 영멸의 완전한 분리가 일어난다. 사도 바울은 그에 대하여 믿음에 의한 확신을 가지고 있었기에 그 고통의 순간에도 전혀 위축되지 않고 도리어 저들을 불쌍한 마음으로 대할 수 있었던 것이다.

제35장

아그립바 왕의 심문과 바울의 답변
(행26:1-32)

1. 아그립바 왕의 심문과 바울의 변호(26:1-7)

아그립바 왕은 베스도 총독을 비롯한 여러 고위층 인사들이 모인 자리에서 바울에게 말했다. 억울한 일이 있으면 자기 앞에서 호소할 기회를 주겠다는 것이었다. 이는 바울로 하여금 재판권을 가진 권위 있는 높은 사람들이 보는 가운데서 부당하게 당하는 저의 형편을 변호할 수 있는 기회를 주겠다는 의미가 내포되어 있다. 물론 아그립바는 바울을 진정으로 위한다기보다 총독에게 자신의 역할을 돋보이게 하려는 성격이 짙었다.

바울은 아그립바 왕이 허락하는 말을 듣고 손을 들어 자기의 입장을 변호하기 시작했다. 그는 먼저 부당한 의도를 가진 유대인들이 무고한 자기를 고발하고 있으므로 이제 그 모든 내용들이 모함이란 사실을 밝힐 수 있게 된 점을 다행으로 여긴다는 것이었다. 지금까지 기회가 주어질 때마다 줄곧 그렇게 주장해 왔으나 번번이 인정받지 못했음을 강조했다.

그러므로 유대인들의 일반적인 모든 풍속과 종교적인 문제를 잘 알고 있을 것이 분명한 아그립바 왕은 자신의 말을 충분히 이해하게 되리란 사실을 언급했다. 유대인들에 대하여 속속들이 아는 왕이 자기의 합당한 변호를 너그럽게 들어봐 주기를 바란다고 했다. 즉 그가 객관성 있게 자기의 말을 들어주면 고맙겠다는 것이었다.

바울은 먼저 그동안 살아온 자신의 과거 생활에 관한 언급을 했다. 그는 처음부터 자기 민족인 유대인들과 더불어 예루살렘에서 젊은 시절을 어떻게 보내며 생활했는지에 대하여 말했다. 그 모든 상황을 주의 깊게 파악한다면 자기를 모함하기 위해 온갖 노력을 다하는 유대인들의 모략을 쉽게 알 수 있으리라는 것이었다. 즉 그들이 지나간 과거의 모든 삶을 잘 알고 있으므로 증언하려 마음먹으면 자기가 유대교의 가장 엄격한 종파인 바리새인들의 생활을 한 것도 언급할 수 있다고 말했다.

이는 유대인들이 자기를 종교적으로 질투한 결과로 말미암아 극악한 죄인으로 몰아부치고 있음을 언급하는 것과 같다. 즉 지금도 자기가 그 자리에서 심문을 받는 것은 하나님께서 조상들에게 약속하신 것을 믿고 바라기 때문이라는 사실을 말하고 있다. 그 약속은 이스라엘 열두 지파가 밤낮으로 하나님을 간절히 받들어 섬김으로써 소유하기를 바라는 것이라고 말했다. 즉 바울은 자기가 가진 하나님에 대한 신앙이 유대인들의 관점에서도 전혀 문제될 것이 없다는 것이었다.

그럼에도 불구하고 자기는 억울한 누명을 쓰고 있음을 말했다. 단지 성경에 기록된 약속을 믿고 그에 연관된 소망을 가지고 있다는 이유로 산헤드린 공회와 유대인들로부터 고소를 당하고 있다는 것이다. 이는 유대인들의 고소가 범죄를 입증할 만한 아무런 법적인 근거가 없을 뿐 아니라 그들의 모든 주장은 근거 없는 모함에 지나지 않는다는 점을 강조하고 있다. 따라서 아그립바 왕은 자기가 하는 모든 말을 들어보게 되면 전후 상황을 잘 이해할 수 있으리라고 말했던 것이다.

2. 바울의 고백적 진술

(1) 예수 그리스도의 부활과 교회 박멸에 앞장섰던 지난날 고백(행 26:8-12)

바울은 종교적인 이념으로 하나님과 성경을 믿는다고 주장하는 유대인들이 전능하신 하나님께서 죽은 사람을 살릴 수 있다는 사실 자체를 마치 못 믿을 것처럼 여기는데 대한 의구심을 드러내 보이고 있다. 이는 예수 그리스도가 십자가 처형을 당한 뒤 사흘 만에 부활한 사실에 연관된 언급이다. 피조물인 인간들에게는 그것이 불가능한 일임에 틀림없지만 조물주이신 하나님께는 아무것도 아니라는 것이었다.

바울은 자기도 그전에는 그 역사적 사실을 받아들이지 않았음을 언급했다. 따라서 죽은 자를 살린다고 주장하는 기독교인들을 인정할 수 없다는 것이다. 그리하여 나사렛 예수의 이름을 대적하면서, 그가 부활했다며 추종하는 자들을 박멸하기 위해 열심을 다하는 삶을 살았음을 말했다. 그는 교회를 박해하기 위해 이스라엘 지경 내부뿐 아니라 멀리 외국에까지 원정을 가서 그 일을 수행한 사실을 언급했다.

그는 예루살렘에서 기독교인들을 심하게 박해함으로써 산헤드린 공회 지도자들로부터 충성도를 인정받았음을 말했다. 그리하여 대제사장들에 의하여 기독교인들을 박해할 수 있는 막강한 권한을 위임받아 수많은 성도들을 감옥에 가둔 사실을 언급했다. 그리고 그들 가운데 독실한 교인들을 사형에 처할 때 자기도 찬성하는 투표를 한 사실을 말했다. 스데반을 죽일 때도 그는 적극적으로 그에 가담했다.

또한 흩어져 있는 여러 회당들을 찾아다니며 예수를 믿고 고백하는 자들을 찾아 형벌하는 일에 앞장선 사실을 언급했다. 뿐만 아니라 저들로 하여금 강제로 예수 그리스도를 모독하는 말을 하도록 강요했음을 밝혔다. 그렇게 함으로써 독실한 기독교인들을 찾아내기 위해 애썼다는 것이었다.

그 과정에서 자기에게 불복하는 자들이 있으면 견디기 어려운 무서운 박해를 가했다는 것이다.

　나아가 예수를 그리스도로 믿는 자들에게 심히 격분하여 이웃나라까지 방문하여 박해하는 열정을 가졌음을 밝혔다. 이는 기독교를 박멸하는 것이 자신에게 주어진 사명인 양 여겼음을 말해주고 있다. 그리하여 산헤드린 공회로부터 권한을 위임받아 다메섹으로 가게 되었던 것이다. 복음을 알기 전의 바울은 그런 신앙을 가진 기독교인들이 거룩한 하나님을 대적하는 것으로 판단하고 있었기 때문이었다.

(2) 예수 그리스도를 만난 사실 고백(행26:13-18)

　바울은 그런 삶을 살아가던 중 예수 그리스도를 직접 만난 사실에 대한 간증을 했다. 교회를 박해하기 위해 다메섹으로 가던 도중 정오가 되었을 때 하늘로부터 태양보다 더 밝은 빛이 내려와 자기뿐 아니라 함께 동행하던 자들을 둘러 비추었음을 말했다. 그 빛은 태양으로 말미암은 자연적인 빛과는 전혀 다른 성질을 지니고 있었다.

　그 강렬한 빛으로 말미암아 거기 함께 있던 모든 사람들이 땅에 엎드러졌다고 했다. 그것은 보통 사람들이 경험할 수 없는 두려운 성격을 지니고 있었음을 말해준다. 그때 하늘로부터 히브리말로 자기를 부르는 음성을 들었음을 말했다. 그 소리는 자기에게, "사울아 사울아 네가 어찌하여 나를 박해하느냐 가시로 된 채찍을 발길질하면 너만 다칠 뿐이다"라고 했다는 것이었다.

　그 놀라운 음성을 듣게 된 바울이 말씀하시는 자를 향해 누구신지 물어보았을 때 그분은 자기로 말미암아 박해받고 있는 예수라고 답변했다고 했다. 그런데 바울은 그동안 예수님을 직접 박해한 적이 한 번도 없었다. 그는 예수님을 사로잡거나 그에게 매질한 적이 없었기 때문이다. 그럼에도 불구하고 예수님께서 그렇게 말씀하셨던 것은 그가 교회와 자신을 동일시하고 있음을 말해주고 있다. 즉 그리스도께 속한 백성을 박해하는 행위는 곧 그리스도를 박해하는 것과 마찬가지였던 것이다.

우리는 이 말씀 가운데서 매우 중요한 교훈을 얻을 수 있어야만 한다. 그것은 하나님을 사랑하고 예수님을 사랑한다는 진정한 의미가 무엇인가를 밝혀주는 근본 내용과 밀접하게 연관되어 있기 때문이다. 신앙이 어린 사람들은 하나님과 예수님을 사랑하는 것을 막연한 관념으로 생각한다. 즉 하나님을 사랑하고 예수님을 사랑한다는 관념적인 종교인식이 곧 사랑의 증거인 양 여기고 있는 것이다.

한편 사람들 가운데는 종교적인 활동을 열심히 하고 이웃을 위해 열성적으로 봉사하는 것이 곧 하나님을 사랑하는 표현이라고 착각한다. 또 다른 어떤 사람들은 열심히 기도하고 목청을 높여 찬송가를 부르거나 성실한 연보생활을 하는 것이 곧 하나님을 사랑하는 방편이 되는 듯이 생각하기도 한다. 하지만 우리는 그런 종교적인 성향을 두고 하나님을 진정으로 사랑하는 것으로 보지 않는다.

하나님에 대한 진정한 사랑은, 예수님께서 바울에게 하신 말씀을 통해 보여주신 것처럼 그의 몸된 교회에 속한 성도들을 구체적으로 사랑하는 마음을 가질 때 비로소 그것이 하나님을 사랑하는 것에 대한 증거가 될 수 있다. 즉 바울이 교회에 속한 성도들을 핍박할 때 주님께서 직접 핍박을 당하신 것으로 말씀하셨듯이, 그 성도들을 진정으로 사랑할 때 곧 주님을 진정으로 사랑하는 것이 된다.

바울은 다메섹 도상에서 이에 연관된 예수님의 말씀을 듣고 당황스런 처지에 놓이게 되었다. 그때 위로부터 그는 자리에서 일어나 두발로 일어서라는 음성을 들었다고 했다. 그와 더불어 예수님께서 바울에게 직접 나타나신 목적은 그가 보고 경험한 모든 일과 장차 나타날 일들을 증거하는 사환과 증인으로 삼기 위해서라는 것이었다.

그리고 이스라엘과 이방인들로부터 저를 구원하시고 나서 다시금 그 백성에게 보내 눈을 뜨게 함으로써 어둠에서 빛으로, 사탄의 권세에서 하나님께로 돌아오게 하여 죄 사함과 자기를 믿어 거룩하게 된 무리 가운데서 영원한 상속을 얻게 되리라고 했다는 것이다. 그것은 지금 결박된 채 저들 앞에 서 있는 자기를 제외한 권세를 가진 모든 사람들은 앞을 보지 못하는 영적인 장님으로서 어둠에 갇혀 있으며 사탄의 권세 아래 놓여있다는 사실을 선포하는 의미를 지니고 있다.

(3) 거스를 수 없는 하나님의 말씀(행26:19-23)

바울은 그에 관한 모든 사실을 언급하면서 아그립바 왕에게 자기의 입장을 숨김없이 그대로 밝혔다. 자기는 하나님께서 보여주신 모든 일들을 직접 보고 경험하였으므로 그에 관련된 내용과 그의 뜻을 거스를 수 없었다고 했다. 그리하여 먼저 다메섹과 예루살렘에 살고 있는 사람들과 유대 온 땅뿐 아니라 멀리 이방인들에게까지 회개하고 하나님께로 돌아와서 회개에 합당한 열매를 맺으라고 전했음을 말했다.

바울은 자기가 처신한 모든 행동은 하나님의 뜻에 합한 지극히 합당한 권고였다고 했다. 그럼에도 불구하고 배도에 빠진 유대주의자들은 거룩한 성전에서 자기를 불법으로 체포하여 죽이려고 했다는 것이다. 그러나 하나님께서 자기를 지켜 보호해 주신 사실을 언급했다. 따라서 그는 지금까지 생명을 부지한 채 높고 낮은 신분에 관계없이 모든 사람들 앞에서 그리스도에 대하여 증언할 수 있게 되었다고 말했다.

그러므로 자기가 전하고 있는 복음은 구약성경에서 모세와 선지자들이 장차 반드시 이루어지리라고 예언한 내용과 동일하다는 사실을 언급했다. 그것은 예수 그리스도가 인간의 몸을 입고 이땅에 와서 고난 받으시리라는 사실과 더불어 그가 죽은 자들 가운데서 먼저 부활하여 이스라엘과 이방인들에게 참 빛을 전하시리라고 예언한 말씀의 성취라고 했다. 즉 그것은 성경에 기록된 약속의 말씀에 직접 연관되어 있다는 것이었다.

3. 성급한 베스도 총독과 아그립바 왕의 반응에 대한 바울의 입장 (행26:24-29)

바울이 유대인들뿐 아니라 로마제국의 여러 고위층 인사들이 모인 가운데 주눅이 들지 않았을 뿐 아니라 전혀 반성하는 모습을 보이지 않은 채 당당하게 자신을 변호하는 것을 목격한 베스도 총독이 큰소리로 외쳤다. '바울아 네가 미쳤도다 네 많은 학문이 너를 미치게 한다'(행26:24)고 책망했던 것이다. 그와 같은 자리에서는 논리적인 자기변호보다는 겸손한 자세를 취함으로써 동정심을 얻어내는 것이 더 중요하다는 의미가 내포되어 있었다.

그 말을 듣게 된 바울은 총독을 향해 자기가 결코 미치지 않았으며, 참되고 온전한 말을 하고 있다고 대응했다. 그러면서 아그립바 왕을 향하여 그는 유대인의 왕으로서 그에 관한 전반적인 의미들을 알고 있을 것이므로 담대히 말한다고 했다. 아그립바 왕은 이미 자기가 말하고 있는 모든 내용에 대한 사실을 자세히 알 것이 분명하다는 것이다. 즉 구약성경을 믿는다면 자기가 진술하고 있는 내용을 받아들일 수 있으리라는 것이었다.

바울은 그 자리에서 아그립바 왕에게 그리스도의 복음을 증거하여 전하고자 했다. 유대인들이 거부하는 예수 그리스도의 지상 사역은 성경에 이미 예언된 내용임을 기억하라고 말했다. 즉 그것은 우연히 일어나거나 갑작스럽게 발생한 문제가 아니라는 것이었다.

그러므로 바울은 지금 자기가 언급하고 있는 그리스도의 모든 이적과 죽음, 부활, 승천 사건은 아무도 보지 않는 한 쪽 구석에서 비밀리에 일어난 것이 아니라 많은 사람들이 보는 앞에서 행하여지지 않았느냐고 반문했다. 그러면서 아그립바 왕에게 성경에서 예언한 선지자들을 믿느냐고 다그치면서 당연히 믿을 줄 안다고 강조했다. 이는 유대인으로서 구약성경에 기록된 선지자의 예언을 믿지 않는 자는 아무도 없다는 의미를 지니고 있다.

바울로부터 그 말을 듣게 된 아그립바 왕은 그를 향하여 말했다. 그가 몇 마디 말로써 자기를 권하여 그리스도인이 되게 하려한다는 것이었다. 그러자 바울은 그것은 말수가 많고 적음이 문제가 아니라 아그립바 왕뿐 아니라 거기 모여 있는 모든 사람들이 자기처럼 결박된 것 이외에는 자기 와 같은 참된 믿음을 가지게 되기를 원한다고 했다.

4. 혐의를 벗은 미결수 바울(행26:30-32)

바울로부터 모든 진술을 듣고 난 후 아그립바 왕과 버니게, 그리고 베 스도 총독을 비롯한 많은 사람들이 자리에서 일어났다. 그러면서 저들이 가진 일치된 견해는 그가 사형을 당할 만큼 흉악한 죄를 저지른 것이 아닐 뿐더러 결박당할 정도의 범죄행위를 한 것도 아니라는 것이었다. 이로써 바울은 거기 모인 사람들에 의해서 일단 혐의를 벗는 형국이 되었다.

그런데 문제는 그들이 바울을 무죄라고 입증할만한 기본적인 자격을 갖추고 있지 않았다는 사실이다. 그들은 형식상 바울에게 극악한 범죄 행 위가 없었음을 확인했으나 그것은 세상적인 판단 기준에 지나지 않았다. 즉 그들은 하나님과 성경을 기준으로 해석한 것이 아니라 타락한 인간적 인 판단에 근거하고 있었기 때문이다.

그와 같은 태도는 도리어 저들의 오만함을 드러내고 있을 따름이었다. 그들은 하나님 보시기에 간악한 죄인들이면서 죄 없는 의인 행세를 하며 바울의 무죄를 판정했던 것이다. 즉 그들은 바울의 죄를 논할 만한 아무런 자격이 없음에도 불구하고 정당한 판단자라도 되는 양 행동함으로써 도리 어 저들의 오만함을 드러냈던 것이다.

어쨌거나 바울은 아그립바 왕과 베스도 총독을 비롯한 지도자들에 의 해 혐의를 벗었으나 그 자리에서 즉시 석방될 수 없었다. 이미 그는 로마로 가서 황제 법정에서 재판을 받기 위해 상소한 상태였으며, 가이사랴의 총독부 법정에서는 그에 대한 최종판결이 내려진 형편이었기 때문이다. 따라서 아그립바 왕은 총독 베스도를 향해 그가 만일 황제에게 상소하지 않았더라면 무죄 석방될 수 있을 뻔 했다는 자기 견해를 분명히 밝혔다.

아마도 베스도 총독은 바울을 황제 법정이 있는 로마로 이송하면서 그의 구체적인 죄목들을 나열하는 대신 유대인들의 내부 갈등으로 인해 발생한 종교적인 사건으로 보고 문서를 작성해 보냈을 것이다. 그리고 그를 로마로 보내게 된 까닭은 그가 로마시민권자로서 황제 법정에 서기를 원하여 상소했기 때문에 부득불 보내게 된 사실을 언급했을 것으로 보인다. 이렇게 하여 사도 바울은 로마로 가게 되었던 것이다.

제13부

바울의 험난한 여행과 로마 셋집 연금

제36장

로마로 압송되는 바울의 험난한 여정

(행27:1-44)

1. 로마로 압송되는 바울과 선박의 출항(행27:1-5)

로마의 황제 법정에 상소한 바울은 배를 타고 이탈리아로 가도록 결정되었다. 선박과 출항 시간이 확정되자 바울을 비롯한 몇 사람의 죄수들을 로마까지 압송하는 호송책임 지휘관으로서 로마 군대의 아구스도 부대(Augustus' band)의 백부장 율리오(Julius)가 임명되었다. 그들을 태운 선박은 아시아 해변의 여러 도시들을 방문하며 항해하는 무시아 지역에 위치한 아드라뭇데노(Adramyttium)에 선적을 둔 배였다.

그 배는 다양한 화물들을 실어 운송하기도 하고 동시에 승객을 태워각 지역의 항구 도시들을 차례로 방문했다. 로마제국의 공무를 맡은 병사들과 죄수들이 탄 그 배에는 일반 승객들을 비롯하여 바울의 친구 몇 사람도 동승했다. 그리하여 마게도니아 지역의 데살로니가 출신인 아리스다고(Aristarchus)와 누가(Luke)도 함께 타게 되었다.

우리의 입장에서 볼 때 그 배에 타고 있는 사람들 가운데 중심인물은 바울이었다. 그는 특별히 하나님의 섭리 가운데 움직이고 있었기 때문이다. 바울은 이제 그토록 가보고자 했던 로마로 가는 긴 여정에 오르게 되었다(행19:21; 23:11; 롬1:15, 참조). 그때 그는 두렵거나 고생스럽다는 생각보다 감격스러운 마음을 가지고 있었을 것이다. 하지만 그 배에 타고 있던 대다수 사람들은 그에 관해 전혀 알지 못하고 있었다.

가이사랴 항구를 출항한 배는 그 이튿날 시돈에 도착해 정박하게 되었다. 그때 죄수들에 대한 인솔 책임자인 율리오는 미결수인 바울에게 각별한 친절을 베풀어 주었다. 그로 하여금 배에서 내려 시돈에 있는 여러 친구들을 만나 교제하며 접대를 받을 수 있도록 배려했기 때문이다. 그는 항해하는 도중이나 여러 형제들을 만날 때 하나님의 특별한 섭리와 경륜을 마음에 새겼을 것이 분명하다.

그후 배가 시돈을 출항해 바다 가운데로 나갔을 때 갑작스런 맞바람을 만나게 되었다. 배를 운항하는 선원들은 세찬 풍랑을 피하여 구브로(Cyprus) 해안을 끼고 안전한 바닷길로 항해했다. 그리하여 배는 길리기아와 밤빌리아 바다를 건너 루기아와 무라(Myra) 시에 안전하게 도착할 수 있었다. 그 항구는 에게해를 끼고 소아시아 지역으로 가는 항로와 서쪽으로 이탈리아나 그레데 섬 지역으로 가는 항로의 갈림길 역할을 했다. 따라서 동부 에게해 연안의 도시나 섬으로 가는 승객들은 그냥 배에 남았으며 이탈리아 지역으로 가는 승객들은 거기서 하선해 배를 갈아타야만 했다.

2. 순탄치 않은 항해와 바울의 예언(행27:6-11)

바울을 비롯한 죄수들을 로마까지 압송하는 책임을 맡은 백부장 율리오는 무라(Myra)에서 이탈리아로 가고자하는 알렉산드리아 선적의 배를 만났다. 그리하여 백부장의 명령에 따라 바울과 죄수들은 그 배에 올랐다.

그리고 아리스다고를 비롯해 이탈리아로 가려는 다른 승객들도 그 배에 탔다.

배가 소아시아 지역 남쪽 해안의 항구도시 무라를 떠나 출항했지만 풍랑이 강하게 일어 제 속도로 운항할 수 없었다. 결국 여러 날 만에 간신히 소아시아 서남부에 위치한 니도(Cnidus) 앞바다에 이르게 되었다. 하지만 배는 심한 풍랑으로 인해 그 항구에 안전하게 들어가지 못해 정박하지 못했다.

결국 그 배는 살모네(Salmone) 앞으로 밀려 지나가면서 그레데(Crete) 해안을 바람막이 삼아 항해하게 되었다. 그레데 섬 동남부 연안을 지나 간신히 '아름다운 항구'란 의미를 지닌 미항(Fair Havens)에 도착하게 되었다. 그 항구는 라새아 시(the town of Lasea)로부터 그리 멀지 않은 곳에 위치하고 있었다.[75]

바울은 당시 항해하기에 적합하지 않은 기후적 악조건에 따른 상황을 정확하게 파악하고 있었다. 그때는 금식하는 절기가 지난 시기였으므로 항해하기에 위태롭다는 점을 미리 알고 있었던 것이다. 지중해는 날씨가 추워지기 시작하면 세찬 바람과 높은 파도가 일어 항해가 쉽지 않았다.

그에 반해 선장과 선주는 그점을 모르는 바 아니었지만 무리해서라도 항해를 계속하려고 했다. 미항은 겨울철을 장기간 머물며 정박하기에 적합하지 않다고 판단했던 것이다. 그들이 그와 같은 판단을 하게 된 데는 아마도 경제적인 요인을 비롯한 복잡한 여러 형편이 중첩되어 있었기 때문이었을 것이다.

---

75) 사도 바울은 디도에게 보내는 편지에서 디도를 그레데에 떨어뜨려 둔 사실에 대한 언급을 하고 있다(딛1:5). 이 말은 바울이 디도와 함께 그레데 섬에 방문한 적이 있었음을 의미하고 있다. 그런데 바울의 여정 가운데서는 평상적인 복음전파 활동을 하던 중 그에게 그런 기회가 주어질 만한 시기를 잡기 어렵다. 따라서 우리가 짐작해 볼 수 있는 점은 바울이 죄수의 몸으로 로마로 호송되어 가던 도중 디도를 그레데 섬에 내리게 했을 가능성이다.

하지만 항해를 단념하는 것이 옳다는 바울의 생각은 강력했다. 그런 악천후 가운데서 출항을 시도하는 것은 무리라는 것이었다. 따라서 바울은 만일 저들이 항해를 시도하게 된다면 배에 실은 화물뿐 아니라 선박 자체가 심각한 타격을 입게 될 것이라고 했다. 나아가 선장과 선원들을 비롯한 승객의 생명에도 상당한 손실이 오게 될지 모른다고 말했다.

당시 그 배는 죄수 호송이라는 로마제국의 중요한 임무를 부여받고 있었으므로 백부장 율리오가 출항 여부를 결정할 수 있는 최종 권위를 가지고 있었다. 그런데 백부장은 선장과 선주의 말을 듣고 항해를 계속하고자 했다. 그의 입장에서는 민간인인 바울의 말보다 전문가인 선장의 말을 듣는 것이 지극히 당연한 일이었을 수 있었다.

그에 반해 바울은 선박 운항에 익숙한 뱃사람이 아니라 로마로 압송되어가는 한 사람의 죄수에 지나지 않았다. 따라서 로마군의 장교가 바울의 말을 듣지 않고 노련한 선장과 선주의 말을 듣는 것은 전혀 이상하지 않은 일이었다. 선장과 선주는 바다에서 배를 운항하는 사람들이기 때문에 많은 경험과 더불어 상황 판단을 가장 정확하게 하고 있을 것이 분명했기 때문이다. 하지만 하나님으로 말미암아 허락된 바울의 판단이 정확한 것이었음이 나중에야 드러나게 되었다.

3. 그레데 섬에서 바닷길을 헤매는 선박(행27:12-19)

미항(美港)은 겨울을 지내기에 적당하지 않다는 선장과 선주의 판단에 동조하는 자들이 많았다. 그에 따라 그곳을 떠나 뵈닉스(Phoenit)로 이동하여 그곳에서 겨울을 나고자 하게 되었다. 원래 그 배는 그레데에 정박할 계획이 없었던 것으로 보인다. 이탈리아의 여러 항구들이 그 배가 향한 행선지였기 때문이었다.

그 배가 가고자 한 뵈닉스는 그레데 섬의 남쪽에 위치한 지정상 매우 안전한 항구도시였다. 항구의 한 쪽은 서남쪽을 향하고 있었으며 다른 한 쪽은 서북쪽을 향하고 있었다. 이는 그곳이 바람을 피하기 좋은 천혜의 항구였음을 말해주고 있다. 갑작스런 위기를 만난 배로서는 그 항구가 가장 안전한 곳으로 여겨졌을 것이 분명하다.

그리하여 남풍이 순하게 불어오자 적절한 시기라 판단한 선장은 바다에 드리워진 닻을 감아 올리고 그레데 남쪽 해안을 끼고 항해를 시작했다. 하지만 그들을 태운 배가 얼마 가지 못한 싯점에 섬 가운데로부터 유라굴로(Euraquilo)라는 광풍(狂風)이 크게 일어났다. 그렇게 되자 배는 바람에 맞춰 목적지를 향해 항해하기 어렵게 되었다.

결국 배는 앞으로 나아가고자 하는 방향을 잡지 못한 채 바람이 부는 대로 이리저리 쫓겨 바다 위에 떠다닐 수밖에 없었다. 그러던 중 가우다(Cauda)라는 작은 섬 아래로 지나 간신히 거룻배(lifeboat)를 바로 잡을 수 있었다. 그것을 끌어올리고 밧줄을 가지고 파선을 막기 위해 선체를 둘러 감았다. 그리고는 스르디스(Syrtis) 즉 모래톱에 걸릴까 두려워하여 더 이상 다른 방법을 쓰지 못하고 방향을 잡아주는 돛(sea anchor)을 내린 채 배는 바람에 떠밀려 다니게 되었다.

결국 심한 풍랑으로 인해 더욱 어려운 지경에 빠지게 되자 선원들은 그 이튿날 배에 싣고 있던 짐들을 바다에 풀어 버렸다. 그리고 사흘 째 되는 날에는 배의 장비들마저 그들의 손으로 바다에 내버릴 수밖에 없게 되었다. 성난 파도로 인해 배를 조금이라도 가볍게 만들기 위해 모든 것을 버려야만 했던 것이다.

4. 불안한 죽음의 그림자와 바울에게 주어진 하나님의 말씀
(행27:20-26)

선장과 선원들뿐 아니라 바울을 비롯한 죄수들 및 그들을 호송하는 백부장과 군인들 그리고 여러 승객들을 태운 선박은 지중해 바다 위를 헤매게 되었다. 거센 파도 앞에서는 속수무책이었다. 여러 날 동안 낮에 해가 보이지 않고 밤에 별들도 보이지 않은 험악한 기후 조건 가운데 무서운 풍랑만 거세게 일었을 따름이었다. 그런 상태에서는 생명을 구할 수 있는 소망마저 완전히 끊어질 수밖에 없었다.

배에 탄 모든 사람들은 엄청난 자연 현상을 경험하며 이리저리 떠돌아다니게 되었다. 그들은 두려운 상황 가운데 오랫동안 음식을 제대로 먹지 못했다. 그것은 배에 싣고 있는 양식이 부족했기 때문이기도 하거니와 심한 배멀미로 인해 음식을 삼켜 소화시킬 만한 형편이 되지 못했기 때문이었을 것이다. 이는 저들에게 생존에 대한 아무런 희망이 보이지 않았음을 말해주고 있다.

그때 사도 바울이 절망에 빠진 많은 사람들 앞에서 일어나 큰 소리로 외쳤다. 그는 먼저 앞서 배가 미항에 정박했을 때 자기의 말대로 그곳을 떠나 출항하지 않았더라면 좋았으리라는 사실을 언급했다. 만일 그렇게 했으면 그들이 그와 같은 엄청난 타격과 손상을 입지 않았으리라는 것이었다.

그러면서 이제는 안심해도 좋다는 언급을 했다. 배에 타고 있는 사람들 가운데 아무도 생명을 잃지 않고 모두 구조되리라는 것이었다. 아직 심각한 풍랑의 위기에 그대로 노출된 상태에서 바울이 한 그 말은 사람들에게 신빙성 있는 말로 들리지 않았을 것이 틀림없다. 하지만 그는 자기의 말을 계속하면서 비록 사람들의 생명은 보존될지라도 저들이 타고 있는 배는 파선을 면치 못하리라고 말했다. 그것은 실상 선주와 선장 및 선원들에게는 엄청난 손실이 아닐 수 없었다.

바울은 배에 탄 사람들이 그 말을 받아들이거나 말거나 자기가 믿는 하나님께서 지난 밤 사자를 보내 자기에게 예언의 말씀을 주셨음을 언급했다. 하나님의 사자는 바울에게 생명을 잃을까 염려하지 말라고 했다는 것이었다. 이는 그가 반드시 가이사의 법정에 서야 할 것이었기 때문이다.

바울은 그와 더불어 하나님께서 그 배에 승선하고 있는 모든 사람들을 자기에게 맡기겠다고 말씀하셨다고 했다(행27:24). 또한 절망에 빠진 사람들을 향해 자기에게 말씀하신 하나님은 믿을 만한 신이기 때문에 안심해도 좋다는 말을 덧붙였다. 따라서 그 배가 반드시 한 섬에 걸리게 되리라고 말했다.

5. 구출의 여명과 멜리데(Malta) 섬 상륙(행27:27-44)

바울과 여러 죄수들을 비롯한 승객을 태운 배는 무려 두 주간 동안이나 아드리아 바다(the Adriatic Sea) 가운데서 방향을 잃은 채 이리저리 표류했다. 노련한 뱃사람인 선장과 선원들조차 아무 것도 할 수 없었다. 열나흘째 되는 날 밤 자정쯤 되어 선원들은 배가 어느 육지에 가까워진다는 사실을 직감적으로 느낄 수 있었다. 그리하여 물길을 재어보니 스무 길이 되고 조금 후에 다시 재어보니 열다섯 길이 되었다.[76]

선원들은 배가 암초에 걸릴까 우려하여 배 뒷부분에서 닻 넷을 내리고 날이 새기를 기다렸다. 하지만 그들은 배에 탄 승객들을 구출할 마음을 먹은 것이 아니라 아무도 모르게 탈출할 궁리를 하고 있었다. 따라서 날이 밝아지기 전에 선원들은 배로부터 도망치기 위해 뱃머리에서 닻을 내리는 체 하면서 거룻배를 바다에 내려놓았다. 선원들은 저들에게 돌아오게 될 책임이 두려워서라도 탈출하고 싶었을 것이다.

---

76) "They took soundings and found that the water was a hundred and twenty feet deep. A short time later they took soundings again and found it was ninety feet deep"(NIV); "And sounded, and found it twenty fathoms: and when they had gone a little further, they sounded again, and found it fifteen fathoms"(KJV); "수심을 재어 보니 약 37미터였고 좀 더 가서 다시 재어 보니 약 28미터였다"(현대인의 성경).

그 사실을 가장 먼저 눈치 챈 사람은 바울이었다. 그리하여 그는 자기를 비롯한 죄수들을 로마로 압송하는 책임자인 백부장과 병사들에게 그 사실을 알렸다. 선원들이 배에 남아 있지 않고 탈출해 버리게 되면 나머지 모든 승객들은 구조될 수 없으리란 사실을 언급했다. 그 말을 들은 병사들은 거룻줄을 끊어 떼내 버렸다. 그렇게 되어 선원들은 거룻배를 타고 탈출할 수 없게 되었다.

그런 중에 점차 날이 밝아지자 바울은 여러 사람들에게 음식을 먹도록 권했다. 표류하는 배에 탄 사람들이 배가 어딘가에 당도하기를 바라며 먹지도 못하고 굶은 지가 무려 열나흘이 되었으니 이제 음식을 먹을 때가 되었다는 사실을 말했다. 조만간 저들이 구조될 때 힘을 비축하려면 그렇게 해야 한다고 하면서 저들 가운데 머리카락 하나도 다칠 사람이 없으리라고 했다. 바울은 그리고 나서 떡을 가지고 모든 사람들 앞에서 축사한 후[77] 떼어 나누어주자 그들이 안심하고 받아먹었다.

이리하여 죄수인 바울이 마치 배에 탄 모든 사람들의 지도자처럼 행세하게 되었다. 이는 앞에서(행27:24) 하나님께서 항해하는 모든 사람들을 저에게 맡기시리라고 하신 말씀이 응한 것으로 이해할 수 있다. 그리하여 이백칠십육(276) 명이나 되는 배에 탄 모든 사람들이 구조를 받게 되었다.

배에 탄 사람들은 오랜만에 배불리 먹고 나서 남은 식량을 바다에 버렸다. 이는 배를 조금이나마 가볍게 하기 위해서였다. 그렇게 하여 날이 밝아지자 어느 땅인지 알 수 없는 경사진 해안으로 된 육지가 눈에 들어왔다. 그곳은 배가 안전하게 정박할 수 있는 시설이 갖추어진 항구가 아니라

[77] 여기서 바울이 여러 사람들 앞에서 '축사했다'는 말은 하나님께 '감사 기도를 드렸다'(gave thanks to God)는 의미를 지니고 있다. 하지만 이는 바울을 비롯하여 거기 있는 하나님의 자녀들이 하나님께 감사드린 것일 뿐 모든 사람들이 그 감사 기도에 참여했다는 의미로 볼 수 없다. 바울은 자기가 감당해야 할 바를 행했을 따름이다.

어딘지 모르는 척박한 땅이었다.

그럼에도 불구하고 두 주간 동안이나 배 위에서 끔찍한 사경을 헤맨 사람들에게는 그곳이 커다란 소망의 땅이었을 것이 분명하다. 그리하여 선원들은 배를 거기에 접안할 수 있는지 의논한 후 닻을 끊어 바다에 버리는 동시에 키를 풀어 늦추었다. 그리고는 돛을 달고 바람이 부는 방향에 맞추어 해안을 향하여 들어가기 시작했다.

하지만 배가 두 물살이 합쳐져 흐르는 곳에 말려들어 모래톱에 얹혀 버리게 되었다. 그러자 뱃머리는 움직이지 않고 배 뒷부분은 사나운 파도에 의해 속수무책으로 깨어져 나가기 시작했다. 그 광경을 지켜본 병사들 가운데는 죄수들이 헤엄쳐서 도망칠까 우려하여 차라리 그들을 죽여 버리는 것이 나을 것이라 판단하는 자들이 생겨나기에 이르렀다. 죄수들이 도망치게 되어 놓치는 것보다는 특수한 형편으로 인해 죽이는 편이 오히려 책임을 감할 수 있다고 생각했던 것이다.

그러나 백부장은 저들의 주장을 일거에 거절했다. 그는 다른 죄수들은 죽이고 바울만 살려두는 것이 합당하지 않다는 판단과 더불어 바울은 반드시 살려야 한다고 생각했기 때문이다. 아마도 그는 힘든 항해를 하는 동안 바울의 신앙적인 인품을 받아들이고 있었다. 결국 백부장은 헤엄을 칠 줄 아는 사람들에게 먼저 물에 뛰어 내려 육지에 나가도록 명령했다. 그리고 그 남은 사람들은 널조각이나 배에 남은 물건을 의지하여 육지로 나가게 했다.

이렇게 해서 모든 사람들이 섬에 상륙하여 구조받게 되었다. 하나님께서 사자를 보내 바울에게 하신 말씀대로 이루어진 것이다. 즉 풍랑으로 인해 배는 파선했으나 사람들의 생명은 하나도 잃지 않았다(행27:22). 거센 풍랑 가운데서 모든 사람들이 깊은 절망에 빠져 있었지만 하나님께서 저들을 구출해 주셨던 것이다.

6. 모든 사람의 구출과 극단적 상황에 처한 인간들의 본성

(행27:44)

하나님께서는 무서운 풍랑이 몰아치는 바다 가운데서 극한 위기에 빠진 모든 사람들을 구출하시고자 하셨다. 그 사실을 바울에게 미리 알려 주셨다(행27:22). 바울은 그에 관한 사실을 공개적으로 언급했지만 그것을 그대로 믿는 자들은 아무도 없었다. 단지 바울을 비롯한 하나님의 자녀들만 그 약속을 받아들였을 따름이다.

그러므로 오랜 고생 후 어딘지 알 수 없는 육지를 발견하게 되었을 때 사람들은 제각기 제 살길을 찾아 나섰다. 즉 다른 사람들의 생명에 대해서는 아랑곳하지 않았다. 뿐만 아니라 자기가 살아남기 위하여 다른 사람들을 죽음에 내어주는 것이 더 현명한 판단이란 생각을 하게 되었다.

배에 타고 있던 선원들은 자기들만 살기 위해 다른 사람들 몰래 거룻배를 타고 육지로 도망하고자 했다. 바다와 배에 대한 성격을 잘 알고 있던 그들은 우선 자신의 생명을 부지하고자 하는 마음밖에 없었다. 그런 식으로 저들만 도망하게 되면 나머지 모든 사람들은 죽음에 직면할 수밖에 없게 된다.

다행히 바울이 선원들의 낌새를 미리 눈치채고 백부장에게 고함으로써 일단락되었다. 또한 배에 탄 병사들은 로마로 호송 중인 죄수들을 죽여버리고자 했다. 이는 그 죄수들이 배에서 탈출할 가능성이 있다는 판단을 하고 있었기 때문이다. 이처럼 병사들만 이기적인 생각으로 자신의 생명을 보존하려 했던 것이 아니라 죄수들도 마찬가지였다.

그 배에 탄 선주, 선장, 선원들과 승객들, 병사들과 죄수들 가운데 이기적인 태도를 가지지 않은 사람은 바울을 비롯한 하나님의 자녀들밖에 없었다. 바울은 자기만 살고자 했던 것이 아니라 배 안의 모든 사람들의 생명을 염려했다. 이는 하나님께서 바울에게 허락하신 선한 마음 때문이었다.

우리는 이와 같은 상황을 통해 하나님의 자녀들이 가져야 근본 자세를 생각해 보게 된다. 이 세상에 살아가는 사람들은 오직 자기가 살기 위해 발버둥치는 것이 일반적이다. 하지만 하나님께 속한 성도들은 자기 생명뿐 아니라 다른 사람들의 생명 역시 소중하게 여긴다. 우리는 무서운 풍랑이 몰아치는 바다에서 파선의 위기에 처한 모든 사람들과는 근본적으로 다른 가치관을 가진 바울을 비롯한 성도들의 고귀한 삶의 자세를 엿볼 수 있어야 한다.

제37장

멜리데를 지나 로마에 도착한 바울의 행적

(행28:1-31)

1. 멜리데(Malta) 섬에서 일어난 바울을 통한 기적(행28:1-6)

배에 탄 모든 사람들이 안전하게 구조된 후에 본즉 그 섬은 멜리데 섬이었다. 그 섬에 살고 있던 사람들은 매우 친절한 성품을 지니고 있었다. 비가 오고 날이 추운 형편에 그 사람들은 배에서 구조된 낯선 사람들에게 특별한 동정을 베풀었다. 따뜻하게 영접하고 불을 피워 몸을 녹이게 해주었다.

온정이 넘치는 훈훈한 분위기 가운데 전혀 예기치 못한 놀라운 사건이 발생했다. 바울이 독사에 의해 물리게 되었기 때문이다. 지펴진 불에 몸을 녹이던 바울이 옆에 있는 한 움큼의 땔나무를 불속으로 집어넣으려 했다. 그때 나무더미 속에 숨어있던 독을 품은 뱀이 뜨거운 불로 인해 밖으로 나와 바울의 손을 문채 매달려 있었다. 아마도 그 뱀은 동면(冬眠)을 취하던 중이었을 것이다.

갑작스럽게 발생한 그 광경을 목격한 주민들은 깜짝 놀라지 않을 수 없었다. 독사에게 물리면 반드시 죽게 된다는 사실을 잘 알고 있었기 때문이다. 당시 멜리데 섬에 살고 있던 주민들은 누구든지 독사에 물려 죽는 자는 악한 범죄 행위를 저지른 결과 때문인 것으로 인식하고 있었다.

그러므로 그 주민들은 바울이 다른 사람들 몰래 죄를 지은 나쁜 범죄자라 생각하게 되었다. 그 가운데 많은 사람들은 그가 끔찍한 살인을 행한 자일 것으로 판단했다. 그는 무서운 풍랑으로 인한 바다의 극한 위기로부터 구조받아 생명을 구하기는 했지만 진노한 신령이 그를 살려두지 않게 되었다는 것이다.

하지만 그 주민들의 예상은 완전히 빗나가게 되었다. 즉 독사에게 물린 사람은 누구라도 그 독으로 인해 죽을 수밖에 없는데 바울은 자기를 물고 있는 뱀을 불 가운데 떨어뜨리고 아무렇지 않은 듯이 여상하게 행동했기 때문이다. 그러나 그들은 시간이 지나면 점차 그의 몸이 붓든지 쓰러져 죽을 것으로 생각하며 상황을 지켜봤다.

이방 종교를 믿고 있던 멜리데 사람들은 일반적인 인과응보(因果應報)와 권선징악(勸善懲惡) 사상을 가지고 있었다. 그들은 악한 행동을 저지른 사람은 이 세상에서 반드시 신으로부터 그만한 징벌을 받는다는 생각을 했다. 이는 살아가면서 선행을 행한 자들은 그에 상응하는 복을 받게 되리라고 믿는 것과 같았다.

그와 같은 이방 종교 신앙을 가진 주민들은 바울에게 일어나게 될 끔찍한 일을 측은한 마음으로 바라보고 있었다. 하지만 그에게 아무 이상이 발생하지 않았다. 멜리데 사람들에게는 그것이 결코 있을 수 없는 일로 받아들여질 수밖에 없었다. 그렇게 되자 주민들은 그가 평범한 사람이 아니라 신령한 존재라 여기게 되었다. 즉 그를 신의 징계마저 잠재울 수 있는 대단한 능력자로 보았던 것이다.

그 결과 섬의 많은 사람들은 점차 그를 신이라고 간주하기에 이르렀다. 그것은 물론 저들의 종교심에 의한 왜곡된 신앙에 근거한다. 하지만 우리는 바울에게 독사와 연관된 그와 같은 사건이 발생한 것은 하나님의 섭리로 말미암은 것으로 보아야 한다. 하나님께서는 그 과정에서 바울을 통해 자기를 드러내보이고자 하셨던 것이다.

2. 멜리데 섬에서 특별한 대우를 받게 된 바울(행28:7-10)

멜리데는 비록 지중해에 떠 있는 작은 섬이었지만 나름대로 정치와 행정 조직이 정비되어 있었다. 그곳은 미개한 사람들이 몰려 사는 낙후한 지역이 아니라 나름대로 문화적인 면모를 갖추고 있었던 것으로 보인다. 따라서 그들은 바울을 비롯한 여러 사람들과 헬라어나 로마어 등 다른 언어로 의사소통이 가능했던 것이다.

그 지역에서 가장 높은 지위에 있던 사람은 보블리오(Publius)라는 지도자였다. 그는 토지를 많이 가진 부유한 사람으로서 섬 주민들 가운데서 큰 영향력을 행사하고 있었다. 그가 독사에게 물렸음에도 불구하고 아무런 해를 입지 않고 살아난 바울에 대한 이야기를 듣고 바울과 누가 등 성도들을 자기 집에 초청하여 친절을 베풀어 주었다.

그것은 사실 엄청난 특권이 아닐 수 없었다. 파선한 배에서 구조된 모든 사람들은 추위로 인해 섬사람들이 준비해 준 임시거처에 머물렀을 것이다. 그러한 때 섬에서 최고 지도자의 집에 초청되어 융숭한 대접을 받으면서 며칠간 머물 수 있다는 것은 대단한 혜택이 아닐 수 없었다.

물론 보블리오가 바울과 그 일행을 자기의 집으로 초청한 것은 나름대로 이유가 있었기 때문이다. 그의 부친이 열병과 이질에 걸려 자리에 누워 심한 고생을 하고 있었으므로 예사롭지 않은 능력의 소유자인 바울이 그를 위해 기도하고 안수해주기를 원했다. 그렇게 함으로써 그의 질병이 낫게 되기를 바랐던 것이다.

바울은 그에 관한 보블리오의 기대를 저버리지 않았다. 바울이 병든 그의 부친에게 손을 얹어 안수하고 기도하자 그가 말끔히 치유받게 되었다. 그 소문은 삽시간에 주변 사람들에게 퍼져나갈 수밖에 없었다. 그리하여 다른 병든 사람들 가운데 바울을 찾아와 고침받는 경우가 많이 생겨났다.

그 놀라운 사건들을 직접 경험한 사람들은 바울 일행을 따뜻하게 영접하고 그들이 떠날 때 필요한 많은 물건들을 내어주기도 했다. 배에서 구조된 난민들은 그 섬에서 석 달간 머물면서 추운 겨울을 나게 되었다. 그들은 멜리데 섬을 떠나면서 그곳 주민들이 후하게 내준 물건들을 배에 싣고 이탈리아 본토로 향해 떠나게 되었다.[78]

우리가 여기서 반드시 기억해야 할 바는 바울을 통한 하나님의 특별한 섭리이다. 무서운 독사에게 물렸지만 하나님께서 저를 죽지 않게 하신 것은 그의 놀라운 계획이 있었기 때문이다. 바울은 많은 주민들이 보는 앞에서 아무런 문제가 없음을 증거했다. 뿐만 아니라 치유의 은사를 받아 그 섬의 최대 권력자인 보블리오의 부친뿐 아니라 여러 사람들의 질병을 고쳐주게 되었다.

바울의 사건은 배에서 구출된 자들과 그곳 주민들 사이에서 놀라운 역할을 했다. 276명이나 되는 낯선 외부인들에게 농사철이 아닌 겨울철 석달 동안 무상으로 잠자리를 제공하고 먹여 살리는 것은 보통 일이 아니었다. 자칫 잘못하면 상당한 갈등이 일어날 수 있었던 것이다. 주민들에게는 그들이 골칫덩어리였을 것이며 난민들도 살아남기 위해 무척 긴장해 있었을 것이다.

그럼에도 불구하고 서로간 좋은 관계를 유지할 수 있었던 것은 전적으로 하나님의 은혜의 배려 때문이었다. 그 중심에는 독사에 물렸다가 살아

---

78) "It was an Alexandrian ship with the figurehead of the twin gods Castor and Pollux"(Acts28:11, NIV).

난 바울과 그의 치유사역이 존재하고 있었다. 그리하여 겨울을 지난 후 모든 사람들이 이탈리아의 목적지까지 무사히 갈 수 있었던 것은 눈에 띄지 않는 하나님의 놀라운 섭리에 기인했던 것이다.

3. 이탈리아 반도에 도착한 바울 일행(행28:11-15)

파선한 배에서 구조된 바울을 비롯한 모든 사람들은 석 달 동안을 멜리데 섬에서 추운 겨울을 보냈다. 그후 이탈리아 반도로 건너가기 위해 알렉산드리아 선적의 다른 배를 타게 되었다. 그 배의 상징은 '디오스구로'였다. 따라서 그 배의 앞부분에는 카스토르(Castor)와 폴룩스(Pollux) 두 쌍둥이 신들(gods)을 상징으로 표시해 두고 있었다.

원래의 승객들과 더불어 바울 일행을 태운 그 배는 멜리데를 떠나 시실리 섬 동남부에 위치한 수라구사(Syracuse)에 도착했다. 배는 그곳에서 사흘 동안을 정박해 있다가 이탈리아 반도의 최남단의 도시인 레기온(Rhegium)에 도착했다. 거기서 하루를 보내고 그 이튿날 남풍이 일어나는 것에 맞추어 다시 출항하여 항구도시 보디올(Puteoli)에 도착할 수 있었다. 이렇게 바울을 비롯한 여러 승객들은 무사히 그곳에서 하선하게 되었다.

바울 일행이 보디올에 도착하자 그곳에 거주하던 형제들이 그에 관한 소식을 전해 듣게 되었다. 우리는 여기서 당시에 이미 여러 지역에 흩어져 살고 있던 형제들 사이에 서로간 긴밀한 교제가 이루어지고 있었음을 알 수 있다. 이는 보디올에도 주님의 몸된 교회가 존재했다는 사실을 말해준다.

그 형제들은 사도 바울을 자기 집으로 초청하여 이레 동안을 함께 머물며 교제했다. 그때도 죄수들을 압송하는 책임자였던 백부장 율리오가 바울에게 특혜를 베풀어 그렇게 할 수 있도록 허락했을 것이 틀림없다. 그리하여 바울은 그곳에서도 여러 형제들을 만나 복음과 더불어 성도의 교제를 나눌 수 있었던 것이다.

바울을 비롯한 형제들은 그곳에서 이레를 머문 후 육로를 따라 로마를 향해 올라갔다. 아마도 그들은 그 기간 동안 보디올에서 대기해야만 했을 것으로 보인다. 당시 로마제국의 수도인 로마시에는 아무나 함부로 들어 갈 수 없었다. 자격자들에게는 오늘날 비자(visa)와 같은 입성(入城) 허가증 이 제공되었을 것이다. 더구나 공무를 위해 멀리 다른 지역에서 방문하는 자들에게도 신분 확인이 필요했을 것이며 특히 죄수들을 동반할 경우에는 더욱 엄격한 검증이 요구되었을 것이 틀림없다.

사도 바울 일행이 로마로 들어간다는 소식은 로마에 있는 교회와 성도 들에게도 알려졌다. 아마 레기온의 형제들이 그 사실을 통보했을 것이다. 그들 가운데 여러 성도들은 압비오 광장(Forum of Appius)과 삼관(Three Taverns)까지 마중을 나왔다. 그들은 대개 그전부터 바울과 잘 알고 있었던 것이 분명하다.

바울은 오래전 고린도에 머물 때 로마에 있는 교회에 '로마서'를 써 보낸 적이 있다. 그 편지의 말미에는 여러 성도들의 이름을 구체적으로 언 급하며 안부를 물었었다. 그들 가운데 다수의 성도들이 바울을 마중하기 위해 나왔을 것으로 보인다. 지금은 죄수의 몸이 된 바울은 그곳 성도들을 만나 감격하지 않을 수 없었다. 그리하여 하나님께 감사하며 그 지역의 교 회를 통해 더욱 담대한 마음을 가질 수 있었던 것이다.

4. 로마에 도착하여 구금된 바울(행28:16-22)

바울은 일행과 함께 로마 시내로 들어갔다. 물론 죄수의 신분이었기 때문에 모든 과정은 백부장 율리오의 감독 아래 진행되었다. 율리오는 로 마에 도착한 바울을 법정 당국에 넘겼으며 당국은 죄수 바울을 감시하는 한 명의 군인과 함께 따로 지내도록 했다. 그곳은 일반적인 감옥이 아니라 그가 빌린 셋집(in his own hired house)에서 구금당한 채 감시받는 정도였던 것으로 보인다. 따라서 그에게는 마음대로 밖으로 다닐 수는 없었지만 어느 정도 자유가 주어졌다.

우리가 여기서 짐작해 볼 수 있는 점은 그 셋집을 로마에 있는 교회와 성도들이 구해주었을 것이란 사실이다. 적어도 로마 당국이 그렇게 한 것으로 보이지는 않는다. 그러므로 성경은 그 집을 바울이 빌린 집으로 묘사하고 있다. 하지만 당시 바울의 주머니에 넉넉한 현금이 있었던 것 같지는 않다. 따라서 로마의 형제들이 그를 위한 집을 구하고, 오늘날 우리의 입장에서 말하자면 전세금이나 월세를 부담했을 것으로 보인다.

그리하여 바울이 그 집에 구금된 지 사흘이 지난 날 로마에 살고 있던 유대인들 가운데 지도자급에 해당되는 인물들을 초청했다. 그들이 모였을 때 바울은 자기의 형편과 유대인들에 연관된 사실을 변명하고자 했다. 먼저 자기는 이스라엘 백성이나 유대인 조상의 관습을 배척한 일이 없었다는 사실을 강조했다.

당시 바울은 극렬 유대인들로부터 반민족주의자로 낙인찍힐 수 있었다. 그는 몇 년 전 고린도에 머물고 있을 때 로마에 있는 교회에 편지를 써 보냈다. 그때 그는 성도들을 향해, "각 사람은 위에 있는 권세에 굴복하라 … 권세를 거스르는 자는 하나님의 명을 거스름이니 거스르는 자들은 심판을 자취하리라"(롬13:1,2)는 기록을 했다.

당시 그 교훈은 유대주의자들에게는 심각하게 거슬리는 말이 아닐 수 없었다. 그것은 로마제국의 통치에 복종하는 것이 당연한 태도인 양 받아들여질 수 있었기 때문이다. 즉 그 말로 인해 바울이 반(反) 유대주의적이며 친(親) 로마주의적인 인사로 오해받기 쉬웠다. 물론 바울은 성경의 원리를 말하고자 했을 뿐 반 유대나 친 로마의 입장에 선 것이 아니었다.

그러므로 바울은 유대인 지도자들을 불러 자기의 입장을 변명하고자 했다. 그는 저들에게 자기가 예루살렘에서 유대인들로부터 근거 없는 오해를 받아 로마 총독부에 죄수로 내어준 바가 되었다는 사실을 말했다. 그것은 한마디로 억울한 일이었다는 것이다. 그리고 로마인들이 자기를 심문해본 결과 죽일 만한 아무런 죄목이 없음을 확인하고 석방하려고 한 사실을 언급했다. 하지만 유대인들은 그것을 받아들이지 않고 여전히 그를 죄인으로 정죄하고자 했다는 사실을 말했다.

따라서 부득이하게 로마 황제 법정에 상소할 수밖에 없었다고 했다. 자기가 지금 로마에 와서 셋집에 구금당하고 있는 이유는 바로 그점 때문이라는 것이었다. 하지만 그것은 결단코 자기 민족 즉 산헤드린 공회를 고발하려는 목적이 있는 것은 아니라는 점을 강조했다. 바울이 유대인 지도자들을 특별히 초청한 이유는 그에 대한 오해를 하지 않도록 하기 위해서라는 것이었다. 바울은 자기가 쇠사슬에 매인 바 되고 죄수의 신세가 된 것은 오히려 이스라엘의 소망으로 인한 것이라는 점을 강조했다.

바울의 주장을 듣게 된 유대인 지도자들은 의외로 바울에 대한 아무런 편견이 없다고 말했다. 유대와 예루살렘으로부터 문서를 통한 그에 연관된 별다른 입장을 전달받은 것이 없다는 것이었다. 또한 유대인 형제들 가운데 어떤 사람들로부터 그에 대해 좋지 않은 말을 듣거나 이야기를 한 적도 없다고 했다. 우리는 여기서 당시에 먼 거리에도 불구하고 문서를 통한 지시사항이나 정보교환이 체계적으로 이루어진 사실을 엿볼 수 있다.

그와 같은 형편에서 거기 모인 유대인 지도자들은 바울에게 그가 가진 종교 사상이 어떤 것인지 듣고 싶다는 말을 했다. 물론 그들은 바울이 예수를 믿는 기독교인이라는 사실을 잘 알고 있었다. 따라서 이스라엘 민족 가운데서 발생한 종파이자 바울이 신앙하는 바 그 신흥 종교는 어디서든지 반대에 부딪치고 있다는 점을 언급하며 구체적으로 말해보라고 했던 것이다. 바울은 그 이야기는 길어질듯 하니 나중에 따로 날을 잡아 심도 있는 대화를 나누면 좋겠다는 말을 하고 그날 모임을 마치게 되었다.

5. 로마에서 정기적인 회집(행28:23-31)

바울과 유대인들은 한 날짜를 정하고 그날 자기가 구금되어 있는 셋집에서 모이기로 했다. 약속된 날 그 집에는 많은 사람들이 찾아왔다. 바울은 아침부터 저녁까지 성경을 강론했다. 언약의 자손들이 절대적인 진리로 믿고 있는 성경에 기록된 내용들의 의미를 소상히 설명했던 것이다.

그는 성경을 근거로 하여 '하나님 나라'를 증거해 나갔다. 즉 하나님께서 자기 백성들 위에서 선한 통치를 이루기 위해 어떤 약속을 하고 있는지 구체적인 증거를 했다. 그리고 모세의 율법과 선지자들의 말을 통해 이 땅에 오셔서 모든 사역을 이룩하신 예수 그리스도에 관한 설명을 했다. 성경이 요구하는 것은 하나님께서 이땅에 보내신 하나님의 아들인 예수를 구주로 믿는 것이라는 사실을 전하며 거기 모인 사람들이 받아들이도록 권면했다.

바울의 말을 듣게 된 사람들 가운데는 그 사실을 받아들여 믿고 신앙하는 사람들이 있었는가 하면 그것을 강하게 거부하는 자들도 있었다. 그들은 전혀 다른 관점에 서 있었기 때문에 서로간 마음이 편하지 않았다. 하나님의 복음으로 인한 본질이 그와 같은 불편한 상황을 만들게 되었던 것이다.

그러므로 사도 바울은 헤어지기 전에 이사야 선지자가 성령으로 말미암아 기록한 내용을 인용하며 저들에게 말했다. 사람들이 듣기는 들어도 도무지 깨닫지 못하며 보기는 보아도 도무지 알지 못하게 된다는 점을 기록한 선지자의 말을 언급했다. 그 백성들은 마음이 우둔하여 그 귀로는 둔하게 듣고 그 눈은 감았다는 것이었다.

선지자 이사야가 말하고 있는 것처럼 많은 백성은 하나님의 말씀을 귀담아 듣거나 받아들이기를 거부했다. 저들의 조상 가운데는 입술로 하나님을 부르면서도 하나님과 상관없는 자들이 많았다. 그와 동일한 일이 저들의 자손들 가운데도 그대로 발생하고 있다는 사실을 말했다. 따라서 하나님의 구원에 대한 선포가 이제 이방인들을 향하게 되었다고 했다. 유대인들이 부정한 자들로 간주하여 멸시하는 그 이방인들이 하나님의 말씀을 받아들이게 되리라는 것이었다.

이와 같은 말은 유대인들을 분노케 하는 말이 아닐 수 없었다. 하지만 달리 어떻게 할 방법이 있었던 것은 아니다. 그리하여 바울은 두 해 동안 죄수의 모습으로 로마에 있는 셋집에 머물면서 자기를 찾아오는 많은 사람들을 기쁨으로 영접하며 교제를 나누었다. 그들에게 성경의 교훈을 근거로 하여 '하나님의 나라' 79)를 전파하며 주 예수 그리스도에 관한 모든 진리를 담대하게 가르쳤다.

로마제국의 심장부이자 많은 유대인들이 살아가는 그곳에서 하나님의 복음을 가감 없이 선포하는 것은 결코 쉬운 일이 아니었다. 더구나 자유롭지 못한 죄수의 몸으로 그렇게 하는 것은 상당한 부담이 되었을 것이 분명하다. 하지만 바울은 그런 외부적인 환경에 그다지 연연하지 않았다.

두 해가 지난 후 나이 많은 사도 바울은 로마의 구금으로부터 석방되었다. 전체적인 문맥을 고려할 때 바울은 궐석재판을 통해 무죄 석방된 것으로 보인다. 바울은 그렇게 될 것을 미리 예견하고 황제 법정에 호소했었다. 그리하여 다시금 자유의 몸이 된 바울은 흩어진 여러 지역의 교회들을 돌아보는 일에 최선을 기울이게 되었다.

---

79) 사도행전의 의미상 중심 주제는 '하나님 나라' 라 할 수 있다. 사도행전 1장에는, 예수님께서 부활하신 후 승천하시기 전 40일 동안 '하나님 나라' 의 일을 선포하신 사실이 기록되어 있다(행1:3). 그리고 사도행전 맨 마지막에는 노년의 바울이 로마 감옥에 갇혀 있으면서 '하나님 나라' 를 선포한 내용이 나타난다(행28:31). 우리는 사도행전의 맨 앞과 끝 부분에 '하나님 나라' 에 대한 선포가 자리잡고 있는 사실을 눈여겨 볼 필요가 있다.

❖ 골로새서 _ 바울의 여덟 번째 서신

사도 바울은 로마에서 죄수의 몸으로 셋집에 구금되어 있는 동안 하나님의 특별한 계시를 받아 여러 개의 편지를 썼다. 그중 소아시아 지역의 내륙 도시에 위치한 골로새 교회에도 편지를 써 보냈다. 당시 그 지역에는 사악한 거짓 교사들이 난무해 교회를 극심하게 어지럽히고 있었다.

골로새 인근에는 성도들의 모임인 교회 공동체가 존재했다. 눔바(Nymphas)의 집에 모이는 교회가 있었으며(골4:15), 빌레몬(Philemon)의 집에서 모이는 교회가 따로 있었던 것으로 보인다. 그 외에도 작은 교회 모임들이 더 있었을 수 있다(몬1:1-2, 참조).

바울이 편지를 쓰던 당시 골로새 지역에는 교회를 어지럽히며 거짓 교훈을 주는 이단자들이 상당수 있었다. 그들은 신앙이 어린 순진한 교인들을 속이고 하나님의 진리를 훼손하고자 했다. 그들은 세상의 헛된 철학과 인간의 이성을 기초로 하여 성도들을 속이고자 했다. 그러므로 바울은 그점에 대한 분명한 입장을 보이며 경고하고 있다.

"누가 철학과 헛된 속임수로 너희를 노략할까 주의하라 이것이 사람의 유전과 세상의 초등 학문을 좇음이요 그리스도를 좇음이 아니니라"(골2:8)

사악한 자들은 하나님의 말씀을 뒤로한 채 세상의 논리를 강조하며 세속 철학을 앞세우기를 좋아했다. 그와 같은 주장은 겉보기에 기독교로 채색되었으나 하나님의 교회를 어지럽히는 이교도 사상에 지나지 않았다. 따라서 그리스도께서 이 세상에 오셔서 완성하신 구원 사역의 의미를 무시했다. 그럼에도 불구하고 순진한 교인들은 저들의 외양을 보고 속아 넘어가기 십상이었다.

또한 그들 가운데 다수는 구약의 율법을 강조함으로써 십자가를 지고 돌아가신 예수 그리스도에 대한 의미를 약화시켰다. 그런 자들은 구원을 받기 위해서는 모세 율법을 반드시 지켜야 한다고 강조했던 것이다. 사도 바울은 그와 같은 주장과 가르침이 복음의 원리에서 완전히 벗어나 있다는 사실을 증거했다.

"그러므로 먹고 마시는 것과 절기나 월삭이나 안식일을 인하여 누구든지 너희를 폄론하지 못하게 하라 이것들은 장래 일의 그림자이나 몸은 그리스도의 것이니라"(골2:16,17); "너희가 세상의 초등 학문에서 그리스도와 함께 죽었거든 어찌하여 세상에 사는 것과 같이 의문에 순종하느냐"(골2:20)

예수 그리스도의 은혜를 입은 성도들은 구약의 율법 아래 있는 자들이 아니었다. 따라서 구약에 언급된 음식을 먹고 금하는 행위를 절대화하지 않았으며 절기와 월삭과 안식일을 율법적으로 지키지 않았다. 그런 것들은 그리스도를 예표하는 그림자로서의 성격을 지니고 있었기 때문이다.

사도 바울은 그와 같은 행위는 세상의 초등 학문에 지나지 않는다는 사실을 강조했다. 하나님의 자녀들은 예수 그리스도와 함께 십자가에 달려 죽어 천상에 속한 자가 되었다. 따라서 더 이상 세상에 속한 자들처럼 율법의 조문에 얽매여 순종할 필요가 없음을 말했다.

그러므로 하나님의 백성은 이 세상에 살아가지만 천상의 것을 추구해야만 한다. 바울은 교회에 속한 성도들에게 거짓 교훈을 펴뜨리는 악한 자들을 단호하게 대처하도록 요구했다. 그리하여 땅엣 것을 버리고 천상의 것을 추구하며 살라는 당부를 했던 것이다.

"그러므로 너희가 그리스도와 함께 다시 살리심을 받았으면 위엣 것을 찾으라 거기는 그리스도께서 하나님 우편에 앉아 계시느니라 위엣 것을 생각하고 땅엣 것을 생각지 말라 이는 너희가 죽었고 너희 생명이 그리스도와 함께 하나님 안에 감취었음이니라"(골3:1-3)

하나님의 자녀들은 천상의 나라(Heaven) 시민권을 가지고 있다. 거기에는 우리를 영원한 멸망으로부터 구원하신 예수 그리스도께서 하나님 우편에 앉아계신다. 따라서 그 영원한 천국에 대한 소망을 가지고 이 세상에서는 나그네로서 자기에게 맡겨진 사명을 감당하며 살아가게 된다. 이는 성도들의 진정한 생명은 현상적인 것이 아니라 그리스도와 함께 하나님 안에 감추어져 있기 때문이다.

그러므로 이 세상에 살아가는 성도들 사이에는 근본적인 차별이 존재하지 않는다. 즉 하나님의 자녀들 사이에는 지위나 신분에 있어서 높고 낮음이 없다. 이는 중요한 것은 이 세상에서 높아지거나 성공하는 삶이 아니라는 사실을 말해주고 있다. 바울은 그에 관한 의미를 설명하고 있다.

"상전들아 의와 공평을 종들에게 베풀찌니 너희에게도 하늘에 상전이 계심을 알찌어다 기도를 항상 힘쓰고 기도에 감사함으로 깨어 있으라 또한 우리를 위하여 기도하되 하나님이 전도할 문을 우리에게 열어 주사 그리스도의 비밀을 말하게 하시기를 구하라 내가 이것을 인하여 매

임을 당하였노라 그리하면 내가 마땅히 할 말로써 이 비밀을 나타내리
라 외인을 향하여서는 지혜로 행하여 세월을 아끼라"(골4:1-5)

모든 성도들은 이 세상에서 어떤 형편에 있든지 간에 천상에 계
시는 하나님을 기억해야 한다. 그렇게 되면 어느 누구도 멸시할 수
없으며 교만한 삶을 살지 못한다. 그러므로 항상 깨어 있어서 기도
를 통해 하나님과 교제하기를 힘써야 한다. 바울은 자기가 감옥에
갇혀 있는 까닭은 곧 그로 인해 하나님의 진리가 선포되는 것 때문
이라고 말했다.

이 말은 하나님의 모든 섭리와 경륜 가운데서 예수 그리스도의
비밀을 전파하게 된다는 점에 연관되어 있다. 바울은 그 상황 가운
데서 마땅히 할 말로 그 비밀을 나타내고 있음을 언급하고 있다. 비
밀을 간직한 하나님의 자녀들은 교회 밖에 있는 자들을 기억해서
세월을 아껴야 한다는 것이었다. 이는 교회에 속한 성도들의 모든
삶이 천상을 향하고 있음을 드러내 보여주고 있는 것이다.

❖ 빌레몬서_바울의 아홉 번째 서신

사도 바울은 자신의 제자인 빌레몬(Philemon)에게 편지를 보냈
다. 이 글은 형식상 개인적인 서신으로 보인다. 하지만 그것은 바울
의 사적인 견해가 아니라 하나님의 계시에 의한 것이었다. 우리가
이 편지를 읽고 묵상하면서 반드시 기억해야 할 바는 바울이 빌레

몬에게 개인적으로 보낸 편지 형식이지만 하나님의 교회에 보낸 공적인 문서라는 사실이다.

형식상 개인적인 편지로 보이는 이 짧은 편지가 하나님으로부터 계시된 성경이라는 사실은 엄청난 의미를 지니게 된다. 바울이 쓴 이 편지가 하나님의 계시임을 확인한 것을 통해 예루살렘 공의회의 권위를 충분히 이해할 수 있다.

주인 빌레몬의 집을 탈출한 오네시모는 멀리 로마까지 도망을 갔다. 그것은 사실 최고 사형에 처해질 수 있는 범죄에 해당된다. 당시 로마법은 노예제도를 인정하고 있었기 때문이다. 그럼에도 불구하고 바울은 빌레몬에게 탈출 노예인 오네시모(Onesimus)를 질책하지 말고 주 안에서 잘 영접해 주라고 권면하고 있다. 이는 당시 사회에서 일반적이지 않은 파격적인 요구라 할 수 있다.

로마로 도망친 오네시모는 로마에서 바울을 만나 하나님의 복음을 깨달아 알게 되었다. 이는 오래전 빌레몬이 바울을 통해 복음을 들었던 것과 같았다. 사도 바울은 로마법에 의해 엄벌을 받아야만 할 오네시모를 이제 빌레몬에게 돌려보내고자 했다.

우리는 노예제도에 대한 고대 로마제국의 입장과 기독교의 입장을 조심스럽게 생각해 볼 수 있어야 한다. 당시 기독교에서는 로마제국의 노예제도를 타파하고자 하는 태도를 보이지 않았다. 오히려 노예들은 주인에게 적법하게 복종해야 한다는 점을 강조하고 있다. 사도 바울은 그의 여러 서신에서 그점을 강조하고 있다.

"종들아 두려워하고 떨며 성실한 마음으로 육체의 상전에게 순종하기를 그리스도께 하듯하여 눈가림만 하여 사람을 기쁘게 하는 자처럼 하지 말고 그리스도의 종들처럼 마음으로 하나님의 뜻을 행하여 단 마음으로 섬기기를 주께 하듯하고 사람들에게 하듯하지 말라"(엡6:5-7); "종

들아 모든 일에 육신의 상전들에게 순종하되 사람을 기쁘게 하는 자와
같이 눈가림만 하지 말고 오직 주를 두려워하여 성실한 마음으로 하라"
(골3:22)

우리는 여기서 바울의 말을 통해 지상교회가 세상의 제도를 즉
시 뒤바꾸는 것을 목적으로 삼지 않는다는 사실을 알 수 있다. 하지
만 이를 통해 기독교가 로마제국의 노예제도를 정당한 것으로 인정
한 것으로 보아서는 안 된다. 비록 잘못된 제도에 대하여 조직적인
저항운동을 하지는 않았지만 모든 성도에게 주는 교훈은 분명했다.

즉 노예를 둔 상전들은 그들을 멸시하거나 비인격적인 태도로
대하지 말라는 명령을 하고 있다. 이는 제도 자체를 바꾸는 대신 그
안에서의 관계에 대한 기본 인식을 그리스도인답게 전환하라는 의
미를 지니고 있다. 넓은 의미에서 볼 때 바울은 불신자들의 악한 제
도에 저항함으로써 오게 되는 역기능보다 제도의 의미 자체에 변화
를 가져오게 했던 것이다.

우리가 빌레몬서를 통해 얻어야 할 중요한 교훈은 극과 극의 다
른 신분을 가진 자들이라 할지라도 교회 내에서는 아무런 차등이
없다는 사실이다. 권력이 있고 부유한 자들이나 가난한 노예들이
라 할지라도 동일한 하나님을 향해 '아버지'라 부르게 된다. 이는
교회 안에서는 신분적 차이가 완전히 철폐된다는 사실을 말해준
다. 바울은 여러 교회들을 향해 그에 대한 교훈을 주고 있다.

"너희는 유대인이나 헬라인이나 종이나 자주자나 남자나 여자 없이
다 그리스도 예수 안에서 하나이니라"(갈3:28); "거기는 헬라인과 유대
인이나 할례당과 무할례당이나 야인이나 스구디아인이나 종이나 자유
인이 분별이 있을 수 없나니 오직 그리스도는 만유시요 만유 안에 계시

니라"(골3:11); "우리가 유대인이나 헬라인이나 종이나 자유자나 다 한 성령으로 세례를 받아 한 몸이 되었고 또 다 한 성령을 마시게 하셨느니라"(고전12:13)

하나님의 교회는 이 세상을 변혁시키거나 바꾸는 것에 일차적인 관심을 두지 않는다. 오히려 천상의 나라에 소망을 둔 성도로서 영원한 세계를 위해 이 세상을 겸손하게 살아가는 것이다. 지상교회는 이 세상에서의 높고 낮은 신분에 따른 차별이 존재하지 않으며 모든 성도들이 함께 천상에 계시는 하나님을 경배하는 가운데 계시된 말씀에 순종하는 삶을 살아가게 되는 것이다.

❖ 에베소서 _ 바울의 열 번째 서신

사도 바울에게 있어서 에베소는 매우 특별한 도시였다. 그곳의 두란노 서원에서 3년간 하나님의 말씀을 가르치기도 하고 많은 고난을 당하기도 했다. 헬라인들의 신인 아데미 여신을 섬기는 이방인들뿐 아니라 유대주의자들에 의한 공격은 집요했다.

그와 같은 온갖 경험을 가지고 있는 바울은 로마의 감옥에 있으면서 에베소 교회에 편지를 했다. 그는 먼저 참된 복은 천상의 나라에 속해 있다는 사실을 언급했다. 이땅의 것 자체로는 아무런 의미가 없다는 것이었다. 그래서 편지의 맨 앞부분에서 그에 관한 내용을 기록하고 있다.

"찬송하리로다 하나님 곧 우리 주 예수 그리스도의 아버지께서 그리스도 안에서 하늘에 속한 모든 신령한 복으로 우리에게 복 주시되 곧 창세전에 그리스도 안에서 우리를 택하사 우리로 사랑 안에서 그 앞에 거룩하고 흠이 없게 하시려고 그 기쁘신 뜻대로 우리를 예정하사 예수 그리스도로 말미암아 자기의 아들들이 되게 하셨으니 이는 그의 사랑하시는 자 안에서 우리에게 거저 주시는바 그의 은혜의 영광을 찬미하게 하려는 것이라"(엡1:3-6)

바울은 하나님의 복을 받아 구원에 참여한 성도들은 창세전에 그리스도 안에서 선택받은 자라는 사실을 분명히 밝혔다. 하나님께서는 오직 자신의 기쁘신 뜻에 따라 그들을 예수 그리스도를 통해 거룩하고 흠 없이 하셨다는 것이었다.

그로 말미암아 성도들은 하나님의 아들이 되어 그를 '아버지'라 부를 수 있게 되었다. 이는 인간들에게 주어진 최상의 특권이 아닐 수 없다. 그 모든 것들은 아직 우주만물이 창조되기 전 하나님의 예정에 의한 것이었다. 하나님께서는 자기 자녀들로 하여금 그 은혜를 통해 자신의 영광을 찬양하게 하셨던 것이다.

하지만 악한 사탄은 하나님의 형상을 닮게 지어진 인간을 유혹하여 범죄케 함으로써 파멸에 빠뜨렸다. 그리하여 모든 인간들은 공중권세를 잡은 사탄을 따라 세상 풍속을 좇게 되었다. 그 악한 존재는 불순종의 자식들 가운데 악한 영으로 역사하게 된 것이다.

"그 때에 너희가 그 가운데서 행하여 이 세상 풍속을 좇고 공중의 권세 잡은 자를 따랐으니 곧 지금 불순종의 아들들 가운데서 역사하는 영이라 전에는 우리도 다 그 가운데서 우리 육체의 욕심을 따라 지내며 육체와 마음의 원하는 것을 하여 다른 이들과 같이 본질상 진노의 자녀이었더니 긍휼에 풍성하신 하나님이 우리를 사랑하신 그 큰 사랑을 인하여 허물로 죽은 우리를 그리스도와 함께 살리셨고 너희가 은혜로 구원을 얻은 것이라"(엡2:2-5)

하나님의 자녀들도 그전에는 사탄의 지배 아래 육체의 욕망을 추구하며 살았다. 그때는 자신의 본질을 모르는 채 진노의 자식처럼 행동했었다. 그러나 사랑의 하나님께서 죄와 허물로 인해 죽은 자기 자녀들을 예수 그리스도와 함께 살리셨던 것이다.

그러므로 이제 그 백성은 이 세상에서 존재하는 동안 새로운 삶을 살아가게 되었다. 저들에게 주어진 중요한 과업은 하나님의 뜻에 따라 지상교회를 세우는 일이었다. 그것은 물론 인간들의 구상이 아니라 하나님께서 예수 그리스도를 통해 계획하신 일이다. 바울은 그에 관한 언급을 하고 있다.

"너희는 사도들과 선지자들의 터 위에 세우심을 입은 자라 그리스도 예수께서 친히 모퉁이 돌이 되셨느니라 그의 안에서 건물마다 서로 연결하여 주 안에서 성전이 되어가고 너희도 성령 안에서 하나님의 거하실 처소가 되기 위하여 예수 안에서 함께 지어져 가느니라"(엡2:20-22)

하나님의 자녀들은 사도들과 선지자들의 터 위에 교회로 세움받았다. 예수 그리스도께서 친히 건물의 모퉁이 돌이 되고 그의 안에서 건물마다 서로 연결하여 하나의 커다란 성전이 되어간다. 그 성전은 성령 안에서 하나님께서 거하시는 처소가 되며 예수님 안에서 함께 지어져 가는 것이다. 교회에 속한 자들은 자신의 종교적인 목적이 아니라 하나님께서 맡기신 일을 수행해 가야만 한다.

"시와 찬미와 신령한 노래들로 서로 화답하며 너희의 마음으로 주께 노래하며 찬송하며 범사에 우리 주 예수 그리스도의 이름으로 항상 아버지 하나님께 감사하며 그리스도를 경외함으로 피차 복종하라"(엡 5:19-21)

그리스도로 말미암아 세워진 지상의 교회가 해야 할 가장 중요한 일은 하나님을 경배하며 찬송하는 일이다. 교회에 속한 모든 성도들은 시와 찬미와 신령한 노래들로 서로 화답하며 진심으로 그 사명을 감당해야 한다. 그들은 인간의 종교적인 열정으로 하나님을 찬양하는 것이 아니라 예수 그리스도의 이름 안에(in the Name of Jesus Christ) 존재하게 된다.

참된 성도들은 그 가운데서 하나님께 감사하며 그리스도를 경외함으로써 피차 복종하는 삶을 살아가야 한다. 거기서 소중하게 보존되어야 할 근본 조직이 언약의 가정이다. 남편과 아내, 자식들은 각기 자기에게 맡겨진 분량대로 하나님을 섬기며 함께 교회를 이루어 가게 되는 것이다. 따라서 사도 바울은 가정의 소중함을 강조하고 있다.

"아내들이여 자기 남편에게 복종하기를 주께 하듯하라 이는 남편이 아내의 머리 됨이 그리스도께서 교회의 머리됨과 같음이니 그가 친히 몸의 구주시니라 그러나 교회가 그리스도에게 하듯 아내들도 범사에 그 남편에게 복종할찌니라 남편들아 아내 사랑하기를 그리스도께서 교회를 사랑하시고 위하여 자신을 주심 같이 하라"(엡5:22-25); "자녀들아 너희 부모를 주 안에서 순종하라 이것이 옳으니라 네 아버지와 어머니를 공경하라 이것이 약속 있는 첫계명이니 이는 네가 잘 되고 땅에서 장수하리라 또 아비들아 너희 자녀를 노엽게 하지 말고 오직 주의 교양과 훈계로 양육하라"(엡6:1-4)

성경은 아내들에게 남편에게 복종해야 함을 가르치고 있다. 그리스도가 교회의 머리이듯이 남편이 아내의 머리이기 때문이라고 했다. 동시에 남편은 그리스도가 교회를 사랑하듯이 아내를 사랑해야 한다는 사실을 강조하고 있다.

그리고 자녀들은 부모를 공경해야 함을 언급했다. 그렇게 함으로써 무난한 삶을 살게 되고 언약의 상속이 이루어진다는 것이었다. 이와 더불어 부모는 자녀들을 노엽게 하지 말아야 한다는 사실을 말했다. 부모의 이기적인 태도를 버리고 오직 하나님의 교양과 훈계로 양육하도록 했다.

우리는 여기서 온전한 가정이 참된 교회의 기본 단위가 된다는 사실을 알 수 있다. 하지만 사탄은 항상 성도들의 가정을 공격하고 그 기초를 허물고자 한다. 이에 대해서는 말세지말(末世之末)을 당한 우리시대에는 더욱 심각한 문제가 되어 있다. 따라서 성도들은 이에 대한 경각심과 더불어 세상의 모든 위태로운 문제들에 대해 철저한 대응을 하지 않으면 안 된다.

"그러므로 하나님의 전신갑주를 취하라 이는 악한 날에 너희가 능히 대적하고 모든 일을 행한 후에 서기 위함이라 그런즉 서서 진리로 너희 허리띠를 띠고 의의 흉배를 붙이고 평안의 복음의 예비한 것으로 신을 신고 모든 것 위에 믿음의 방패를 가지고 이로써 능히 악한 자의 모든 화전을 소멸하고 구원의 투구와 성령의 검 곧 하나님의 말씀을 가지라"(엡6:13-17)

사도 바울은 편지의 마지막 부분에 와서 성도들에게 하나님의 전신갑주를 입고 무장하라고 했다. 악한 날이 이르러 세상의 잘못된 풍조에 능히 대적하기 위해서는 정신을 차리지 않으면 안 된다는 것이다. 따라서 진리로 허리띠를 띠고 의의 흉배를 붙이고 복음의 군화를 신고 그 모든 것 위에 믿음의 방패를 가져야 한다는 것이었다.

그런 준비를 갖춤으로써 악한 자들의 공격을 물리칠 수 있게 된다. 구원의 투구와 성령의 검 곧 하나님의 말씀을 가질 때 그것이 가능하다. 이에 대해서는 오늘날 우리에게 큰 도전을 주고 있다. 하나님으로부터 허락된 전신무장을 하고 말씀의 검을 가지지 않고는 결코 승리할 수 없다. 사도 바울은 에베소 교회에 그점을 강조하며 실상은 지상의 역사적인 모든 교회들을 향해 그 중요한 교훈을 주었던 것이다.

제14부

사도행전 이후 바울의 사역 - [부록]

제38장
사도행전 이후의 바울과 사도 교회

1. 사도교회 시대 말미의 팔레스틴 지역

　사도 바울이 로마의 셋집에서 두해 동안 구금되어 있다가 석방되어 자유의 몸이 된 시기는 네로 황제의 기독교 대박해가 시작된 AD64년 이전으로 보인다. 그 당시는 로마제국의 정국 전반이 매우 혼란한 시기였다. 특히 로마제국과 유대인들 사이에는 상당한 긴장감이 도는 분위기가 되어갔다.

　예루살렘을 중심으로 한 팔레스틴 지역에서는 AD66년부터 로마제국에 강력하게 저항하는 시민운동이 대대적으로 일어났다. 그로 말미암아 AD70년에는 거룩한 성전이 완전히 파괴되었다. 그 과정에서 로마 군대와 유대인 저항세력 사이에 서로간 치고받는 처절한 상황이 전개되었다. 그것은 오래전 예수님께서 예언한 말씀이 성취되는 과정이었다. 마태복음에는 그에 관한 내용이 기록되어 있다.

　"예수께서 성전에서 나와서 가실 때에 제자들이 성전 건물들을 가리켜 보이려고 나아오니 대답하여 가라사대 너희가 이 모든 것을 보지 못하느냐 내가 진실로 너희에게 이르노니 돌 하나도 돌 위에 남지 않고 다 무너뜨리우리라"(마24:1,2)

예수님께서 이 말씀을 하실 때 그의 제자들은 그에 대하여 쉽게 이해하지 못했다. 한편 유대주의자들은 그 말씀이 하나님의 집인 거룩한 성전을 모독하는 것으로 받아들였다. 사도교회 시대가 끝나 갈 무렵 그에 관한 예수님의 예언이 성취될 기미를 보이고 있었던 것이다.

AD70년을 앞둔 수년 전부터 유대인 저항세력과 로마제국 사이에 심한 갈등이 발생하고 물리적 충돌이 일어나자 로마제국 당국은 그 형편을 방관하고 있을 수 없었다. 그래서 그 문제를 해결하기 위해 제국은 군 병력을 강화해 나갔다. 그러나 민족반란 문제는 쉽게 수그러들 기미를 보이지 않고 오히려 유대인들의 저항은 더욱 심해져 진압하기 어려운 지경에 놓이게 되었다.

결국 로마제국은 티투스(Titus) 사령관의 부대를 팔레스틴으로 보냈다. 처음에는 진압이 만만치 않았으나 점차 전열을 갖추어 예루살렘을 총공격하기에 이르렀다. 그리하여 끝내 예루살렘 성전이 완전히 파괴되어 무너져 내렸다. 그로 말미암아 아브라함 이래 언약의 표상이 된 이스라엘 민족과 예루살렘 성전의 모든 역할이 완수되었다.

2. 기독교와 유대교의 갈등과 결별

사도교회 시대 마지막 몇 년간 발생한 로마제국과 유대인들 사이의 갈등 과정에서 마치 제삼자처럼 처신하던 기독교인들이 심각한 위기에 처하게 되었다. 당시 팔레스틴에 시민반란이 진행되고 있는 동안 기독교인 지도자들은 그에 적극적으로 가담하지 않았다. 유대인들이 거룩한 성전을 지키기 위해 이방인 세력에 맞서 싸우면서 피를 흘릴 때 기독교인들은 아무런 지원을 하지 않았다.

그들은 병력을 동원하여 유대교 세력을 지원하지 않았을 뿐더러 물자나 재정적인 지원을 한 것도 아니었다. 유대교도들의 입장에서 볼 때 기독교인들은 이스라엘 민족을 배신한 것으로 비쳐질 수밖에 없었다. 물론 당시 기독교인들은 예루살렘 성전을 보존하는 것을 근본적으로 중요한 가치로 여기지 않았다.

그리하여 기독교와 유대교는 완전히 결별하게 되었다. 기독교인들은 팔레스틴 지역으로부터 점차 멀어져갔다. 실상은 그보다 조금 앞선 시기부터 사도들을 비롯한 많은 지도자들이 소아시아 지역으로 이주해 가기 시작했다. 그 가운데는 사도 요한과 예수님의 어머니 마리아도 포함되어 있었다. 따라서 소아시아 지역의 교회들이 점점 성장해 갔으며 동시에 많은 문제들이 발생하게 되었다.

사도 요한이 로마제국에 의하여 밧모섬에 유배된 것도 그와 연관된 것으로 보인다. 당시 로마제국의 입장에서는 기독교 세력이 팔레스틴 유대인의 반란에 가담하지 않도록 사전에 조치해야만 했다. 그들의 눈에는 기독교와 유대교는 동일한 뿌리를 가진 같은 집단에 속한 자들로서 그다지 다르지 않게 비쳐졌기 때문이다.

따라서 기독교 지도자들이 마음을 먹으면 언제든지 그 추종자들이 유대인들과 합하여 로마에 저항할 우려가 따르는 것으로 판단하고 있었다. 하지만 그것은 저들의 부질없는 우려로서 기우(杞憂)에 지나지 않았다. 그럼에도 불구하고 로마제국은 그런 이유로 기독교의 최고 지도자인 사도 요한을 밧모섬에 격리시키게 되었다.[80]

---

80) 이광호, 요한계시록, 서울: 도서출판 깔뱅, 2009, pp.19,20. 참조; 사도 요한이 밧모섬에 유배된 시기는 예루살렘 성전이 파괴된 AD70년 이전으로 보는 것이 자연스럽다.

3. 바울의 로마 감옥 석방 이후 행적

로마 감옥에서 석방된 바울은 여러 지역을 다니며 하나님 나라의 복음을 전파했다. 그는 흩어진 교회들을 방문하며 성도들의 신앙을 굳건히 했던 것이다. 우리는 성경을 통해 당시 그가 방문한 일부 지역을 알고 있지만 구체적으로 어떤 경로를 통해 어디로 갔었는지 정확하게 알 수 없다.

우리가 일반적으로 생각해 볼 수 있는 것은 그가 로마 감옥 석방 후 서바나(Spain)를 방문했으리라는 점이다. 바울은 그전에도 직접 스페인을 방문하고자 하는 뜻이 있음을 밝힌 적이 있다. 그는 그에 대한 구체적인 계획을 세우기도 했다. 로마서를 쓰면서 그에 대한 자신의 입장을 구체적으로 기록하고 있다.

> "이제는 이 지방에 일할 곳이 없고 또 여러 해 전부터 언제든지 서바나(스페인)로 갈 때에 너희에게 가려는 원이 있었으니 이는 지나가는 길에 너희를 보고 먼저 너희와 교제하여 약간 만족을 받은 후에 너희의 그리로 보내줌을 바람이라 … 그러므로 내가 이 일을 마치고 이 열매를 저희에게 확증한 후에 너희에게를 지나 서바나로 가리라"(롬15:23-28)

바울이 스페인으로 가고자 하는 마음은 절실했으나 그가 실제로 그곳에 갔는지는 알 수 없다. 하지만 바울의 스페인 방문에 대해서는 특히 남부 지역에 그에 연관된 많은 전설들이 남아 있다. 또한 바울이 스페인으로 갔다는 내용이 AD95년 경 클레멘트가 고린도 교회에 보내는 첫 번째 서신 (1 Clement)에 나타나고 있다. 하지만 우리는 그것이 성경의 기록이 아닌 한 확실한 증거로 보기는 어렵다.

우리가 분명히 알 수 있는 사실은 목회서신 가운데 나타나는 로마 감옥에서 석방된 후 바울이 방문했던 여러 지역에 관한 정보들이다. 에베소,

마게도니아, 골로새, 그레데, 니고볼리 등이 그곳들이다. 바울이 직접 그 지역들을 방문했다는 사실이 명시적으로 드러난 곳들이 있는가 하면 어느 정도 암시된 곳들도 있다.

아마도 바울은 자유의 몸이 되어 먼저 에베소를 잠시 방문했다가 마 게도니아를 거쳐 다시 에베소로 갔을 가능성이 크다(딤전1:3; 3:14,15, 참조). 그가 그곳에 갔을 때 가까이 위치한 밀레도를 잠시 방문한 것으로 보인다 (딤후4:20, 참조). 디모데에게 보내는 편지를 전체적으로 살펴볼 때 그가 소 아시아 지역을 방문했을 것이란 사실을 받아들이는 데는 큰 무리가 없어 보인다.

한편 바울이 로마 감옥에서 석방된 후 니고볼리(Nicopolis)를 방문한 것 은 분명하다. 그는 디도에게 보내는 편지에서 자기는 그곳에서 겨울을 지 나기로 한 사실이 언급되어 있기 때문이다. "내가 아데마나 두기고를 네게 보내리니 그 때에 네가 급히 니고볼리로 내게 오라 내가 거기서 과동하기 로 작정하였노라"(딛3:12). 니고볼리는 그리스 대륙의 서남부 지역의 해안 도시로서 '악티아 니가볼리'로 알려진 로마 식민지령이었다.

노령(老齡)인 사도 바울은 감옥에서 석방되어 자유를 찾은 후 기쁨으로 여러 지역을 방문했다. 그가 방문한 지역들과 그 구체적인 여행 순서를 알 기 어렵지만 그것이 그리 중요한 것은 아니다. 우리가 기억해야 할 바는 죽을 때까지 그는 하나님의 복음을 선포하기 위해 혼신의 노력을 기울였 다는 사실이다.

다수의 학자들은 바울이 그러던 중 다시 로마 당국에 의해 체포된 것 으로 이해하고 있다. 이는 그가 나중 로마에서 다른 교인들과 함께 처형당 한 것으로 보기 때문이다. 일반적으로는 바울이 네로(Nero) 황제가 기독교 를 심하게 박해하던 어느 시기에 로마에서 순교한 것으로 알려져 있다.

AD64년 7월 로마시의 원형 경기장에서 시작된 원인을 알 수 없는 화 재로 인해 로마 시가지(市街地) 상당부분이 불타버린 사건이 발생했다. 그렇게 되자 많은 로마시민들은 당시에 이미 온당하지 않다고 여긴 네로 황제를 의심하기 시작했다. 그로 인해 황제는 그 발화(發火) 책임을 기독교인들에게 뒤집어 씌워 그들을 희생양(scapegoat)으로 삼아 체포하여 대학살을 감행하게 되었다.

그때 많은 기독교 지도자들이 체포되어 처형되었는데 바울도 거기 포함되었다는 것이다. 그 박해는 한두 번에 끝난 것이 아니라 수년 간 여러 차례 되풀이 되었다. 따라서 어떤 학자들은 그가 AD64년 기독교도들에 대한 처형 때가 아니라 그로부터 계속 이어진 AD68년 대박해 때 처형된 것으로 보는 자들도 있다. 어쨌거나 분명한 점은 네로 황제의 대박해로 인해 엄청난 성도들이 죽게 되었다는 사실이다.

그 동일한 기간에 소아시아 지역에서는 사도 요한이 밧모섬에 유배되는 심한 고통을 당했다. 또한 같은 기간에 팔레스틴 지역에서는 대반란이 일어나 로마제국에 저항했으나 결국은 예루살렘 성전이 완전히 파괴되고 언약의 백성들의 역할이 완성되었다. 그로 인해 유대인들은 나라를 잃고 온 세상으로 뿔뿔이 흩어지는 신세가 되었다. 그 모든 것은 하나님의 놀라운 섭리와 경륜에 따른 것으로 받아들여야 한다. 그 과정을 통해 지상에 보편교회가 세워져 하나님께서 창세전에 선택하신 모든 백성을 교회로 불러 모으시는 기초를 확립하게 된 것이다.

❖ 디모데전서 _ 바울의 열한 번째 서신

로마의 셋집 감옥에서 풀려난 사도 바울은 여러 지역을 여행했음이 틀림없다. 구체적으로 어느 지역의 형제들을 먼저 만나고 나중 방문했는지 알 수는 없으나 분명한 사실은 그가 최선을 다해 지상교회를 돌아보려고 했다는 점이다. 또한 그가 방문했으나 그의 서신에 나타나지 않는 지역도 존재할 수 있다.

우리는 바울의 폭넓은 활동을 통해 하나로 엮어진 보편교회에 대한 그의 명확한 입장을 볼 수 있다. 그는 디모데에게 보내는 첫 번째 편지 앞부분에서 자기가 마게도니아로 갈 때 그를 에베소에 머물도록 권한 사실을 언급했다. 디모데가 에베소 교회 성도들을 위해 마땅히 감당해야 할 중요한 일이 있었기 때문이다.

"내가 마게도냐로 갈 때에 너를 권하여 에베소에 머물라 한 것은 어떤 사람들을 명하여 다른 교훈을 가르치지 말며 신화와 끝없는 족보에 착념치 말게 하려 함이라 이런 것은 믿음 안에 있는 하나님의 경륜을 이룸보다 도리어 변론을 내는 것이라"(딤전1:3,4)

사도 바울이 디모데전서 본문에서 이 말을 하고 있을 때는, 바울의 전체 여정에 비추어 보아 그가 로마에서 해방된 이후의 일이었던 것이 틀림없다. 오래전 그가 에베소를 떠나 마게도니아로 갈 때 디모데는 고린도로 갔었다(고전16:10; 롬16:21; 행20:1; 참조). 그리고 바울이 로마에서 있을 때는 상당기간 디모데가 그와 함께 있었다 (골1:1; 히13:23).

바울이 디모데에게 에베소에 머물도록 한 것은 복음을 변개하여 다른 교훈을 전하는 자들과 끝없는 신화(神話)와 율법주의에 착념하는 자들을 권고하도록 하기 위해서였다. 그런 자들은 하나님의 경륜 가운데 신앙생활을 이어갔던 것이 아니라 변론과 논쟁거리만 만들어 낼 따름이었다. 따라서 하나님의 자녀들은 배도에 빠진 그런 자들을 경계하며 참 진리를 보존할 수 있어야만 했다.

"아들 디모데야 내가 네게 이 경계로써 명하노니 전에 너를 지도한 예언을 따라 그것으로 선한 싸움을 싸우며 믿음과 착한 양심을 가지라 어떤 이들이 이 양심을 버렸고 그 믿음에 관하여는 파선하였느니라"(딤전 1:18,19)

바울은 주 안에서 아들처럼 여기는 디모데에게 그전에 저에게 전한 대로 하나님의 예언 즉 진리의 말씀에 따라 선한 싸움을 싸우도록 독려했다. 그것을 위해서는 하나님을 진정으로 경외하는 자로서 온전한 믿음과 신실한 양심을 가져야만 한다. 어떤 자들은 자기의 신앙 양심을 버리고 믿음에 관하여 파선한 것처럼 엉망이 되어 버렸다. 디모데는 그와 같은 상황을 목격하는 가운데 신실한 성도의 삶을 살아가야 한다는 것이었다.

또한 사도 바울은 교회와 가정에서 남자와 여자는 자신에게 허락된 분수를 지킬 수 있어야 한다는 점을 강조했다. 남성은 남성으로서의 역할이 있고 여성에게는 여성으로서 지켜야 할 본분이 있다. 바울 당시에도 로마제국 내의 여러 지역에서 남녀에 관한 심각한 문제들이 대두되고 있었다. 그것은 가정과 교회에 심각한 악영향을 끼치지 않을 수 없었다. 따라서 그에 대한 주의를 주었던 것이다.

"또 이와 같이 여자들도 아담한 옷을 입으며 염치와 정절로 자기를 단장하고 땋은 머리와 금이나 진주나 값진 옷으로 하지 말고 오직 선행으로 하기를 원하라 이것이 하나님을 공경한다 하는 자들에게 마땅한 것이니라 여자는 일절 순종함으로 종용히 배우라 여자의 가르치는 것과 남자를 주관하는 것을 허락지 아니하노니 오직 종용할찌니라 이는 아담이 먼저 지음을 받고 이와가 그 후며 아담이 꾀임을 보지 아니하고 여자가 꾀임을 보아 죄에 빠졌음이니라"(딤전2:9-14)

바울은 여자들의 사치를 금해야 한다는 사실을 언급했다. 지나치게 화려한 것으로 외모를 꾸미거나 값비싼 장신구로 육체와 외모를 치장하는 행위를 하지 못하도록 했다. 그 대신 정숙한 여성으로서 염치와 정절로 단장하고 선행을 행해야 한다는 사실을 강조했다. 하나님을 진정으로 경외하고 공경하는 성도들에게는 그것이 지극히 당연하다는 것이었다.

또한 여자들은 일절 순종함으로 종용히 배우는 자세를 유지하라는 말을 했다. 그리고 여자가 남자를 가르치고 주관하는 것을 허락하지 않는다고 했다. 이것은 물론 교회에서의 목사와 장로 곧 감독 직분에 연관된 교훈이다. 그렇게 해야 하는 근본적인 이유는 아담과 하와에 연관되어 있다고 했다. 남편을 보필해야 할 의무를 지닌 하와가 먼저 사탄의 유혹을 받아 그와 함께 죄에 빠졌기 때문이라는 것이었다.

따라서 교회의 직분에 있어서는 남자와 여자의 구별이 뚜렷했다. 감독 곧 장로가 되기 위해서는 한 아내의 남편으로서 이기적 욕망에 집착하지 않고 주변의 이웃을 위해 살아갈 수 있는 자세를 가진 사람이어야 했다. 또한 하나님의 교회에서 감독의 직분을 맡기 위해서는 자기 자신뿐 아니라 가정을 잘 돌보는 자여야만 한다.

"그러므로 감독은 책망할 것이 없으며 한 아내의 남편이 되며 절제하며 근신하며 아담하며 나그네를 대접하며 가르치기를 잘하며 술을 즐기지 아니하며 구타하지 아니하며 오직 관용하며 다투지 아니하며 돈을

사랑치 아니하며 자기 집을 잘 다스려 자녀들로 모든 단정함으로 복종
케 하는 자라야 할찌며 사람이 자기 집을 다스릴 줄 알지 못하면 어찌 하
나님의 교회를 돌아 보리요 새로 입교한 자도 말찌니 교만하여져서 마
귀를 정죄하는 그 정죄에 빠질까 함이요 또한 외인에게서도 선한 증거
를 얻은 자라야 할찌니 비방과 마귀의 올무에 빠질까 염려하라"(딤전
3:2-7)

　　하나님의 교회에서 성도들을 말씀으로 가르치며 돌아보아야
하는 감독 즉 장로가 되기 위해서는 하나님을 진정으로 경외하는
자로서 교회와 주변의 이웃으로부터 그 삶을 인정받아야 한다. 그
렇지 않으면 교만하게 되거나 사탄에 의해 미혹되어 올무에 빠질
우려가 있다. 이는 직분이 지상의 교회를 세워나가는 중요한 방편
이 된다는 사실을 말해준다.
　　따라서 직분은 결코 개인의 욕망이나 종교적인 성취를 위한 도
구가 되어서는 안 된다. 이에 대해서는 집사 직분자 역시 마찬가지
다. 하지만 집사의 경우 감독 즉 장로와 달리 여성도 그 직분을 맡
을 수 있다. 이는 집사는 교인들을 감독하고 가르치는 직분을 감당
하는 것이 아니라 교회를 위해 봉사하는 직능에 연관되어 있기 때
문이다.

　　"이와 같이 집사들도 단정하고 일구이언을 하지 아니하고 술에 인박
이지 아니하고 더러운 이를 탐하지 아니하고 깨끗한 양심에 믿음의 비
밀을 가진 자라야 할찌니 이에 이 사람들을 먼저 시험하여 보고 그 후에
책망할 것이 없으면 집사의 직분을 하게 할 것이요 여자들도 이와 같이
단정하고 참소하지 말며 절제하며 모든 일에 충성된 자라야 할찌니라
집사들은 한 아내의 남편이 되어 자녀와 자기 집을 잘 다스리는 자일찌

니 집사의 직분을 잘한 자들은 아름다운 지위와 그리스도 예수 안에 있
는 믿음에 큰 담력을 얻느니라"(딤전3:8-13)

우리가 분명히 이해해야 할 바는 집사들도 이기적인 욕망을 추
구하지 않고 이웃을 위한 삶을 살아가는 자들이어야 한다는 사실이
다. 그들은 마땅히 선한 양심과 믿음의 비밀을 소유하고 있어야 한
다. 집사가 되는 자들은 자신과 가정을 잘 돌보고 다스려야 하는 것
이다. 하나님의 몸된 교회를 온전히 세워나가기 위해서는 직분자
들이 말씀의 터 위에 올바르게 서지 않으면 안 되기 때문이다.

그러므로 사도 바울은 디모데에게 하나님의 자녀들이 가져야
할 삶의 자세에 대한 교훈을 주고 있다. 교회 안에서는 어느 누구도
교만한 태도를 보여서는 안 된다. 따라서 바울은 디모데에게 세상
에서 부유한 자들에게 겸손한 마음을 가지도록 교육하라는 요구를
했다. 즉 세상의 논리와 가치를 본받지 말아야 한다는 것이었다.

"네가 이 세대에 부한 자들을 명하여 마음을 높이지 말고 정함이 없는
재물에 소망을 두지 말고 오직 우리에게 모든 것을 후히 주사 누리게 하
시는 하나님께 두며 선한 일을 행하고 선한 사업에 부하고 나눠주기를
좋아하며 동정하는 자가 되게 하라 이것이 장래에 자기를 위하여 좋은
터를 쌓아 참된 생명을 취하는 것이니라"(딤전6:17-19)

교회의 지도자들은 교회 가운데서 부유한 자들이 가난한 자들
앞에서 교만한 마음을 먹지 못하도록 가르쳐야 한다. 잠시 있다가
사라지게 될 세상의 재물에 소망을 두는 것은 지극히 어리석은 일
이 아닐 수 없다. 따라서 영원한 가치를 지닌 모든 것들을 넉넉하게
주시는 하나님께 마음을 두어야 한다. 또한 이웃을 위해 선행을 하

며 하나님께서 원하시는 합당한 일을 감당하게 된다. 그렇게 함으로써 장차 이르게 될 영원한 나라와 참된 생명을 소유한 자리에 앉게 되는 것이다.

❖ **디도서**_바울의 열두 번째 서신

사도 바울은 자기가 서신의 맨 앞부분에서 디도를 그레데 섬에 떨어뜨려 두었다고 말했다. 이는 그 지역에 이미 하나님의 교회들이 세워져 있었다는 사실에 연관되어 있다. 하지만 그곳의 교회는 아직 성숙하지 못한 상태였기 때문에 사도적인 능력을 소유한 형제들이 도와 줄 필요가 있었다.

그 지역의 성도들에게 가장 중요한 사실은 교회의 올바른 직분적 체계를 세우는 것이었다. 지상의 교회는 특정한 개인이 좌지우지(左之右之) 할 수 있는 기관이 아니라 하나님의 말씀에 순종함으로 자라가야 한다. 그것을 위해 하나님께서는 교회 가운데 직분제도를 허락하셨던 것이다.

"내가 너를 그레데에 떨어뜨려 둔 이유는 부족한 일을 바로잡고 나의 명한대로 각 성에 장로들을 세우게 하려 함이니 책망할 것이 없고 한 아내의 남편이며 방탕하다 하는 비방이나 불순종하는 일이 없는 믿는 자녀를 둔 자라야 할찌라 감독은 하나님의 청지기로서 책망할 것이 없고 제 고집대로 하지 아니하며 급히 분내지 아니하며 술을 즐기지 아니하며 구타하지 아니하며 더러운 이를 탐하지 아니하며 오직 나그네를 대

접하며 선을 좋아하며 근신하며 의로우며 거룩하며 절제하며 미쁜 말씀
의 가르침을 그대로 지켜야 하리니 이는 능히 바른 교훈으로 권면하고
거스려 말하는 자들을 책망하게 하려 함이라"(딛1:5-9)

우리가 여기서 반드시 기억해야 할 바는 교회의 직분이 인간들
의 구상에 의해 마련된 것이 아니란 사실이다. 즉 교회를 잘 세워나
가기 위해 몇몇 지도자들이 연구하거나 합의하여 그 제도를 받아들
인 것이 아니다. 하나님의 교회를 지상에 굳건히 세우기 위한 방편
으로서의 직분은 전적으로 하나님의 요구에 의한 것이다.

사도 바울은 디도에게 그점에 관하여 말하고 있다. 그것은 먼저
교회의 장로를 세우라는 요청이었다. 그레데의 여러 성에 하나님
의 말씀을 근거로 한 장로 곧 감독을 세워 올바른 교회로 세워나가
야 했다. 그것은 현실적 필요에 따라 세울 수 있는 선택적인 것이
아니라 반드시 있어야만 하는 필수적인 직분이다.

장로로 세워지기 위한 기본적인 요건 가운데 하나는 온전한 가
정생활이다. 가장으로서 가족을 올바르게 돌아볼 수 없다면 하나
님께서 맡기신 교회의 관리 직분을 감당할 수 없다. 또한 그 직분을
맡게 되는 자는 이기적이지 않고 이웃과 타인을 위해 살아가는 이
타적인 삶의 자세를 소유하고 있어야만 한다.

뿐만 아니라 그들은 하나님의 말씀에 익숙한 자로서 먼저 그에
온전히 순종해야 한다. 그래야만 교회에 속한 성도들을 올바른 교
훈으로 권면할 수 있다. 동시에 하나님과 그의 말씀, 그리고 교회에
거슬러 말하는 자들을 엄하게 책망하며 교육하는 일을 감당하게 된
다. 기본적인 요건이 갖추어지지 않은 자가 장로로 세워지게 되면
지상교회는 혼탁하게 될 수밖에 없다.

그러므로 교회는 계시된 말씀에 신실한 직분자들을 세워 잘못된 점을 바로잡아야 한다. 사도 바울은 그레데인들이 항상 신실하지 못한 자들이라는 사실을 언급했다. 사도는 디도에게 실제적인 현실을 적시하며 그에 대하여 대책을 간구하라는 말을 하고 있다.

"그레데인 중에 어떤 선지자가 말하되 그레데인들은 항상 거짓말쟁이며 악한 짐승이며 배만 위하는 게으름쟁이라 하니 이 증거가 참되도다 그러므로 네가 저희를 엄히 꾸짖으라 이는 저희로 하여금 믿음을 온전케 하고 유대인의 허탄한 이야기와 진리를 배반하는 사람들의 명령을 좇지 않게 하려 함이라"(딛1:12-14)

이 본문에서 어떤 선지자들의 입술을 통해 언급된 그레데인들은 일반 주민들이 아니라 교회에 속한 자들 중에 악한 자들을 일컫고 있다. 그 사람들은 스스로 하나님을 믿는다고 주장하며 종교적인 활동을 하면서 신실한 성도의 삶을 살아가기를 거부했다. 그들은 거짓말을 예사로 하는 가운데 마치 악한 짐승처럼 행동하는가 하면 자기의 욕망을 추구하며 마땅히 해야 할 일을 하지 않는 게으름뱅이들이었다.

바울은 디도를 향해 저들을 엄하게 꾸짖으라는 말을 했다. 이는 저들의 악한 정도가 일반적으로 권면하고 구슬릴 만한 단계를 넘어섰음을 의미하고 있다. 그렇지 않으면 그런 자들이 더욱 큰 거짓말을 하거나 이웃을 속이거나 궁지에 몰아넣게 될지 모른다.

따라서 엄히 책망함으로써 저들이 참된 믿음을 소유하거나 신뢰를 회복해야만 한다. 교회의 사도적 인물과 장로의 심한 책망을 통해 순진한 성도들이 유대주의자들의 허탄한 이야기를 멀리하게 된다. 또한 그와 같은 권고를 통해 어린 성도들로 하여금 하나님의 진리를 배반하는 자들의 감언이설(甘言利說)에 속아 넘어가지 않도록 해야 한다. 따라서 바울은 그에 대하여 강한 권면을 하고 있는 것이다.

"그러나 어리석은 변론과 족보 이야기와 분쟁과 율법에 대한 다툼을 피하라 이것은 무익한 것이요 헛된 것이니라 이단에 속한 사람을 한두 번 훈계한 후에 멀리 하라 이러한 사람은 네가 아는 바와 같이 부패하여서 스스로 정죄한 자로서 죄를 짓느니라"(딛3:9-11)

어리석고 사악한 자들은 항상 교묘하게 채색된 잘못된 종교적인 주장을 하기에 급급하다. 그런 자들은 구약성경의 족보와 율법을 들먹이며 다투며 분쟁하기를 좋아한다. 그들은 그것이 마치 신앙인 양 착각하고 있는 것이다. 하지만 그것은 아무런 유익이 없는 허탄한 것에 지나지 않는다.

그럼에도 불구하고 사악한 자들은 성경에 대한 잘못된 지식을 자신의 이기적인 도구로 사용하고자 한다. 성경의 교훈을 벗어나 그와 같은 주장을 펼치며 자기를 따르게 하는 자들은 이단이다. 바울은 디도에게 그런 자를 한두 번 훈계한 후 멀리하라는 명령을 했다. 그들과 가까이 사귈 필요가 없는 것은 물론이며 저들과 일반적인 교제도 하지 말라고 했다.

이는 교회의 책임 있는 직분자들이 저들과 교제하거나 저들을 용납하는 것으로 비쳐지면 신앙이 어린 자들은 그들에 대한 경계심을 늦추게 될 우려가 있다. 하지만 그런 자들은 하나님을 떠나 배도에 빠져 부패한 인간들이다. 즉 그들은 하나님의 진리에 저항하며 자신의 입술에서 나오는 거짓을 통해 스스로 정죄하며 끊임없이 죄를 저지르는 것이다.

❖ 히브리서_바울의 열세 번째 서신

사도 바울은 하나님의 계시인 히브리서 가운데서 먼저 예수 그리스도와 그의 사역에 관한 내용을 기록하고 있다. 하나님께서 성자 하나님을 그리스도로 이땅에 보내신 것은 구약성경에 기록된 약속에 근거한다. 즉 예수님이 이땅에 오신 것은 갑작스런 사건이 아니라 오랜 역사 가운데 진행되어 온 하나님의 예언의 성취였다. 하나님의 자녀들은 그에 대한 의미를 선명하게 깨달아야만 한다.

"옛적에 선지자들로 여러 부분과 여러 모양으로 우리 조상들에게 말씀하신 하나님이 이 모든 날 마지막에 아들로 우리에게 말씀하셨으니 이 아들을 만유의 후사로 세우시고 또 저로 말미암아 모든 세계를 지으셨느니라 이는 하나님의 영광의 광채시요 그 본체의 형상이시라 그의 능력의 말씀으로 만물을 붙드시며 죄를 정결케 하는 일을 하시고 높은 곳에 계신 위엄의 우편에 앉으셨느니라" (히1:1-3)

사도는 예수님이 이 세상에 오신 때를 '이 마지막 시대'(in these last days)로 표현하고 있다. 이는 구약시대의 모든 선지자들이 여러 곳에서 다양한 형태로 예언해 온 사실에 대한 성취의 때와 연관되어 있다. 하나님의 독생자인 성자(聖子)께서 오셔서 거룩한 뜻을 이루게 되었던 것이다.

하나님께서 자기 아들을 만유의 후사로 세우시고, 그로 말미암아 모든 세계를 창조하신 사실을 그를 통해 교회에 속한 성도들에게 말씀하셨다. 인간의 몸을 입고 이땅에 오신 그는 하나님의 영광의 광채시며 그 본체의 형상이시다. 그의 능력의 말씀으로써 만물을 붙드서서 우주만물이 지탱되고 있다.

하나님의 독생자이신 예수 그리스도께서는 자기 자녀들의 죄를 정결케 하신 후 천상의 나라에서 지극히 높은 하나님 우편에 앉아 계신다는 점을 언급했다. 따라서 참된 성도라면 항상 천상에 계신 그분을 바라볼 수밖에 없다. 사도는 본문 가운데서 그점에 대하여 분명한 언급을 했다.

"그러므로 함께 하늘의 부르심을 입은 거룩한 형제들아 우리의 믿는 도리의 사도시며 대제사장이신 예수를 깊이 생각하라"(히3:1)

타락한 이 세상에 살아가는 인간들은 그 자체로서는 아무런 의미가 없다. 세상에서 이룩할 만한 참된 가치를 지닌 영원한 업적이나 보람 있는 것들이 존재하지 않기 때문이다. 오직 하나님에 의해 부르심을 입은 성도들에게만 삶의 진정한 의미가 드러나게 되는 것이다.

예수 그리스도의 십자가 사역을 통해 거룩하게 된 성도들은 더 이상 세상의 것에 대한 세속적인 기대와 관심을 기울이지 않는다. 하나님의 참된 자녀들이라면 자기가 신앙하는 영원한 사도이며 대제사장이신 예수님을 깊이 생각해야 한다는 사실을 강조하며 그렇게 살아가도록 요구했다. 이는 단순히 머릿속으로 그렇게 사고하라는 것이 아니라 우리의 삶의 의미가 오직 그 안에 존재한다는 사실을 잊어서는 안 된다는 의미를 지니고 있다.

그러므로 교회에 속한 참된 성도들은 원리상 이 세상에서 익힌 개인적인 경험과 이성에 따라 살아가지 않는다. 오직 천상으로부터 계시된 하나님의 말씀에 근거하여 살아가기 위해 애쓰게 된다. 그에 대한 기본적인 삶의 자세를 버리게 되면 장차 엄청난 낭패를 당할 수밖에 없다. 사도는 그에 관한 중요한 교훈을 주고 있다.

"하나님의 말씀은 살았고 운동력이 있어 좌우에 날선 어떤 검보다도 예리하여 혼과 영과 및 관절과 골수를 찔러 쪼개기까지 하며 또 마음의 생각과 뜻을 감찰하나니 지으신 것이 하나라도 그 앞에 나타나지 않음이 없고 오직 만물이 우리를 상관하시는 자의 눈앞에 벌거벗은 것 같이 드러나느니라"(히4:12,13)

사도는 하나님의 말씀 즉 성경의 중요성에 관한 의미를 언급하고 있다. 기록된 성경의 내용은 활자(活字)에 갇혀 있는 것이 아니다. 그 말씀은 항상 살아 운동력이 있으므로 좌우에 날선 그 어떤 날카로운 칼보다도 예리하다. 그 칼은 사람의 영과 혼과 관절과 골수를 찔러 쪼개기까지 한다. 즉 눈에 보이지 않는 영적인 부분뿐 아니라 인간들의 신체 부위까지 그 대상이 된다.

그러므로 하나님과 그의 말씀은 인간의 마음과 생각과 뜻을 감찰한다. 이는 하나님의 말씀 앞에서는 그대로 드러나지 않는 것이 아무 것도 없다는 사실을 말해주고 있다. 그 어떤 것도 하나님의 눈길을 피할 수 없다는 것이다. 그리하여 인간들을 포함한 피조세계에 존재하는 모든 것들이 전능하신 하나님의 눈앞에 완전히 벌거벗은 것과 같은 상태로 나타나게 되는 것이다. 사도는 그와 같은 형편 가운데서도 하나님의 자녀들에게 참된 소망이 주어졌음을 말하고 있다.

"우리가 이 소망이 있는 것은 영혼의 닻 같아서 튼튼하고 견고하여 휘

장 안에 들어가나니 그리로 앞서 가신 예수께서 멜기세덱의 반차를 좇
아 영원히 대제사장이 되어 우리를 위하여 들어 가셨느니라"(히6:19,20)

참된 교회에 속한 하나님의 자녀들에게는 이 세상에 존재하지
않는 진정한 소망이 존재한다. 다른 사람들이 알지 못하는 그 소망
은 마치 영혼의 닻(an anchor of the soul)과 같아서 안전하고 튼튼하고
견고하다. 그래서 하나님의 자녀들로 하여금 천상의 나라의 지성
소 휘장 안까지 들어가게 해준다.

그 지성소는 이땅에 오신 예수님께서 자기 백성들 앞서 들어가
신 영역이다. 그는 아론 지파가 아니라 멜기세덱의 반차를 좇아 영
원한 대제사장이 되신 분이다. 그가 창세전부터 선택하신 자기 백
성인 우리를 위하여 그리로 먼저 들어가셨던 것이다. 그가 영원히
들어가신 곳은 이 세상에 속한 영역이 아니었다.

"그리스도께서 장래 좋은 일의 대제사장으로 오사 손으로 짓지 아니
한 곧 이 창조에 속하지 아니한 더 크고 온전한 장막으로 말미암아 염소
와 송아지의 피로 아니하고 오직 자기 피로 영원한 속죄를 이루사 단번
에 성소에 들어 가셨느니라"(히9:11,12)

예수님께서 타락한 이땅에 오신 것은 장차 임하게 될 놀라운 일
을 감당하기 위한 대제사장이 되시기 위해서였다. 그는 언약의 백
성들 가운데 존재하던 성막이나 성전이 아니라 더 크고 완전한 장
막에 거룩한 자기 몸을 흠 없는 제물로 바치셨다. 즉 예수님께서는
염소와 송아지와 같은 동물의 피가 아니라 완전한 자기 피로 영원
한 속죄를 이루기 위하여 단번에 성소로 들어가시게 된 것이다.

사도는 또한 세상의 모든 인간들은 이땅에 영원히 사는 존재가

아니라는 사실을 언급했다. 인간에게 당면한 죽음은 지극히 당연한 것으로서 정해진 이치라는 것이었다. 그런데 그 죽음 뒤에는 하나님의 최종 심판이 따르게 된다. 그 죽음으로 인해 모든 것이 완전히 끝나는 것이 아니라 그 다음의 세계를 향하고 있다.

"한번 죽는 것은 사람에게 정하신 것이요 그 후에는 심판이 있으리니 이와 같이 그리스도도 많은 사람의 죄를 담당하시려고 단번에 드리신바 되셨고 구원에 이르게 하기 위하여 죄와 상관없이 자기를 바라는 자들에게 두번째 나타나시리라"(히9:27,28)

모든 인간들이 때가 되어 죽게 되지만 어떤 사람은 생명의 부활로 다시 살아나는가 하면 또 다른 어떤 사람은 사망 즉 저주의 부활을 하게 된다. 하나님의 아들이신 예수님께서는 자기 자녀들을 생명의 부활로 이끄시기 위해 저들의 모든 죄를 지고 단번에 십자가에 달려 돌아가셨다. 그로 인해 아담으로 말미암아 이땅에 들어온 죄의 문제가 해결된 것이다.

예수 그리스도의 십자가 사역은 하나님의 자녀들을 구원으로 인도하는 견인차 역할을 했다. 그후 죽음에서 부활하신 주님께서는 많은 성도들이 보는 앞에서 천상의 나라로 승천하셨다. 그는 나중 자기 자녀들을 영원히 구원하실 목적으로 최종적인 심판을 하기 위해 이 세상에 다시금 재림하시게 된다.

이에 연관된 신앙은 인간들의 종교적인 관습에 의한 것이 아니다. 진정한 믿음은 하나님의 자녀들이 바라보며 소망하는 것들에 대한 실상이며 눈으로 볼 수 없는 사실들의 구체적인 증거가 된다. 지나간 모든 믿음의 선배들은 인간의 몸을 입으신 예수 그리스도를 통해 그 분명한 증거를 얻게 되었다.

"믿음은 바라는 것들의 실상이요 보지 못하는 것들의 증거니 선진들이 이로써 증거를 얻었느니라 믿음으로 모든 세계가 하나님의 말씀으로 지어진 줄을 우리가 아나니 보이는 것은 나타난 것으로 말미암아 된 것이 아니니라"(히11:1-3)

하나님께서 자기 자녀들에게 특별히 허락하신 믿음으로써 모든 피조 세계가 하나님의 말씀에 의해 창조된 사실을 알게 된다. 그 것은 과거에 발생한 사실에 대한 인간들의 과학적인 연구나 그 결과를 통해서 알 수 있는 것이 아니다. 사도는 이 말씀과 더불어 눈에 보이는 모든 것들은 피조세계 자체에 의해 형성된 것이 아니라는 사실을 언급하고 있다.

그러나 하나님을 알지 못하는 자들은 믿음이 없으므로 참되고 영원한 것에 대한 지식을 가질 만한 지혜가 없다. 이는 하나님의 자녀들은 저들과 전혀 다른 지식과 가치관을 소유하고 있으므로 세상으로부터 상당한 고난을 받게 되리라는 사실에 연관되어 있다. 이에 대해서는 예수님께서 이미 이땅에서 행하신 사역을 통해 그대로 드러난 상태이다.

"그러므로 예수도 자기 피로써 백성을 거룩케 하려고 성문 밖에서 고난을 받으셨느니라 그런즉 우리는 그 능욕을 지고 영문 밖으로 그에게 나아가자"(히13:12,13)

예수님께서는 인간들이 결코 행할 수 없는 가장 중요한 사역을 감당했으나 세상에서 전혀 환영받지 못했다. 그는 자기 백성을 거룩하게 만들기 위하여 흠 없는 자기 피를 흘리셨다. 그는 예루살렘 성문 밖에서 모진 고난을 당하시고 십자가에 달려 돌아가셨던 것이다. 따라서 하나님께 속하여 예수 그리스도를 구주로 믿는 성도들은 이 세상에서 특별한 영화를 누리려 해서는 안 된다.

또한 사도는 모든 성도들이 그와 더불어 예수 그리스도와 함께 능욕을 당하게 된다는 사실을 언급하고 있다. 그는 저들을 향해 적극적으로 그 능욕을 안고 영문 밖에서 고난당하신 예수님 앞으로 나아가자고 말했다. 이 세상에 살아가는 성도들이라면 이에 대한 진정한 의미를 깨닫고 그에 온전히 순종하는 자세를 갖추어야만 한다.

❖ 디모데후서_ 바울의 열네 번째 서신

사도 바울은 하나님의 계시를 받아 사랑하는 제자 디모데에게 두 번째 편지를 써 보냈다. 디모데후서의 전체적인 주제는 이땅에 살아가는 성도들이 참고 견디며 받아야 할 고난에 연관된 것으로 이해할 수 있다(딤후1:8,12; 2:3,9; 3:11; 4:5, 참조). 바울은 지상교회에 속한 교회를 향해 그점을 강조했던 것이다.

바울은 자기가 로마의 감옥에 갇혀 고난을 당한 것도 주님을 위한 것이었다는 사실을 언급하고 있다. 따라서 디모데에게 그로 인해 자기를 부끄러워하지 말도록 요구했다. 이는 사악한 자들이, 능력을 갖춘 하나님이라면 자기 사도에게 그렇게 고난을 받게 하지 않으리라고 주장할지 모르는 점과 연관되어 있다.

따라서 하나님의 능력을 오해하거나 모르는 자들은 그와 같이 고통스런 형편에 처한 바울을 보며 부끄럽게 생각하거나 가까이 하지 않으려 했을지도 모른다. 하지만 바울은 디모데에게 자기를 부끄럽게 여기지 말고 오직 하나님의 능력을 좇아 복음과 함께 고난을 받으라는 말을 했다.

"그러므로 네가 우리 주의 증거와 또는 주를 위하여 갇힌 자 된 나를 부끄러워 말고 오직 하나님의 능력을 좇아 복음과 함께 고난을 받으라 하나님이 우리를 구원하사 거룩하신 부르심으로 부르심은 우리의 행위대로 하심이 아니요 오직 자기 뜻과 영원한 때 전부터 그리스도 예수 안에서 우리에게 주신 은혜대로 하심이라"(딤후1:8,9)

바울은 여기서 하나님의 원대한 경륜적인 뜻에 관해 언급하고 있다. 하나님께서 자기 자녀들을 구원하시기 위해 거룩한 경륜에 따라 저들을 부르신 것은 인간들의 행위에 근거한 것이 아니라는 점을 강조했다. 그 구원은 자신의 신실한 뜻과 영원 전부터 그리스도 예수 안에서 저들에게 허락하신 놀라운 은혜 때문이라는 것이었다.

그 복음의 말씀은 역사 가운데 지속적으로 상속되어 가야 하는 성질을 지니고 있다. 구약시대부터 지속되어 온 그 상속은 이땅에서 구원 사역을 완성하신 예수님께서 장차 천상으로부터 재림하여 최종적인 심판이 이루어질 때까지 지속되어 간다. 그러므로 바울은 디모데를 향해 많은 증인들 앞에서 그가 들은 진리의 말씀을 충성된 자들에게 부탁해 맡기라는 요구를 했다. 그렇게 하면 그들이 또 다른 사람들을 가르칠 것이며 역사 가운데 지속적으로 상속되어 간다는 것이었다.

"또 네가 많은 증인 앞에서 내게 들은 바를 충성된 사람들에게 부탁하라 저희가 또 다른 사람들을 가르칠수 있으리라 네가 그리스도 예수의 좋은 군사로 나와 함께 고난을 받을찌니 군사로 다니는 자는 자기 생활에 얽매이는 자가 하나도 없나니 이는 군사로 모집한 자를 기쁘게 하려 함이라"(딤후 2:2-4)

진리의 말씀을 선포하고 역사 가운데 그것을 상속해 가는 것은 감독자 곧 목사들에게 맡겨진 사명이다. 하지만 그에 온전히 순종하는 삶은 상당한 고난을 동반하게 된다. 따라서 바울은 디모데를 향해 그리스도 예수의 좋은 군사로서 자기와 함께 그리스도를 위한 고난에 참여하자는 말을 했다.

여기서 군사란 생명을 내어놓고 원수와 싸워야 할 주체가 된다는 사실을 의미하고 있다. 그렇게 살아가는 것은 일반적으로 생각하는 평온한 삶이 지속되는 것이 아님을 말해준다. 전쟁을 하는 군인은 자기를 위한 삶을 살지 않으며 개인적인 생활에 얽매이지 않는다.

그러므로 전쟁을 염두에 둔 모든 군인은 전쟁을 위해 자기를 군인으로 모병한 자를 기쁘게 하기 위하여 최선을 다해야 한다. 그것을 위해서는 인간의 의지로 되는 것이 아니며 개인적인 노력과 다짐을 통해서 가능한 것도 아니다. 그것은 오직 하나님으로부터 계시된 진리의 말씀을 삶의 중심에 둘 때 비로소 가능하게 된다. 따라서 바울은 본문 가운데서 그에 대한 강조를 하고 있다.

"또 네가 어려서부터 성경을 알았나니 성경은 능히 너로 하여금 그리스도 예수 안에 있는 믿음으로 말미암아 구원에 이르는 지혜가 있게 하느니라 모든 성경은 하나님의 감동으로 된 것으로 교훈과 책망과 바르게 함과 의로 교육하기에 유익하니 이는 하나님의 사람으로 온전케 하며 모든 선한 일을 행하기에 온전케 하려 함이니라"(딤후 3:15-17)

사도 바울은 자기가 디모데를 소중한 동역자로 받아들이고 있는 이유 가운데 하나는 그의 성경관과 그에 대한 신앙 자세 때문임을 밝히고 있다. 그는 디모데가 어릴 때부터 성경을 익숙히 알아온 사실에 대하여 언급했다. 그리고 그가 삶속에 받아들이고 있는 성경은 능히 저로 하여금 예수 그리스도 안에 존재하는 믿음으로 말미암은 구원에 이르는 지혜가 있다는 사실을 강조했다.

성경은 인간들이 종교적인 이성과 경험에 근거하여 자의로 쓴 것이 아니라 하나님의 감동으로 인해 기록되었다. 따라서 성경에 기록된 내용은 교훈과 책망과 바르게 함과 의로 교육하기에 절대로 필요하다는 점을 언급했다. 그 말씀을 통해 하나님께 속한 성도들을 온전케 하며, 모든 선한 일을 온전히 이루어가기 위해서는 그것이 필수적이라는 것이다.

이는 성경의 교훈을 벗어난 인간들의 가르침이 지상교회의 중심에 놓여 있어서는 안 된다는 사실에 연관되어 있다. 이땅의 교회는 하나님의 말씀인 성경을 중심에 두고 그 교훈에 따라 세워져 나가야 한다. 따라서 바울은 디모데에게 하나님의 말씀이 교회 가운데 끊임없이 선포되어야 한다는 사실을 강조했다.

"너는 말씀을 전파하라 때를 얻든지 못 얻든지 항상 힘쓰라 범사에 오래 참음과 가르침으로 경책하며 경계하며 권하라 때가 이르리니 사람이 바른 교훈을 받지 아니하며 귀가 가려워서 자기의 사욕을 좇을 스승을 많이 두고 또 그 귀를 진리에서 돌이켜 허탄한 이야기를 좇으리라 그러나 너는 모든 일에 근신하여 고난을 받으며 전도인의 일을 하며 네 직무를 다하라" (딤후4:2-5)

사도교회 시대부터 지금까지 교회 가운데서 하나님의 말씀이 지속적으로 선포되어 왔다. 본문에서 때를 얻든지 못 얻든지 항상 말씀을 선포하라는 말은 어떤 시대적 장소적 환경이라 할지라도 말씀이 교회의 중심에 존재하도록 하라는 의미를 지니고 있다. 따라서 그 말씀을 통해 인내하는 가운데 참된 가르침으로 성도들을 경책하며 잘못된 사조를 경계하는 가운데 올바른 신앙의 길을 걸어가도록 권면해야 한다.

세월이 흐르게 되면 성경에 기록된 진리로부터 바른 교훈을 받기를 거부하는 자들이 많이 생겨나게 된다. 그런 자들은 귀가 가려워서 듣고 싶은 것만 골라 들으려하며 개인적인 욕망을 추구할 수 있게 해주는 스승을 두기를 원한다. 그렇게 되면 그들은 하나님의 진리에서 돌이켜 허탄한 이야기를 듣고 따르게 된다.

그렇지만 하나님의 자녀들은 그런 악한 자들의 자리에 앉지 말아야 한다. 바울은 디모데에게 그것을 위해 모든 일에 근신하여 고난을 받으며 전도자의 임무를 감당하는 가운데 맡겨진 직무를 다하도록 권면했다. 그와 같은 신앙 정신이 지상교회의 감독 곧 목사와 장로들에게 계승되어 복음이 상속되어 갈 것이기 때문이다.

하지만 그와 같은 삶을 살아가면 세상에서 상당한 고난을 동반할 수밖에 없다. 기독교인이라 칭하면서 타락하고 배도에 빠진 자들에 의해 많은 박해를 받을 수 있다. 또한 근본 가치관이 상이한 세상으로부터도 고난받게 된다. 천상의 나라에 속한 하나님의 자녀들은 이땅에서 고난당하는 것을 이상하게 여기지 않고 자연스럽게 받아들인다. 이처럼 오늘날 우리도 예수 그리스도의 이름으로 인해 고난을 받되 동일한 이름을 빗대어 이 세상에서 영화를 누리려는 태도를 버려야만 한다.